気まぐれ古書店紀行

岡崎武志

工作舎

岡崎武志 1998→2005

気まぐれ古書店紀行◉もくじ

【第三部】二〇〇〇年

【第四部】二〇〇一年

【第五部】二〇〇二年

海の見える町で『海の見える町』を買う
2002年1月——北九州市門司区・佐藤書店、佐賀市・柿内二章堂ほか

怪獣が愛した「江口書店」
2002年2月——府中市・古書 夢の絵本堂ほか

大学と一緒にお引っ越し
2002年3月——府中市・にしがはら書店

「タンタン」と出会ったのはこの店
2002年4月——杉並区西荻窪・古書 興居島屋《ごごしまや》ほか

阿佐ヶ谷からすぎ丸に乗って浜田山に着いたの巻
2002年5月——杉並区高井戸・中川書房ほか

古山高麗雄を買った藤沢は光にあふれていた
2002年6月——藤沢・聖智《しょうち》文庫ほか

ブローティガン消失す、そして『タンタン』発見せり！
2002年7月——台東区・田中書店ほか

乾坤一擲のチャレンジはオレンジの棚に
2002年8月——港区南青山・古書日月堂ほか

ネットから現地へ、オン・リーディング
2002年9月——長野県茅野市・古本屋ピープル

7月の朝、山の中に1軒の古本屋が生まれた
2002年10月——滋賀県大津市・古本 あい古屋

【第六部】——二〇〇三年

映画に曳かれて鎌倉参り
2003年3月——鎌倉・公文堂書店ほか

成瀬巳喜男『驟雨』の舞台を訪ねて
2003年4月——世田谷区梅丘・ツヅキ堂書店

太宰ファン夫婦の小さな古本カフェ
2003年5月——三鷹・古本カフェ フォスフォレッセンス

西荻にまた新規開店の若い古本屋が
2003年6月——杉並区西荻窪・古書カノポス

ただいま均一小僧入院中!
2003年7月——早稲田・五十嵐書店、古本茶屋岩狸

月500冊!　底抜け古本バカの日々
2003年8月——川崎・近代書房

吠えるは犬だが鯨書房
2003年9月——岐阜・鯨書房

文芸評論家てづくりの店だった
2003年10月——岐阜・有時《うじ》文庫ほか

上州・前橋で文化の泉を見た
2003年11月——前橋・山猫館書房

祝エノケン生誕100年、浅草めぐり
2003年12月——台東区浅草・おもしろ文庫ほか

なぜか浅草で落合恵子を!
2004年1月——台東区浅草・きずな書房

あれを魚藍《ぎょらん》と指差す方に
2004年2月——港区三田・小川書店

伊香保から桐生ゆうゆうと焼きそばを
2004年3月——桐生・雄文堂書店ほか

東京の戦前を訪ねて北千住詣で
2004年4月——足立区北千住・カンパネラ書房ほか

築70年木造建築2階でパラダイス
2004年5月——京都市左京区・山崎書店ほか

『されどわれらが日々—』の主人公は均一小僧だった!
2004年6月——練馬区・古本 遥《はる》ほか

日当たり不良なれども古本ありマス
2004年7月——千代田区秋葉原・万世不動産ほか

上林暁も行った、昭和26年「古書文化祭」
2004年8月——杉並区高円寺・西部古書会館

雨中の柏めぐりの締めは天然温泉
2004年9月——千葉県柏市・太平書林ほか

郡山は途中下車してでも立寄るべし
2004年10月——郡山・古書ふみくら、古書てんとうふ

カカカと笑うは会津のこいし師匠
2004年11月——会津若松・勉強堂書店

かつて遊園地、いまや競輪場の「花月園」へ
2004年12月——横浜・西田書店

●各章の年と月は『彷書月刊』連載時の掲載号の日付です。
●本文中に登場する古書店・書店の中には、移転、閉店、ネット・目録販売に転向したところがあります。
訪れる際には、本書巻末の書店情報をご確認願います。

一九九八

【第一部】

1月 ◉大田区大森・古書肆 天誠書林

2月 ◉板橋市大山・板橋書店ほか

3月 ◉大田区大岡山・古書日月堂

4月 ◉京都・中井書房ほか

5月 ◉京都・山崎書店、紫陽書院

6月 ◉京都・萩書房II

7月 ◉小金井・翔節堂

8月 ◉甲府・城北書房、風雪堂

9月 ◉市川市本八幡・山本書店ほか

10月 ◉国分寺・苔花堂書店ほか

11月 ◉台東区谷中・峯尾文泉堂

12月 ◉青梅市東多摩・青梅多摩書房

天誠書林の「天」の字はなんと！

一九九八年一月——大田区大森・古書肆 天誠書林

これから月一回、古書店探訪の散歩に出る。わたくし、出身は大阪で、現在フリーのライターとして生計をたてている。思うところあって風呂敷包みを首に結わえて一九九〇年に上京。現在、中央線沿線の某市に在住。よってホームグラウンドは中央線沿線の古書店である。

これから始まる連載で、どこへ行こうか考えたが、できれば、これまで行ったことのない古書店を目指して、初めての駅を降り、初めての町を散策しようじゃないかという方針を立てた。そこで選んだのが「大森」。

ちょうど某雑誌の依頼で、大森のバーを二軒取材する機会があったので、当日は少し早く家を出て、取材の時間までブラブラと周辺を散策しながら、「古書肆 天誠書林」さんを訪ねることにした。「天誠」さんについては、高橋輝次編『古本屋の来客簿』（燃焼社・平九年）に収められた、店主・和久田誠男さん自身の筆による、二本のエッセイに詳しい。

ほかに『古本屋の蘊蓄』『古本屋の自画像』『古本屋の本棚』がシリーズで出ている。

古書肆 天誠書林

特に「古本屋以前」というエッセイには二度驚かされた。例えば、店主の和久田さんが、早稲田の学生時代、鈴木忠志を代表とする自由舞台にいて、その後、劇団ＮＬＴで三島由紀夫のもと、演出助手をやっていたこと。三島の自刃で和久田さんは芝居から身を引くが、それまではバリバリの演劇人だったのだ。「天誠書林」という店名の由来もスゴイ。「天誠」の「誠」が、和久田誠男から取られていることはわかる。残りの「天」だが、昭和四〇年あたりまで、民放で相撲解説をしていた、天龍三郎という人を覚えておられるだろうか。天龍三郎の本名は和久田三郎。「天誠」の和久田誠男さんはその実子である。

ＪＲ大森駅西口はすぐ目の前が道路で、しかも坂になっている。坂を上るかたちで右に折れ、しばらく歩いて左に、あとは環七方面へ弓なりの道に従って一〇分も歩けば「天誠書林」に行き着くことができる。

いい古書店に近づくと匂いでわかり、人は早足になる、という法則がある（つくったのは私だが）。ここは早足になりました。「均一小僧」と異名をとる（なんか情けないなぁ）私としては、とりあえず店頭のワゴンの前にしゃがみこもう。左手に一冊一〇〇円で単行本、右手に三冊一〇〇円で文庫の均一コーナーがある。けっこういい本がある。獅子文六の『バナナ』『可否道』の箱入りがある。そのほか、一〇〇〇円つけておかしくないような本がゴロゴロある。これは本番も期待がもてますよ。

いざ店内へ！　入り口のドアを押せば、店内は照明と関係なく、少し薄暗いという印

装丁は『バナナ』が棟方志功
『可否道』が芹沢銈介

ラジオの仕事でご一緒した俳優
浜畑賢吉さんに進呈した。

象。それだけクロっぽい本が多いのだ。僕は並んだ本を左から見ていくため（右から派の人もいるようで古書展などでは左翼と右翼でよく肩がかちあう）、まずは左の棚から攻める。小まめに整理、補充しているらしく隙間なく整然と、パラフィンがかかった本がびっしり並ぶ。いいのがあります、あります……。

最初は本に関する本。すでに持っているものが多いが、ここでは加藤一夫／編『マスコミの眼がとらえた　カッパの本』（光文社・昭四三年・非売品）を釣り上げました。カバーなし二〇〇円。カッパ・ブックス五〇〇〇万部突破を記念して、これまでマスコミに取り上げられた記事を中心に、創刊から昭和四二年現在までの歴史がまとめられている。少し右に眼を移せば日本の文芸書。尾崎一雄、上林暁、外村繁といったところが顔を揃えている。これだけ良書がズラリ並ぶと、ちょっと夢の中に出てくる古書店のような気がしてくる。

文庫の棚も充実していて、値段は適正。絶版でもムチャな値はつけていない。絶版文庫フリークとしては見逃せません。久保田万太郎『浅草ばなし』（角川文庫・昭三〇年）が二〇〇円。ありがたくちょうだいしました。

もう一冊。高橋啓介『珍本古書』（保育社カラーブックス・昭五三年）をこれまた二〇〇円で……。こういうことがあるんだなぁと思ったのは、じつはこの本、存在を知ったのが一年ぐらい前で、どうしても欲しいと思いながら見つけることができなかった。それが一〇日ほど前、ついに某書店で発見。苦労の末に手に入れたのですが、なんと、わずかの日をお

この本をきっかけに、
私の
カッパ・ブックス研究が
はじまった。

いてもう一冊見つけてしまった。古書めぐりをしていると、しばしば神秘的体験をする。で、買ったのは結局これだけ。……すいません。大層なことを言いながら、二〇〇円の本を三冊しか買えなかった。なにしろ次の取材時間が迫っていたもので。でも、ぜひ日を改めてもう一度訪れたい。

いい古本屋さんと出会えた残り香を愉しみながら、来た道とは違う、山王の小高い丘にある住宅地を抜けて駅に向かう。このあたり古くからの閑静な住宅地で、人通りもまばら。背中を染める夕日が、坂道に長い影をつくる。途中、大きなお屋敷の塀ぎわに植木職人の老人がいて、植木の手入れをしていた。それがまた、手拭で鉢巻きハッピ姿の、絵に描いたような職人姿。おまけにかたわらにリアカーが置いてある。そのあまりに出来すぎた絵づらに、一瞬、『彷書月刊』編集部の仕込みかと思ったよ。

大森駅西側、山王、馬込には大正末期から昭和にかけて多くの文人が移り住み、文士村を形成した。二〇年以上前なら、このあと「山王書房」（大田区中央一-一六-一一にあった関口良雄さん経営の古書店）に向かっていたことだろう。「天誠」さんが愛した古書店だった。

近藤富枝『馬込文学地図』中公文庫、にくわしい。

店主・関口良雄さんの『昔日の客』（昭和53年・三茶書房）を持っていない人は"古書通"とは呼べない！……だから私は、そう呼んでもらえない。

1998年1月● 大田区大森・古書肆 天誠書林

「いけたに」ではなく「いけがや」さん。

寝不足がたたって不調の兆し

一九九八年一二月——板橋区大山・板橋書店ほか

半徹夜明けで出かけたのがまずかった。一二月の第一週。出版業界ではこの時期、「年末進行」というしきたりで、通常より締め切りが一週から二週は早まる。例外はほとんどなく、すべての仕事がこの時期に重なって火事場のごとき騒ぎになるのだ。私のような貧ライターでも、この「ネンマツシンコウ」という言葉を聞くと、耳には「ホンドケッセン」と聞こえてくる。この一二月だけでも、なんやかやを合わせると、どうやら二五〇枚から三〇〇枚は原稿をこなさないと(うち六枚はこの原稿)年を越せない計算となる(これはなにも売れっ子という意味ではない。単に量が多くてギャラの安い仕事を複数抱えてるだけだ)。日頃月産四、五〇枚しか仕事をしていない人間にとって、この量は『大菩薩峠』を書く心境だ。

おりしもこの日、一二月四日。前夜に切羽詰まった仕事をこなして、三時間ほど睡眠をとって取材にでかけた。場所は東武東上線「大山」。某雑誌の仕事で、『東京古書店グラフィティ』(東京書籍)の著者・池谷伊佐夫さんを訪ねたのである。『彷書月刊』をお読みのかたに、この本についての説明は不要だろう。現在、増刷の重ねられた五刷目が店頭に並んでいる。その後、京都・大阪・神戸の古書店の取材を終え、関西篇とした第二弾を制作中とか。楽しみですね(『三都古書店グラフィティ』東京書籍・一九九八年)。中身的に一五分で終わるぐらいの取材を、一時間半も居座って、あれこれ話をうかがったが、その話はここでは書けない。ただ一点。古書店が裏表紙の見返しに貼る自店のシールを池谷さんはコレクションしている。これは目に楽しいし、資料としても貴重なものだ。

取材を終え、池谷さんに教わって、最近開店したという古書店へ向かうころには、睡眠不足がたたって、かなり意識がモーローとしてきた。大山から板橋区役所方面へ伸びる商店街を泥に腰まで浸かりながら行軍する心持ちで前へと進む。東武東上線という、はがれかけた電柱の映画ポスターのような沿線の、たそがれた商店街を、音の割れたジングルベルを浴びながら歩く心境をどう文字にすればいいか。

池谷さんに教えられた「青方洞書店」は以前は中板橋にあった店が移転、いまは大山の商店街の中にある。なるほど、新刊書店のように店構えはきれい。しかし、品揃えは新書、文庫、マンガ、実用書の類が多い。まあ、場所柄しかたがないでしょうね。通りすがりの神社に手を合わす心持ちで店を出た。このあと、板橋区役所前から都営三田線に乗って、新板橋で下車。「板橋書店」を訪れ、ここをメインディッシュとする算段なのである。

ところが、モーロー状態が頭に白く薄い膜を張ったらしく、ちょっ

板橋書店

と立ち止まって調べるなり、人に聞くなりすればわかる「板橋区役所前」の駅の入り口がどうしてもわからない。同じところを行ったり来たり、悪夢のように知らない町でただ体力だけが消耗していった。やっと見つけた駅の構内で、また、板橋本町と新板橋(方向は逆)を迷い、連絡階段を上がったり下りたり。本気で、もう今日はこのまま、板橋で宿を取ろうなどと弱気になる私がいた。

　板橋書店にたどりついた頃には、もう切手をなめる力も残っていない。とりあえず店だけ写真に収め、均一小僧らしく、三冊二〇〇円の均一台から、鈴木信太郎装幀の、大岡昇平『武蔵野夫人』(河出新書)を見つけましたが、残り二冊をなんとしても拾い上げることができない。あきらめて店内へ。

　板橋書店については、先の池谷さんも「行けば何かありそうで楽しみ」な店だとおっしゃっていた。なるほど、広い店内から本があふれるほど詰まっている。文庫は五〇〇円以上買うと一割引きなどの特典もある。棚に収まりきらない本が通路にはみだし、古書好きの心を刺激する風景だ。しかし、惜しいかなもう体力のカラータイマーがピコピコ鳴り始めている。下の方の棚を覗こうとしゃがんだら、それっきり二度と立ち上がれないような気がする。「ああ、なぜこの店を再び、私が訪れられないことがあろうか」と漢文調の感慨にひたりながら、釣果ゼロで家路へ急いだのでした。前回が二〇〇円の本を三冊しか買えなかったので、今回こそ、とはりきったのですがスイマセン。

このあとも何度も
あやまることに。

やっぱり本について触れないのは寂しいので、今月買った古書のことなどを……。

一二月しょっぱなの買い物は、永田耕衣の句集『殺祖』(南柯書局・昭五六年)。限定五〇〇部、函、極美、サイン入りが二〇〇〇円。均一台ですね。耕衣は今年亡くなった関西の俳人。「近海に鯛睦み居る涅槃像」なんてのが有名だが、まさか均一台で見るとは。

西部古書会館の古書展では、徳川夢声『あなたも酒がやめられる』(文藝春秋・昭三四年・再・カバーなし)を二五〇円で、清水崑のカッパ漫画の絵本『子守の合唱』(東峰書房・昭三〇年・初・カバーなし)を八〇〇円etc…。

東京古書会館では、菅原通済『かき旅すて』(高風館・昭三一年・初)を二〇〇〇円。通済は昭電疑獄に連座した経済人だが、小津の『秋日和』などに渋い脇役で何度か出てる。乾信一郎『猫は猫同士』(春秋社・昭二八年・初函)が三〇〇円。猫に興味はないんですが、茂田井武の装幀にひかれて買った。

こんな本
猫は猫同士
カエル

それがいまや
我が家にネコが!

2006年1月現在は「尋ね人の時間」という連載

今年の買い納めは女性古書店主の店で

一九九八年三月――大田区大岡山・古書日月堂

　昨年暮れの五反田の古書展で、あれこれ物色していると、本誌に「ウーム、なるほど」を連載中の河内紀《かなめ》さんとばったり。私のほうはといえば、例によって均一本の棚の前で、眼をランランとさせていたので、声をかけられたとき、少しドキリとしました。ちょっと立ち小便を見とがめられたような気分。

「どうです、ちょいとお茶でも」

　河内さんの友人Aさんも来てらして、古書店主Nさんと四人で喫茶店へ行った、とまあ思いねェ。そこでさっそく古書の話。と、いっても私などはうかがう一方ですが。そのなかでチラと、Aさんが「横井福次郎を目録で注文したけどダメだったよ」とおっしゃった。

「来た！」

と、私はそのとき心の中で叫んだ。ちょうどその日、古書展で宇井無愁著『鏡』（大阪新聞社・昭二一年）を買ったばかり。その本の挿絵が横井福次郎だったのである。ちなみに横井福次郎とは、ＳＦ漫画の草分

古書日月堂

け的作品「ふしぎな国のプッチャー」の作者。三六歳で早逝している。さっそく、開陳におよぶと、そのタイミングの良さに驚かれた様子。一〇〇ページほどの薄い本に五点の挿絵。みな口々に「うまいねぇ」「いいねぇ、やっぱり」とおほめの言葉。なんだか自分がほめられたような気になる。買ったのは五〇〇円でしたが、これで一〇〇〇円の値打ちはあると思った。

枕が長くなったが、この『鏡』を出品されたのが、大岡山の「古書日月堂」さん。一年ほど前に、女性でありながら古書店を開いたという異色店だ。「女性でありながら」と、使い方を間違えると女性差別になりそうな表現を使ったのも、本誌読者ならご存じのとおり、古書店というのは、店主の男女比率がきわめて偏った業界だからである。東京都内に限っても、夫人が店番しているというのではなく、女性自らが古書店主という例を数えて一〇本の指が全部折れるか折れないか。そのことだけでも「日月堂」は貴重な存在であり、行く心にはずみがつく。

目蒲線「大岡山」。目黒から伸びていって、この先、「田園調布」で東横線と合一する。「田園調布」には、誰もが推す名店「田園りぶらりあ」がある。いまはこちらの行動するエリアが違って行くことも少なくなったが、一時は良書が安く手に入るのがうれしくて、そうでなければ降りる用もない駅でしばしば下車したものだった。いい古書店のある沿線は、それだけで評価が高くなりますね。

目蒲線「大岡山」も、降りたのは初めて。目は「目黒」の目ですし、蒲は「蒲田」の蒲。どうってことない二字が、「目蒲」とくると、説明しがたい迫力が出る。何のこっちゃ？

大岡山駅を南口から出て驚いたのは、踏切そばにいきなり東京工業大学の校舎があることだ。こんなに駅に近接したキャンパスってほかにあるのかね。しかし、大きな大学を近隣に抱えていることは、古書店にとって大変有利である。おまけに、「日月堂」は駅からたった二分。ここはよく不動産屋の広告にあるような水増しは抜きですよ。

地元庶民の台所、といったミニ・スーパーを右に折れ、しばらく行くと、独特のロゴで店名が入ったガラスドアが目に入る。一歩、足を踏み入れれば、奥行きがある縦長のこじんまりした店内は、明るく清潔な印象だ。あちこちに女性店主ならではの心づかいが感じられる。ウィンドゥ越しに外から見えるコーナーに、ビジュアルな雑誌や児童書をおいたり、文芸・人文の棚の一段分を、新刊書店では珍しくない、表紙を見せる「面出し」で陳列してあったり、指輪や小物が並べられたコーナーもある。これなら店主と同性の女性客も気兼ねなく入れる店という気がしました。

レジ脇の二つの本棚には、澁澤龍彥、種村季弘、塚本邦雄、バタイユなど、いま売れ線の幻想文学系の書目が顔を揃えている。思うに、この二本の本棚が店主の顔でしょうね。勝手に憶測すると、ここには売れないなら売れないでそれでいい、という日月堂さんの魂が漂っている。

文庫に関しては、市民、創元、三笠など絶版の文庫は別にコーナーを設けて特化し、そのほかは作家別で文庫棚に並べてある。場所柄、文庫はよく売れそう。よく見ると、けっこう品切れ・絶版が交じってる。小林計一郎『俳人一茶』は角川文庫の写真文庫版は珍しい。二〇〇円は安いから買っておこう。

単行本では、佐藤愛子『花はくれない 小説佐藤紅緑』(講談社)を五〇〇円で。これは、かつて講談社文庫に入っていたが、函入りの装丁を見るとほしくなる。サトウハチロー本を探求してるくせに、同書は未読なのでちょうどよかった。帰りの電車の中で読むことにしよう。

日月堂さんは、町の古本屋さんの上から古書店をコーティングした感じの店だった。自分の町にこのぐらいのレベルの古書店があれば、さぞ心強いだろうとも思った。店を出るころには、もうとっぷりと日は暮れ、駅前の雑踏には師走らしい、にぎやかながらどこか物悲しいようなムードがある。この感じ、嫌いじゃない。今年の古書も、日月堂さんが買いおさめ。

来年も買うぞ！

買わない年はあるの？と妻の声

1998年3月● 大田区大岡山・古書日月堂

恋あり恋なしで過ぎた京都"青春期"

一九九八年四月——京都・中井書房ほか

　今年の一月中旬、某女性誌の仕事で京都へ行ってきた。芦屋小雁《こがん》さんの近著『シネマで夢を見てたいねん』(晶文社)についての著者インタビューが目的である。小雁さんは、関西出身のわれわれの世代には、「番頭はんと丁稚どん」ほか、関西喜劇の人気者としての印象が強いが、大変な怪奇・SF映画のマニアとしても知られている。なにしろ前妻・斎藤とも子さんとの離婚の原因も、「映画の見過ぎ」だと伝え聞くぐらいだから、これは性根が座っている。『シネマで……』は、その徹底したマニアぶりを存分に語った本。晶文社から出す、というのがイイ。こういうジャンルの本のつくり方をよくわかっている版元だからである。

　さて、京都の古本屋である。大学時代の四年間プラス数年をこの地で送った私にとって、京都とは、あちこちに「青春のかけら」がおっこちている町である(なんちゅうキザなことを)。下宿は最初、西院のトタンぶきのバラックと呼ぶに近

い平屋アパートに住んだ。仲間はみんな面白がって「トリ小屋」と呼んでいたが、事実トリ小屋を改造したものであることがのちにわかる。このアパートでの話は、新聞小説一本書けるぐらいのネタがあります。続いて下宿したのが、今度は方角が真反対の銀閣寺近くのお土産物屋さんの離れ。六畳一間で家賃は一万円。窓際に座り机があって、窓を開けると風にそよぐ笹の葉が目に入った。これで肺を病めば、完全に梶井基次郎だ。この下宿での話も、小説新潮新人賞に応募できるぐらいのネタがあるが、紹介できなくて残念である。

いまや死語とも言える〝貧乏学生〟だった私は、おいそれと新刊書店で本が買える身分じゃない。もっぱら知識吸収は割り引きのある大学生協の書籍部と古本屋に頼った。五〇CCのバイクを駆って、あるいは徒歩でよく市内に点在する古本屋を回ったものだった。

一番よく通ったのが、銀閣寺参道から今出川通りを西進し、京大前から鴨川を越えて、本を質に取ることで知られた「善書堂」周辺までのコース。これらの店では、一時期凝った美術の本や、詩集、文芸書、それに文庫をチビチビ買っていた。買ってきた本を抱えて、ジャズ喫茶や京大前の喫茶店「進々堂」でコーヒーを飲むのが、貧乏学生の唯一のぜいたくであった。ほとんど毎日一回は、古本屋を回っていたので、家具とてなにもない下宿はたちまち本だらけとなった。下宿の奥さん(京美人)は、私の部屋を覗いて「岡崎さんは、えらい(非常に)勉強家やねェ」などと言ったものだ。ふつうは、木造の下宿で大量の蔵書は嫌うものだが……。

もちろん風呂は銭湯、食事は外食だった。近くにあった銭湯は、日本在住のフランス人(いつも着流しで散歩している)や、近くの僧坊から若い修行僧が四、五人づれで入っているところに出くわし、そのあまりな異種混在ぶりに、奇妙な気分になったものだった。坊主と一緒に湯に浸かると、何か御利益があるだろうか。

現在、実家が京都に移り、いまだに年に数回は帰郷の意味で京都へ行く。学生時代にはなかった古本屋も新しくできていたりして、それなりに興味は尽きない。特に、河原町通りから二条通りへ折れ、鴨川を越えて京都会館へ向かう道筋に、ほとんど並ぶようにできた三軒の古本屋は、このところ帰郷の際に、新たな楽しみとして付け加わった感じだ。西から「中井書房」「水明洞」、少し離れて「奥書房(のちに移転)」。いずれも個性があり、回りがいのある古本屋だ。河原町からは歩いてもしれているが三二系統のバスに乗り、川端二条で下車すると便利。

「中井書房」は古典籍・文学・歴史・宗教・美術が専門。明るい店内に、整然と本棚が並び、床に本が積まれていない。初心者から通まで楽しめる店である。値段も安く、例えば文庫が二〇〇円均一(現在は、多少変わっている)。この一月に帰ったときも、思わずすでに持っている青山二郎『鎌倉文士骨董奇譚』(講談社文芸文庫)、富岡多恵子『室生犀星』(ちくま学芸文庫)を買ってしまいました。そのほか野口冨士男『文学とその周辺』(筑摩書房)を二五〇〇円。『社交座談術』という、大正一二年に出た布表紙・函入りの実用書を三〇〇円

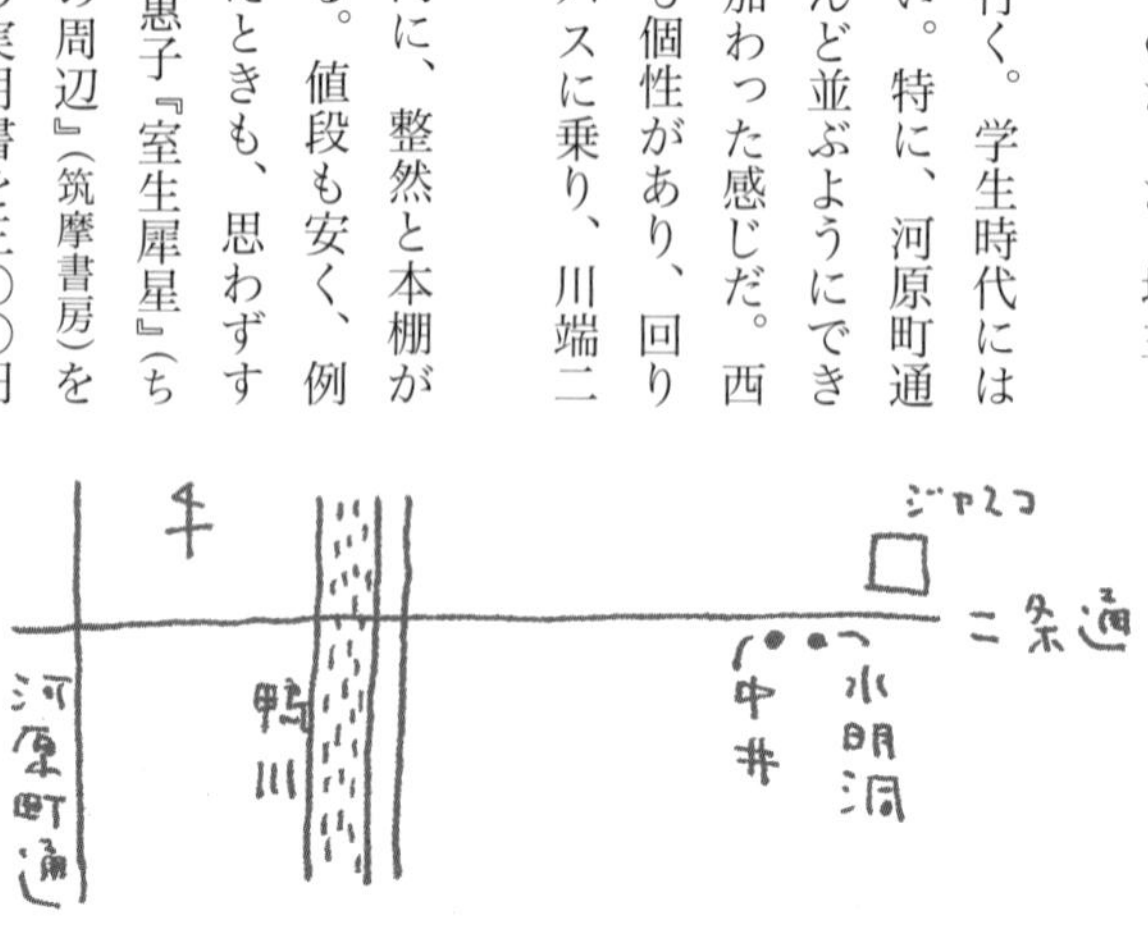

ぼくは小学生の頃、この付録マンガを買うために、古本屋へ通い出したのだ。

で購入。脱サラでこの商売を始めたという温厚な主人の、客との応対も好感が持てた。

その隣にあるのが「水明洞」。中井とは反対に店内は雑然とし、本だけでなく骨董や玩具まで並べられ、掘り出し感の強い店。古地図、ちらし、絵葉書など刷り物も多い。奥の本棚一つは昔の付録マンガで占められている。長時間いてもうるさいことは言われず、ついつい滞在時間が長くなる店だ。かつてここは西北書店の店舗で、数年前水明洞に替わった。西北書店もよい店で、尾崎一雄の随筆集『沢がに』を八〇〇円で、関根黙庵『講談落語考』(昭三五年・復刊版)を一〇〇〇円で手に入れている。

今回訪ねたときは、運悪く、大学のミステリ研究会とおぼしき五、六人(うち女性一人)が店内の通路を塞ぎ、どうでもいいことをベチャクチャいつまでも話していたので、早々に退散。古本屋はグループで入るとこやないっちゅうねん……ほんまに。

残る「奥書房」は美術書中心の店。店内スペースを余裕を持って使い、ここも骨董品が置いてある。美術展のカタログも豊富。独自の目録も発行しているとのことです。過去に何か一冊買った記憶があるが、いまちょっと調べがつかない。

京都市内といっても、古本屋が多く集まる東側エリアは、その気になればどの店へも歩いて行ける距離にある。事実、よく歩いた。その間、恋あり恋なしで二〇代の前半が消えていった。時々、その時期がまったく無駄であったような、逆に、そこにこそ本当の自分がいたような気になることがある。

山崎書店の看板の字は？

一九九八年五月――京都・山崎書店、紫陽書院

今回は、京都続編の巻。

前回は二条通に並んだ三軒を紹介した。私としては珍しく、一五〇〇円、二五〇〇円といった本を買ったのだが、この連載を読んでる月の輪書林の高橋さんに、「岡崎さんのあの連載は本を買わないところがいい。いつ買うか、買うかと思わせて結局買わないところがいい。一〇〇〇円以上買っちゃいけませんよ」と言われ、たしかに「均一小僧」の看板が泣くというものと、深く反省したのでした（少し言ってることが変ですか?）。

近頃テレビを見ない私が、毎週のように熱心に見ているのが、土曜の朝九時半からの三〇分番組「途中下車ぶらり旅」（日本テレビ）。中央線、都電荒川線、西武新宿線というふうに、関東の各電鉄の沿線を気ままに（という設定でじつはすべてアポ済み）途中下車しながらB級タレントがルポする。旅と謳いながら、チープかつ日常的なところがいい。今回はそれに倣って「叡電途中下車ぶらり旅」を敢行。

〝叡電〟こと叡山鉄道は、出町柳を始発とする一両だけの各駅停車のみの電車。東京在住の人には都電荒川線を想像してもらえばいい。途中で比叡山と鞍馬寺の二方面に別れて走

る観光電車であるとともに沿線住民の足にもなっている。どんなに活力の有り余った人でも、一度座席に座って振動に身をまかせれば脱力してしまうような電車だ。故・滝田ゆうが描いたら似合いそうな……。この沿線に新旧の古本屋がいくつかある。今回久々に乗ってみると、電車の車輛はきれいになっているし、出町柳も、京阪電車がそこまで延びたこともあって、周囲の建物など新しく建てかわり、印象が明るくなった。その昔は、彼女と鞍馬寺でデートしたあと、夕暮れの出町柳に立つとどこか物悲しく、そんな青春のかけらが……(それはもう前回書いたっちゅうねん)。

最初の停車駅「元田中《もとたなか》」では、線路を挟んで逆方向に二店、南へ二分で「福田屋書店」、北へ一分で「山崎書店」へ行ける。前者は歴史・哲学・思想・文学、後者は美術専門の古本屋です。「山崎」さんは、私の学生時代にはまだなかった。「福田屋」さんにはよく通った。文芸もののほか、サブカルチャーの本もけっこうあったので、マンガも含めて安い本をよく買った。澁澤龍彦なんて、そのころ、変態SM本などと一緒に並べられて、また値段も安かったように思う。

「山崎」さんは、店舗営業もしているが、目録主体のお店。じつは、私が仲間とつくってる『ARE《アー》』というミニコミ雑誌にも「古書店紀行」のページがあり、同店は一度そこへご登場願ったことがある。インタビュアーは編集長で画家の林哲夫。そのとき、店の看板を写した写真を掲載したのだが、その書き文字がじつにいい。大ぶりで、全体の空間処理も絶

↳「ARE 6」(1996・8・20 刊)
洲之内徹特集号
↳この号はすぐに完売!

妙な能筆で、さぞ名のある書家の字だろうと思っていた。今回、その実物を見て、店主の山崎さんに「これはいい字ですね」と言うと、「みなさん、そうおっしゃるんですが、じつは……」。

聞いて驚いた。この筆文字、先述の林哲夫さんの長男・武尊《たける》くんが、小学生のとき書いた字だというのだ。うーん、参りました。まるで、岩波から出た芥川龍之介全集の背文字が、まだ小学生だった長男・比呂志が書いたというような話ではないか。さっそく、そのことを林さんに電話で告げると、「ハッハッハッ、子どもっていい字を書きますからね。いま？　いまはそんなん、ぜんぜんあきませんよ」ということだった。

次の駅は「茶山《ちゃやま》」。京都には都合六年ほど住んでいたが、この駅で降りるのは初めて。踏切りを渡れば、すぐ民家が密集していて、玄関先には植木が並び、開け放した窓から家の中が見える。部屋一面の壁に膨大なジャズらしきレコードのコレクションがある部屋が覗けたり、どこか心が落ち着く町だ。ちょっと中央線沿線の阿佐ヶ谷、西荻窪あたりと雰囲気が似ている。

そんな町の一角、駅から一、二分のところに「紫陽書院」がある。これも、私の学生時代にはなかった店。店主は珍しく女性だった。コンビニほどの規模の店内に、ぎっしりとさまざまなジャンルの本が詰め込まれている。ファッション、インテリア、美術、写真集がよくそ

紫陽書院

※・岡崎模写
実物は
もっといい

山崎書店

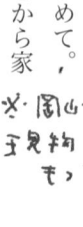

ろっていて、漢籍が並んだ一本の本棚だけが異端の匂いを漂わせる。私が店内にいる間にも、学生らしき若い男女が次々と出入りしていた。前々回の「日月堂」さんのときもそうだったが、女性店主のお店はどことなく雰囲気が違いますね。本のビニール掛けとか、ポップの文字とか、清潔感があって印象が柔らか。「よし、ここでは少し買うぞ」と(やっと買います)、気合を込めていざ店頭の均一台へ(やっぱりな)。ものの数分で四冊拾い出した。

小島政二郎『濡れた珊瑚』(矢貴書店・昭二二年・再)五〇〇円、エイメ/中村真一郎訳『壁抜け男』(早川書房)一〇〇円、『家庭の手帖』(自由国民社・昭二七年)一〇〇円、本居宣長『鈴屋文集』(研究社学生文庫・昭一七年)一〇〇円。(あいかわらず、ロクなもの買わねぇなぁ)という、読者諸氏の嘆息が聞こえてきそうだが、これぐらいの値段で、このレベルの本を買うのが、私にとって一番面白いのだ。したがって、部屋の中は駄菓子屋の店先のようになる。

→いまや駄菓子屋の倉庫に……

店主の鎌倉さんにお話をうかがったところ、さっき「異端」といった漢籍はご主人のパート。もともとこのお店は始めたとき、鎌倉さんは旧姓の独身だった。業者の市で、大阪で古書店を経営するご主人と知り合い、それが縁でゴールイン。ご主人のお店がちょうど店を閉めるときだったので、ふたりで紫陽書院を経営することになったという珍しい話である。古本屋同士の結婚……確率としてはモナコの国王と、ハリウッド女優が結婚するようなもの(言い過ぎですか)。

京都会館ではオールナイトをサンリツパンで

一九九八年六月——京都・萩書房Ⅱ

ついでながら、叡山電鉄山本線にのってもう少し京都の古本屋めぐりを。おつぎは、「一乗寺」へ。この駅周辺に愛着があるのは、かつてここに、「京一会館」という名画座があったからだ。まだ府立医大の学生だった大森一樹が愛した映画館であり、何度か閉館の危機があったとき、映画人が支援してはそのつど細々と延命していったのだった。そして一〇年前ぐらいになるだろうか、今度こそ本当に命脈が尽きた。

ここでは毎土曜のオールナイトで、三本立て四本立てというのをよく観た。なぜか市場の二階にあったので、昼間は市場の肉屋でコロッケを買って、オールナイトのときは館内の売店でサンリツパンと三角パックの牛乳を買って、二本目以降は腰がギシギシ痛む椅子に陣取って夜を明かしたものだ。邦画史上は名作とされる『砂の器』を観ていたとき、刑事の丹波哲郎が例の調子で大演説をぶち、森田健作がカン高い声でクサイ演技をするたび、館内は笑い声でどよめいた。こんな時代がかったメロドラマを認めたりはせんぞ、という批評意識が連帯となって、館内の空気を支配していたと思

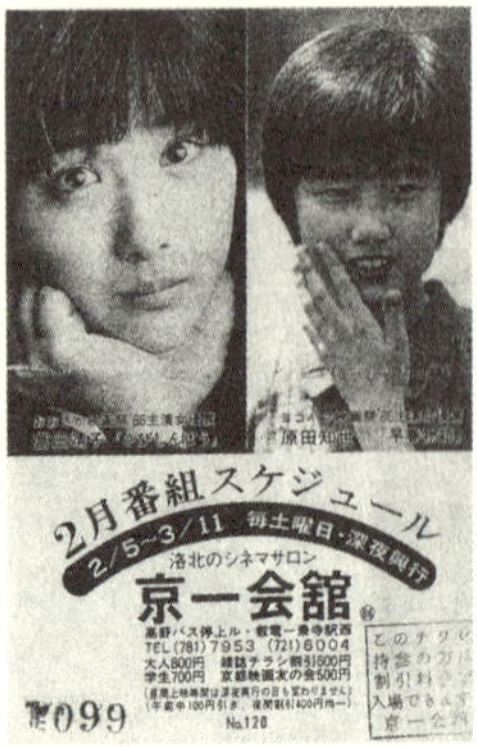

う。あんな映画体験はそれ以後はない。

なにしろ流れ流れてたどりついた古フィルムばかりなので、上映中しばしばフィルムが切れ中断を余儀なくされるのだった。そのたび、切符売り、かつモギリ、かつ売店員だった名物おばちゃんが扉を開け、民意をはかる。「みんなどうする？　このまま切れたん飛ばして観るか、雨ふりのん観るか(ちょっと間をおいて)……それともやめるか」

ここで大爆笑。それで怒る奴はいなかったな。むしろそんなアクシデント込みで「京一」を愛してるという感じだった。

手元に当時のチラシがある。学生は七〇〇円。『プガジャ』(関西の情報誌)や、このチラシを持参すれば一〇〇円引き。必ず割引きを利用し、たしか七〇〇円で観た記憶はないな。プログラムは週替わりで、ロマンポルノと一般の映画が半々だった。いくつか上映作品を拾ってみる。

『エロスは甘き香り』『赤い鳥逃げた？』『神様のくれた赤ん坊』の三本立てはもちろん桃井かおりの特集だ。『さらば青春の光よ』『翔んだカップル』『俺たちに明日はない』は青春ものだ(『さらば～』では郷ひろみって意外にいいな、などと思ったりした)。『新同棲時代』『二〇歳の原点』『鉄騎兵、跳んだ』『冒険者たち』の四本は、テーマは"夢追い"だと(『二〇歳の原点』は我らが立命大の話なのに、ロケは東京の大学のキャンパスを使用してて許せん、と憤ったり)。

フィルムの色調まで青っぽい青春映画四本を観終えて、空が白み始める空気の中を、下宿まで五〇CCのバイクを飛ばして行けば、映画の余韻とシンクロして、自分もATGの映画の主人公のような気分になったものだった。二〇歳をまだ過ぎたばかりの頃の話だ。

いやいや、すっかり映画の思い出に浸ってしまいました。一条寺近辺では、手塚マンガの相場をつくったと言われる「石川古本店」が有名。絶版マンガ専門店。手塚マンガの蒐集では唯一無二で、なにしろ虫プロにも保存されていないものもここには揃っている。店主、石川さんの手塚マンガに賭けた青春の日々は司田武己『手塚バカ一代』(集英社)にくわしい。ただし、店は開いていないことも多く、事前に電話連絡が必要だ。

そこで「萩書房II」を。ここも学生をターゲットとした、京都の新しい顔の古本屋のひとつ。店頭の立て看板に描かれたトニー谷(?)が目印。店内は文庫がずいぶんたくさん揃っているのが目につく。人一人すれちがうだけの空間なく、雑然とした印象の古本屋が多い中で、この店は整理されているほうだろう。値段も手頃。僕はあいかわらず均一台で、沢本盂虎『近世人物評伝　山河人あり』(維新書房・昭一八年)一〇〇円。尾崎士郎『空想部落』(新潮社・昭二〇年)を三〇〇円。装丁は鈴木信太郎。しっかり見れば、そこそこの掘り出し物がありそうに思いました。

京都と古本のかかわりで、あと思い出すのは、毎年一一月初めに行なわれる"秋の古本まつり・百万遍知恩寺"のこと。場所は京大前にあるお寺「知恩寺」(知恩院にあらず)。この境内で、京都の古本屋たちが集まって出店している。

神保町では同じ頃に"青空古本まつり"が開催されているが、それを真似たかたちで、露天での販売となった。なにしろ規模が大きいのと、開催されて数年ぐらい、値段も安かったので、大いに張り切って出かけた記憶がある。

初日の開店三〇分前に、本堂で行なわれる古本供養に参列すると、五〇〇円ぐらいの古本サービス券がもらえる、ということだけで、冷たい床に正座し、長々とお経を聴いた経験もある。高校講師をしている頃、初日が授業のある日と重なり、自習にしてかけつけたこともある(時効にしてください)。毎回、関西のTV局が恒例の歳時記的行事としてニュース取材するため、カメラを持って取材に来ていた。もしカメラに映りこんで、ニュースで流され、それを教え子が見ていたら……そう思うとビクビクものだった。

そんなこんなで、京都と古本と私の青春は、切っても切り離せぬような関係にあったのだ。

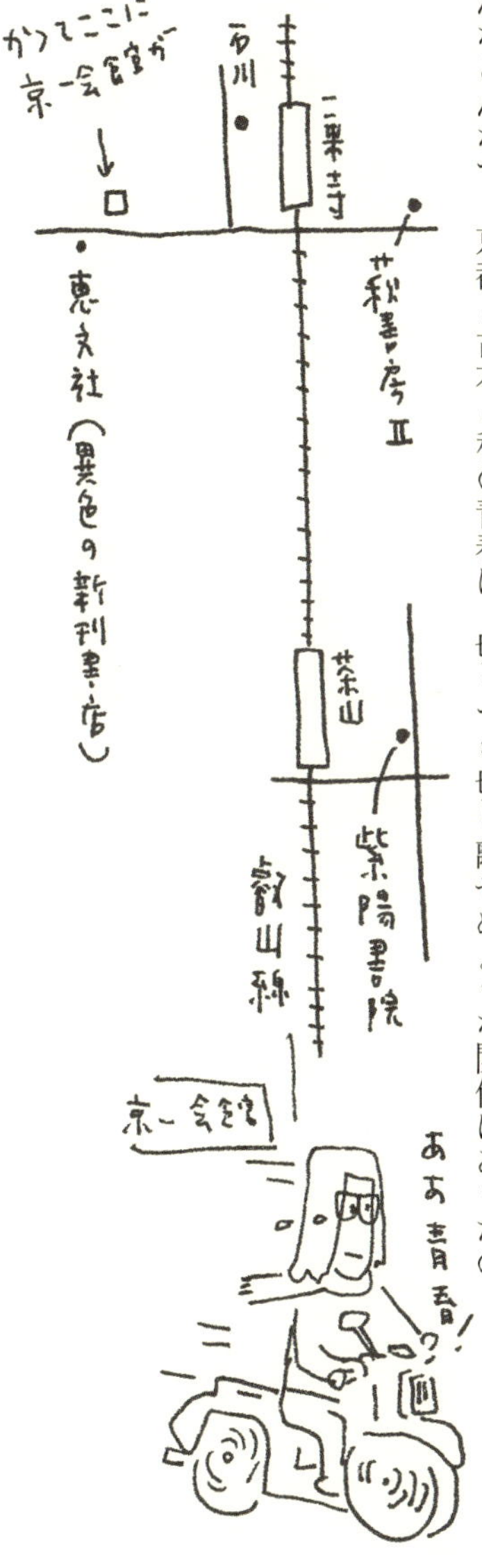

二〇〇円ならいりませんと断った私がいた

一九九八年七月——小金井・翔節堂

五月の連休前、四月の最終日に自動車免許の再交付のため（今年一月に財布ごと紛失）、府中の交通……あれ、何と言うんでしたっけ、免許証を交付するところ、へ行ってきた（いま確かめたら、警視庁府中試験所と言うそうです）。その週は降ったり晴れたり、おちつかない天候だったが、この日は文句なしの晴れ。私の住む町から府中までは、二度バスに乗れば行けるのだが、距離的にはたいしたことはないと見て、自転車で行くことにした。

無事免許の再交付も終わって、今日、ここへ来る前から計画していた、府中からさほど離れていない、西武多摩川線「新小金井」駅前にある「翔節堂」を訪ねることに。かねてより、古書展などでは、ご店主の似顔絵のついたユニークな値段票に注目していたから、この日の来るのが楽しみだった。

アップダウンのある、静かな住宅地を抜けながら、一五分ほど走ると、新小金井駅前の小さな商店街に着き、目的の「翔節堂」はその片隅にあった。店頭の均一台を覆う日よけのシートが、店構えの三分の二ほどを占めている。そのほか反対側に、日に晒された均一台もあり、その奥にある入り口と店内は、薄暗く、まったく人気を感じさせない。初めて訪れる客をたじろがせるムードだが、オール一冊一〇〇円の均一台からゴソゴソと点検を始める。

やや、十返肇《とがえりはじめ》の『スター見本市』（角川書店・昭三六年・初版カバー帯つき状態良好）だ。判型は新書判。装丁と挿絵が風間完。これが一〇〇円。私、十返肇のファンで著作を一〇冊は持っている。小難しい文芸評論より、この人のゴシップ中心の文壇時評のほうが、その時代の文壇の空気や消息、作家の息づかいをみごとにいま伝えていると思うからだ。谷沢永一『紙つぶて』でも、十返について、こんな話が紹介されている（『十返肇著作集』上下二巻（講談社）の編集を担当した野口冨士男の後記によると、伊藤整が十返肇の文芸時評を重視して、特に初期のものは洩らさず収録するようにと指示したという）。

翔節堂

先の一冊は、未所持のものだったので、これを持って店内へ。古本屋の狭い通路や、薄暗い照明や、混沌とした空気は慣れっこになっているつもりでも、同店では全部の棚を見て回るのに、いささか苦労した。どのジャンルがどうとかいうのでなく、専門書と雑本が混在している。ざっとひとめぐりして、文庫コレクター（文庫に関する本を執筆中）らしく文庫の棚へ。

おお！『文庫本雑学ノート』ダイヤモンド社のことだ。

翔節堂さんでは、文庫は絶版・品切れ中心の棚と、一〇〇円均一の棚を設けている。一〇〇円の棚で、三浦哲郎『拳銃と十五の短編』（講談社文芸文庫）、夏目漱石『坊っちゃん・草枕』（春陽文庫）、池田満寿夫の『エーゲ海に捧ぐ』（角川文庫）をそれぞれ見つけた。『拳銃～』はすでに講談社文庫版を持っているんですが、講談社文芸文庫となるとつい買ってしまう。『坊っちゃん』は、岩波、新潮、角川、旺文社、集英社、講談社と各文庫版をこれまで収集して、春陽文庫版はまだ持っていなかったから、これは「やった」と思いました。『エーゲ～』は、それ自体は芥川賞受賞作で映画化もされたため、なんの珍しさもないが、すでに私の持っている版は、映画公開にあてこんで映画の写真が使われている表紙。ところが、角川文庫によくある手なんですが、それ以前に池田の絵を使った別の表紙で出ていたことがあるんですね。それを見つけた。

　そして勘定することに……。私が見つけたのは、すべて一〇〇円均一の棚だったので、四冊で四〇〇円のつもりで本を手渡すと、店番のおばあさんに『エーゲ海に捧ぐ』のみ、「これは二〇〇円」と言われた。「あれ？」と思いましたね。あとでよく見ると、この文庫本、古本屋では二度目のお務めで、前につけられた鉛筆書きの値段二〇〇円が消し忘れのまま、一〇〇円均一の棚に並んでいたらしい。そのあと、ここが私のすごいところですが、

「あ、それならいいです。いりません」

と言ったのだ。たった一〇〇円差であっさりあきらめるところが均一小僧たるゆえん。

現在は中公文庫へトレード。

「200円であきらめるところがスゴイ」と川本三郎さんにホメられた……のかな。

さあ、それで二〇〇〇円だった『エーゲ海に捧ぐ』はどうなったか。向こうも、二〇〇〇円で断った客にとまどったのでしょう。「それじゃ一〇〇〇円でいいですよ」と、無事私の手に渡ったのでした。めでたし。めでたし。

かつて角川文庫に
『思考する魚』のⅠとⅡ、
『私の調書』など美術エッセイ
が入っていて、愛読した。
小説集では『楼閣に向って』
が良いと思う。

1998年7月● 小金井・翔節堂

甲府で聴いたクラプトン

一九九八年八月――甲府・城北書房、風雪堂

風香る五月、狂騒のゴールデンウィークは自宅で待機し、連休明けに車を駆って奥蓼科、小淵沢と二泊三日、妻と娘を連れての家族旅行をしてきた。帰りに甲府へ立ち寄り、この連載の取材をしてしまおうという魂胆である。連休明けの高速道路は行き帰りともスイスイ。奥蓼科の「渋の湯」はガラガラ、小淵沢のペンションでは宿泊客はわれわれ一組のみ。貸し切り、大名気分を味わった。これだからフリーという稼業を止められない。

ところが、この道中にフリーならではの悲哀も感じることとなった。奥蓼科高原、その見晴るかす緑の田畑、木々、遠くの山、鳥の鳴き交う声、高原に包まれて家族で団欒しているそのときだった。突如、安寧を打ち破るべく一本の携帯への電話。出てみると、はたして目の前に闇が……。私が主力に仕事をしている雑誌A が休刊と決まったことを、担当編集者が知らせてくれたのである。今年初めに、すでにもっと主力にしていた雑誌B を失ったばかり。このダブルパンチで去年の年収の半分は見込みがたたなくなった。

しかし、この稼業をもう八年も続けてきたせいか、打たれ強くなったのか、それとももうパンチドランカーになっているのか、それほどのショックはなかった（家計を預かるヨメ

A「UNO!」朝日新聞社
B「自由時間」マガジンハウス

さんは大ショックという様子でしたが)。

「まあ、しゃあないな」

と、なぜかここは大阪弁で、やり過ごしたのである。大阪弁は便利やな。

おっと、そうでした。甲府の古書店の話をしなければいけない。いつもお世話になっている『全国古本屋地図』(日本古書通信社)の「甲府」の項を見ると、中央本線「甲府駅」周辺に五軒ある。そのうちの一軒「城北書房」は〈市内では最も古書が多い。店主は戦前、神田神保町に。戦後この地に開業(中略)。先ず訪ねてみるべき店だろう〉と同書で説明する。仰せのとおりここから〈先ず訪ねてみる〉ことにした。


甲府駅南口には県庁や舞鶴城公園が位置し、駅前ロータリーから伸びるメインストリートの両側にビルが建ち並び活気づくのに比べ、北口はおそらく昔からの甲府駅前の匂いをそのまま残す、ひなびた駅前である。一階が駐車場、二階を事務所とするタクシー営業所はすぐ目の前に。壁面の「○○タクシー」と、ペンキで直に書いた文字も「いかにも地方都市」の風情を漂わせています。

「市内では最も古書が多い」という記述に引かれて、駅前から歩くこと約五分。これがそうかと看板を見つけたとき、そのつげ義春的ビジュアルに、ややあぜんとした(ここは写真参照)。モノクロで撮影しても大して変わりがないようなたたずまいである。

城北書房

品揃えは文芸、戦史、郷土史と国文学が目立つ。オーソドックスな棚だと言えよう。

帳場に座る高齢のご主人は、その昔神保町で修行をなさったとか。このクソ暑い（甲府は暑い！）のに、きちんとネクタイ姿。少し耳が遠いのか、後ろに控えた夫人が客との対応を通訳してご主人に伝える。うるわしき夫婦鏡じゃありませんか。特にほしいものもなかったのだが、邦枝完二『双竹亭随筆』（興亜書院・昭一八年）を一八〇〇円で買った。表紙絵は邦枝こずえ。すなわちのちの木村功夫人、木村梢さんである。

お次ぎは、ガードをくぐって南側へ移動。なんとなくひね曲がった道が旧街道の名残を偲ばせます。秋山書店を探して歩いたのだが、目に付くのは「秋山質店」「秋山泌尿器科医院」などの看板。結局「秋山書店」は休んでいた。しかたなく、そこからほど近い「風雪堂書店」へ。和本と民俗資料などを置くがここもお休み。隣にある文芸、一般書の「風雪堂」を覗くことにした。

一角に俳句、短歌関係の本を揃えているほかは、ほとんど二〇〇円、三〇〇円均一と筆で書かれた一般書が主流。店内ほとんどが均一台みたいなもの。「均一小僧」がやってくるのを見越した品揃えでしょうか。ここでは『岩切喜之助を偲ぶ』（平凡出版・非売品）という、現在マガジンハウスと社名変更した出版社の追悼文集を二〇〇円で。うまくほしいものにぶつかるとここは安い。

本を選んでいると、ネクタイ、スーツ姿の営業マンふうの男性が店に入って来て、本には目もくれず、帳場のまだ五〇ぐらいとお見受けするご主人に「秋山さん」と声をかけた。なんだ、ここも「秋山」か。どうやら、この一帯は秋山一族の支配地らしい。二人が話すのを聞いていると、「今晩メンバー集まります?」(ははあ、麻雀だな)「いや、ドラムがさ、無理らしくて、スタジオのほうも……」(なに! ドラムだと)。

なおも聞き耳を立ててると、これは意外。どうやら風雪堂のご主人は、アマチュアジャズバンドのギタリストらしいのだ。「最近、スコアが読めなくなっちゃって」なんてせりふを、まさか甲府の古書店の中で聞けるとは思ってもみなかった。そういえば、店内に流れるCD音楽も、エリック・クラプトンではないか。たった二軒しか回れなかったが、これで十分。これ以上の目にあったら、湯あたりしてしまう。甲府へもし訪れたら、ぜひこの二軒に立ち寄ることをお忘れなく。

荷風のカツ丼に出会えなかった日

一九九八年九月――市川市本八幡・山本書店ほか

考えてみればこの連載、これまでに行った場所は東京都内でも西寄り、都外でも関西と、徹底して西側に寄っている。西側世界に片寄りすぎるとろくなことはない（なんのこっちゃ）。で、今回は無理やり東へ進路を取ります。さいわい、某雑誌の取材で錦糸町まで行く用事があった。ついでに、千葉方面へ足を延ばそうという魂胆である。

錦糸町といえば新春恒例の「西武古書市」だろう（もう、そこからちょっと離れなさい）。それ以外に下車したことがない。今回、錦糸町のディスカウント店で、この連載取材用の小型カメラを買った。ふだん、ほとんど買い物といえば「本」になる人間としては、ほかのちょっとした買い物をすると、晴れがましいような照れ臭いような微妙な気分になる。これ、なんでしょうね？

新しいカメラをぶらさげて、黄色い総武線に乗り込んで、東へ東へ、本八幡《もとやわた》駅を目指す。『全国古本屋地図』によれば、総武線「本八幡」と、京成「京成八幡」は接近していて、しかもこの周囲に何軒かの古本屋が散らばっている。

「京成八幡」から「市川真間《まま》」へ、また周辺の古本屋を拾いながら総武線へ戻るプランを立てた。このコース、東側デビューとしてはまずまずのところじゃないでしょうか。市川といえば、荷風が晩年を暮らした場所で、たしか毎日のようにカツ丼を食ってた店「大黒屋」があるはずだな、と思いながら、下調べをしてこなかったことを悔やんだ。もしその店が残ってるなら、ぜひ荷風が食べたカツ丼を味わいたかった。そういえば、中村真一郎が、一週間毎日カツ丼を食べても飽きない、カツ丼フリークだと聞いた。フランス文学とカツ丼との関係を誰か調べてください。

丸谷才一のエッセイで読んだ。

最初は、本八幡駅から数分の「志賀書店」へ行くことにする。外観はこじんまりした町の古本屋風。中もそのとおりだった。客は一人。二〇代の男性。顔が小さくて手足がいやに長い。平日の昼日中に何をしておるのか。宇宙人じゃないだろうな。エロ本を熱心に見ている。棚を見ると、ところどころ透き間があり、本と本がもたれあっている。一段分スカスカの棚もある。少ない本の中には、いいものも散見できるのに、棚がガラガラなのが残念だ。古書展に参加しているというから、主要な本はどうしてもそっちへ行っちゃうのかもしれない。

線路の北側にある「銀河書房」は、メインストリートへ戻るより、そのまま志賀書房から高架をくぐって向かうほうが近い、と算段して、歩きだす。高架下まで来たとき、『全国古本屋地図』には掲載されていない古本屋「古書コモハウス」を発見。外観はレンタルビデオ店風。マンガ、文庫など若者主体の店だが、文芸書などにはきちっきちっとしっかりした値がついている。よく勉強してるな、という印象だ。表の均一は、量が豊富。古い『本の雑誌』のバックナンバーが何冊かある。私はこの雑誌、三四号以降は揃いで持ってるが、三三号以前というのがなかなかない。忘れた頃にぽつぽつ二〇番、三〇番台の欠号が埋まるという感じ。この日は、一九号を発見。初の一〇番台への突入だ。値段はもちろん一〇〇円！

高架をくぐり住宅地を抜け、銀河書房を探したが見つからなかった。先を急ぐので、そこはあきらめ京成八幡の駅近く、踏切のすぐそばの「山本書店」へ。写真を見てわかるだろうか。オートバイが止まってるのが踏切だから、掛け値なしのすぐそば。ここはいい店でした。京成線を利用される方は、途中下車してでも立ち寄る価値があると思った。

『全国古本屋地図98』によれば、〈全集、歴史、民俗等文科系書籍の他に、特に中国関係書と音楽関係書を多く揃えている〉となっている。本の値打ちをじゅうぶんわかった棚づくりがされているという印象。量も豊富です。

しかし、ゆっくりしていられない事情がある。この日ちょうど、すぐ近くの公民館で、千葉県下の古書店合同の古本まつりがあるというのだ。こんなうまいチャンスはめったにない。「山本書店」さんを後に先を急ごう。

「本八幡」という駅名でわかるとおり、駅からすぐのところに八幡神社がある。並木が両側に立ち並ぶ参道を進むと、右側にその公民館の建物が。途中、古本まつりの幟が風にはためいている。館内の部屋ふたつを使っての古本市。来る客も、神社の縁日を冷やかす風情の人たちばかり。子どもがワンワン駆け回っています。

何か買わねばつまらないと、首筋が痛くなるほど集中したのだが、結局買ったのは春山行夫の『木曜雑記』（林檎書院・昭四七年・初版）を一冊きり。五〇〇円。出品はやはり山本書店さん。

ああ、ここで買えてよかった。内容は著者おとくいの西洋文化ウンチク本。紙装ながら、山名文夫《あや》の装丁がまことに好ましい。題名・著者名が書き文字、カラーであるのに中央のイラストとともに黒一色で、まわりを額のように、淡い朱と水色の帯で囲んでいる。いいですね。

山本書店

ひと目見たとき、まるで化粧品の広告みたいなデザインだなと思ったのだが、それもそのはず。山名文夫といえば、資生堂の意匠部に在籍し、省略された線による独特な女性像で"資生堂カラー"をつくった人だからだ。

資生堂を取材した時、山名文夫の名前を出したところ、広報担当者が、山名が好きで資生堂に入社したという人で大いに盛り上がったことがあったなあ。

2005年10月：第2弾
8月の輪書林それから晶文社
が出た！

古本素浪人の道場破り

一九九八年一〇月——国分寺・苔花堂書店ほか

いやぁ、高橋徹さんの『古本屋 月の輪書林』(晶文社)の三刷増刷が決まったそうです。すごいなぁ(八月末現在)。この本がそれほど売れた理由は、古本世界に対する全般的な興味もあるだろうけど、まるで幕末の志士みたいな、肉体と思想が合致した高橋さんの捨て身の生き方が、共感を呼んだのだと思う。しかもロマンスのおまけつき。ひょっとしたらNHKの連続ドラマになるかもしれない。つい先日終わった、葉月里緒奈主演のドラマ「チョコレート革命」で、彼女のアルバイト先が古本屋(店主は森本レオ)だったもんな。

その出版パーティーが、七月中旬に行われて、私も出席したが、そこで声をかけられたのが、京都在住の二〇代の若者。聞くとその若さでありながら大変な古書通で、月の輪書林弟子入り志願候補生だという。おまけに、この連載を読んでくれているそうで、この道に入って八年、自分の文章の読者に初めて会った。感激しました。さらに話をすると、驚くべきことが……。今年二月に『アミューズ』(毎日新聞社)という雑誌の仕事で、私が京都の古本屋を取材した際の出来事だった。美術書専門店の「山崎書店」で、先に一人客が入っていたため、礼儀として「これから取材させていただきます。ご迷惑ですがよろしくお願

筆名は扉野良人

いします」と声をかけた、その客こそが彼だったというのだ。なんちゅう狭い業界や。それやったら、町内ですべて物語がおさまる石井ふく子プロデュースのドラマですがな（このとき出会った若者は井上迅くん。のちに『ｓｕｍｕｓ』という雑誌を一緒にやることになる）。

それで今回は、趣向を変えて、ここ一年ぐらいで開店した、まだ最新版古書店地図にも記載されていない古書店を、いくつか紹介しようと思う。

まずは近場から。国分寺南の線路端に、以前「えびな書店」があったが、同書店は移転し、その空いた店舗に「苔花堂《たいかどう》書店」が入った。「えびな書店」さんのときは、置かれている本があまりに立派すぎて、私のような不謹慎な男が出入りするのははばかれたが、「苔花堂」さんは、店内もオーソドックスなレイアウトで、本も見やすく、安心して訪れることができた。しかも店主が女性とあって、エロ本もなく品揃えは美術、文芸書中心になかなかの充実。私が同人となっているミニコミ誌『ＡＲＥ』が置かれてあるのもありがたい。ちなみに、そのすぐ近くに、かつて村上春樹がジャズ喫茶「ピーター・キャット」を開いていたことを、苔花堂さんはご存知だろうか。苔花堂さんの前の道を出て、トヨタレンタリースで左折、対面の焼き肉屋の地下といえば、ふつうの読者にはさっぱりわからなくても、苔花堂さんにはわかるだろう。

開店のご祝儀に値段を張るものを、と考えたが、結局足が向いたのは絶版文庫コーナー。上林暁『姫鏡台』（角川文庫）は、上林の文庫で唯一所持してなかった文庫なので、奪

ジャズ喫茶マスター時代の村上春樹
← 長髪・エプロン姿

い取るように買った。一〇〇〇円。日は違うがほかに、福田蘭童『うわばみの舌先』（朝日文化手帖）、同じく蘭童の『この目で見た赤い国の恋』（一水社）など数冊をいずれも三〇〇円で購入。こういう店が近場にできたのは、本当にうれしい。ぜがひとも、一日も長く営業を続けられんことを願って、あいさつに代えさせていただきます。

　これまであまり古本屋のなかった代々木には「古書ビブリオ」が開店。代々木駅前から徒歩二分ぐらい。入り口が狭く、奥へ進むと広がる斧型の店だ。開店まもないとあってか、まだ入り口近くに未整理の本がたくさん積んである。古い野球関係の本（飛田穂洲）などが目についた。スポーツ関係の本を充実させる方針のよう。そのほかさまざまなジャンルの良書が揃い、新顔のエネルギーを感じた。ここでは何も買えず。申し訳ない。

古本よみた屋

　吉祥寺には、すでに「藤井書店」「外口書店」「さかえ書房」など良店があり、途中下車のしがいがあるが、昨年だったが、そこへ井の頭通りを東進、ガードをくぐってすぐのところに「古本よみた屋」が加わった。古本屋らしくない店構えで敷居が低く、店内は広く蔵書量が多い。サブカルチャーから専門書までまんべんなくカバーしている点もうれしい。特に店頭の均一台での掘り出し率は非常に高い店（イチローの打率と拮抗する)。これまでもずいぶんいい本を安く買わせていただきました。

こう見て行くと、古書業界も新陳代謝が進んでいるな、と思う。老舗への敬意は失わぬつもりだが、均一小僧にとっては、新しい店というのは、それだけで非常な期待感を持つし、初めて店を訪れる喜びも大きい。ちょっと武者修行の素浪人が道場破りするような気分ですね。今後も、気が付くかぎり、新しい店は報告してまいります。

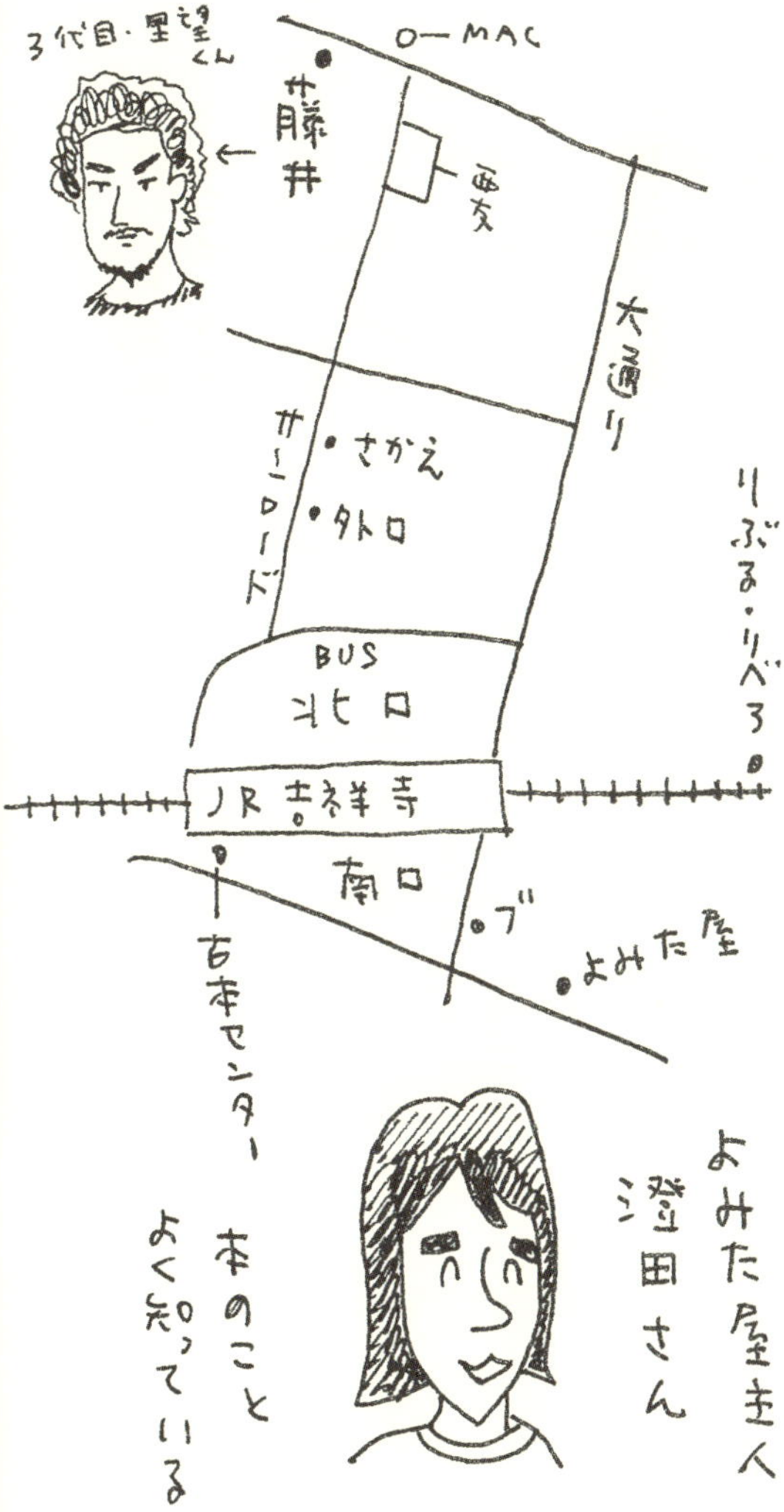

夕焼けだんだんを降りて

一九九八年二月――台東区谷中・峯尾文泉堂

いきなり私事で申し訳ないですが、私の初の著書が九月に出ました。タイトルは『文庫本雑学ノート』。発行元はダイヤモンド社。本体価格一六〇〇円。文庫本に関するウンチク本です。買ってくださいとは言えない。せめて、お金を払って手に入れてください（同じことやろ！）。

そこで、私の師匠格にあたる詩人の荒川洋治さんが発起人となってくださり、ごくごく内輪のメンツでお祝いの会を「檸檬屋」（谷中）という飲み屋で開いてもらえることになった。それじゃあ、ついでだから谷中近辺でこの連載の取材をと思い、約束の時間よりちょいと早めにカメラをぶら下げて出陣。

ちょうど日暮れ時、日暮里駅から歩きだし、夕焼けだんだんという石段（命名／森まゆみさん）にさしかかったところで、その高台から、谷中の町に沈みかけた見事な夕日のショー（この日は晴天）が拝めた。

見ていると、初めての本が出たうれしさも手伝ってか……さすが、この町にはいい夕日が沈む、とすっかりいい気分になりました。夕日に魅入りながら夕焼けだんだんを降り、

↓その后 絶版に！古本の仲間入り

現在は新宿「末広亭」となり玉屋ビル3Fで営業

にぎやかな商店街を抜けて不忍通りへ。記憶の中で、不忍通りにはたしか何軒か古本屋があったような気がしていたからである。

しかし、それは根津近辺の話で、千駄木より北にはないことが『全国古本屋地図』で確認してわかった。かつては、谷中に「鶉屋」あり、と言われた詩書専門の古本屋もすでにない。谷中って、古本屋の似合う町なのになぁ。

あきらめて引き返そうと思ったところに、「古本」と大きく書かれた看板が目に入った。近づいていくと、まさしく古本屋だ（ときどき古本《ふるもと》質店という名の店があったりする）。表はガラス張りで、店内が見渡せる。照明も明るく、けっこう中は広い。本の量も多そうだ。白っぽい本ばかりだが、これだけ量があれば何かあるだろうと期待に胸がふくらみます。

ところが、この店、店名が書かれていない。『全国古本屋地図』にも記載がない。新しくできた古本屋だろうか。それにしても、店名の看板にも、ドアにも店名が書かれていないとは……（のちにこの店は『古書ほうろう』となる）。

手掛かりは大きな「古本」という看板だけ。まさか「古本」というのが店名ってことはないだろうな。

白っぽい品揃えではあるが、ほとんど全ジャンルを網羅しているところがすごい。新入荷のコーナーをつくったり、一〇〇円・二〇〇円の均一コーナーがあったり、本棚の上に面出しで本をたてかけたり、工夫がされた店づくり。

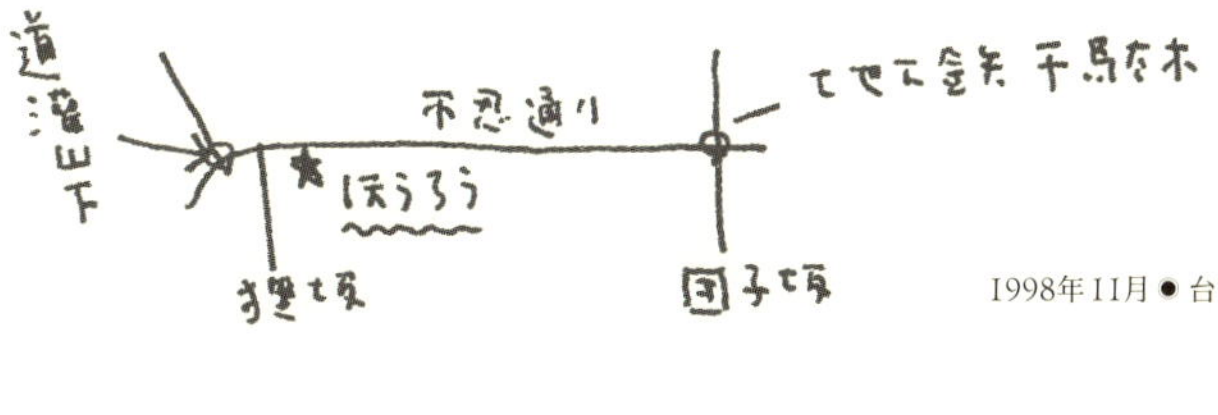

1998年11月● 台東区谷中・峯尾文泉堂

牧逸馬が谷譲次・林不忘であり……
というのは、もう言わなくてもいいか。

珍本はないが、谷根千散歩の途中に寄る店としてはかなりいいのではないか。収穫は、牧逸馬『親分お眠り』(現代教養文庫)が五〇〇円の一冊のみ。現在品切れ。

しかし、これでは連載一回分の原稿にはなりません。

翌日、本郷に用事があり、今度は谷中墓地を抜けて、言問通りを根津方面へ歩き本郷まで徒歩で突っ切ることにした。

「かるでや文庫」と「峯尾文泉堂」がこれで拾えるはずである。

「かるでや文庫」なんて、店名からして心惹かれるものがありますが、定休日でもないのにこの日はカーテンがしまっていた。臨時休業の札もない。大いにがっかり。しかしこんなことでくじけていては古本屋は回れません。営業時間が守られないことなどしょっちゅうだからである。

谷中台地から滑り落ちるように根津へ向けて急な坂を下り、番地を頼りに「峯尾文泉堂」を発見。表にはずらり均一の棚。「均一小僧さん、いらっしゃい」と張り紙がしてあるように見えた。店内に「コピー値下げ一枚八円」の文字が。それは安い。

近くにコンビニがないのか、けっこうコピー利用のお客さんが出入りしているようだ。ちょうど店内にいた老婦人客(声だけで判断)が、さっきこの店でコピーしたけど、そのコピーした紙を忘れちゃった、などと言っている。

店内は、美術、歴史、文学、風俗、戦記など一般的な品揃え。

昭和30年新書ネタは
くりかえし書いているな
⇧

峯尾文泉堂

私はこの店では新書の棚に注目。菅原通済『ゆかた随筆』(高風社)、阿部真之助『毒舌ざんげ』(毎日新聞)、『恐妻一代男』(文藝春秋新社)を各三〇〇円で。僕がコレクションする「通人・粋人」シリーズの一環です。

ところで、この三冊には共通点がある。それは、三冊とも発行年が昭和三〇年であるということだ。

私は、新書に関しては、タイトル、著者名、装幀だけで、これは昭和三〇年の発行だと当てる自信がある。それほど、新書という出版形態において(岩波や中公などお堅い新書は省く)、昭和三〇年という年は圧倒的な当たり年なのである。

これは、昭和二九年に大ベストセラーとなった伊藤整『女性に関する十二章』、佐藤弘人『はだか随筆』がつくった“新書ブーム”の産物だった。

「峯尾」さんでは、もう一冊『金原亭馬生集成 第三巻』(旺国社)函なしを五〇〇円で購入。馬生は志ん生の長男(次男は志ん朝)で落語家。故人。「江島屋」「笠碁」などの渋い語り口が耳に残っている。

↳ 志ん朝さんも亡くなり、
そして誰もいなくなった。

1998年11月● 台東区谷中・峯尾文泉堂

まだ見ぬ世界の風景

一九九八年二月——青梅市東多摩・青梅多摩書房

古書店に通っているうちに、まだその店を訪れたことはないが、なんとなく気になる古書店がいくつかある。目録段階からそこに並べられた書目が自分の探究分野と合っている。会場でその古書店のコーナーの前に立つと、その一角にすっぽり自分が埋没するような感じになる。つまり、自分の性に合う古書店ということになるのだ。

私にとっては「青梅多摩書房」さんがそうだった。日本の文芸書、しかも井伏鱒二、尾崎一雄、上林暁といったしぶい作家のしぶい本を、いつもどっさり出してくる。ちょいと値づけが辛くて、ほとんど手が出ないことが多いのだが、この一角がそのまま自分の書棚に移動したところを想像してニンマリとする。

(この店には、ぜひとも一度、足を運ばずばなるまい)と、常づね思いながら実行に及ばなかった。「青梅多摩書房」とはどんな店だろう？　まだ見ぬ古書店の風景を想像するのは、これはこれで楽しい。私は出品される本たちの表情から、こんな店だと勝手に想像していたのだ。

住所を地図で確認すると、青梅線「東多摩駅」から徒歩で数分。たぶん、旧街道の両側に立ち並ぶ昔ながらの店……米屋、理髪店、「ラジオ店」と書かれた電器屋、大衆食堂に混じって、青梅多摩書房はひっそりとある。隣には、電車に乗って遠来からでも買いに来るという、手づくりの豆腐屋が……。

同書房は、もと酒屋だった古い建物を改造し、瓦屋根・木造の純然たる和風建築。看板は大きくなく、楷書で「青梅多摩書房」と筆文字。昭和初期のまま破損せずに守られた、少し青っぽいガラスのはまった戸を開ければ、床、天井、壁、本棚すべて材質は木。雨の日など、そこいらじゅうに湿気がさまよい出し、紙の匂い、埃の匂いがブレンドされて、えもいわれぬ本好きの空気を醸成する。トレヴィアン！

青梅多摩書房

棚には整然と、先に挙げたような、日本の近代作家、特に私小説作家の本が、よくぞここまで集められたものと唸るぐらい、端から端まで詰まっている。文庫の棚にも、昭和三〇年代前半あたりまで、新潮、角川が在庫していたような書名が息を潜めて待っている。

ああ、これが夢であるなら醒めてくれるな。

……といった願望（野望）を抱いて。一〇月某日、雨の中を車を駆って、「青梅多摩書房」の前に立った。

一瞥で抱いた感想は（おい、そりゃないだろう）というものだった。「多摩書房」の看板がなければ外観からは古本屋とは判断できない。店内は中央の棚の重みで床がはなはだしく湾曲している。半分はマンガと最近の文庫だが、右側壁面には、古書展でおなじみの「青梅多摩書房」のイメージを裏切らない本がずらりと並ぶ。

ご店主と言葉を少し交わすと、店に並べてはいないが、ちゃんといい本をつねに在庫しているとのことで、事前に電話してくれれば、それらを見ることも可能だという。古書展で同店のファンとなった方は、ぜひそうして下さい。男と古本屋は外見だけで判断してはいけない。

そこで場面は変わっていきなり大阪へ。一〇月一〇日を挟む連休三日を利用して、わが町に帰郷してまいりました。私が所属する、四年半かけて一〇号続いた文芸ミニコミ雑誌『ARE』が終刊。その解散式を京都・南座裏の祇園の料亭でやろうということになり、それに向けての帰参である。直接、現在実家のある京都へ行かず、通り越して大阪へまずわらじを脱ぐのが、私の帰郷コースとなっている。

大阪での定宿は、『ARE』のメンバーであり、「彼方社」という小さな詩書出版を手掛ける出版社社主の村岡真澄さん宅（地下鉄「天神橋筋六丁目」が最寄り駅）になる。帰った日の夜、日本出版学会の大阪支部による研究会があると知らされ、大正から昭和まで活動した大阪の出版社「プラトン社」のことが発表されるというので、会員でないにもかかわらず、村岡さんと参加した。内容は、芸大で講師を務める西村美香さんという女性が、プラ

→ 西村美香さんはその後共著で『モダニズム出版社の光芒／プラトン社の1920年代』（淡交社）を上梓。

トン社のデザイナーだった山六郎、山名文夫のうち、山名にくらべあまり日の当たらない山の仕事を中心に、雑誌『女性』『苦楽』の表紙が、フランスのモード誌のパチリ（大阪弁で「盗む」）であることを裏付けた発表だった。

いやあ、これがおもしろかった。西村さんが文学畑ではなくデザイン畑の人であるだけに、われわれが気づかない、大正期のデザイン史まで視野に入れた考察がなされている。

この日の研究発表にいたく刺激され、雑誌『女性』『苦楽』を追っかけることに……。

散会したあと、参加者一〇名と中華料理屋で一杯やりながら歓談。

それから大阪滞在期間のいつものコースとなる、東通商店街内にある「末広書店」を覗いて、児童文学者の奥田継夫先生が経営するバー「みーる」に顔を出す。末広書店では、半年前に帰郷したとき、『上方芸能』のバックナンバーが一〇冊ほど、一冊二〇〇円で出ていた。あわてて数冊買ったが、あとは重たくて買えなかった。今回、また覗いてみると、まだ三冊残っている。もちろん買いました。

現在「みーる」は閉店

"みーる"で出してもらうミルクティがうまかった！

奥田継夫さん
⇩
ポプラ社より作品集

1998年12月● 青梅市東多摩・青梅多摩書房

一九九九

【第二部】

1月 ◉大阪・高山文庫、青空書房

2月 ◉武蔵野市吉祥寺・火守文庫ほか

3月 ◉川口・荒木書店

4月 ◉名古屋・大学堂書店

5月 ◉神戸・黒木書店

6月 ◉大田区蒲田・古書いよや ほか

7月 ◉小平市鷹の台・古書 ゆめや

8月 ◉鎌倉・四季書林ほか

9月 ◉札幌・成美堂、石川書店ほか

10月 ◉広島・アカデミイ書店ほか

11月 ◉静岡・安川書店ほか

12月 ◉大阪・天牛本店ほか

悲しみよこんにちは

一九九九年一月――大阪・高山文庫、青空書房

大阪の中心地を南北に真っすぐ伸びる天神橋筋商店街の五丁目（略して「天五《てんご》」、と呼ぶ）の東側周辺が、私が幼年時を過ごしたテリトリーだった。環状線「天満」と地下鉄「天神橋筋六丁目」で挟まれ、大阪の交通の起点「梅田」へも歩いていけるという絶好の立地にありながら、このエリアには高いビルも少なく、いきなり駅前に「延原倉庫」という高い塀で囲われた広い地所があり、その奥は、乾物、駄菓子などの問屋、さまざまな飲食店、古いマーケットなどがひしめきあっていた。

驚くべきことに、この風景は、私がこの地で過ごした昭和三〇年代の後半の記憶とほとんど変わっていない。母親が仕立て内職の仕事をもらっていたテーラーもそのまま、コロッケを買いに行った肉屋（ここの息子と私の姉が同級生）もそのまま、それに、私が古本を初めて買った古本屋もそのまま……。

三〇年前の記憶を映画のセットで再現したように、手付かずの風景が現存している。これは妙な気分である。そこで古本屋の話。私が三年途中まで通った菅北《かんぼく》小学校（これもほぼそのまま）の校区に、この天五マーケットエリアがあり、その一角にある古本屋「中田書

店」（これも……）へ、学校帰りに、あるいは一度家へカバンを置きに帰ってから、よく通ったのだった。

とはいっても小学生のこと。店内へ足を踏み入れることはなく、もっぱら店頭の地面に置かれた段ボール箱の中の均一を漁っていたのだ。……なんだ！　いま気づいたが、私は「均一小僧」を名乗る前にすでに均一小僧だったのだ。門前の小僧習わぬ経を読み、とはよく言ったものだ（なんのこっちゃ！）。

とはいっても小学生のことｔｏｏ。買うのは、三冊一〇円のマンガ雑誌の付録オンリー。昭和三〇年代後半の一〇円の威力は凄かった。現在の物価上昇比率で換算しても追っ付かないほど実質的価値があった。アメが三個で一円とか、まだ銭という単位が（硬貨にはないが）生きている時代だった。一日の小遣いである一〇円をいかに有効に使うか、これは算数の宿題をやることなどより、よほど重要な案件だったのだ。

今日はどれとどれを買おうか……。ランドセルを背負った小学生が地べたにしゃがみこんで小一時間もかけて、付録マンガを物色している。これはまったく、今日の私の雛形を示す風景である。ちなみにこの界わい、寿司屋、焼肉屋、お好み焼屋などめちゃ安・めちゃウマの飲食店がひしめきあってます。大阪へ行くことがあれば、キタやミナミや言《ゆ》わんと「天満」でっせ。

そういうわけで、思い出がそのまま染み付いたこの町を訪れるとき、幼年時代のこと

1999年1月●大阪・髙山文庫、青空書房

『不良少年の映画史』（文春文庫）

や、亡き父親に関するささいな記憶が蘇り、なんとなく哀愁が漂ってしまう。そして、いまは自分のことを知る人もない町で無防備に感傷にふけるのも、ここだけの話だが気分は悪くない。

ところで、この天四から天六周辺には何軒かの古本屋が点在している（『全国古本屋地図98』によれば九軒）。しかし、このうち小学生の私が通ったのは中田書店のみで、特に堺筋という大通りより西、天五中崎通り商店街へ足を運んだ記憶がない。ここには、髙山文庫と青空書房という古くからの古本屋があったのだが、たぶん校区外にあたるため自分のテリトリー外という意識が強かったのか、立ち寄った記憶がない。

今回帰省したおりには、この両店を訪問しました。「青空書房」は町の小さな古本屋という店構えながら、半世紀近く商売を続けている自信からか、威厳が漂っている。たしか、筒井康隆氏が懇意にしている店で、氏のエッセイにも登場する店のはず。ここでは、講談社ロマンブックス（新書判）の林房雄『青春家族』『赤ちゃん誕生』を二〇〇円と三〇〇円で買った。本を差し出すとご主人が私に言った。

「林房雄って作家は転向作家で、戦後ホームコメディみたいなものを書いてかなり売れたんやが、いま、高うはつけられへん」

この店をよく知る人によると、このご店主、見かけはとっつきにくそうだが、本について話をし始めると一時間も客と喋ってしまうとのこと。

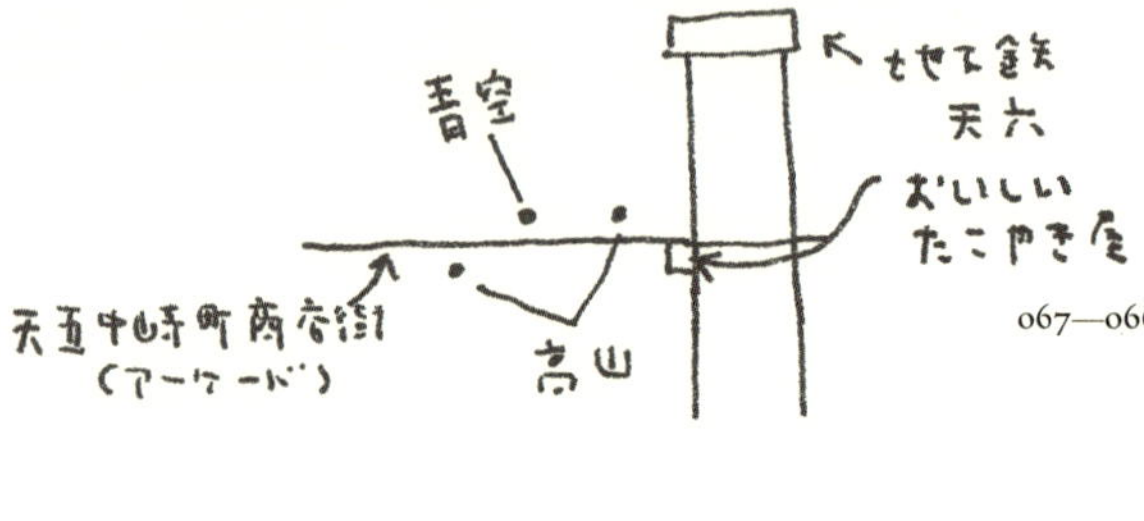

「髙山文庫」は、「青空書房」より少しだけ離れた対面にあるが、今度行ったときには、支店が「青空」と同じ並びの堺筋寄りのところにできていた。開店まもないらしく、明るい店内に整然と本が並ぶ。レジ右横の棚一面を占めた大量のアナーキスト関連の本が異様な空気をつくっている。聞けば、アナーキスト研究者の蔵書をそっくり買い取ったそうだ。しかし、ここでも私が買ったのは『文藝春秋 冬の増刊・爐辺読本』一〇〇円、『オール讀物増刊号・スポーツ特集』二〇〇円と、いたって奥ゆかしい低空飛行。

この本を持って、前回書いた出版学会の研究発表に参加、「みーる」で飲んで、友人の村岡さんと夜風に吹かれながら歩いて帰ったのだった。途中、天五のマーケットに深夜まで営業している美味しいたこ焼き屋があり、ここでカロリーを補給するのもコースのうち。今回、同店に立ち寄ると、いやにまぶしく、明るく、きれいになっている。店内は改装され、カウンターでは背広姿のサラリーマンがたこ焼きをつまみにして生ビールを飲んでいた。深夜一二時を過ぎて、サラリーマンがたこ焼きでビール……。これは他所の町ではないでしょう。一種のシュールなまでのその光景を見て、「大阪やなぁ」と思わず叫んでしまったのでした。

髙山文庫

ふるほんてんややわんや

一九九九年二月——武蔵野市吉祥寺・火守文庫ほか

雨が降ろうと、槍が降ろうと、始終「ふるほん」のことを考えていると、危険な目にも遭うという話をする。今回、この連載で、久々に三鷹を攻めようと思い、「げんせん館」を目指し、南口を歩き始めた。この古本屋には忘れられぬ思い出があるのだ。

もう二年ほど前のこと。妻の運転する車に乗って、まだ一歳になるぐらいの愛娘をひざに、連雀通りを西進中、車窓から「古本」の看板が目に留まり、「あっ！　こんなとこに古本屋や」と叫んでしまった。小さな交差点を過ぎたあたりで妻がブレーキを踏み、（えっ？行くの）という顔をして先の店までバックを始めた（後続車はなかった）。そのときガツンと衝撃音。後ろで交差点をわたる数人の人がガヤガヤ騒いでいる。死角に入って見えなかったが、おばあさんが乗った自転車と接触してしまったらしいのだ。「古本屋や」と叫んだ際に上がった血圧が、バンジージャンプのように一気に下がった。

幸いなことにおばあさんにケガはなく、自転車が一部壊れただけで済んだ。自転車をその場で新車に買い替え、おばあさんを家まで運んでいった。このとき（身内にヤクザがいたら一生おしまいだな）と思いながら。おばあさんが住む公団アパートの一室には、五十年配の息子さんが待ち受けていた。彼は車椅子に座る身障者だった。事情を話し、ていねいに詫びると、一応医者にかかることと、その費用を払うということで示談にしていただいた。何が起こったかわからず、無邪気にはしゃぐ娘を連れていたことも良かったかもしれない。その後、お見舞いを持って再度あいさつに行ったことで、この事故はほとんど奇跡的に穏便にことが済んだ。

妻が言ったもんだ。「もう今後、古本屋があっても絶対止まらない」……と。しかし、私は事故当日、帰りに一応「げんせん館」に顔を出しているのだ。どういう神経だ！

そんなわけで因縁浅からぬ「げんせん館」を再訪しようと、件の現場に行ってみたが、店は雑貨店になっていた。一度だけの縁だったかと、仕方なく駅のほうへ歩いて行くと、途中、何とはなしに顔を向けた路地に「古本」の看板。「おお、やった！」(懲りないねぇ)。それがまた、先の場所から移転した「げんせん館」だったのだ。おまけに、道を挟んだ向かいに「千渡書房」という古本屋もある(のち、閉店)。どちらもほぼ同時期の開店と見た。町の古本屋の定番、文庫、マンガのほかサブカルチャー、それぞれ少し硬めの本も充実している。しかも、二軒がほぼ向かい合わせになっているというのがいい。三鷹駅南口には、すぐ駅前に「下田書店」という古本屋が古くからあり、これで三鷹も途中下車のしがいがある町になった。

最後にもう一軒。吉祥寺に今年生まれた新しい古本屋さんの話を。その名も「火守《ひもり》文庫」

の存在を知ったのは、西部古書展の目録でだった。聞いたことのない店は必ずチェックしているから網にかかった。しかも、私の守備エリア内の吉祥寺。しかも、文庫専門の古本屋らしい。名にし負う「文庫王」としては行かずばなるまい。というわけで、某日、住所を頼りに中央線ガード沿いに、西荻窪方面へ向かって歩きだした。ガードと五日市街道の交差するあたりと見当はつけたが、なかなか見つからない。右往左往したあと五日市街道へ出たところで出くわした。

　街道へ向けて、表の戸をとっぱらい、店内は外から丸見え。表に均一台。店内はさまざまな仕様の本棚が肩を寄せ合うように並び、七割は文庫。岩波、新潮、角川の絶版はもちろん、布表紙の改造文庫や、アテネ文庫、春陽堂の日本小説文庫など幅広く揃っている。しげしげと見回っていると、勘定台に座った店主（男性・三〇代後半？）が電話で同業者と話している声が耳に入った。話はどうやら、近づく古書展のことで、火守さんは今回初めての参加らしい。

「初めてこないだＦＡＸで目録の注文がありましてね。いやぁ、うれしいもんですね。もし一点の注文もなかったらどうしようと、心配してたから。ドキドキしましたよ。で、本当はいけないんだろうけど、注文が重なってもこの人にはぜひ、注文の本を送りたいな、って思いました」

火守文庫

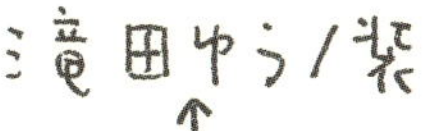

どうです、ベテランの古書店主さん、聞いてますか。なんと初々しい言葉でしょう。まるで初めて女と寝たときの話みたいだ。こうなれば、なんとしても開店の御祝儀に、しかるべき本を買わずばなるまいとあれこれ物色したが、しょせん均一小僧。表の均一で、藤本義一『童貞喪失対談』(面白半分・一九七六年)を一〇〇円、澤地久枝『火はわが胸中にあり』(※屋号の「火守」とかけたつもり/角川文庫)を一〇〇円……と思ったら値段がついてない。火守さんは、「値段をつけ忘れたのはこちらのミスですから、五〇円でけっこうです」と言う。歌舞伎ならここで大向こうから声がかかる場面だ。「いようっ、火守屋!」

それに対するご祝儀が一五〇円とは情けないが、しょせん均一小僧。お許しください。

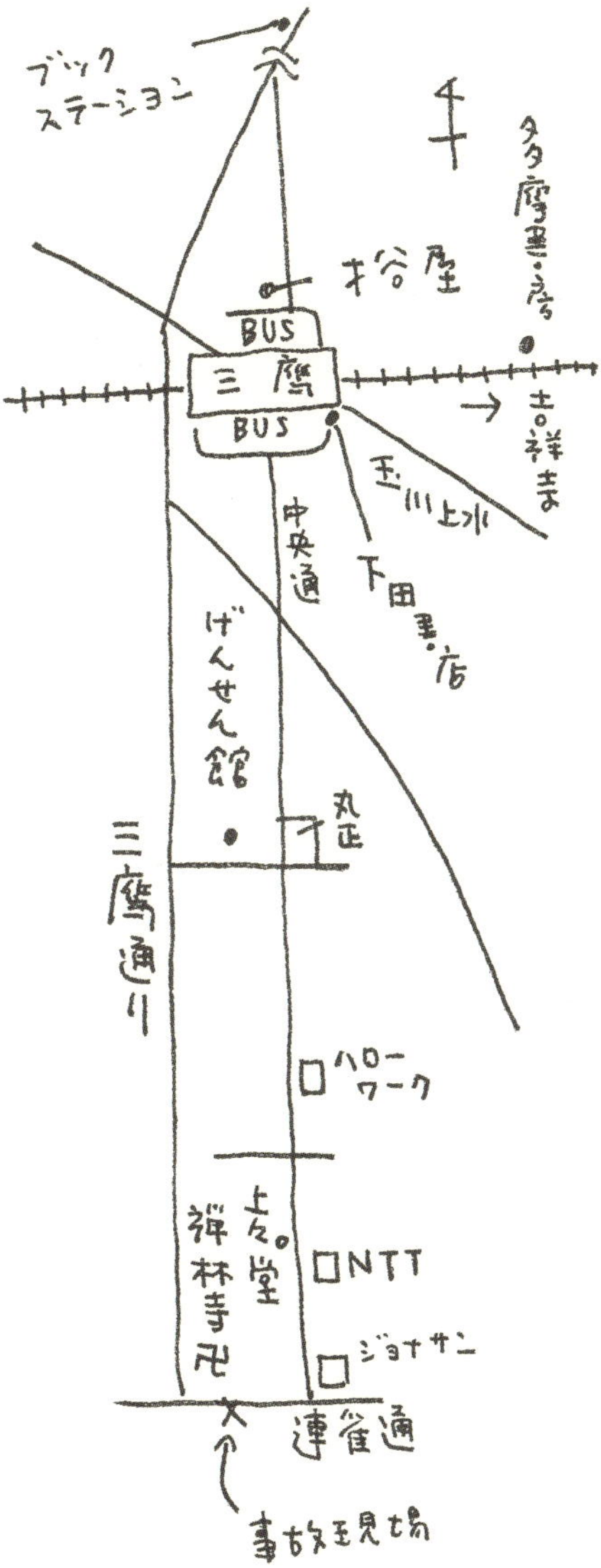

1999年2月● 武蔵野市吉祥寺・火守文庫ほか

去年カワグチで

一九九九年三月——川口・荒木書店

これを書いているのが、一九九九年が明けて六日目。年末年始はどこへ出掛けるということもなく、ビデオで映画を観たり、これまで手が出なかった本などを、ようやく埃を払ってページをめくったりして過ごした。そうするうちに、「ああ、年末年始はつまらないなぁ」と思うことになる。なぜなら、この時期、どこの古本屋も閉まっているからだ。

普通の人の常識では、なにも年末や正月くらいは、古本屋へ行かなくてもいいでしょう……だろうが、古本好きとしては、年末は年末で最後の締めくくりとして、正月は正月で一年の初めとして、また違う気分で古本屋を訪れたいという願望を持っている。新年の挨拶を簡単なおせちとお雑煮とビールで済ませ、くだらないテレビを観て、家族で近くの神社に初詣したあと、ぶらっと古本屋へ寄れたらどんなにいいだろう。……そう思いませんか？　年末に関しては、出久根達郎さんの「芳雅堂書店」が、長らく大晦日まで店を開けていた、とエッセイに書いてあった。しかし、正月一日目から開けている古本屋なんて、全国にあるのだろうか。

さて、昨年末の話。仕事もあらかたカタがつき、晦日となっても大掃除をするわけでは

★「彷書月刊」が2003年1月号に「年末年始営業のおもな古書店リスト」を掲載。いや、けっこうあるんだ。

なく(カミさんはしてます。私は見るだけ)、前述のように何とも手持ち無沙汰になったとき、ふと、年末から年始にかけて「川口そごう」で古書市をやっていることを思い出した。そういえば、これまでこの古書市には行ったことがない。そうだ、川口行こう！

川口には取材で一度訪れているが、そのときは古本屋をチェックするひまがなかった。だから今度は、ついでに、古書店地図を片手に、川口の古本屋も回ることにした。

関西出身の私としては、川口とは、映画『キューポラのある町』(主演／吉永小百合)の舞台という知識しかない。荒川を挟んで、東京と隣する衛星都市。映画では、鋳物工場が密集する低賃金労働者の町だった。もちろんいまやそのイメージは大幅に改変されている。

京浜東北線「川口」駅改札を出て右へ、地上三階建ての高さにある大歩道橋を渡ると、そのまま川口そごうの三階に直結して至便。神保町の古書センターと同じく、ガラス越しに外が見えるエレベーターで会場のある階へ着いたが、一瞬開催日を間違えたかと思うほど、あたりは閑散としている。会場となるスペースも都内のデパート展の三分の一ほどの規模。商品は出品した古書店別で分けるのではなく、哲学・思想、日本文学、映画、児童文学、マンガとジャンル別で分けるなどかなり変わっている。デパート展ではいつも芋の子を洗うような混雑の中、足腰がねじれるような姿勢で本を見るのに、ここでは台の下に並ぶ本を、しゃがんで見ても平気。客数は目分量で二〇人くらいか。とにかく本をじっくり見ているうちにあることに気が付いた。要するに、この古書市は「中村書店」という古本屋さん一軒だけの出品なのだ。それにしては本も豊富で見ごたえあり。

　この日買ったのが、佐藤垢石『新たぬき汁』（ジープ社・昭二六年・再・四〇〇円）、『臨時増刊 話の泉「艶笑奇談百家選二」』（五〇〇円）、石黒敬七『旦那放談』（旅窓新書・昭三〇年・三〇〇円）の三冊。佐藤垢石、ジープ社、話の泉、石黒敬七、旅窓新書……いずれも気になるアイテムです。

　石黒敬七を安く拾ったので、今日の収穫はあったと、気楽な気分で地図をたよりに「古本の店ひまわり」と「荒木書店」へ向かう。

　果たして年の瀬も押し詰まった三〇日に、古本屋が店を開けているかどうか、はなはだ不安であったが、案の定「ひまわり」はおやすみ。そのまま道を真っすぐ行くと、駅から一五分ぐらいだろうか、想像したよりモダンな新築の三階建てビル「荒木書店」にたどりついた。ここが店を開けていることを確認したときはホッとした。

　毎度お世話の『全国古本屋地図98』には、〈精力的な仕入れで歴史、郷土史、風俗、趣味、美術書等を扱う〉と書かれている。特に風俗、趣味関連に雑書を含め目を引くものがけっこうありました。しかも値段も手頃。あれこれ本棚を巡った上で、別冊太陽『絵本II』（平凡社・昭五九年・一二〇〇円）、串田孫一『夜と暁の想い』（筑摩書房・三〇〇円）、三遊亭金馬（※先代）『江戸前つり師』（徳間書店・昭三七年・二五〇円）、石子

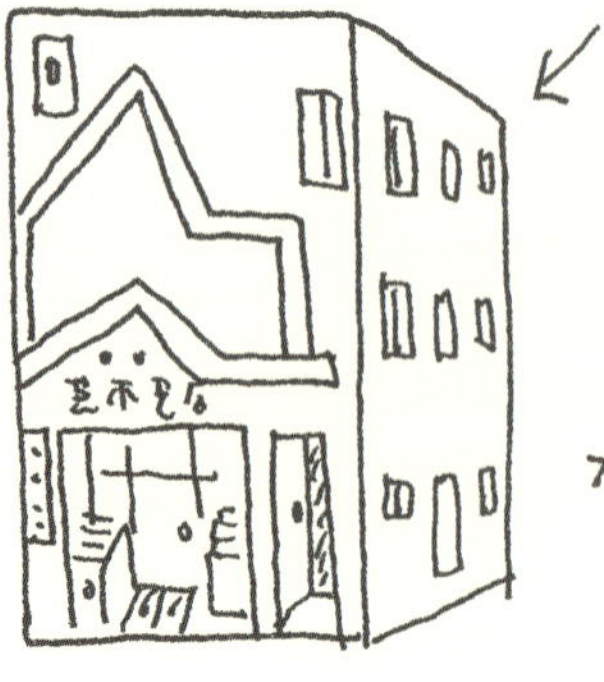

順造『マンガ芸術論』（富士新書・昭四二年・二五〇円）を購入。

代金を払う前に、温厚な印象のご店主と言葉を交わす。いま行ってきたばかりの「川口そごう」古書市の話をすると、以前は荒木書店さんやほかの古書店も参加してにぎやかだったが、事情があって手を引き、いまは中村書店さん一人で頑張っているのだ、ということだった。ふだんはバラバラに営業する古書店が、一ヵ所に集まっていることに古書市のおもしろさはあるので、その点、少し残念！

思わぬところで面が割れて

一九九九年四月——名古屋・大学堂書店

この一月中旬、『アミューズ』(毎日新聞社)の依頼で、名古屋の古本屋取材に出向くことになった。このグラフ誌、これまで神保町を中心に、古本屋特集を軽く一〇回以上やっている。とにかく古本屋をやればよく売れるらしい。ほかの特集の成績が悪いと、じゃあ「古本屋で」となる。緊急困難時に腰を上げる素浪人の助っ人みたいなものだ。「センセイまたひとつご登場願えますか」。すると平手御酒みたいなのが、やおら「ウム、(よかろう)」てな具合で立ち上がる……感じ?

同誌はすでに、東京以外では大阪と京都の古本屋をそれぞれ特集で組んでいるが(京都取材は私も参加)、今回は欲張って、東京とその近郊、名古屋・京都・大阪・神戸の二本立てでいくこととなった。その後者の取材を私が受け持つことになったのである。三泊四日、移動込みで四都・一八店を回る、最後は「俺の屍を乗り越えて行け!」と叫ぶ二〇三高地のような旅になった。

そこで最初に降りたのが名古屋。それまでにこの街へは二度訪れている。いまは北九州に移転した「ふるほん文庫やさん」が愛知県豊田市にあった頃、もう五年前ぐらいになるか、取材をした際についでに名古屋市内の古本屋も回ったのが最初。二度目は最近で昨年の一二月。某出版社の仕事で、名古屋で舞台公演中の有馬稲子さんに取材した。そのときのことをちょいと書く。

取材チームは、編集者、カメラマン、カメラ助手、ライターの私の四人。前日、先乗りでまず編集者、カメラマンが名古屋へ、同夜、遅れて私が追いつくというスケジュールとなった。ホテルに着いたので、編集者に携帯電話でその旨を伝えたところ、（いま、カメラマンとタクシーに乗って市内を走行中、ホテルまで迎えに行くから入り口で待ってて）と返事が。やがて件のタクシーが目の前に着き、後部座席に乗った編集者とカメラマンに挨拶し、運転手の隣り、前の座席に乗り込んだ、とまあ思ってください。

席につくなり、車を発進させながら初老の運転手が言った。

「お客さんは知ってるよな、名古屋城」

唐突、意表を突く質問だが、とりあえず、

「ええ、もちろん知ってます」

すると、破顔した運転手。「そうだろ、知らないわけないんだ」。続いて名古屋に関する知識の確認が始まった。「織田信長は知ってるだろ？」「ええ、もちろん」「きしめんは？」「ああ、うまいっすよね」等々……。なんとも妙な具合になったと思ってたら、車を降りたその場で編集者に叱られた。

「バッカだなあ、岡崎さん。ダメだよ。そんなことでよくライターやってるなぁ」

えっ？？？？？　なんのこと。

じつは私が乗る前、さんざん名古屋を自慢する運転手をからかうために、二人は名古屋に来たのは初めてで、名古屋のことなど何も知らないという演技をしていたそうなのだ。

運「名古屋城はもう見たか」

編「えっ、名古屋にお城なんかあるんですか」

運「なにぃ〜、名古屋城を知らないだとぉ」

（運転手、客の意向を聞かず城まで直行）

運「尾張出身で有名な武将がいるだろう」

編「えっ、誰だろ。野口英世？」

運「（怒りで絶句）」

とまあ、そんな遊びをしていたのに、私が乗り込んであっさりぶちこわしてしまったというわけなのだ。でも、そんなことわかんないよなぁ。

……おっと、名古屋の古本屋の話。なにしろ一日で七軒やろうというのだから大変だ。初日午後に着いて、「加賀書店」「猫飛横丁《ねことび》」「三松堂」。翌日午前中に、鶴舞《つるまい》駅近くの「山星書店」「大学堂」「三進堂」。特に鶴舞周辺に固まった八店舗は、ミニ神保町とでもいうべき古本街を形成して見ごたえがある。八軒回ったあとの感想は、意外や（失礼）名古屋は古本屋の充実した街だということだった。

神保町で修行した、団塊世代の二代目店主が多く、気さくでていねいな応対がよい印象を残した。「どえりゃあ」だの「あきゃせんで」だの「きゃあも」なんて言わないで名古屋人が会話できることも知った。

大学堂を取材したおり、ここは表の均一台・ワゴンが充実していて、ひんぱんに追加があり量も豊富なので、仕事を忘れ顔を突っ込んでいると声をかけられた。

「岡崎さん、今日は『彷書月刊』の取材じゃないんですか」

驚いたなぁ。聞くと、大学堂のアルバイトの人で、本誌の愛読者らしい。「一万円でがっちり買いましょう」座談会に顔写真が載ったため面が割れたのだ。悪いことはできぬものです。

大学堂書店

結局、名古屋取材で買ったのは一冊きり。山星書店の店頭均一で、中川一政の新書版随筆集『猫と人間』(旅窓新書・昭三〇年)カバーなしが、五〇〇〇円のところ、風邪気味の若い店員さんが三〇〇〇円にしてくれた。ありがとう。

京都へ向かう新幹線の車内で、うつらうつらと、この旅窓新書を読んでおりました。

この旅窓新書(朋文堂)も私の蒐集対象で、この夏頃には出る予定の、古本に関する本（第二弾）で考察予定。

どんな書目が収録されていたか、巻末の広告を引き写すことにする。火野葦平『河童漫筆』、徳川夢声『地球も狭いな』、内田百閒『百閒随筆新集』、大和球士『プロ野球 名選手物語』、石黒敬七『旦那放談』、渋沢秀雄『文明の鈍器』、宮尾しげを『旅に拾った話』、秦豊吉『演劇スポットライト』、池部鈞『ニャンチュウ物語』……どうです。卒倒しそうなほど豪華な顔ぶれではないですか。

次回、京都、大阪、神戸の話を。

このほか、
マッカレー『地下鉄サム』
ルブラン『バルネ探偵局』
ケイン『郵便やはいつも二度ベルを鳴らす』など……

こんな本

われらの不安を生き延びる道を教えよ

一九九九年五月——神戸・黒木書店

　フリーライターという身過ぎ世過ぎの稼業を生業とし、あちこちの媒体に小商いの文章を書いている私が、いま、一番リラックスして、楽しんで書いている原稿がこの連載。また、これほど読者からの反応があるものも珍しい。ほかの仕事でそんなことめったにありません。ほとんどは山奥の池に小石を放り込むようなものだ。水音を聞くのは自分ひとりだけ。だから、この連載のように、お叱りを含めて、ちゃんと読んでくださる人がいることが手紙でわかることは大いに励みになる。

　先日も丁重なお手紙を編集部宛にちょうだいした。私が「川口・荒木書店の回」で大晦日や正月にも店を開けている古本屋はないものか……という意味のことを書いたことについて、川越市の「坂井ぎやまん堂」の坂井由男さんが、〈小店は創業三〇年以上たちますが、大晦日でも元旦でも店を開いています〉とお知らせくださった。私信で恐縮だが、引用させていただく。

〈川越で大きなお寺、喜多院の近所で、三一日の夜から元旦にかけ「初もうで」の人が小店の前を通るので、元旦はおろか正月いっぱい開店しています。（中略）ただ、正月のことゆえ店内でウイスキーをチビリチビリ飲んでいるところに、酒をくらった客が顔を出し、客と主人……和洋酒の息を吹きかけて、古書店の将来暗雲(明暗か)を話し、コレクターの情報交換、最後は自分がもうかる話をして一日を送ります〉

いいですねえ。酒飲みで古本好きな人間にとって、これ以上幸福な正月の過ごし方はないと思えるくらいだ。また坂井さんは、〈地方の古本屋はそれがほんとーのすがたです。それをたのしみに来てくださるお客さんに心から感謝していただいてます〉とお書きになっている。行きますよ、行きますとも。これからの年越しは川越だ!

さて、前回の続き、雑誌『アミューズ』で名古屋・京都・神戸・大阪と強行取材した余話だ。今回は神戸を。

私は三〇過ぎまで、大阪と京都に在住していたのだが、どちらからも遠くない神戸へは、なぜか足が向かなかった。古本屋めぐりに一度、その他の用事や取材で数度行ったきりで、ほとんど縁がなかった。これは関東に置き換えれば、都心に職場を持たない埼玉在住の人が、意外に横浜へ行ったことがない(あくまで推測ですが)ようなものか。

そんな私の耳にも、神戸古書店のレベルの高さは届いておりました。特に、「黒木書店」さんは、神戸在住の古書好きの知人から「岡崎さん、あんたの好きそうな本ばっかり置いてる店やで」と教えられ、機会あればと密かに狙っていた。

雑誌の取材では、三ノ宮で「後藤書店」「サンパル古書のまち」「高速神戸のメトロこうべ古書のまち」と、短時間で効率よく回れる利便さを優先してチョイス（もちろん優良な店であることは言うまでもない）したために、今回、黒木書店ははずれてしまった。しかし、こんなチャンスはめったにない。後藤書店さんの取材の日、時間をつくって、私の「好きそうな本ばっかり」置いてある店を訪ねてみることにした。

取材日は奇しくも一月一七日。四年前、阪神淡路を直撃した大震災のあった日。うかつなことに、事前にスケジュールを組んだときには気づかずに、しばらくたって「あっ！」と驚いたような次第だった。

今回の取材でも震災の話は当然ながらいろいろ聞いた。それでも、神戸の古書店の数が、震災前と震災後とで（廃業もあったが新規参入もあって）さほど変わらないと聞いたときには安心した。後藤書店が二年後（平成一〇年）に再開されたときは、「もうダメかもしれない」と危うんでいた多くの顧客が非常に喜んだそうだ。わかるなあ。その気持ち。

黒木書店さんについては、松沢呉一さんの『鬼と蠅叩き』（翔泳社）に、〈震災当日、古書会館で行われるはずだった市に出掛けたという黒木氏〉、池谷伊左夫さんの『三都古書店グラフィティ』（東京書籍）で「ひやかしは迷惑至極。やめて下さい」と札がある店と書かれてあるのを読み、じつはビビっていた。なんだか、おっかなそうなイメージが

あったからだ。そうなるともうだめで、店内に入ると、さすが文芸書の品揃えは一級だとただちにわかったのだが、変な自意識が頭をもたげ、息苦しくてしかたない。あちこちに自分好みの本が散見できるのに、値段を確認するのがためらわれる。恐る恐るいくつかの本を手に取っただけで退散してしまいました。

もちろんそれは黒木さんのせいじゃない。

日本小心者グランプリに出場すれば、いいとこまで行く自信のある私にとって、妙なことが障害になる場合がある。古本屋へ入るときも、客が自分一人だと(たいてい一人ですが)どうも緊張してしまう。理由の一つには、古本屋さんの万引きの話をよく聞くので、(万引きと疑われやしないか)という抑圧がかかるからだ。読者諸兄はそんなことありませんか？やっぱり私だけかなぁ。特に、冬などコートは着てるし、それに紙袋を下げてるときなど、どうかしてこのスタイルは万引き偽装用ではないと訴えたくなる。

いっそのこと銭湯のような古本屋はないものか。荷物と服を脱衣場であずけ、パンツ一丁になって疑いを晴らし、じっくり心置きなく本が見れたら……そんな古本屋、この日本のどこかにあるでしょうか。

あったら怖いよ。

一九九九年の「とんち教室」

一九九九年六月――大田区蒲田・古書いよや　ほか

はじめに、ちょっと次のメンバーを見ていただきたい。

「話の泉」　司会・和田信賢、高橋圭三
出演・堀内敬三、サトウ・ハチロー、徳川夢声、渡辺紳一郎、山本嘉次郎、大田黒元雄
……
「二十の扉」　司会・長島金吾
出演・藤浦洸、大下宇陀児、宮田重雄、塙一郎、柴田早苗、藤倉修一……
「とんち教室」　司会・青木一雄
出演・石黒敬七、玉川一郎、西崎緑、長崎抜天、桂三木助、春風亭柳橋、三味線豊吉
……

こんなメンバーが講師をつとめる大学があったら入学したかった。

いずれも、戦後に人気のあったNHKのラジオ番組の司会者と出演者。昭和三二年生まれの私としては、どれも聴いたことのない放送ばかりなのだが、出演者の名前を眺めているだけでニンマリしてくる。それは、日頃私が古本屋や古書展で、「通人・粋人」シリーズとして、蒐集している書き手がこれらの出演者の中に多く含まれているからである。それ

に、NHK司会者の本だって同じように集めている。つまり、ここに並ぶのはどれも私にとって親しい名前ばかりなのだ。

この中で唯一、年代的に私が聴こうと思えば聴けたのが、昭和四〇年まで続いた「とんち教室」。六歳年上の池谷伊佐夫さん(『東京古書店グラフィティ』の著者)に聞くと、「聞いてました。でも、そんなにおもしろいと思わなかったなあ。すごくくだらないこと言ってましたよ」とのこと。それはそうかもしれない。それに、テレビ世代の私にとって、ラジオはすでに古臭いメディアであった(現在はそう思っていない)。「とんち教室」を聴く環境にはなかったのである。ところが最近になって、古本で先述の書き手の本をあれこれ買い込む内に、無性に「二十の扉」「話の泉」「とんち教室」について知りたくなった。この魅力的な男たちが、どんなふうにどんなことを語ったか……

「話の泉」については、和田信賢編『話の泉集』(中央社・昭二五年)、そのほかについては、春日由三編『NHKの楽屋裏 アンテナは花ざかり』(鱒書房・昭二九年)などがあるし、石黒敬七、玉川一郎、徳川夢声、渡辺紳一郎らの随筆集には、それぞれ番組について触れた文章が入っている。しかし、いかんせん全貌をつかむというところまでいかないし、証言者のほとんどがいまや鬼籍に入っている。また、テレビ史に比べるとラジオ史の著作は少ない。この方の研究ははなはだ遅れていると言わざるをえない。

そんなとき、「とんち教室」の司会者・青木一雄さんが『「とんち教室」の時代』(展望社)と

→同じ展望社から、その后『事情と情事』が出た。

いう本を上梓された。これは私にとっては、素晴らしいタイミングだった。かの坂本九も「この世で一番かんじんなのは素敵なタイミング」だと歌っていた。ある教育雑誌で一本、私が担当しているインタビューページがあり、人選はまかされているのをさいわいに、青木さんに取材を申し込んだ。そして、ついに伝説の人に会うことに……。

話はおもしろかった。おん年八二歳。先年大病をされたというが、声に乱れもなくすこぶるお元気。ここだけの話ですが、なにしろ先代の三木助や柳橋と一緒に出てた人なので、私はもうとっくに亡くなっていると思っていたのだ。

大阪JOBKをふりだしに、戦争を挟んでアナウンサーを続けた時代の話、JOBKでは上司の松内則三さんに鍛えられたことなどをまずは楽しく聞いた。「松内さんといえば、夕闇迫る神宮球場、おりしもカラスが二羽、三羽……という名調子で有名で、のちに寄席の席亭になられる方ですね」と私が口を挟むと、「あなたのような若い方がどうしてそんなことを知ってるのか」と驚かれたようだった。これも古本のおかげだ。

「とんち教室」を始めた頃は、低俗と視聴者から批判を受け、一時はノイローゼになったが、どんどん人気が急上昇していったとか、地方での公録を「修学旅行」と称し、気の合った出演者仲間同士、汽車に揺られ、宴で盛り上がり、あちこちで歓迎を受けたことなど懐かしそうに話してくれた。また青木さんの家には、石黒敬七が絵をつけた皿や、出演者が寄せ書きをした鉢なども置いてあった。玉川一郎が浮気の誤解をとくため、夫人に宛てた

弁明が筆で書かれた鉢もあった。粋なもんである。なにより「とんち教室」という番組に流れていた空気みたいなものを、青木さんの話から感じることができたのが収穫だった。幸福な一日だった。

東急池上線の「久が原」にある青木邸を辞して、せっかくだからそのまま蒲田まで出ることにした。ちょいと、蒲田駅周辺の古本屋をひやかして帰ろうという計画である。これまで蒲田にはあまり縁がなく、降りたのは三度くらい。この駅周辺に古本屋が固まってることは知っていたが、手つかずのままこの日まで来た。考えてみれば、龍生書林さん（現在同地で営業するのは誠竜書林）などは、横浜へ向かう電車の中からよく見ていたのだった。

あいにくの雨に加え時間もなく、「誠竜書林」「書林大黒」「一方堂書林」「古書いよや」各店を駆け足で回った。置いてある本でいえば、誠竜書林さんが一番私の好みに合う。しかし、本の量では「古書いよや」さんが見ごたえがあった。表向きは、いま流行の新古本屋ふうで、たしかにマンガや文庫がたくさん置かれてあるが、奥へ入ると、文学、歴史、自然、美術などと幅広く揃い、駅前の商店街にある古本屋としては、通勤の行き帰りにけっこう楽しめる存在ではないかと思った。数名の店員さんが、まめに棚の補充と整理をしている光景も活気があってよい。何も買えなかったことを恥じながら、夕暮れの蒲田を後にした。

古書いよや

好きな町・好きな喫茶店

一九九九年七月——小平市鷹の台・古書　ゆめや

　自分にとっての理想的な町を考えたとき、条件はひとによってそれぞれだろう。都心への通勤通学の至便、駅・学校・病院・大きなスーパーがある……部屋探しをするときなどは、そういった条件が優先され、家賃の高低も決まる。しかし、それとは別に、個人的に望む条件というものがある。

古書 ゆめや

　私の場合はこうだ。まずは良質な古本屋と良質な新刊書店があること。うまいコーヒーを飲ませる落ち着いた静かな喫茶店があること。学生向けの安い定食屋、および洋食屋があること。車が入ってこられない散歩道があること。全体が小じんまりした町であることなどである。

　そんな都合のいい町がどこにあるんだ？　といぶかる方もおられると思うが、じつはちゃんとあるのだ。中央線「国分寺」から出ている西武国分寺線の「鷹の台」駅前周辺が、先のすべての条件を満たす町なのだ。

「鷹の台」駅は、駅東側一帯がいきなり小平中央公園になっている。いまは整備されたが、その昔はただの野っ原で、若き日の椎名誠(小平在住)が、持てあますエネルギーを「バーロー、バーロー」と叫んで発散していた公園だ。道を挟んだ東には津田塾大学が、西側にも武蔵野美、朝鮮、白梅学園など各学校があり、駅前には創価中・高がある。つまり代表的な学園都市で、この町のこじんまりしたインティメイトな雰囲気はその点に由来している。

私はこの町が好きだ。自宅から自転車で、玉川上水沿いに一五分も走ればこの町につく。駅前に自転車を止めてまず立ち寄るのが「松明堂書店」という新刊書店。作家の松本清張さんのご子息が経営されていると聞いた。コンクリート作りの地上二階、地下一階。店内はそれほど広くないが、美大が近いとあって、美術関係の新刊書を面だししたコーナーをつくっているし、地下はギャラリーになっていて、写真展、絵画展などさまざまな催しが企画展示されている。みすず、青土社などの本も揃っている。町の書店としては申し分がない。以前は、松明堂の右隣のビルの二階に、食肉店が直営する「あまらんさす」という、ハンバーグのうまいレストランがあったが、最近閉めてしまったようで残念。

松明堂の左隣りには、関根商店という文具と金物の店がある。特に金物のほうは、ブリキの錆びた看板、店頭に立てかけられた竹ぼうきなど、昭和三〇年代の風情。松本清張作品に出てくる犯人が、ここで凶器のカマを買ってもおかしくない。

のちにご主人とお話しさせてもらった。出版社業務からの脱サラ組。開店して20年になるという。

そして、創価中・高校のグラウンドの壁沿いに、駅前からまっすぐ伸びる商店街を三分も歩けば、「古書 ゆめや」に行き着く。表に文庫と単行本それぞれの均一台。ドア入ってすぐ左のコーナーにマンガ。中央に背の高くない棚がいくつか置かれ、文庫と小説を含む一般書。奥へ進むと多量の美術展カタログ、美術書が並んでいる。右手を天井まで達するような本棚が壁をつくっていて、ここにも文庫、その裏には絶版文庫が。『全国古本地図』の説明には、社会科学書も扱い、〈古書通信の常連〉とある。

補充をまめにするらしく、いつもびっしり棚を本が埋め尽くしている。店番の女性（半纏を着込み、知的な印象）もとても応対がていねいで感じよし。広くない店内だが、入ってすぐ出てくるようなことはない。じっくり本探しのできる品揃えとレイアウト、それに良店らしい雰囲気が店内に漂っている。

BGMはクラシック

この日私が買ったのは、店頭均一台で、石川欣一『可愛い山』（中央公論社新書※中公新書にあらず・一〇〇円）、近藤勝重『大阪スペクタクル』（三省堂・二〇〇円）、店内の文庫棚で開高健監修『洋酒天国』全三冊（新潮文庫・四六〇円）。石川欣一は、毎日新聞に長く在籍した記者で、たくさん随筆集を出している。小津安二郎の戦後版『お茶漬けの味』では、佐分利信の上司役に扮し、二シーンほど登場するのがこの石川である。

近藤勝重は毎日新聞社の記者で、他に『やす・きよの長い夏』など、大阪のお笑い界についての著作もあり大阪では有名な人。一時『サンデー毎日』の編集長も務め、同時期に編集部に出入りしていた私は、室内に鳴り響く、なつかしい大阪弁に、元々細い目をなおいっそう細めたものだった。

それより驚いたのが新潮文庫『洋酒天国』三冊だ。いま執筆中の本の中で、開高健、山口瞳を生んだこのPR誌の金字塔について書こうとして、その参考に、いまは品切れの新潮文庫がどうしてもほしいと思っていたところだったからだ。まさに私の来るのを待つように、その三冊は「ゆめや」にあった。

ホクホクとして駅前に引き返し、「ゆめや」で買い物があったとき必ず立ち寄る喫茶店「シントン」へ。ドラマに出てくるような古い静かな喫茶店で、壁をギャラリーにして、若い作家の個展を開いている。客も芸術家、文化人、それに準ずる愛好家らしき顔ぶれをよく見かける。

ここで一服つけながら、戦利品を点検するのがまた楽しい。目の前のガラス越しにときおり黄色い電車が、ガタゴトと車体を揺らしながら通過するのが見える。東京、埼玉在住の方は、小さな旅に出るつもりでぜひこの町へおでかけください。

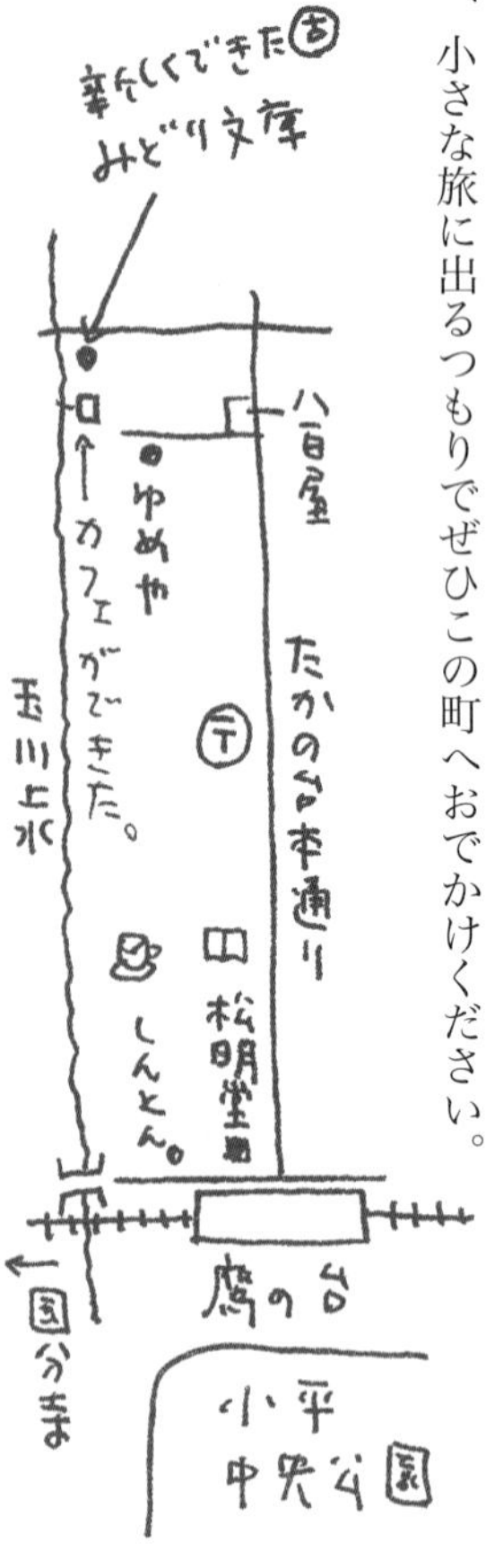

小津の町は偏差値が高かった

一九九九年八月――鎌倉・四季書林ほか

小津安二郎が好きだ。特に戦後の、原節子三部作『晩春』『麦秋』『東京物語』は、小津の技法がもっとも円熟したときに生まれた、奇跡的な傑作で、これまでにいったい何度ビデオを見直しただろうか。

その三作のうちでも、一番好きなのが『麦秋』だ。これは小津作品で一番最初に観たということもあり、その最初の強烈な印象がエコーとなっていまだに響いている。

もう二〇年も前になるだろうか。NHKテレビで、正月三ガ日、日本の名作映画を毎日放映するプログラムがあった。放送した順序は忘れたが、その三本の作品名はいまでも忘れない。豊田四郎監督『夫婦善哉』、成瀬巳喜男『浮雲』、そして小津安二郎『麦秋』だったのだ。いま考えても、小箱に閉じ込めたいほど光り輝く、豪華なラインナップだ。私が映画を本格的に観始めた二〇代の初め。日本映画は外国映画のいならぶ歴史的名作と比べれば、遠く及ばず、貧弱なものだと思っていた。ところが、この三本を観たことで評価は一挙に逆転した。以後、断然私は日本映画のヒイキです。

そこで、いざ鎌倉へ！　……というのも小津の『麦秋』の舞台が鎌倉。例えば、北鎌倉駅で東京行きの電車を待ちながら、原節子と二本柳寛が『チボー家の人々』について言葉を交わすシーンがある。私はこれをラブ・シーンだと解釈しているのだが、じつは北鎌倉駅は、『麦秋』の空気を半世紀たった現在も奇跡的に残すたたずまいなのだ。上京してしばらくたって、初めて鎌倉の土を踏み、この北鎌倉に降り立ったときの静かな感動をいまだ忘れることはない。

その後も、仕事で数度、鎌倉およびその周辺を訪れた(画家の平山郁夫さんの自宅にうかがったことも)が、古本屋を回る余裕がいつもなく悔しい思いをしていた。

そして、ついに均一小僧が鎌倉の古本屋を回る日がやってきました(「べつに来てもらわなくてけっこうです」という声が聞こえてきそうだが……)。五月中旬、たまたま横須賀中央で詩人の川崎洋さんを取材することになって、せっかくだから鎌倉に寄って帰ろうと計画をたてた。私は学生時代、たった一度だけ『ユリイカ』という雑誌に詩を投稿し、「そのほか印象に残った作品」として名前のみを拾ってもらったことがある。そのときの選者が川崎さんだった。そんな話をすると、川崎さんがホウという顔をされた。

取材を終えて、見知らぬ町の路線バスに乗るのが趣味の私は、横須賀中央駅とJR横須賀線・横須賀駅を結ぶ路線バスを確認。そこから横須賀線で鎌倉に行くルートを取った。

横須賀中央駅前が、人どおりも多く、デパートなど立ち並ぶ開けた町であったのに対し、横須賀駅のほうは、すぐ目の前に港がある。閑散とした寒駅だったのが意外だった。

これが「風来坊1」のち8編を手書きコピーで10部の詩集に。それが2003年スムース文庫の一冊として復刊。

店をさがす楽しみを残している
―とも言える

港には黒々とした軍艦がのっそり停泊していた。

鎌倉駅へ着いたときは、もう少し日が陰り始めていた。効率よく、急いで回らなければいけない。今日も今日とて、『全国古本屋地図98』を片手の行脚なのだが、例によって、掲載地図がアバウトで、初めてその地を訪れた人は該当の店をつきとめるのに苦労する。

地図の番号では一番の田園書房が、いきなり見当たらない。交番で聞いてもらちがあかず、捨てて葉山荘、公文堂書店の方向へ。これもさんざん探し回ったあげく、葉山荘は見つけたものの休店で、公文堂書店まで行っているとほかが回れないと思い、また駅のほうへ逆戻り。

鎌倉の古本屋を回るとき、第一に気をつけねばならないのは、閉める時間が早いこと。閉店時間が六時、七時となっていても、だいたい日没とともに閉める店が多いというのだ。これはもちろん、鎌倉が観光地であることと関連している。

じたばたムダ足を踏み、ひょっとしたら、一軒も訪れないうちに帰るはめになるのか、と情けない思いをしていると、やっと最初の一軒「四季書林」にたどりついた。店内に入ってすぐ、声には出さぬが丸めた唇から、細長い息が排出された。四方の壁に備え付けられた棚には、どの一角をとっても、文芸書を中心とする良書がひっそり収まっている。部屋の中央には棚を置かず、ガラスの陳列ケースがあり、限定本、稀覯書が眠っている（このレイアウトは、鎌倉の古本屋に共通する特色のようです）。

パラフィンをかけてある本が多く、背文字のはっきりしない古い絶版文庫にも、パラフィンの上に書名と著者の名を記入した紙が貼られてある。使いたくない言葉ながら、思わず「いい仕事してるなあ」と心に思った。ちゃんとメモを取らなかったので、いま、その店に何があったか思い出せないのだが、価格は良心的だった。本棚の下のほうに身を潜めるようにころがっていた、★山崎安雄『著者と出版社』の正続二巻を見つけた。なんと二冊で一〇〇〇円。正巻は所持していたが、続巻がなかなか見つからなかったので、一〇〇〇円なら一巻の値段としても安いと考え、ダブリを承知で買った。

四季書林

この買い物で満足し、もうあとは悠々……「よきにはからえ」という気分で、残りの「游古堂」「藝林荘」「木犀堂」を見学(!)させていただいた。「游古堂」「藝林荘」は骨董も扱う古本屋で、いかにも鎌倉らしい。しかも、いずれも見ごたえがあります。特に「木犀堂」の品揃えには、ただただ低頭し敬服。鎌倉の古本屋の平均偏差値はかなり高いですよ。そのつもりでおでかけください。

駅へ急ぐ観光客の群れに交じって、短時間ながら充実した、気まぐれ古書店紀行の鎌倉編を終えることにする。おみやげには、ちゃんと鳩サブレを買って……。

★山崎安雄はこの他『ベストセラー作法』S36・白鳳社。『日本雑誌物語』S34・アジア出版。『岩波茂雄』S36 時事通信社。『岩波文庫をめぐる文豪秘話』S39 出版ニュース社。『春陽堂物語』S44・春陽堂 など出版関連の著作が多い。

札幌の獲物を出久根達郎さんに誉められて

一九九九年九月——札幌・成美堂、石川書店ほか

六月二四日、二五日の両日、一泊で札幌へ行ってきた。じつは北海道へ渡るのはこれが初めて。D社が昨年より実施している『自分史』大賞」という、一般公募による「自分史」の賞があって、その書き方を指導するセミナーに私が講師として招かれることになったのである。

といっても、主催する『週刊D』の編集長Tさんがメインで、私はその付け足しのようなもの。ところが、このTさんが大の古書通で、「札幌にはどこそこにこういう古本屋があって……」という話で大いに盛り上がり、これから同企画で広島、静岡、大阪と月々回る都市ごとに、ついでに古本屋行脚をしていこうということになった。

その第一弾が札幌。羽田から新千歳空港まで約一時間半。JRの快速に乗り換えて、四〇分もあれば札幌に着く。早いものです。

宿泊先は札幌駅前の、セミナーの会場ともなる全日空ホテル。荷を解いて雨の中、さっそくTさんに教えられた古本屋へ向かう。

Tさんによると、「成美堂」という、一階が新刊書店で二階が古書部の書店には、「植草

甚一コレクション」なるコーナーがあり、植草甚一の書斎を再現しているというのだ。

「じつは、そこで初めて知ったんだけど、植草甚一の最初の著作って、うちのD社から出してるんだよ。『映画界』とかいう堅い企業研究のシリーズでさ。驚いたよ」とTさん。

植草ファンの私としては、それだけで札幌まで来た甲斐があると、喜び勇んでタクシーで駆けつけた。

ところが着いてみると。どうも話が違うのである。新刊書店であるはずの一階はまごうことなき古本屋。二階への階段があり、壁には植草さんのコラージュを額装されたものが展示され、矢印とともに、「植草甚一コレクション」という表示があるが、上がり口は段ボールで閉ざされ、「現在二階は閉鎖中」とある。

それより驚いたのは、レジに座る店員と、店の隅で本の値づけをしているのが、いまふうの若い娘で、まるで古着屋へ入ったようなムード。しかも店内を馬ほどでかい犬が二匹、舌を出しながら徘徊している（ちゃんと綱は人が持ってる）。

店内にいた客はみな常連らしく、そのうちの一人が、「おっ、いつからここ古本屋になったんだ」「これみんな古本か」「犬も古本か」などと孫みたいな娘相手にかましている。「あんた、○○さんの娘か。よく似てるな。わしは、あんたのお祖父さんも知っとる」と言い出す老人もいて、なんだか連続ホームドラマの一回に、場違いで迷い込んだ俳優の気分である。植草さんのコレクションは拝めなかったが、この古本サファリパーク状態は十分

これは私の聞きちがいか、Tさんの感ちがい。『外国の映画界』が正解で、出版社は同文館。新書。1956年刊

堪能した。

もと新刊書店らしく店内は広く、ゆったりしたレイアウトで棚が並ぶ。しかし、創業どれだけたったか知らないが、木の棚は黒ずみ、相当古そう。並ぶ本も古いものが多く、まるで一階もずっと古本屋をやっていたみたいだ。

私が特に触手を動かされたのが、新書と文庫の棚だ。特に、新書は昭和三〇年代前後の例の軟派随筆ものがぎっしり詰まっている。しかも二〇〇円均一！　文庫は一〇〇円！入り口から新書・文庫の棚まで、私のために赤いじゅうたんが敷かれているような……。すでに持っているものもかなりあるが、つぶさに見れば、なかなかの拾いものがあった。

香山滋ほか『寝ものがたり一八夜』（おしどり新書・昭三〇年）、獅子文六『西洋色豪伝』（コバルト新書・昭三〇年）、平野威馬雄編『三六五夜』（近代社・昭三〇年）、内田亨『随筆 象牙の河馬』（ミリオン・ブックス・昭三一年）と、笑みがこぼれる新書四点。

内田亨は、同じミリオン・ブックスで、このほうはよく見る『動物随筆 猫の裁判』もおかれてあった。二冊並んでいるのを見るのは初めて、と思ったら、内田は北大で生物学の教授をしていたのだ。なーるほど、ご当地本ね。動物随筆はお手のものだが、『随筆 象牙の河馬』のような、身辺雑記を含む、純然たる随筆は珍しい。

そのほか「成美堂」では文庫の棚で、春陽堂・日本小説文庫の、中村正常『花嫁戯語』（昭八年）を発見。中村正常に関する古書では、新潮社「新興芸術派叢書」の『ボア吉の求婚』、

①と②は、昭和初年の最前衛の文学を収めるシリーズ。名前も装丁も似ている。古書価は高し。

② 改造社「新鋭文学叢書」の『隕石の寝床』が有名で、古書展でたまに見かけるが、けっこうの高値がついてて手が出ない。だから、これはありがたい拾いものだった。

この日は、もう一軒、成美堂から歩いて行ける「石川書店」へ。ここは店構えは新しいが老舗らしく、良品が整然と並んでいる。二階もあったのだが、もう残り時間があまりなかったので、徳川夢声『柳緑花紅録』(VAN叢書・昭二一年)を五〇〇円で、引ったくるように買ってホテルへ戻った。

翌日、出発の時間まで北大周辺の古本屋回り。「南陽堂書店」で小栗虫太郎『黒死館殺人事件(上・下)』(講談社文庫・昭五一年)を二八〇〇円。「薫風書林」で福田蘭童『蘭童作家観』(近代社・昭三一年)を一〇〇〇円で購入。満足すべき収穫であった。

東京へ戻ったその足で、新橋第一ホテルへ。某誌の著者インタビューで『倫敦赤毛布見物』(文藝春秋)を出されたばかりの出久根達郎さんを取材するのだ。ひととおり話が終わったあと、座興に札幌で買った獲物を見せると、うーんとうなって出久根さん。「これ見ただけで、岡崎さん、あなたがどれだけ本好きかがわかりますね。いい本ばかりです」とお褒めいただいた。うれしかったなあ。

南陽堂書店

広島じゃ「力」でうどんを食べんさい

一九九九年一〇月——広島・アカデミイ書店ほか

前回に続いて、D社「『超』自分史セミナー」行脚の第二弾。今月（七月）は広島。例によって、二〇〇〇年版『全国古本屋地図』の広島のページをコピーに取って、眼光紙背に徹するほど読み込むと、半日で回れるモデルコースを設定する。まずはここから攻めて、ここへ回って、おっと、やっぱりこっちから攻めたほうがいいか……まるで戦地の参謀本部みたいに、あれこれ攻略法を考える。これがまた楽しい時間なのだ。

熟考のすえ広島の一大繁華街「八丁堀」周辺の三店、もと広島大学のあった周辺の四店と、エリアを二つにしぼってスケジュールを立てることにした。

広島へ向かった三〇日の数日前、たまたまテレビで、吉田拓郎が自分の青春の地「広島」へ、中村雅俊を連れて訪ねるという番組をやっていた。私たち六〇年代終わりから七〇年代に高校生活を送ったフォーク小僧にとって、吉田拓郎という名前は「神」であった。彼の歌を歌うためにギターを覚え、レコードは繰り返し繰り返しコピーのためプレイヤーにかけられた。拓郎熱最盛のころは、彼のLP（当時で一〇枚くらいあったか）に収められた曲を、その順番で、歌詞もレコード譜も見ずにギターですべて歌うことができた。お

「イメージの詩」だって全部歌えたぜ。
あほやがな。

そるべき情熱である。

前述のテレビ番組では、繁華街の中心地に向かい合わせで並ぶ「福屋」と「天満屋」という二大デパート（拓郎は大学時代、この一階にある化粧品売り場の売り子をナンパしていた）、拓郎推奨のうどん屋チェーン店「力《ちから》」が紹介されていたので、この二つもさっそくチェックポイントに加えた。

東京駅、午前九時少し前の「のぞみ」に乗って約五時間、『彷書月刊』誌企画「新・古本屋でがっちり買いまショー」で、今回の旅行用に買った海外ミステリ、ロバート・ゴダード『闇に浮かぶ絵（上下）』（文春文庫）を読んでいたら、あっという間に着いた。広島は小雨。路面電車の軌条と石畳が濡れ、薄い雲を透かして届く弱い陽光を受け鈍く光っている。

鷹揚なD社は「古本屋に行くにもタクシー使っていいからね」と言ってくれたが広島に来て、路面電車に乗らない手はない。四回乗れば元は取るという一日乗車券（六〇〇円）を買って、駅前から乗り込む。私は、七七年に京都・立命館大学に入学。最初の一年は広小路校舎に通ったため、翌年廃止となる京都市電にぎりぎり間にあった口だ。だから路面電車はたまらなく懐かしい（なんとその京都市電の車両も、広島で生き延びていて今回乗ることができた）。

第一ポイント八丁堀では、「アカデミイ書店」、その支店となる「アカデミイ紙屋町店」、「ぶんろ書店」がそれぞれ一、二分の範囲内で固まっている。三店の中では、『全国古書店屋地図』で〈二階までが店舗で古書のデパート〉と書かれたアカデミイ書店がもっとも見ごたえがあった。ここでは、辰野隆『老若問答』(要書房!)三五〇〇円、未所持の角川文庫(いずれも絶版)『久住昌之の人生読本』、末井昭『東京爆発小僧』の二冊を各一〇〇円で買う。同支店でも、中島さと子『咲子さんちょっと』(春陽文庫)を一〇〇円で。

　この三店に共通するのは、文庫、新書、単行本など一〇〇円均一コーナーに力を入れていることだろう。つまり私好みの店である。それにどの店も客がたくさん入っていることにも驚いた。特に「ぶんろ書店」は、エロ本、マンガから文芸書、郷土史となんでもありの古本屋で、どの通路も客が押し合うように本を選ぶ姿が見られ、しかもひっきりなしに客の出入りがある。価格帯を下げていること、まるで八百屋みたいに入り口を大きく取っていることが集客力の要因か。『古書店地図』における同店の紹介〈何事にもとらわれないおおらかな店主の性格からか本の回転の速い店である。雑誌から難しい本まで一応なんでもある〉には笑ってしまった。そのとおりの店だからである。

　通りまでカツオぶしの匂いが漂う「力」で、ちゃんとキツネうどん(汁がめちゃめちゃうまい)を食べ、今度は路面電車で広島大学周辺に集中する四店へ。

　先の八丁堀周辺と比べるべくもなく、広島大学が移転したあとのこの四店は閑散としていた。どの店でも他の客と居合わせることがなかった。しかし、どの店も個性的で、古書通にとっては見逃せない店ばかりだ。

江利チエミ主演で'61年ドラマ化。
映画にもなった。

丸尾長顕は「芦屋夫人」で作家デビュー。発禁に。
の、宝塚の文芸部長、「婦人画報」の編集長を経て、
日劇ミュージック・ホールのプロデューサーに。
深沢七郎の発見者でもある

最初に入った「大学堂書店」でまず、山路閑古『土星と空豆』(四季新書)二五〇円を一冊。店頭にのれんのかかった、和装小物店のような構えの「神鳥《かんどり》書店」では収穫があった。朝日新聞社時代の森本哲郎が執筆者代表の『映画界拝見』(旅窓新書)五〇〇円、小野佐世男『まんが随筆 女・ところどころ』三〇〇円、丸尾長顕『随筆ちょっと愛して』(日本文芸社)三〇〇円、丸尾長顕『日本で一番もてる男の話』(カッパブックス)二〇〇円、中川一政装丁・挿画の『弥次喜多膝栗毛』(家庭社)六〇〇円。

神鳥書店

例によって、コレクションの対象となる軟派随筆新書が中心。いまどき、東京都内の古本屋の棚では、なかなか見られなくなったこれら脱力のジャンルも、前回の札幌でもそうだったが、地方に行けば、棚に眠っている珠玉がまだまだあり、と見た。丸尾長顕の新書などめったに見ることがなかったが、神鳥書店さんでは二冊並んでいたし、『土星と空豆』の山路閑古は岩波新書『古川柳』の著者として知るのみで、こんな新書は初めて見た。表紙が横山隆一描くカエルであることもいい雰囲気。

大満足の広島行きでした。

若き日の丸尾長顕

『情事の手帖』南国書房 昭35
という好色随筆集あり！

そんな話ばっかり

自分の本を初めて古本屋で見た日

一九九九年一一月——静岡・安川書店ほか

こんなこと、ほかにどこにも書くところがないので、ここで書かせてもらうが、九月一二日、残暑厳しい日曜日、妻、娘と三人で松戸市博物館まで行ってきた。

私が在住する小平からは、武蔵野線（新小平駅）を使えば、車中一時間で同博物館最寄り駅の新八柱駅まで行くことができる。小平と松戸。いっけん結び付かぬ二点を、武蔵野線というローカル線は強引に接続する。

わざわざ松戸市博物館まででかけたのはほかでもない。ここの企画展示室で「奥山儀八郎展」が開催されていたからだ。と、いっても、私が特に奥山儀八郎について詳しかったわけではない。そこには次のような事情があった。

毎秋、恒例の神田古本まつりに合わせて組まれる、雑誌『アミューズ』「神保町特集号」にライターとして駆り出され、靖国通りの一本北の通りにこの一、二年で続けて出店している古書店の取材をした。「キントト文庫」「天狼書店」「美術倶楽部ひぐらし」「アカシヤ書店」「版画堂」などで、私は勝手にこの界隈を「神田ふるほん横丁」と名付けた。

その取材の際、「版画堂」に置かれてあった美術展のチラシに目がくぎづけになった。そ

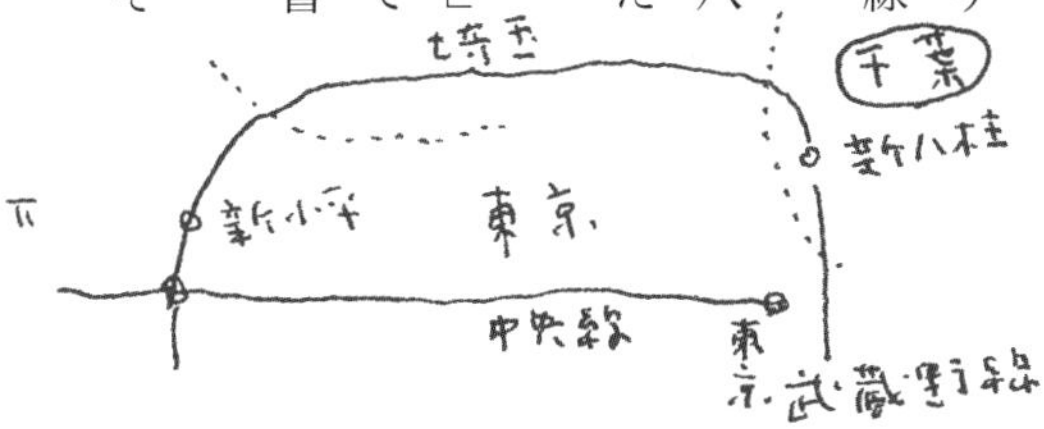

岩切信一郎さんは、東京文化短大教授で美術同人誌「一寸」のメンバー。都内古書展でよくお見かけします。

れが、「創造と伝統の木版画家 奥山儀八郎展」だったのである。

奥山のことは知らなかった。目が止まったのは、そのチラシに、彼の作品の一部として、私とかかわりのある、よくよく知っている絵が掲載されていたからである。

大きな長靴をはいて、メガホンを持って歩いているピノキオのような人形（凸坊という名であることをあとで知る）の絵。それはまさしく、昨年に出た拙著『文庫本雑学ノート』（ダイヤモンド社）の表紙に使われた絵だった。デザイナーは、この奥山の作品から引用したことをここで初めて知った。

興奮のままチラシを読むと、奥山は昭和初年に丸の内に新設されたニッケ（日本毛織株式会社）宣伝所の広告作家として、木版を使ったポスター、チラシ、広告を制作し、その個性的な魅力で一躍広告美術界に知れ渡った人物だった。

チラシに一部掲載された、そのニッケのポスターが素晴らしいの一語。たちまち魅せられてしまった。一二日は特に、岩切信一郎という研究者の講演があることを知り、この日を選んででかけたという次第。

いやあ、行ってよかった。

広告の仕事が特に目を引いたが、その後に、広告から身を引いて打ち込む、錦絵ふう木版摺りがまた素晴らしい。

……てなことを書いていたら、それだけで終わってしまう。

こんなの

この話を本誌で持ち出したのは、講演の中で、じつに意外な人物の名が、奥山にとって重要な存在として出てきたからだ。

誰あろう、今年の『彷書月刊』七月号で特集した石井研堂であった。奥山が創作版画を捨て、浮世絵、錦絵の流れを汲む、彫り師・摺り師とのコラボレーションによる伝統版画の道を選ぶのは、この石井研堂の影響からだというのだ。

橋口五葉など日本版画の研究者である岩切氏によると、奥山は石井のたった一人の弟子であり、釣りの良き従者であり、著作書誌の作成者であり、葬儀の際に万端を執り行った人物だった。

うーむ、これには驚きました。

ほかにも、資生堂の山名文夫と組んで東京広告美術協会を創立したり、洋酒会社のニッカのサトウハチロー、石黒敬七を配した楽しい宣伝広告をつくったり、目を引くことばかりでしたが、そんなことを言っていられない。静岡の話をしなければならない。

静岡の古本屋は、うまく静岡城址をとりまくかたちで点在している。そのほか、官庁、各学校もその堀端にあり、静岡市民にとって、いまは公園として使われている城址が、いかに親しみ深い場所であるかがわかる。

八月下旬、カンカン照りの中、二時間ほどかけて、「安川書店」「太田書店」「するが書房」と歩いて回る。

「いけだ古書部」と「文高堂書店」は残念ながら閉まっていた。
特に、「文高堂」さんは、〈古書通には一見の価値あり〉と『全国古本地図』にあったので楽しみにしていたのだが、汗だくで道に迷いながらようやくたどり着いたのに無情のシャッターアウト。思わず、その場でへたりこみそうになりました。やはり、電話で確認して行くべきだったなあ。

基本的に行きあたりばったりなのだ。

買い物も、結局は「安川書店」で、戦後まもなく出たらしい（奥付なし）『図案カット文字大集成』（日昭館・五〇〇円）のみ。このところ凝っている、大正・昭和初期モダニズムふうのカットや広告文字がたくさん入っている。装丁も駄菓子っぽくって愛らしい。

安川書店

結局、静岡駅前の「ブックオフ」で、河盛好蔵『巴里好日』（河出文庫）、阪田寛夫『まどさん』（ちくま文庫）、井上靖『忘れ得ぬ芸術家』（新潮文庫）、中野重治『愛しき者へ（上）』（中公文庫）を各一〇〇円で買ったほうが目立ってしまった。
それより、「安川書店」では、さっきも触れたが、拙著『文庫本雑学ノート』が棚に並んでいるのを見た。自分の本が古本屋に並んでいるのを見たのはこれが初めて。一〇〇〇円でした。照れ臭いような、うれしいような、妙な気分になるもんですね。

その後もまだ7〜8回しか見てない。
あまり売れてねえんだな。

大阪で生まれた男やさかい

一九九九年一二月――大阪・天牛本店ほか

大阪に生まれながら、これまで大阪という町そのものに特に関心はなかった。もちろん郷土としての愛着はある。しかし、だからといって、都市としての大阪の魅力について深く考えようとはしなかった。

むしろ、東京に出て来てからは、東京という新鮮な町への興味が深くなり、東京に関する本を集めたり、未知の町を歩いたり研究に余念がなかった。大阪など眼中になかったのである。

ところが上京九年目にして、ほんのここ数ヵ月のうちに、がぜん大阪への興味が沸き始めた。それも、大正期から昭和初期のモダニズム大阪にグイグイ引っ張り込まれることになってしまった。いくつか機縁はあったのだが、なんといっても大きいのは、戦前に大阪毎日の記者だった北尾鐐之助著『近代大阪』(創元社)と出合ったのが決定的だった。

いずれ『ｓｕｍｕｓ』というミニコミ誌にくわしく書く予定なので、ここではあまり突っ込めないのだが、この昭和初期の大阪をルポルタージュした本(復刻版)と、同書の海野弘による解説を読むことで「大阪」に夢中になってしまったのだった。

1989年創元社から復刻版が。
高岡徳太郎／装

そんなおり、毎月恒例となった「自分史」セミナーでちょうど大阪に行くことになった。これまでも、年に数回は大阪に帰っているのだが、それは単なる「帰る」という目的があるだけだった。しかし、今回は違う。あの「大阪」へ行くのだ。まるであこがれの外国の町を訪ねるような気分で新幹線に乗った。

だから、古本屋を回るのでも意気込みが違う。本場大阪で、モダニズム大阪を跡付けるような古本を探すことが、第一義となってしまった。こうなると、いつも行き慣れた「天牛本店」へ向かうのでも足取りが違う。目の色が違う。すれ違った親子連れの子どものほうが、「あのおっちゃん、目の玉がひっくりかえってる。コワーイ」と脅えたほどだ。

で、結論からいうと、もともと大阪に関する本というのは、商業、食、笑いに関する以外のものはあまりないのですね。だから、大阪の古本屋へ行ったからといって、そうそう都合のいい本は見つからない。ただし、天牛では、『大宅壮一全集』(蒼洋社)の第二巻「モダン層とモダン相」を四八〇円で見つけた。この全集で一番読みたかった巻なので、特に珍しくはないがいそいそと買った。また未所持だが、『大宅壮一青春日記』も、モダン大阪の研究には欠かせない文献なのだ。

そのほか、天牛では一時間以上じっくりかけて、女優にして女医を売り物にしたキッチュきわまりない、河上敬子『女だけの部屋』(四季社)を四八〇円で入手。徳川夢声が序文を書いている。まったく夢声は、どこへでも序文を書く「序文王」だな。

!

すぐにこういうウソをつく。

じっくり古本を見られるというなら、阪急東通り商店街にある「末広書店」ほどの古本屋は、日本広しといえどもほかにはない。だって、四階にある古書部は監視カメラがあるきりで無人。あまり客もなく、まるっきりの貸し切り状態になるからだ。なめくじのように床にのたくりながら、小一時間は古書まみれとなる。私にとっては、いま大阪でいちばん面白い古本屋である。

ニコニコしながら拾い集めた雑本は以下の通り。弘世巖『豆自動車で一萬五千哩』(昭九年・非売品)一二〇〇円。松波仁一郎『松波随筆 牛の込合ひ』(三教書院・昭一四年)三〇〇円。春風亭平助『綿業闇汁ばなし』(繊維経済新聞社・昭三三年)一〇〇円。下村海南『三番茶』(博文館・昭二年)三〇〇円。「新潮社昭和長編小説全集内容見本」一〇〇円等々……。

『豆自動車〜』は、大阪日本生命のロンドン支社勤務の社員が、オースチンを駆って、イギリス縦断、アメリカ横断をした記録を漫筆ふうに綴った紀行文。布装、口絵写真、イラストが数葉入った、凝った造りだ。身内の方がいらっしゃったら、ぜひお話をうかがってみたいものだ。

『綿業〜』は、東洋紡績社員が、業界の裏話を繊維新聞紙上に連載した随筆集(私の父親はかつて東洋紡の社員だったのだ)。

それが、まるで落語家のようなペンネームをつけるところが妙味というか、大阪的というか、うれしい話である。

阪急古書のまち「杉本梁江堂」は、私好みの落語・演芸本が充実している店なのだが、それらは手が出ず、見るだけ。むしろ、専門から落っこちた雑本に掘り出しものがありそうだ。というのも、ここで冒頭に挙げた北尾鐐之助の『びわ湖風土記』(宝書房)を三〇〇円で見つけたからだ(このあと、東京へ帰ってからも、同じ著書の『富士箱根伊豆』(毎日新聞社)を、古書会館の即売会で見つける)。

同店では、正木不如丘『詭弁勘弁』(春陽堂・大一四年)五〇〇円、清水崑『筆をかついで』(創元社・昭二四年)五〇〇円も買う。

勢いに乗って、まだ行ってなかった、文楽劇場近くに移転した「天牛書店」へも寄ったが休み。仕方なく、腹も空いたので近くの大衆食堂へ入った。ここが、店主、店員(家族)、客を含め、まるっきり吉本新喜劇の舞台のような店だった。

店主と客、出入りの業者との会話を聞いていると、まるで台本があるかのような、笑都大阪の底力を感じさせるセリフが飛びかう。ニューヨークの下町で黒人同士のジャムセッションを聴くようなものだ。小柳ルミ子がヘアヌード写真集を出す、とうっかり話題にした初老の客が、そのあと、どれだけ見事にみんなの笑いの餌食にされるか、書きたいところだがちょうど時間となりました。それではみなさまお元気で〜。

店主「なんや松っちゃん、小柳ルミ子のヌード見たいんか?」
客「だれがそんな話してるんや。ただ写真集が出るって…」
客B「ええがな。かくさんかて。ええ年してるもんな。もみたいか?」
客「なんで、そうなるねん。あほか」(笑い)。

【第三部】

1000

1月 ◉立川・清水書店

2月 ◉名古屋・人生書房ほか

3月 ◉川越・坂井ぎやまん堂

4月 ◉博多・痛快洞ほか

5月 ◉唐津・古時計、小倉・古書城田ほか

6月 ◉杉並区西荻窪・古書 比良木屋

7月 ◉大田区・古書肆 田園りぶらりあ

8月 ◉江東区南砂・たなべ書店

9月 ◉所沢市狭山ヶ丘・夢屋

10月 ◉杉並区高円寺・古本酒場 コクテイル

11月 ◉杉並区西荻窪・古書 音羽館

12月 ◉秋田・板澤書房ほか

小鳥の来る日に玉川上水へ

二〇〇〇年一月――立川・清水書店

私が現在、小平市在住で、玉川上水がすぐそばにあることは、これまでにも何度か書いたと思う。小平市は東京都下とはいえ、郊外のどんづまりで、都心への交通は簡便とはいえない。

しかし、マンションのすぐ脇に玉川上水があること……これはほかの欠点を補ってあまりある魅力である。

毎日のように、この上水の両側にある小道を利用している。春は桜が有名だが、夏は新緑、秋は一面に紅葉する。中に栗の木もあって、毎年驚くほど大量に実を落とす。ただし、実の成る時期を熟知した人々に、あっというまにかっさらわれてしまい、あとにはイガの殻しか残らない。

一一月上旬の某日。この連載のため、どこか古本屋へ行かねばならぬなァと、『全国古本屋地図』をパラパラめくりながら迷っていたら、考えてみれば、玉川上水の上流にある「玉川上水駅」までは行っていないことに気づいた。

駅前には「清水書店」がある。高円寺・西部古書会館で開催される古書展では、まっ先に棚がガラガラになるところを目撃してきたが、店舗の方は未踏。

　薄曇りの平日、ちょうどいい、散歩がてら自転車で玉川上水沿いに行ってみることにした。途中まで五日市街道と平行して、すぐ横を自動車が行き来する上水道も、途中からは離れ、静かな住宅街を走ることになる。

　ざわざわと風が木々の葉を揺らせながらわたっていく。まわりがあまりに静かなため、鳴き交う鳥の声とともに、ときおり高く水音が聞こえる。遊歩道には、ジョギングする人、静かに散策する老婦人グループ、健康のため歩く夫婦連れなどが、ぽくぽくと土を踏みしめながら行き過ぎていく。リコーダーの練習をしながら歩く、ランドセルの小学生もいた。「もみじ」のメロディーがたどたどしく響く。

清水書店

　周囲はほとんどが宅地化されているが、ところどころ、保存指定された武蔵野の面影を残す、雑木林の片鱗が見られる。そんな光景を横目で見ながら、少し木々が色づき始めた晩秋を走る。

　走り始めて三〇分ほど西武拝島線「玉川上水駅」へ着く。近年完成した、立川のほうまで延びたモノレール駅と交差しているため、改装されたばかりの駅前は、のっぺりとした空間となっていた。「清水書店」は、駅からすぐ、ビルの一階に

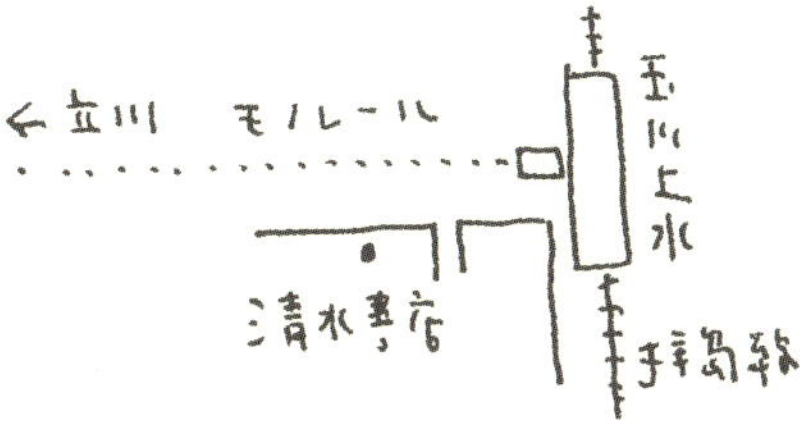

「セブンイレブン」と隣り合わせて店舗が入っていた。

通りに面した壁が、ガラスになっているため、店内が外からよく見える。中が見えるから古本屋とわかるが、それこそコンビニ仕様の造りのように見える。

店内は整然と本が棚に並び、それなりに見やすいが、市で仕入れてきたままと思われる、紐で縛られた本の束が通路に積み重ねられてある。

どうやら、半ば、古書展と目録用の倉庫と化しているらしい。しかし、逆にいえば、古書展用の本がそのまま並べられているために、郊外の駅前の古本屋というイメージはいい意味で裏切る品揃え。じっくり見入ってしまった。音楽、芸能だけで一筋分長い本棚が埋められている。戦前の本もゴロゴロある。まずはここが見所。

しかし、私が買ったのは結局雑書と文庫、新書。一番買い物だったのは、加太こうじ『紙芝居昭和史』（旺文社文庫）三〇〇円。およそ旺文社文庫に収録されている作品で、知らないものなどないという自信があったのだが、これは、『彷書月刊』九月号特集「加太こうじという人」の著作目録を見て初めてその存在を知った。（いつか手に入れなきゃ）と思っていたところそれが、「清水書店」の文庫の棚にあったため目がくぎづけになった。ドキッとしました。この一冊で、はるばる遠征した甲斐があったというものである。

堀内新泉『百人百癖』（近代文芸社・昭和二年）一〇〇〇円は、「昭和初期のお気楽な雑文集」というジャンルに相当するから買った。

(一)手にタコのある人、(二)口先で物を言ふ人、(三)目先の利かぬ人、(四)常に嘆息する人……と続く。どれも三ページほどの分量で、まったく役に立たないような内容。なんだかバカバカしくていい。

「(一)手にタコのある人」を読むと、

〈文人には筆タコ、商人には算盤タコ、百姓には鍬タコ鎌タコ、足には固い草鞋タコ、大工さんには鋸タコ錐タコ鉋タコ手斧タコ〉と以下延々続く。かの平賀源内が餅屋のために書いた引札の文句にある餅づくしと似ている。

吉田絃二郎『小鳥の来る日』(新潮文庫・平六年・復刻版)一〇〇円を買ったのは、大正から昭和初期にかけて女学生を中心に圧倒的な人気を誇り、そのあとあっというまに忘れ去られた、この叙情作家に関心があるからだ。

今野信雄『広告世相史』(中公新書・昭六〇年)二五〇〇円も資料として買った。このところ広告に関する本もよく買っている。何よりその時代の空気が非常によく映し出されていて、しかも楽しい。

帰りは一橋学園駅前の喫茶店「シントン」へ寄ることにしよう。秋に古本とコーヒーはよく似合う。

堀内新泉《ほりうちしんせん》は明治6年京都生まれの小説家。幸田露伴門下。

"百癖シリーズ"は、他に『良人百癖』『細君百癖』を所持。

夕凪の海の中から釣り上げたサトウ・ハチロー

二〇〇〇年二月――名古屋・人生書房ほか

京都から名古屋へ入るのに、ふつうなら躊躇なく新幹線を選ぶところを、気まぐれで在来線を乗り継いでいくことにした。新幹線なら四〇分弱の道程が、東海道本線の各駅停車(米原乗り換え)で二時間半かかる。しかし、この選択は正解だった。ゴトゴトと晩秋の近江路を、乗り降りする地元の人の会話を聞きながら、特に退屈することもなく小旅行の気分を味わった。

もとより急ぐ旅路ではなかった。例の自分史セミナーの講師を務めるため一一月は名古屋入り。それを利用して旅程を二日繰り上げ、京都の実家へ顔を出し、そこから近江八幡へでかける心づもりだった。

琵琶湖の東岸にある小さな古い町、近江八幡にはW・メリル・ヴォーリズの建築がたくさん残されている。ヴォーリズは、明治三八年に滋賀県の近江八幡に来日した米人宣教師。以後、同地を第二の故郷として住みつき、建築家としても関西を中心に多くの洋風近代建築を残した人である。大阪の心斎橋大丸、京都四条大橋たもとの東華菜館、あるいは東京でいえば、駿河台の山の上ホテル、主婦の友社の社屋の前身が彼の作(その設計図を生

ヴォーリズについては
山形政昭『ヴォーリズの西洋館』淡交社'02
奥村直彦『ヴォーリズ評伝』港の人'05
にくわしい。

かして、磯崎新が新築したものが現在同地にあり）。またメンソレータムの日本での代理販売権を得たのも彼で、後に日本人女性と結婚し帰化する。

そのヴォーリズに急に関心がわき、近江八幡を訪ねたのだった。いくつかの教会、いまでも人が住む洋風住宅、幼稚園、もと郵便局など、青い目をした日本びいきのアメリカ人の遺した建物をたどって、小さな町を散策するのは楽しかった。こういう楽しみがあることを、四〇を過ぎて初めて知ったのだった。これで、古本屋が何軒かあるともっとよかったが、この地には影もかたちもない。

その代わりといっては何だが、図書館のほうは充実していた。たしか滋賀県は、公立図書館の貸出数が日本一ではなかったか。近江八幡の図書館は、柳宗悦の民芸雑誌『工芸』のバックナンバーを多数所蔵しているとのことで、ちょうど私が訪れた日に、コーナーに展示してあった。ちょっと得したような気分。

郷土資料のコーナーもよく揃っていて、大正から昭和初期に出たヴォーリズの著作もあった。地方にでかけて、その土地の図書館を訪れるというのも手かもしれない。いろいろと収穫の多い近江行きだった。

各駅停車による名古屋入りは、この近江八幡小旅行の名残を引きずっての酔狂だった。名古屋へはこれで四度目になるか。本連載でも二回に分けて紹介済み。今回は、前回行けなかった店を短時間で巡ることにした。名古屋市古書店組合作製の『名古屋古書店地図帳』

を見ると、地下鉄東山線中村公園駅周辺に、「尾関書店」ほか三店が固まっている。ここから攻めることにして、地下鉄で当駅で降りたが、「尾関書店」はなぜか閉まっていて（ちゃんと開店時間も休店日も確認して行ったのだが）、その近くにあるはずの「尾関書店支店」というのも見当たらない。弱るなあ……。

時間もあまりなかったので、ここはあきらめよう……といって、わざわざここまで来て、また地下鉄で戻るのも芸がない。市内バスを使って名古屋の中心地、栄までとりあえず向かうことにする。名古屋でもバスを利用するのはほとんど高齢者。一人、平均年齢を下げる乗客として、強い日射しが差し込む窓ガラスに顔をくっつけるように窓外の風景を眺めながら市内を抜けて行く。

栄には、久屋大通り公園という、日本で初めてつくられたというテレビ塔のある、南北一・七キロに及ぶ緑地帯が伸びる。この周辺には百貨店、ホテル、飲食店などが多い。「人生書房」と「東文堂書店古書部」は、この一角にある。

「人生書房」は、名前も泣かせるが、看板を含む店構えも何かあるのではと期待をさせる。繁華街の中心地にある店舗なので、CDや若者向けの雑誌、本も置かれているが、同時に、人文書や美術書といったところもしっかり押さえてある。しかし、買うものがない。「東文

人生書房

堂書店」は一階が新刊、二階が古書部となっているが、この日は開いていなかった。どうも、めぐり合わせが悪い。

今日は本を買えそうにないな、と半ばあきらめかけて、それでも何も買えないのはあまりに悔しいので、鶴舞周辺の古書店街へ寄ることにした。「奥の手」というやつである。ところが、買えない日というのは徹底してそんなものなのか、「山星書店」「アンティカーユ」「三進堂」「千代田書店」（「大学堂」は休み）と流していくが、凪いだ夕方の海のように、古本魂に波風一つ立たない。

今日はボウズと観念したとき、まだ、この先の「飯島書店」へは一度も寄っていないことに気づいた。勇んで出かけたが、一歩、店内へ足を踏み込んだだけで、私のような均一小僧には縁のない店だとわかった。立派な美術、工芸書がずらり、棚を圧して、学術ムードが空中を浮遊する埃にまで潜んでいそう。

それでもなんとか、多少は私にもわかる文芸書の棚から、サトウ・ハチロー『青春野球手帖』（石狩書房）一五〇〇円＋税を釣り上げた。ハチローお得意の少年もの野球小説。鈴木信太郎の装丁は、相変わらず見る者をホッとさせる。やっと本を買えたことで、こちらもホッとした。

私なりのミレニアム

二〇〇〇年三月——川越・坂井ぎやまん堂

世は「ミレニアム(千年紀)」という聞き馴れない言葉が飛び交う二〇〇〇年。コンピュータ誤作動問題などで揺れる中、広い東京の片隅、小平市でひっそり新年を迎える私の胸はひそかに燃えていた。

坂井ぎやまん堂

古本狂の人間にとっては、年の暮れから正月にかけてというものは、手持ち無沙汰な日々が続く。この期間、古本屋が開店してないからだ。元旦、お雑煮と御屠蘇で新年を祝い、近所の神社へ初詣でに行った帰りに、ホロ酔い気分で、ぶらりと古本屋へ寄れたら、どんなにいいか……そんなことを、この連載で以前に書いたら、埼玉県川越市の「坂井ぎやまん堂」さんから「うちは大晦日も元旦も店を開けてます」というお手紙をいただいたのだった。そのときから、来たる元旦には、ぜひうかがおうと手ぐすね引いて待ち構えていた。

その記念すべき一月一日がやってきた。初古本めぐりを「ぎやまん堂」で、と家人に告げると、もうすっかりあきらめた様子で、「どうぞ」と送り出してくれた。元旦は和服で過ごしたので、あわてて戦闘服（ふだん着）に着替えていざ出陣。こんなミレニアムってありか？

小平と本川越は、西武新宿線一本でつながり、割合近い。客もまばらな電車を降り、初詣客が行き交う駅前を、一人古本屋を目指して歩く。「ぎやまん堂」さんまでは徒歩五分くらい。ちょうど、川越で一番大きい喜多院というお寺の参道沿いにあるため、店の前を、ひっきりなしに家族連れやカップルが通る。

事前に取材する由を電話で伝えていたので、帳場に座る店主の坂井由男さんにあいさつし、話をうかがうことにした。まずは店名の由来から。驚いたことに、同店は元はガラス工場だったそうだ。すなわち「ぎやまん」堂。父親が始めた仕事を、坂井さんが継いだが、生来の古本好きが高じてガラス工場を経営する一方で、同じ敷地内に古本屋を始めた。

「最初は、四〇人くらい人を使ってガラス工場をやる傍ら、古本屋もやってたんですが、いろいろありまして、好きな古本屋のほうを専門にやろうと。そのときから全部合わせて古本屋は三〇年くらいになります」

坂井さんがこの道で師と仰ぐ、同じ川越の「銀魚洞」主人・長瀬氏が昨年六月に廃業。

これにより「ぎやまん堂」が、川越で最古参の古本屋ということになってしまった。

同店の特徴は、マンガ、アダルト本の類がないことと、ほとんど全体がクロっぽい本で占め、そのほか、絵葉書、ポスター、チラシなど紙類が多数、店内のあちらこちらにあることだ。中には大正期の成績表なんてのもあり、開いて見ると「全甲」。もっとも、坂井さんによれば、後世に残る成績表は優秀な成績のものに限られているとのこと。なるほどなあ……。

お母ちゃん、ボクの成績表捨ててな。

「最初は、こんな店じゃなかったんですが、お客さんの要望に応えていくうちに、だんだん、こんなわけのわからない店になってしまいました」と、坂井さんは言う。

たしかにジャンルは多岐にわたるが、本棚にはスキがなく、どこも整然と背を揃えて商品がびっしり詰まっている。つまり、かなり見ごたえのある棚ということになる。特に、ふだんは古書展でしか見かけないような、戦前から戦後にかけて出た軽装本なども豊富にある。私はさっそく、新居格《にいいたる》の随筆集『心の日曜日』(大京堂・昭一八年)と、宇井無愁のユーモア小説『接吻の履歴書』(向楽社・昭三〇年)を、各一〇〇〇円で釣り上げた。

しびれるタイトル!

ういむしゅうと読む
つまり"ウイームシュウ!"だ。

新居格は新聞記者出身のモダニズム系評論家。モガ・モボ、ステッキガールという語の作者といわれる。後に杉並区長も務めた。また、高円寺在住者であることから、中央線文献としても欠かせない(同書に「高円寺にて」という一文あり)。

全体に古い本が多いのに、薄汚れた感じはなく、むしろ清潔な印象。「清貧」という言葉

名言！　拍手だ

が思い浮かぶ。それもそのはず。坂井さんは、仕入れた本を値づけしただけで右から左へ棚へ並べるようなことはしない。必ず、仕事場へ留めおいて、破れ、折れ、破損があれば補修し、ガーゼなどで拭いてきれいにする作業を怠らない。

「本に対する愛情があるかないかで、古本屋の基本なんていうのは決まってしまうのではないかと思います」

坂井さんはそう言うのだ。

一段高くなった帳場の前に、畳み半畳分ほどのスペースがあり、そこに陣取った客が、坂井さんと長時間に及ぶ古本談義を始めるらしい。「本を買わない方でもお客には違いありませんから、お茶くらいはお出しします」と、客を大切にしている姿勢が、そんなところにも表われている。

残る心配は跡継ぎの問題だが、二人の息子さんが、それぞれミステリと玩具を専門として目録を発行し、独自に活動をしているというから、この点でも後顧の憂いはない。

毎月、二八日には、先述の喜多院で古道具を中心とした蚤の市が開かれる。その帰りに、「ぎやまん堂」さんに立ち寄る顧客も多い。店内から行き来できる隣りが、夫人がきりもりする喫茶店「オルホン」。こちらで、コーヒーをすすりながらの、古本談義もまた楽しい。

→坂井さんはその后死去。「ぎやまん堂」は閉じられたまま

直球ストライクの品がズラリ

二〇〇〇年四月――博多・痛快洞ほか

二月の半ばに、仕事と休養をかねて北九州へ出かけた。西区今津という海辺の町に、姉が嫁いでおり、そこで二泊、博多と小倉のホテルで二泊の旅となった。四年ほど前に訪れたときは、箱崎九大前周辺の「日比谷書店」「地行書店」「玄学書房」、小倉駅南の「アゴタ書店」「教養堂書房」、それに門司の「佐藤書店」などを回ったのだった。

今回は最初に降りた、博多一の繁華街「天神」を中心に古本屋を回ることにした。福岡空港から地下鉄がそのまま中心部の天神へ直通でつながっていて便利。地上へ出て驚いたのは、福岡がとても寒いことだ。東京などよりよほど寒い。なんとなく九州というと、南国のイメージがあって暖かい気がしているが、数日後には雪まで降った。これは要注意。

まずは、天神から歩いてすぐの「入江書店」へ。裏路地を入り、L字型に折れた角にある外装のきれいな古本屋で、店内は奥へ奥へと延びている。本棚はよく整理されていて、歴史、美術、建築、文学などがよく揃っていて見やすい。店内入ってすぐの本棚と、外に均一があり量は豊富だ。

これといって欲しいものもなかったが、シニア向け趣味雑誌『花も嵐も』(廃刊)を一冊買う。二五〇円。表紙は中原淳一。少年倶楽部の小説を挿絵とともに復刻したり、徳川夢声伝が連載されるなど、ときおり手に取っては気になっていた雑誌だった。ターゲットの年齢層（年金適用世代）を狭く限定して成功していた雑誌である。それがまた、古いもの好きの私の好尚にぴったり合う。私が買った巻では「ジェスチャー」の特集をしていた。小川宏、水ノ江滝子ほか当時の関係者のインタビューが掲載されている。NHKものを研究している私にとって、これは貴重な資料だ。

この「入江書店」から歩いてまもないところに「痛快洞」がある。最寄り駅は「赤坂」。『全国古本屋地図』によれば〈店主は漫画家から古本屋になった経歴の持ち主とかで古書漫画・映画等の趣味書を中心に〉とある。じつはここでは名乗って、店内の写真を撮らせてもらうとともに、店主の話もうかがったのだ。漫画家から古本屋に云々について質問すると、あわてて手を振って、「そんな大したことじゃありません」と制せられた。

痛快洞

メガネ、ヒゲの優しそうな店主の背後にある、ロッパの轟先生、エノケンのらくだの馬さんの映画ポスターが泣かせる。ショーケースの中には、古書漫画とともに、大村崑「やりくり天国」「丸出だめ夫」「ララミー牧場」のかるたがあった。香川登枝緒・原作、水島新司・絵のマンガ絵本『てなもんや三度笠』という珍品もあった。私好みの直球ストライクの品で、こういうものは、本当はスッと買っておかねばならないところだ。

いまでも悩んでいる。

ミステリ大衆小説の棚にも私好みの本が並んでいた。見ると、どれも値段が安い。アトリエ社の『現代ユーモア小説全集』が数冊あった。これは書き文字による、函入りの装丁が本当に素晴らしい。なんとか、バラで全巻集めるつもりだ。未所持の乾信一郎『豚児廃業五万人と居士』美本一五〇〇円、中野実『パパの青春 新女性大学』やや難あり八〇〇円の二冊を買う。しかも二冊で二〇〇〇円にしてくれた。古書即売会では軽々と五〇〇〇円以上ついているシリーズだ。ほかに玉川一郎の随筆集『つんどくほん』が三〇〇〇円。これも気は心と二〇〇〇円に。悪いなあ。

古本めぐりの大きな楽しみの一つ

おまけに「岡崎さん、ユーモア小説集めてるんでしょ。こんなんどうです」と、一冊のガリ版刷り小冊子を渡された。本文用紙はワラ半紙。表紙には和紙が使われているが何も書かれていない。中を見ると『禿頭の記 第弐輯』とある。昭和六年の発行(非売品)。発行者は「御影 蒐楽児」。巻頭言には次のように書かれてあった。

〈一九三一年は禿頭の天下だ　一生の人気者だ　全国に拡がった禿の会は正に流行児となった形がある(中略)出来るだけ世の中の禿の記を蒐めて　六輯位でそれをコンデンスして所謂「禿の研究」の主題にいることとしたいと考へてゐます〉

要するに、新聞、雑誌、本などに掲載された禿の記録や、禿に関する伝聞などを集めたものらしい。材料提供者として挙がっているリストを見ると、東京は二人であとはほとんどが阪神間の在住者。号を名乗っている人も多い。一種の趣味人の集まりだろう。「痛快洞」さんは、これを無料で進呈してくださった。ありがとうございます。ぜひ、時間をかけてじっくり読んでみたいと思う。

博多では日を変えて、天神からバスに乗り「六本松」下車。九大教養学部周辺に集まった三軒「三和書房」「古書籍桂林」「天導書房」に立ち寄る。いずれも町中の古本屋ながら、見るべきものを揃えて、充実した古本漁りができた。特に「桂林」さんは、北九州の「江口書店」とでもいうべき雰囲気で、雑本、雑書が山積みされている。集英社版『現代ユウモア全集』なども、函なしで五〇〇円からある。帳場が奥まっているためか、ご主人の姿は見えなかったが、どこがどういうことなく、うれしくなるような店であった。

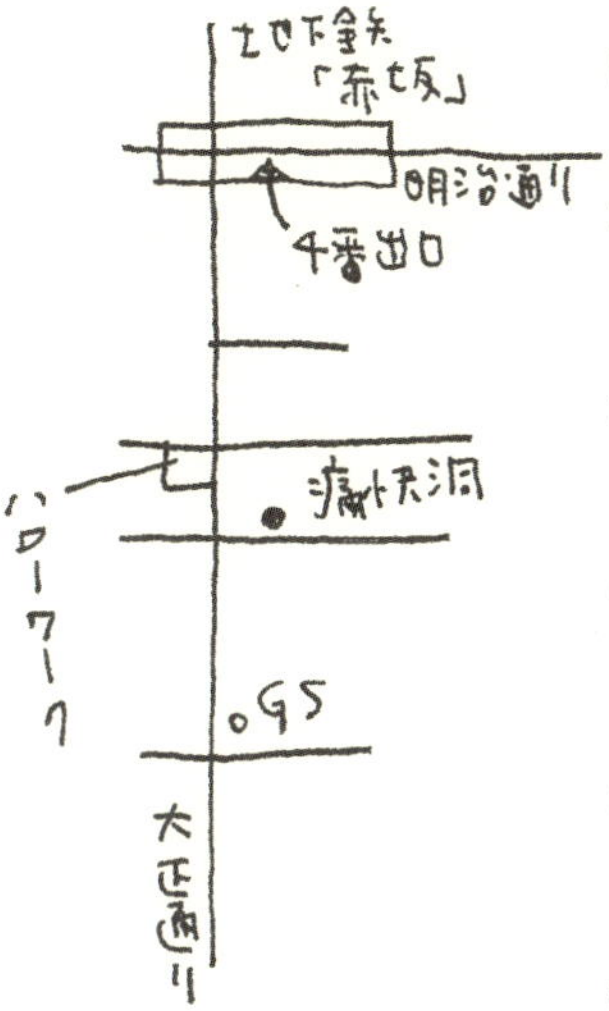

まむし温泉で魚《ギョ》ロッケ

二〇〇〇年五月——唐津・古時計、小倉・古書城田ほか

前回の北九州行き(二月)の続きを。

せっかく北九州まで来たのに温泉に入らない手はないだろうと、半日、筑肥線「福吉」下車の「まむし温泉」という温泉場に遊ぶ。ところが、これがクアハウスのような施設で、情緒というものはまるっきりない。ただ、送迎バスを待つ間、玄関口で若いアンちゃんが売ってた「魚《ギョ》ロッケ」なるものが大変美味であったことを報告しておかねばならない。最初商品名の書かれた札を見たとき「魚《サカナ》コロッケ」の誤りかと思ったが、「魚《ギョ》ロッケ」と読んでそれで正しいとわかった。その名のごとく、魚のすり身に刻みタマネギや調味料を加えたものをコロッケにして揚げた食べ物なのだ。これがなかなかいける。酒のつまみに最適である気がした。

まむし温泉をあとに、再び筑肥線に乗り込み佐賀県唐津市へ。唐津で何を見るというあてもなかったが、なんとなく足を延ばす気になったのだ。先程のまむし温泉のレストランが満員で、昼飯を食い損ねたためとにかく腹が減っている。「魚ロッケ」が呼び水になって、余計に

古時計

空腹が増したともいえる。最初、食い物屋が散見できた駅前ですんなりどこかへ入っていればよかったものを、少し行けば何かあるかもしれないと色気を出したのが間違いで、行けども行けども食べるところなどありゃしない。結局、唐津城下の観光客相手にした食堂、という最悪のシチュエーションでわびしく食事を取るはめになってしまった。しかし、けっこうここの焼き肉定食はうまかったな。

唐津城を目の前にして、お城に上ったって仕方がない(このあたりがヒネくれている)と、駅まで戻ることにした。あいにく『全国古本屋地図』を持参しなかったために、古本屋を訪れるのはあきらめていたが、そこは嗅覚というものがある。裏道をくねくね歩いていると目の前にバッタリ古本屋の文字が。あとで『地図』を調べたら、唐津にたった二軒しかない古本屋のうちの一軒「古時計」だが、〈他に古時計(本町通一七四四)がある〉としか記述がない。住所を除けば俳句より字数が少ない。しかし、「古時計」とはよく名づけたもので、そのたたずまいは、まさに引き出しの中で錆び付いて針の止まったおじいさんの懐中時計のようだ。「魚ロッケ」(まだ言ってる)と好一対といってもいい。

中へ入ると、人の気配がまったくなく、店主の姿も見えない。勘定台はどうやら、奥まった横手(入り口からは死角)にあるらしい。棚にある本は古びた風俗、趣味、文学などの雑本が主体。長田幹彦、川口松太郎が現役作家になっていて、『夫婦生活』『あまとりあ』が平然と並べられている。まるで、魚のすり身に刻んだタマネギを合わせて、パン粉をつけて古い油で揚げたような（まだ言うか）品揃えだった。しかし、旅情を誘うというか、とにかく一見の価値があることは間違いない。

今回の北九州旅行の日程の最後が小倉。小倉はこれで三度目になる。駅ビル化されてきれいになった小倉駅北口に九八年に開店した古本屋があると知り、表敬訪問することにした。駅北口階段を左手に降りて、徒歩二分ほどの至近に「古書城田《しろた》」〈二三歳の若手店主の店〉（『全国古本屋地図』）がある。少し横道に入るが、ちゃんと旗が目印で立っているのでわかるだろう。

新築ということもあって、レンガの壁面といい全体にブティックのような小ぎれいな造り。床は板敷きというよりフローリング。傘立て一つとっても、たっぷりした壺を代用するなど店主のセンスが光る。整然とした棚には、文芸書を中心に、サブカルチャーやミステリなど若手店主らしいジャンルも充実している。

二三歳の若店主さんが居たら、少し話をうかがおうかと思ったが、母上らしき人がレジに座っていた。レジ横のガラスケースには豆本ほか、きれいな美術書などが収まっている。これはぜひ、何か買わせてもらおうと、数十分ウロウロしたが、最近、きれいな本にはどうも目がついていかないらしく、背表紙を目がツルツル滑ってしまう。

結局、お恥ずかしい話、松本清張『顔・白い闇』（角川文庫）を一五〇円で一冊買っただけ。このあと、松本清張記念館へ行くつもりだったのと、表紙カバーが表・背・裏と一枚

藤井康栄さん。『松本清張の残像』の著書がある。同じ文春新書『追憶の作家たち』の宮田毬栄さんはその妹。2人の父上は詩人の大木惇夫だ。

の絵になった昔のタイプのものだったために買ったのだ。

松本清張記念館は、小倉駅から歩いても行ける小倉城公園内にある。文学者の記念館なんて、大して面白いものではないと相場は決まっているが、ここでは度肝を抜かれた。杉並区浜田山にあった清張邸のうち、書斎と二階建て書庫をそっくりそのまま、記念館の中央をぶちぬいて移築。中へは入れないが、ガラス越しに、書斎、書庫の内部がつぶさに見て取れる造りになっている。これが面白い。

特に書庫は、本の並べ方まで清張生存のときのまま再現。本に積もった埃まで運んだといわれる厳密さで、本当に、くちびるを突き出していまにも清張さんが書棚の蔭から出てきそうなリアルさだ。

館長は、もと文藝春秋で清張担当だった編集者だそうだが、この書庫は何人といえど侵入禁止で、掃除もさせないらしい。一度、館長が留守のとき、偉い役人を案内して、内緒で書庫へ入れたら、あとでそれが発覚。館長は烈火のごとく怒ったと伝えられている。

この後、ホテルに戻ったら、拙著『古本屋さんの謎』(同朋舎刊・角川書店発売)の念校ゲラ二百数十ページ分がファックスで送られてきていた。おかげで小倉の夜は厳しい夜となった。

装丁は南伸坊さん。

『保守月刊』の取材で参りました

二〇〇〇年六月——杉並区西荻窪・古書 比良木《ひらき》屋

この三月に、仙台で仕事があったので、しめた！『彷書月刊』の連載は仙台でやっちまおうと決めていたのに、世の中はうまくいかないことだらけです。

仕事は一六日だったのだが、仙台には一人、高校時代の友人が住んでいるので、連絡をとって前日の夜に乗り込み、飲み語らった。その夜は友人宅に泊まって、さあいよいよ、仙台古本屋行脚に出るぞと意気込んでいたら、空からちらりほらりと白いものが。しかし、このときはさほど気にしていなかった。

出勤する友人に合わせて、朝七時半に仙台駅へ着いたために、古本屋の開店まで相当の間がある。モーニングコーヒーを飲んで、九時出発の市内巡回観光バスに、客は私一人という貸切り状態で、運転手と会話しながら市内を回っているうちに雪が激しくなってきた。バスを降りた頃には傘なしでは歩けない。それでも、東北大学周辺の「好古堂」「昭文堂」「熊谷書店」を流して歩いた。

この三店は、六年ほど前に仙台を訪れたときにも立ち寄っている。そのときは「芭蕉の辻」という古本屋が町の中心部にあって、いい古本屋だったような印象があるが、それは無くなっていた。雪のせいで手がかじかんだか(うそつけ、いつもやろ)、結局ボウズのまま、またいよいよ激しくなる雪の中へ体を投げ出した。近くに「ぼおぶら屋」という変わった屋号の、『全国古本屋地図』によれば〈六坪の店内は立錐の余地のない程、古本の山〉という店へ、表現に魅かれて立ち寄ろうと思ったら、開店は一二時。ここはあきらめて、少し歩くが、〈有象無象の古書が類々〉という「図南荘書店」へ向かうことに。

それはさておき、この「仙台」の項目は、古本好きの心をうまく誘う名コメントが多い。どなたが執筆されたか知らないが、仙台中を歩かせるだけの力があります。しかし、その文章力のために、ヒドイ目にあいました。傘に積もる雪を振り落としながら、ひたすら市中を北へ北へと目指したのですが、目の前が真っ白になるほど、盛大に冷たいものが落ちてくる。例によって、地元の人以外にはわかりづらい地図を頼りに、新雪に足跡を残し彷徨したが、やっと店にたどりついたと思ったら、冷たくシャッターが閉じていた。

思わず天を仰ぎ、往年の流行したせりふを吐いたもんである。

「天は我を見放したかぁ」

映画『八甲田山』より
一応、念のため……

ジャンジャン。

さて、気分を変えて、このたび、西荻窪に開店した「古書 比良木《ひらき》屋」(以下「比良木屋」)を紹介することにします。西荻窪には十数店の古

古書 比良木屋

2000年6月 ● 杉並区西荻窪・古書 比良木屋

本屋が集まっている、中央線の各駅の中でも回りがいのあるエリアなのだが、なぜかそのほとんどが西荻窪銀座通りの西側に集まっている。「比良木屋」は手薄な東側に進出。写真を見てもらえればわかるが、入り口から洒落た雰囲気を醸し出し、期待をさせるオープニングです。

店主も、若く、どこか大学で文化人類学の講座を持っていそうな知的な男性。どこかで見たことがあるなあと思いながら、「『彷書月刊』の取材なんですが、よろしいですか」と断って話を聞いてみたら、高円寺「都丸《とまる》書店」で、いつも白シャツにサスペンダーをして座っていたお兄さんであった。名前は日比野さん。三七歳。四谷三丁目の「雄松堂書店」で七年、「都丸書店」で七年勤め上げて、二月末に独立してこの地に店を開いた。

ところが、取材と断ったのがいけなかったか、どうも表情が堅く、警戒されているような空気が漂っている。(あまり、人としゃべるのがお得意でないのかな)と思いつつ、あれこれ質問をした。

変わった屋号は、岐阜の実家が長い間営んでいた雑貨屋の屋号とのことだった。日比野という姓は、特に岐阜に多く、画家・アーティストの日比野克彦も岐阜の出身。

店内は中央スペースにテーブルを置いて、壁際にぐるりと本棚を設置。ジャンルは、人文、特に哲学・思想は相当量あり、それと同じくらい美術関係の本が揃っている。それで店の在庫のほぼ半分を占める。あとは、文学が意外に少なく、博物学、民俗学の本が一棚

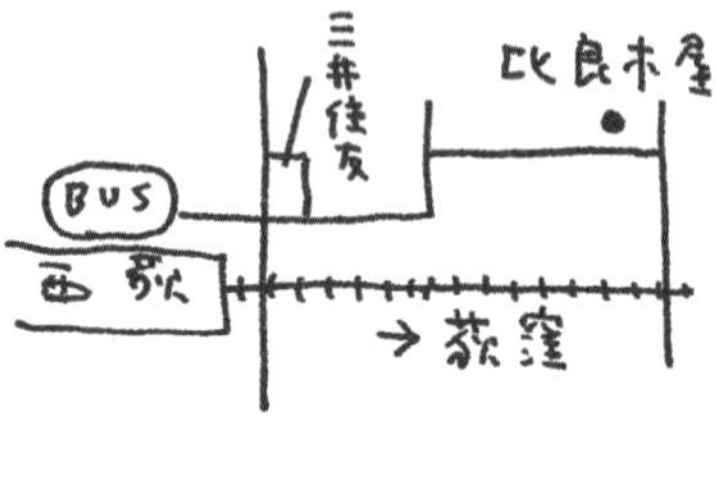

分あるのが目立つ。マンガはガロ系、文庫も小説はなく、ほとんどエッセイ、ノン・フィクション、評論と硬め。

まるでかなり趣味のいい蔵書家の、個人的な書斎を訪問したような品揃えだ。センターのテーブルにも本が置かれてあるが、その並べ方と選択に、非常に洗練されたセンスが感じられる。「褒めすぎじゃないの？」と疑う人は、まあ一度行ったんさい。西荻にはほかにも、「古書 興居島《ごごしま》屋」「古本よみた屋」「古書 花鳥風月」、喫茶室のある「ハートランド」「スコブル社」等々、よくぞここまで……とあきれるほど個性的な古本屋が多いが、そこに新たにまた異色が加わった感じだ。

取材を終えて、あいさつをしたとき、おそるおそる日比野さんが私に訊ねた言葉で、緊張の空気の意味がわかった。日比野さんはこう言ったのだ。

「あのぅ、ところで失礼ですが、『保守月刊』ってどんな雑誌ですか？」

まいった！『ホウショ月刊』が『ホシュ月刊』に聞こえたらしいのだ。そりゃビビるよな。『保守月刊』……右翼か総会屋が小遣い稼ぎに、「記事載せたから金出せ」と言いそうな雑誌名だもんな。私みたいな、気の良さそうな男が一番たちが悪かったりして。スイマセン日比野さん。ご安心ください。

『彷書月刊』は古本屋の味方です。

久世光彦さん推奨の良店

二〇〇〇年七月——大田区・古書肆 田園りぶらりあ

酒場で若い客と隣り合わせ、何の話からか、「田園調布」という地名が出て、つい「田園調布に家が立つ！」と、セント・ルイスの往年のギャグをかましたら変な顔をされた。考えてみれば、二〇代の子なら、あの八〇年代の漫才ブームを知らないわけだ。ましてや石原裕次郎主演の映画『陽のあたる坂道』が、田園調布が舞台で……と言っても、まるで通じない。それでも阪神の芦屋などと並ぶ、代表的な高級住宅地であることくらいは知識としてあるだろう。

ところで、本誌の読者ならもちろんご存じだろうが、その田園調布に古本屋があると言ったら、知らない人はみな不思議がる。そして、決まってこう言う。

「へえ、あの高級住宅地に古本屋なんてありますか。さぞや、値の張る本ばかりが並んでいるんでしょうね」

まあ、そう思ってもおかしくない。ましてや、「古書肆 田園りぶらりあ」という店名を聞けば、なおさら恐れおののくであろう。聞くからに品位と威厳がある。なにしろ「古書肆」に「田園」に「りぶらりあ」と来た日には、思わず腰が引けてしまう（何のこっちゃ？）。

「均一小僧とあだ名されたあなたが、そんな店に何用があって?」と余計な心配をされるかもしれない。

ところが、全然それが違うんである。いや、じつに値段は庶民的で、驚くほど安くて有名な店なのだ。場所は田園調布だが、値段は砂町銀座商店街、といったところか。まったくその値段のこなれ具合といったら、「古書肆 田園りぶらりあ」という名でビビった胸算用の二分の一、あるいは三分の一くらいまでこなれまくっている。

ときどき初めて入った客が店主に「君、これ、神保町ならこの倍はつけてるよ」と進言するそうだ。相場を知らないでつけていると思ってるのだ。

さらにこの店の良いのは、角地にあって、二面の壁が大きなガラス窓になっているため、外光がふんだんに射し込んで明るく開放的であることだ。店内も広く、棚もよく整理がされてあるため本も見やすい。かつて、川崎市多摩区に住んでいた頃、都心に仕事で出て、帰宅するとき、わざわざ東横線を使って、よくこの店に立ち寄ったものだった。行けば、必ず何かしら買うものがあり、裏切られることの少ない店なのだ。

また、ウナギの寝床のような狭い店で経験する、店主と向き合って果たし合いをするような気詰まりな空気もここにはなく、ゆったりと、気がねなく本を選べるのもありがたかった。ジャンルも文学を中

古書肆 田園りぶらりあ

古本屋取材ではいつもこう……

心に、美術、歴史、人文、映画・演劇など幅広く何でも一通り揃っている。理想とする古本屋の条件を挙げていったとき、「田園りぶらりあ」は、かなりの部分をクリアするのではないか。

川崎市を離れて、しばらくごぶさたしていたが(五反田の古書展ではよく買わせてもらった)、雑誌『アミューズ』で、久世光彦さん行きつけの古本屋さんの取材として久しぶりの訪問となり、田園調布駅を降りたら、三角屋根の木造の駅舎は無くなり、すっかり様子が変わっていた。

話は自宅でうかがうことになっていて、店ではもっぱら久世さんが本を見ているところを写真撮影するのが目的。私はそれほど用がない。だから、仕事をそっちのけで棚を見て回ることにした。

そこで見つけた一冊が坪野平太郎(南陽)『快馬一鞭』(東京実業社・昭一〇年)五〇〇〇円。著者がどういう人物か、皆目わからないまま買ったのは、装幀に引かれたからだ。

地が黄色の箱には、大根、蓮根、カボチャ、キュウリなどさまざまな野菜が描かれている。本体表紙には、黒地に白く、いななく馬の絵が中央にある。何ともいえない、ユーモアと楽しさに充ちた装幀である。

内容は人生訓、処世訓を説いた随筆らしく、坪野は大学の先生をしていたことがわかる(坪野は東京高等商業高校(現、一ツ橋大学)学長)。しかも、本書は坪野の遺稿集。

久世さんの話を付け加えれば、私は、「時間ですよ」に始まる久世演出のドラマの大ファン。毎年、正月に放送される「向田邦子ドラマシリーズ」も欠かさず見ている。いや、小説、エッセイだって、主要なものはほとんど目を通している。

店内での取材を終え、久世邸へ場所を移し、久世さんと古本屋とのつきあい、というテーマで話をうかがっているとき、雑談で、私がいかに久世ドラマのファンであるかを話し、その一例として『あとは寝るだけ』のファンでした」と言った。

堺正章と三木のり平が親子になり、不幸な生い立ちを背負った「北関東逆境会」と名付けられた暗い三人組（戸川純がいた）がそこにからむという、じつにユニークなドラマだったのだ。

それを聞いた久世さんは珍しそうな顔をして、「あのドラマは視聴率が悪くて誰も見てないんだよ。自分では好きな作品なんだけどね。俺の知るかぎり、あれを見ていたのは、唐十郎、李礼仙、大鶴義丹一家だけだ」とおっしゃった。おかげでポイントを稼げた。ちなみに、「あとは寝るだけ」のタイトルは糸井重里がつけたそうだ。そのギャラは五〇万！

いったい、「田園りぶらりあ」でいい本が何百冊買えるだろうか。

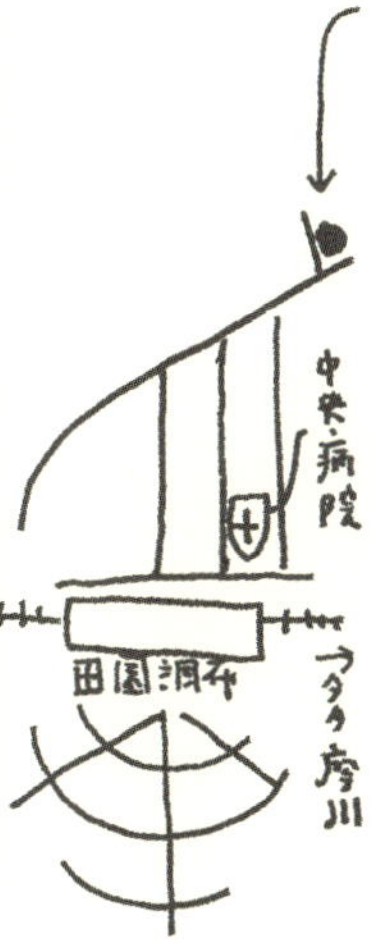

ニューヨーク帰りの蒸しパンそして林二九太

二〇〇〇年八月──江東区南砂・たなべ書店

マガジンハウスの仕事を定期的にしていたときは、地下鉄ではもっぱら丸ノ内線を使っていた。猫というフォークグループに「地下鉄に乗って」という名曲があり、その歌詞の中に、赤坂見附、四ツ谷、新宿などの駅名が出てくる(作詞/岡本おさみ・作曲/吉田拓郎)。東京に出てきたばかりのときは、丸ノ内線に乗るたびに、頭の中でこの歌を口ずさんでいた。いま、赤坂見附を過ぎたばかり、新宿まではまだまだだあよ……なんてね。

最近、よく使うのは東西線。なにより私がメインとして利用している中央線に乗り入れているし、週一回、毎日新聞社(「竹橋」)で仕事をしているために、ひんぱんに乗り降りする。しかし、竹橋の先は取材で数度、浦安、葛西、南砂町、門前仲町などを訪れただけ。それもずいぶん前の話だ。

この日も毎日新聞社に小用があって、竹橋で降りたが、用事はすぐ済んで時間が余ってしまった。ちょうどカメラを持っていたので、「南砂町」まで行くことにした。もう七年前ぐらいになるか、教育雑誌の取材で、同地の高校を取材するため南砂を訪れ、偶然古本屋を見つけたのを思い出したのだ。

あまり知られていないが、宮部みゆきさんの『平成お徒歩日記』（新潮文庫）の中で、私が週刊誌に書いたコラムが、誌面ごと掲載されてます。

毎度登場の『全国古本屋地図』で確かめると、江東区南砂の「たなべ書店」。東西線「南砂町」駅前から徒歩三分ほどのところに駅前店、五分ほどのところに本店がある（西大島にも支店あり）。どちらも店内は広く、本の量は多い。ただし、本店はマンガと雑誌がメイン、駅前店の方は文庫と一般書と新古本屋に近い品揃え。本店のほうに、二列、美術、文芸の古いものが置いてあり、ここでは何か見つかるかもしれない。『全国古本屋地図』によると、本店は宮部みゆき『淋しい狩人』のモデルとなった店とのことだ。町の古本屋としては大いに機能している印象だった。特に、駅前店の文庫の量はすごく、新旧とりまぜて一律半額、表の均一は五〇円ということもあって、ていねいに見れば何かしら読みたいものがありそうだ。

とりあえず、表の五〇円均一で六冊ほど文庫を、中で半額の文庫を二冊買ったがこれではどうにも原稿にならない。今回の南砂編はボツかな、そうなるとまた別のネタを考えなきゃ、などと弱っていると、表に自転車を止めて、一人のおばさんが入ってきた。

常連客らしく、店番の女性にいきなり話をし始めた。「蒸しパン食べない、蒸しパン。買って来たのよ」

店番の女性は慣れっこのようで、礼を言ってコーヒーでも入れましょう、などと支度を始めた。一緒にここで食べようということらし

たなべ書店

い。客はけっこうな本好きらしく、表の均一から選んできた本を見せながら、「この人、死んだのよねえ、宮本美智子」と言う。店番の女性はあまり関心がないらしい。

「あら、そう。病気だったかしら」

「違うわよ、ほらダイエットに失敗して死んじゃったのよ」

そのほか、西村玲子が「イラストを描くより文章を書くほうが楽と言ってた。あの人は福生のほうに住んでるのよね」など、いろいろと知識を繰り出してくる。たしかになかなか詳しい。

このあたりまで、聞くとはなしに聞いていたのだが、やがて会話は意外な展開に。件のおばさん、「帰りの飛行機の中で本が読めてよかった」と言い出した。飛行機でどこへ行ったというのか。四国のお遍路か、北九州の温泉めぐりか、その先の発言を待っていると、なんと「ニューヨークからの帰り」と来た。

いや何も、南砂在住で、自転車に乗って古本屋へ蒸しパンを差し入れるおばさんがニューヨークへ行ってはいけないという条例はない。しかし、この手術台の上で蝙蝠傘とミシンが邂逅したようなシュールを目の前にしたときには、本棚の陰で、これで無事原稿ができましたと、思わず手を合わせてしまった。

このおばさん、「ニューヨークにも日本の古本屋があった、新刊書店は日本の倍くらいの定価になるからけっこう流行ってる」と、ニューヨークでも古本屋へ行くらしい。大し

ブックオフは
パリにもあるぞ!

たものです。ところで、このニューヨークの古本屋とは、どうやら「ブックオフ」のニューヨーク店のことみたい。最近、朝日新聞の全面広告で、ニューヨークへ進出したことを読んだ。しかし、蒸しパンはないだろう、ニューヨークには。

ところで最近の均一台での掘り出し物といえば、国分寺「聖晏文庫」(最近、店のスペースが半分になった)で買った、林二九太『へのへのもへじ』(東成社)。帯にあるタイトルの角書きが「はったり人生」。惹句が「へのへの茂平次は新入社員のホープ、タイピストの京子さんにも心臓とハッタリで恋のタックル」。これだけでユーモア小説収集家の私としてはなんだかうれしくなってくる。

宮田重雄装丁による東成社の『ユーモア小説全集』は私のコレクターズアイテムの一つだが、こんなに状態がいいのは初めて。昭和二〇年代の本のはずなのに、まるで新刊のよう。しかも一〇〇円。

あわてて買って、中を開いて驚いた。この本は二九太の遺族である長男・玄氏が昨年に自費で出した復刻版で、玄氏は国分寺在住だったのだ。地元じゃん! 私は二九太の著作はほかに『アパートの愛妻家』『僕の自叙伝』を持っている。長男・玄氏の帯の挨拶文によれば、二九太は昭和五七年に八六歳で他界。生前ユーモア小説家として三七冊を世に出したという。

〈五〇年ほど前の懐かしい平和な時代の東京の勤労者の生活が生き生きと描き出された

2000年8月● 江東区南砂・たなべ書店

これらの小説はいま再読してみましても面白く、ぜひご高覧いただければ幸いです〉

玄氏はそう書いている。いやあ、まったく同感である。目次を見ただけで〈ハッタリ記念撮影、オギァで卒業、チャッカリ就職、ポテレン捌き、ビックリ昇給、コリコリ・スキー、パチンコ大当り……〉と、温泉に浸かったように肩のこりがほぐれてくる。

難しいことはわかっているけど、どこかの出版社が（講談社しかないと思っている）これら戦後のユーモア小説を叢書として復刊してもらえないだろうか。

林二九太はこのほかに
『僕の自叙伝』
『アパートの愛妻家』
を所持。

☆東成社『ユーモア小説全集』は
全24巻。
玉川一郎『恋のトルコ風呂』
乾信一郎の『人間芝居』などを所持

店は2005年末で廃業
数カ月后にママさんも逝去

釣竿とプラモデルと古本のある店

二〇〇〇年九月——所沢市狭山ヶ丘・夢屋

七月八、九日と、一泊二日で大月（山梨県大月市）へ行った。高円寺駅前にある行きつけのバー「テル」が、四〇周年ということで、ママ（といっても七八歳）と常連客による泊まりがけの宴会があったのだ。それが、中央線「大月」駅からまだ車を飛ばし一五分も山に入った民宿で行われた。参加人数は約三〇名。貸し切りである。上は団塊の世代、下は二〇代まで飲めや歌えやの一夜となった。

路地裏、カウンターだけ、つまみは柿ピーかチーズ程度。一〇名も入れば満席（あとは立ち飲み、もしくはカウンター内に入る）というこのバーの魅力をどういったらいいだろう。一〇年前、大阪から知人もいない東京へ単身上京して、心細い思いをしている頃、クサイ表現を承知でいえば、この店は、私の重要な心の寄港地だった。

この店を知ったのは、鈴木志郎康、藤井貞和、清水哲男など現代詩の錚々たるメンバーが集ってつくっていた詩誌『飾粽《かざりちまき》』に、私はマンガ家として参加（詩人をモデルに四コママンガを描いていた）していて、そこで知り合った関西出身の詩人本庄ひろしさんに初めて連れていってもらったのだ。その後、私が高円寺に住むことになる理由の何分の一かはこの

「テル」

町に「テル」があったからだ。

「テル」の思い出を書き始めるときりがない。ここは「大月」の話。中央線で八王子より西へ行ったのはこれが初めて。新宿から一時間半。国分寺からでは一時間余りという近距離にありながら、山中を抜けて「大月」駅へ降り立つと、はるか山陰あたりの小さな温泉地へでも訪れたような気分になった。

民宿の送迎バスが来るまで時間があったので、駅前をぶらり散策する。パチンコ屋、信用金庫、ふとん屋、小さな書店、それにやたら飲み屋が多く、いかにも地方の駅前の光景である。ものの一〇分もあれば回れてしまう。ここに古本屋があれば、がぜん話は面白くなるが、残念ながら影かたちもない。一軒だけでいい。こういう鄙びた町に古本屋があると、それだけで心が解放されるのだが……。

『全国古本屋地図』によれば、〈甲府を中心とした山梨県は旧家も多く、古くから書物文化が発達した土地であった〉そうだが、古本屋そのものは甲府駅周辺に散見できるだけで、ほとんど見当たらない。大月周辺では、大月駅から富士急行に乗り換え、谷村駅下車、都留文科大学の近くに、創業五〇年の「村内書店」がある。一度、そのためだけに行ってみたいものである。

さて、長々と引っ張ってきたのは、この大月行の帰りに中央線「立川」で下車し、「地球堂書店」へ立ち寄ったことを書こうと思っていたのだが、結果的に私の筆と学識では書けないことがわかったからだ。

店の半分は郷土史、歴史などの学術書。どれもパラフィンがかかり、背がきれいに揃っている。平台には風俗雑誌があるのだが、それも数冊ずつ整然と並んでいるため学術雑誌のように見える。読み物系の単行本にもすべてパラフィンがかかり、しかも天にスリップの丸い頭が見える。最初、新刊で買ったのをそのまま寝かせておいて店へ出したのかと思ったが、そうではない。店主自家製の管理書票だったのだ。なんという几帳面さ。

叢書、全集類も段ボールで覆い、紐をかけ、端正な筆文字で署名と売価が記してある。楷書を冷凍庫で凍らせたのを束ねてホチキスで留めたような空気が店内に漂っている。均一台もなく、私の出番はほとんどない。「こりゃまた、どうも失礼しました〜」と店を出てしまった。「地球堂」さんには申し訳ないことである。

そのかわりに、昨日、あわてて西武池袋線「狭山ヶ丘」駅下車の「夢屋」と「あすなろ書房」を訪ねてきた。この駅も降りるのは初めて。

「夢屋」は、駅前の交番で調べてもらってすぐわかった。店の半分はリサイクル品。釣竿、ラジカセ、大小の掛け時計、中古パソコン、その他、誰がどう使うかわからぬものも含めて乱雑に並べられている。かんじんの本は、読み物単行本と文庫、マンガ、雑誌。しかも値段はおそろしく安い。単行本は新刊書店にいま並んでいるような本が、半

夢屋

額から三分の一。文庫は表示されているもの以外は一冊一〇〇円。

私は『東京人』(二〇〇〇年七月号※小林信彦インタビューあり)、鈴木三重吉『小鳥の巣』、幸田露伴『辻浄瑠璃・寝耳鉄砲』(ともに岩波文庫)を各一〇〇円で買った。岩波文庫はどちらも復刊シリーズで、カバーはなかったが、それでも一〇〇円は安い。どの本をとっても値づけにやる気が感じられない。のびきったソバのように、つまんだ端からボロボロちぎれていきそうな価格だ。もちろん客としてはそのほうがありがたい。しかもそのすぐそばに釣竿や革靴が売られているのだ。立川「地球堂書店」の水も漏らさぬ鉄壁ぶりに比べると、「夢屋」の風通しのよさは均一小僧の私にはちょうど合っている。

ご店主は、パソコンに向かって麻雀ゲームに没頭している。店内に流れるのは藤山一郎ほかの懐メロ集。見上げると各本棚の上には、三〇〇円、五〇〇円、一〇〇〇円均一の古いプラモデルが並べられてある。古いタミヤの戦車、戦闘機なんてのもある。『風の谷のナウシカ』のものも二個見つけたぞ。この方面に私はまったく暗いが、ひょっとしたら、この中に模型マニアにとっては垂涎ものの商品が交ざっているのではないかと思った。私も思わず、三〇年ぶりにプラモデルを買いそうになった。

「あすなろ書房」へは、「無休」とあったので安心して向かったが、無情にも店は閉まっていた。「無休」とあるのは、「いつ休むかわから無い」という意味かもしれない。

★この回を読んだ火守文庫さんが、さっそく大きなバッグを抱えて乗り込んだそうだ。結果は空振り。「作家はウソをつくからなあ」とイヤ味を言われた。スマン。

古本飲ん兵衛にはこたえられない場所

二〇〇〇年一〇月――杉並区高円寺・古本酒場 コクテイル

この二週間ぐらいで、水木しげる、団鬼六両氏に取材をした。強烈でした。ご両所とも歴史上の人物といってもいいくらいにスケールの大きな人で、なにもかも突き抜けてしまっている。毎日セコセコと、微風にも心を戦かわせながら生きている身として、突風をくらったようなものである。しかし、取材を終えたあとの気分は春風駘蕩といった感じ。水木先生には、美輪明宏さんについて、「あれはオカマですか？　何ですか」と質問され困ってしまった。答えようがないよなあ。

残念だったのは、色紙を用意しておきながら、水木しげる先生にマンガ入りのサインをお願いし忘れたことだ。めったにないチャンスだったのに。団鬼六先生には、ご著書を贈呈していただき（新潮文庫『美少年』）、おまけにサインしてくださった。識語は「一期は夢よただ狂え」。帰りに寿司屋でごちそうに……すっかり団先生のファンになってしまいました（なんちゅう現金な男やろ）。

今日（八月八日）は、例によって秋の神田古本まつりに合わせて出る、『アミューズ』神保町古本屋特集のため、俳優の佐野史郎さんと一緒に、「田村書店」「ひぐらし美術倶楽部」

「矢口書店」を回る。佐野さんが古本にくわしいのには驚いた。特に、幻想・耽美文学に造詣がある。「ひぐらし」の有馬さんもこれには感心していました。

この日、取材の前に高田馬場「BIG BOX古本市」(三日目)に立ち寄った。以前に比べ、出荷量がめっきり減って、じつはここんところ行ったり行かなかったりだったのだ。それに三日目とあってあまり期待はしてなかったのだが、一冊、やっつけました。

『彷書月刊』購読の方には説明不要だと思うが、幸田成友随筆集『番傘・風呂敷・書物』(書物展望社・昭一四年・初版・函やや痛ミ)が、いったい幾らだと思いなさるかな? ワッハッハッハ(いま、書きながら本当に笑ってしまいました)四〇〇円! 安いでしょ、四〇〇円は。そのほか、松内久宣の随筆集『土龍の溜息』(スクラム社・昭一五年)三〇〇円などを買う。これはタイトルと中身をパラパラと読んで、「脱力随筆」の一環として買う。

佐野史郎さんの取材でも、神保町だけに、均一台が気になって仕方がない。「田村書店」で、藤沢桓夫『随筆人生座談』(講談社・昭五六年)を三〇〇円、大井廣介『バカの一おぼえ』(近代生活社・昭三二年)を一〇〇円で買ってしまった。よく、それで仕事になるなあ、と我ながら呆れる次第である。

あ、そうそう。今回は高円寺に七月に開店したばかりの「古本酒場 コクテイル」さんを取り上げるつもりだった。この「古本酒場」というネーミングをみなさんはどう解釈されるだろうか? いや、そのまんまです。古本を置いている酒場なのです。これには参った。

②

③ ややこしいが、現在高円寺あづま通りに移転。これが三つ目。

飲ん兵衛にはこたえられないシチュエーションだ。目の前に酒、背に古本、周囲にはポスターや古いラジオ、扇風機などが置いてある。いや、もちろん古本も、それら古物もみんな売り物なのだ。このところ、私は会う人ごとに、この革命的な古本屋さんを宣伝しまくっている。

店主の狩野俊さんはまだ二八歳の若さ。以前は国立で「コクテイル書房」を開いていた。ここでも酒(ただし洋酒)と古本の店というコンセプトは変わらなかった。ただ、高円寺店のほうが酒場のほうに比重が大きくなった感じか。新店舗は高円寺でも知る人ぞ知る(かつて高円寺の住人だった私は知らなかった)飲み屋が軒を連ねる細い路地にある。高円寺駅北口を出て左、球陽書房さんの先、安い定食屋「赤城屋」の角を右に折れて、少し入った右側。この、うらぶれたロケーションもたまりません。

食べ物はすべて狩野さんの手づくり。サワーは炭酸が瓶ごと出てきて、焼酎だけのお代わりもできる。つまりラーメン屋の替え玉方式ね。しかも単価が安い。月曜定休。開店時間は夜七時から深夜終電まで。背の吉田健一や古い探偵小説をチラチラ眺めつつ、さかんに杯をあおる。話題はもちろん古本。こういう幸せが残されていたことを、私は「コクテイル」さんに出会うまで気づかなかった。当然、このところ、毎週のように通いつめている。通いつめるしかないでしょう……

古本酒場 コクテイル

マル。

また、「古本酒場」というだけあって、ここは主に西部の古書組合に所属する古本屋さんのたまり場にもなっている。二階の部屋で月一度の勉強会などもしているそう。おかげで、いつもは高円寺の即売会でお顔だけは拝見している古本屋店主の方と、直接話をすることにもなった。この連載でも紹介した「火守文庫」さんとも話すことができたし、不出来な原稿で怒らせてしまった「青梅多摩書房」さん(ずっと気になっていた)にも、改めて対面で詫びることもできた。

ここで知り合った「古書　音羽館」さんは、八月に西荻で、もと「古本よみた屋」の店舗を改装してオープン。開店したばかりで本が欲しいということで、私の蔵書の買い取りをお願いした。

じつは、五歳になる娘が自分の部屋を欲しがるようになり、これまで書庫……というより物置になっていた部屋を明け渡さなければならなくなった。仕方なく、長年集め続けた映画関係の本に、あれこれを取り混ぜて段ボール二〇箱を手放した。「音羽館」さんはそれを一二万五〇〇〇円で引き取ってくれた。誠実な買い取りだと思う。本の処分を考えているみなさん、どうぞ「音羽館」さんにご連絡ください。

大学時代から集めだした映画の本には、それぞれ思い入れがあるのだが、それがそっくり離れていった。重くなった客車を一つ切り離した機関車のような思いである。

西荻古本・骨董街化計画

二〇〇〇年一一月——杉並区西荻窪・古書 音羽館

前回、本を処分した話をしましたが、買ってくれた「古書 音羽館」さんの話を。店名に「音羽」とあるから、講談社（文京区音羽にあるため、よく業界では「音羽」という隠語で呼ばれる）と何かあるのかと思ったら、まったく関係ないそうです。

「音羽館」の主人、広瀬洋一さんは町田の「高原書店」にいた人。まだ若い。三〇くらいか。白衣を着れば、食品会社の研究員にも見えるし、和服を着れば若手の棋士にも見える。どこかの交響楽団でオーボエを吹いていると言われれば、そうかもしれないと思う。とにかく小柄で知的な感じの人だ。

元「古本よみた屋」を改装した、「音羽館」は芸能周辺の音楽、映画、演劇などを充実させていくとのこと。オープンした店にも行ってみたが、同じ西荻に開店した「比良木屋」さんと同じく、自分の店が持てたこと、その店をできるだけ自分の趣味を強く出してつくりあげたことの喜びが感じられる店構えである。

「音羽館」の店内にはつねにクラシックがかかり、音楽喫茶のよう

古書 音羽館

に、現在演奏中のCDジャケットがテーブルに飾られている。またクラシックのCDも三〇〇枚くらい販売されている。全体に風通しがよく明るいムード。

私は開店のご祝儀に、春風亭柳橋(先代)『高座五十年』(演劇出版社・昭三三年)を一〇〇〇円、矢野目源一『戦後風俗史』(東京文庫・昭二七年)を一〇〇〇円、桑原稲敏『芸人・タレントうらおもて』(ライト出版・昭六一年)を四〇〇円、それからなんと、カバヤ文庫『モンテクリストの復讐』を表の均一で一〇〇円で買った。カバヤ文庫はぜひとも一冊はほしかったので、この一〇〇円には獲物を見つけた鷹のように飛びつきました。

このところ、西荻はユニークな古本屋が続々開店して、東京都内でもかなり優良な古本町になりつつある。古本喫茶(ブックカフェ)「ハートランド」の斉木さんとも話したのだが、もっと西荻に若手の古本屋さんがどんどん進出して、神保町、本郷、早稲田に続く古本街になれば、それだけでいま以上に魅力のある集客力のある町になると思う。

骨董店だってもともと多い町だし、現在、森田書店、夢幻書房、古書 音羽館(少し引っ込んでいるが)、ハートランド、古書 花鳥風月などがある伏見通りに、やる気のある古本屋志望の人をどんどん誘致して古本・骨董通りにしてしまうのはどうか。そうなればガンガン各店が専門性を追求できて個性的になるし、店構えや内装だってやりたい放題。わざわざ古びた店構えにしたりして。横浜ラーメン博物館のノリですね。

映画のセットみたいに、全体にレトロ調に統一する。電柱は木材製に替え、ポストは鋳

カバヤ文庫については
坪内稔典『おまけの名作 カバヤ文庫物語』
(いんてる社'84)にくわしい。

その店 絶版に。
現在『古本極楽ガイド』に一部収録。

物の丸いずん胴の奴をわざわざ置く。アスファルトなんざひっぺがして、地の道にしちゃえ。夏なんざ表に水を撒いてね。バスはボンネットバスで、年輩客用に人力車を走らせる。道端の両側に柳か桜でも植えますか。

喫茶店も何軒かほしいな。派出所ならぬ、古本屋案内所みたいな小屋もあってだね、店は二代目にまかせた老古本屋店主が駐在し、探求書その他の相談にのる。全店共通のスタンプサービスがあってもいいし、西荻窪駅改札前のスペースで合同の古本市をやってもいい。夢のような話だが、やり方次第では、まんざら夢でもないという気がするがどうだろうか。

ついでにちょっとおもしろい話を。私の著作が古書目録で高値をつけたというのはどうですか。今年三月に出た『古本屋さんの謎』（同朋舎・本体一五〇〇円）が、最近某古書店の目録で二八〇〇円ついていると、友人から教えられたのでした。

えっ、なぜ？ 自分だから言うけど、間違っても古書値がつくような本じゃないですよ。友人から回送されてきた目録を見て、謎が解けた。某作家宛ての私のサインが入っているんですね。もちろん、このケースでは私のサインに値がついたのではなく、相手の作家がビッグネームだったから。

ふつう、自分の著書を知人や作家に郵送するとき、私は署名はしない。この場合は、たまたまその作家の取材があって、私が敬愛する作家で、古本にも興味のある人だったから

☆某作家とは 久世光彦《てるひこ》さん。
2006年3月2日 急逝。合掌

2000年11月● 杉並区西荻窪・古書 音羽館

持参して受け取ってもらったのだった。するとその作家の方から「サインしてくれ」と言われた。ずいぶん面はゆい気分がしたのを覚えている。

その作家の家から私の本が古本屋に流れたことを、まったく恨んでいない。自分の手から離れた本がどういう運命をたどるか、これはまったく神のみぞ知る、だからだ。ましてや、毎日のように方々から本が届く人にとって、どの本が誰からもらったかなんていちいち確認していられないはずだ。

それより、拙著、しかも古本のことを書いた本に古書価がついたことを喜んでいる。

これがカバヤ文庫だ!
児童文庫
剣聖アーサ王
カバヤ文庫
剣聖アーサー王
背文字タイトルが「アーサー王」で表紙は「アーサ王」
昭和28年7月14日刊。

人生いたるところ古本市あり［その一］

二〇〇〇年一二月――秋田・板澤書房ほか

九月末、秋田へ行ってきた。

しばらく家族旅行もしていなかった。実際、珍しく忙しい日が続き、少し余裕も欲しかったのだ。思い立ったが吉日と、あわてて妻、娘と三人で、秋田、角館、田沢湖、乳頭温泉、盛岡と二泊三日の駆け足で回る（温泉だけゆっくり）東北旅行に出た。

盛岡までは行ったことはあるが、秋田はさらに遠い。四時間ばかり新幹線に乗って、秋田駅に着いたときには二時を過ぎていた。まずはガイドブックにあった、近年、街中にできた「アトリオン」という秋田市産業会館へ行ってみる。立派なビルの中に千秋美術館・岡田謙三記念室が入っていて、それを見たいと思っていたのだ。

ところが、建物の中へ入って、しばらく視線を泳がせたとき、すぐ目に飛び込んできたのが「古本市」の文字。「あっ！　古本市や」と叫んでしまった。見ると、吹き抜けになった地下のフロアで古本市を開催中。すでに胸は躍っている。妻の顔を見ると、何もかも察してあきらめた顔で「いいよ、いいよ行っておいでよ。私たち時間つぶしてくるから」と言う。続いて、「急に、秋田へ行こうなんて言い出すからおかしいと思ったんだ。こういうことね」とも言う。「いやいや、本当に知らなかったんだ。偶然なんだ」と言っても、日ごろの古本バカ亭主ぶりを見せつけているため丸っきり信用がない。秋田へ着いていきなり悪いなあとは思いながら、ヒラヒラと地下へ舞い降りて行く。

市内の「ふじ書房」「古ほんや 板澤書房」「古書 香文堂」の三店が合同で開催しているようだ。場所が場所だけに、一般書が中心だが、けっこうクロっぽい本もある。秋田郷土誌関係のコーナーが特に充実。石川達三、石坂洋次郎、西木正明、塩野米松の本が並び、彼らが秋田出身であることを初めて知った。そういえば、秋田県には「西木」という町があるが、あるいは西木正明氏はそこの出身か。

結局この古本市で買ったのは、師岡宏次写真集『想い出の銀座』(講談社)を二〇〇〇円、青柳瑞穂『ささやかな日本発掘』(新潮社)を一〇〇〇円の二冊。師岡宏次の戦前を中心とした東京の写真集はいずれも人気があるらしく、目録などでは『想い出の東京』『想い出の武蔵野』『想い出の銀座』『東京モダン』『銀座残像』など、いずれも八〇〇〇〜一万円くらいついている。旅先で大判の写真集は荷物になるなあと躊躇したが、中を見て買ってしまう。

青柳瑞穂『ささやかな日本発掘』は、家中探せばどこかにあるはずだが、旅から戻ってすぐに、青柳いづみこ『青柳瑞穂の生涯』の著者インタビューをすることになっているので、これも機縁と買ってしまった。

アトリオンからタクシーに乗車。堀端を右に見て西へ、市内を南北に流れる旭川を渡ると川反《かわはた》と呼ばれる飲食店が集まった繁華街に入る。その近くのホテルに宿をとっていたのだ。着いてすぐ荷を解くと、さっそく単独で古本屋めぐり。川端に柳の植わった旭川にかかる五丁目橋の筋沿いに三軒ある。この三軒は近いので便利。

古本市にも出品していた「板澤書房」は、創業昭和六年の老舗。店内は広く、筋のいい美術書、文学書がよく揃っている。なのに買えないのだ。二、三手が伸びかけた本もあったが、日ごろ古書展で安すぎる本ばかりを買っている弊害が出ているのかもしれない。

気を取り直し、「みしま書房」「松坂古書店」へ。この二店は隣り合わせになっている。だが、「みしま書房」のほうは廃業してしまっていた（他へ移転したかもしれない）。『全国古本屋地図』には〈八坪の店内には美術・郷土誌を中心に、中央には高額書の陳列をしているショーケースがある〉とあり、なんだか良さそうな店だっただけに残念。

古ほんや 板澤書房

「松坂古書店」のほうは、『全国古本屋地図』に〈三五坪と広い店内には文庫・コミック・一般書を主体に豊富な量をほこっている〉と説明されている。たしかに広い。通常の三店分ぐらいの規模はあるだろう。なんでも揃っている感じで、なかなか見ごたえがある。

であるのに、ここでもやっぱり何も買えなかった。「板澤

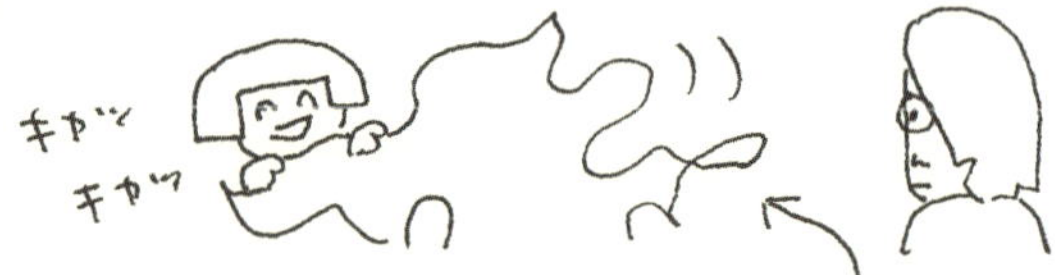

書房」で思い切って一冊でも買っておけばはずみがついただろうに、買えないとなると、押しても引いても買えそうになくなるのはどうしたことだろう。

手ぶらで川沿いを少し歩きながらホテルへ戻ると、娘は自分用のベッドを与えられたのがうれしいらしく、シーツにくるまってはしゃいでいる。秋田まで来て、何も見せてやらず、ベッドではしゃいでいる娘が不憫で、父親として胸が痛む。夕食は、川反の飲食街で郷土料理の店へ入る。きりたんぽをダンゴ状にして野菜や、きのこを煮た鍋がうまかった。ここで唯一、秋田へ来た実感を味わった。

夕食後、さっき古本屋で買えなかったリベンジとして、秋田駅に着いたとき、目の前に見えた「ブックオフ」（秋田広面店）の看板を思いだし、襲うことにした。妻と娘に聞くと、一緒に行くという。バスに乗って家族で秋田の街を駅前へ。目指すはブックオフ。何をしてるこっちゃ。これなら、いつも東京でやってることとまったく同じ。我ながら、夜のバスに揺られながら「アホちゃうか」と思ってしまった。

しかもここでは、荒俣宏『愛情生活 白樺記』（新潮社）、吉田健一『乞食王子』（講談社文芸文庫）、森雅之『耳の散歩』（朝日ソノラマ）を各一〇〇円で買ってしまった。どうせ私は均一小僧よ。講談社文芸文庫を一〇〇円で見つけると、ついつい買ってしまうな。ブックオフで使えるのはこういう部分だ。

秋田市内にある「ふじ書房」「古書 香文堂」「松坂古書店手形店」へ寄らず、ブックオフのことで秋田古本屋めぐりを締めくくるのはいくらなんでもまずいと思うが、こういう結果になってしまった。ごめんなさい。「そんなことなら初めから取り上げるな！」お怒りの声もごもっとも。平にィ、平にィ〜。

※秋田へ行く直前、9月29日
五反田即売会で買った爆弾
←

● 昭和24年「少女」3月号ふろく
なかに藤子不二雄「雪の中の
ミカド」を収録。これは、2人が
原稿をオトし、干されている時
に、発表のあてもなく書き溜め
た原稿だ。「まんが道」参照。
ほかに永島慎二「親子鳥」
横山まさみち　の
「名探偵シルクちゃんハットちゃん」
を収める。こんなスゴイ本が
なんと500円！

2001

【第四部】

1月 ●盛岡・上ノ橋書房ほか

2月 ●岡山・万歩書店

3月 ●大阪・矢野書店

4月 ●熊本・舒文堂河島書店ほか

5月 ●神田神保町・書肆 埋れ木

6月 ●大阪市阿倍野区・天海堂書店ほか

7月 ●高崎・みやま書店ほか

8月 ●高崎・赤坂堂書店ほか

9月 ●中野区沼袋・天野書店、鷺ノ宮・うつぎ書店ほか

10月 ●大阪市旭区千林・川端書店ほか

11月 ●大阪市旭区・山口書店

12月 ●松本・慶林堂書店ほか

人生いたるところ古本市あり［その二］

二〇〇一年一月――盛岡・上ノ橋書房ほか

東北旅行の続きを。

秋田市内のホテルで一泊。翌朝、秋田駅から歩いて五分くらいの、千秋公園へ行く。秋田藩主の久保城があったところだ。周囲に水をたたえた堀端があり、その公園入り口近くに、二階建ての木造洋風建築を発見。

妻と二人で「いいねえ」「いいわねえ」を連発。個人の家だが、風雨に晒された外装の古びたたたずまいが骨董のよう。思わず何枚も写真を撮ってしまった。これもまた、私にとっては「古本的なるもの」なのだ。

新幹線で「角館」へ。途中、車窓からトンボの群れを何度か目にした。古本だけでなく、そんなところにも目がちゃんと行くことを記しておきたい。ところが、角館に着いて驚いたのは、駅から「ブックオフ」の看板が見えたことだ。こんなところにまで……。

駅前でレンタル自転車を調達して、武家屋敷通りまで行く。さすがに観光客がたくさん来ていた。しかし、私は観光というものにまるで興味がなく、新潮社が運営する文学館（創業者・佐藤義亮が角館出身）と、平福百穂記念館を覗いただけでさっさと退散する。

再び新幹線に乗り込み、田沢湖駅で下車。ここからバスに乗り換えるのだ。新幹線の停車駅にもかかわらず、駅前はアパッチに襲われた西部劇の町のように人影もなくガランとしている。ここでもトンボが頭上を群れなして飛ぶのを見た。

夕方には乳頭温泉へ。田沢湖駅からバスで四五分くらい。四つの湯に分かれる温泉峡で、われわれは一番奥の蟹場温泉に宿をとる。かつては農閑期の湯治場で、自炊をしながら農家のおじちゃんおばちゃんが、一年の疲れをゆっくり休めたのだと想像される。そのころの名残か、露天ぶろは未だに混浴。混浴というとしなびたお婆さんか、巨峰ほどの乳首を剥き出した農家のおばちゃんがせいぜいと思われるかもしれないが、ここではちゃんと若い女性が入っていたのでビックリ！。

目の前にこんもりとした木立。目の端には若いあまっちょ。耳元ではすぐそばを流れる川音がする。すっかりくつろぎながら一泊。翌日、田沢湖で少し遊んで帰路につく。

途中、盛岡で下車する。この頃には雨になっていた。四時間ほどの滞在はやっぱり古本屋めぐり。駅前からタクシーに乗って「雀羅書房」へ。六、七年前に盛岡を訪れたとき、一番印象に残ったのがここだったのだ。近くに元祖盛岡冷麺で知られる有名な中華料理店があり、場所を告げるとタクシーの運転手は早合点し「ああ、冷麺ですね」という。もう何も言うな、わかってるという返事なのだ。そのあと「いやあ、古本屋へ行くんです」と言い出しにくかったこと。わしゃ変人か。

「雀羅書房」はなんといっても店構えがいい。大きなガラスのはまった木のドア。金文字で「古書籍 雀羅書房」と入っている。通りに面した壁はすべて素通しのガラス。枠はやはり焦げ茶の木で統一されている。こんな店があるのを知らずに散歩していて、偶然出合ったら、心臓がドキッとするに違いない。

店内も歴史、美術、文学を中心としたカタい本が整然と並んでいて隙がない。とても妻、子どもを伴って入る店ではない。「ちょっと修行してくるわ」と声をかけて、一人入っていく。しかし、雨の中、家族を外に待たせている心の動揺があり、うまく背文字が目に入ってこない。目で本棚にハタキをかける感じで一回りして店を出る。

外に出るとまず所在なく立ち尽くす妻の姿が目に入った。そして娘のほうは「雀羅書房」の隣りにある駐車場で、雨に濡れながらしきりに石を拾っている。汚いでしょ、と妻が叱る。その姿を見たらさすがに胸が痛んだ。何が悲しくて盛岡まで来て、見知らぬ町の町角で石を拾わねばならないのか。無言で家族が私に抗議しているようで、古本屋めぐりもこうなると極道だ。

つげ義春の名作『無能の人』の中で、石を探しに八王子よりまだ先の「桂川」まで家族三人ででかけたが、災難続きのさんざんな旅となり「なんだか世の中から孤立して、この広い宇宙に三人みたい」と妻がつぶやくシーンを思い出してしまった。

雨がいよいよ本降りになってきたので、タクシーを拾って、次は市街の中心部を流れる中津川沿いにある「上ノ橋書房」へ(まだ、行くか)。
前回、訪れたときは店が閉まっていたのだ。川沿いにあるというのも珍しいが、この店も「雀羅書房」と違った意味で外観に特徴がある。グリーンの幌が雨よけに突き出した上に、荷馬車に使われたような車輪がかかっている。そのほか、廃材を利用したオブジェとでもいうべき、過剰な装飾があちらこちらに置かれてある。おまけにペニスを剥き出しにしたカッパの人形が入り口でお出迎えと、ちょっとお化け屋敷に足を踏み入れる雰囲気。

店内は意外に広く、雑多広範な分野の本が置かれている。何やら掘り出せそうな予感が漂っている。店番をしていた女性に声をかけ、「東京から来ました」と言うと、「あら懐かしい。私、東京出身よ。浅草」とはずんだ声が返ってきた。

上ノ橋書房

あとで、ご主人とも話したが、東京では違う仕事をしていて、ひょんなことから盛岡で古本屋を始めることになったという。そして、「そうそう、いまちょうど岩手公園で古本市をやってますよ。ついでに寄っていかれたらどうですか」と教えられた。

「えっ! ここでも古本市」

本当に偶然なのだが、秋田に続いてこの地でも古本市の会期に遭遇してしまった。妻の顔をこっそり覗くと、もうすっかりあきらめ顔。……悪いなあ。もちろん行かせてもらいます。雨中の盛岡市街を古本市会場目指してタクシーが走りさるシーンでエンドマーク。

　今回の教訓、「人生いたるところに古本市あり」。結局、盛岡で本は一冊も買えなかった。

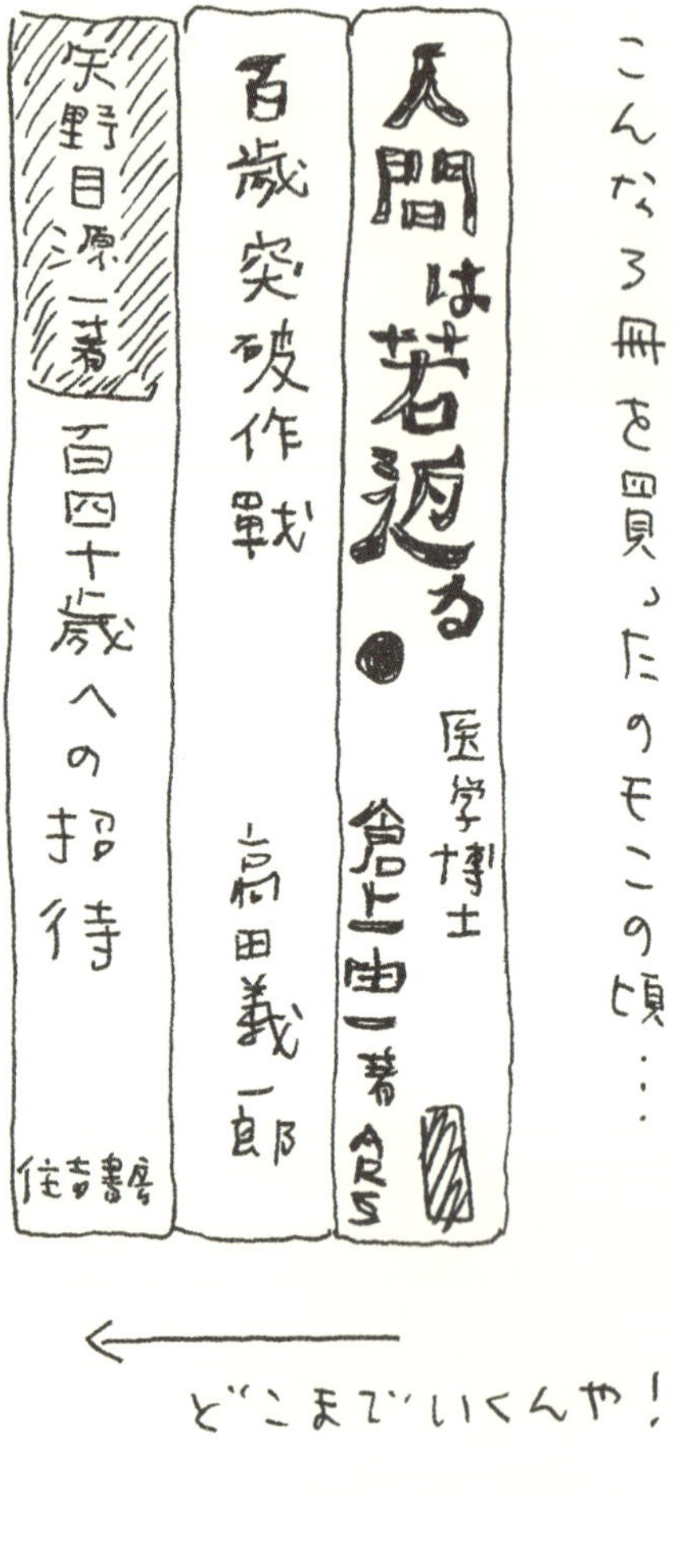

古本好きのディズニーランド

二〇〇一年二月——岡山・万歩書店

津山の東「勝央町」

二〇〇〇年一一月前半の二週間に、岡山へ二度も行ってきた。じつは岡山は私の両親の故郷であり、小さい頃、何度か親に連れられて帰ったことがある。あとは自動車免許を取った一八のとき、中国縦貫自動車道を使って帰郷したきり、二五年もごぶさたしていた。それが、二週間のうちに二度も訪れることになるとは……。

万歩書店

一度は、ダイヤモンド社『ニッポン文庫大全』の担当編集者と。このとき、岡山市内の古本屋と後述する「万歩書店」という郊外型の大型古本屋を回った。岡山市周辺に六店舗あるこのケタはずれの古本屋には、度肝を抜かれた。

興奮覚めやらぬまま東京へ帰ってきたら、ちょうど毎日新聞社『アミューズ』で古本屋特集を準備していた。編集者に「岡山に『万歩書店』というとてつもない古本屋がありますよ」と報告したところ、「じゃあ取材してきてください」と、またまた岡山へ出向くことになったわけだ。

岡山へ行くなら「万歩」とは、「月の輪書林」さんを始め、複数の人から聞いていた。とにかく店内が広く、本がぎっしり詰まっていて見るのに時間がかかるという。実際に行ってみると、想像していた規模をはるかに越えていた。

人に説明するのに困るようなスケールなのだが、「小学校の体育館があるでしょ。そこにすべて本が詰まっているところを想像してください」とでも言うといいか。これはけっしておおげさではない。とにかく、初めて足を踏み入れたときは、しばらく開いた口がふさがらない。しかも、規模に多少違いはあるが、岡山市周辺に六店舗を持つ。

本店（二二〇坪）では、店内の区分地図を渡された。それも四枚。本棚は等間隔に整然と並んでいるのだが、たしかに地図が必要だ。各通路に「東〇丁目通り」などと住所表示がある。まるで町だ。本好きなら、ここで軽く半日は過ごせる。古本版ディズニーランドと呼ぶことにしよう。

岡山駅から一番近い平井店は、これまたユニークで一階がすべて骨董のフロア。同行のダイヤモンド社の編集者Nさんは、大の骨董好き。さっそく煎茶道具の椀などを買っていた。私など、骨董に興味がないのに、Nさんにつられて中国の民芸品らしい少女が寝転んで本を読む陶製の人形を買ってしまった。

この人形がきっかけで、神社の骨董市に出入りするようになってしまった。危ない危ない。古本病の上に骨董病になると、これはもう収拾がつかないぞ。

佐々木邦全集は昭和49−50年にも全15巻で講談社が出している。ただし戦前版にたっぷり入っていたさし絵がない。これでは魅力1/4減。

古本で買ったのは次の通り。

『佐々木邦全集八　負けない男・美女自叙伝』(講談社・昭六年)五〇〇円。奥野他見男『高い山から谷そこ見れば』(大誠堂・昭三年)六〇〇円。『徳川夢声作品集　小説編下』(六興出版・昭二八年)五〇〇円。

『佐々木邦全集』は戦前版。全一〇巻をバラで買い集め、この一冊で全巻が揃った。『徳川夢声作品集　小説編』も上巻だけ持っていたのだ。奥野他見男もできるだけ買うようにしている一人。これだけの量があると、誰でもなにかしら引っ掛かってくるものがあるはずだ。

いずれも幹線道路の道端にあり、駐車場を完備している点も便利。いま地方都市は完全に車社会になっていることを今回、岡山を訪れて実感した。すべて車で移動することを前提に成り立っている。そのため、岡山市内の古本屋はいずれも苦戦し、廃業する店が増えている。駐車場がないからだ。

岡山市内の古本屋めぐりは市電を使った。豪雨といっていい雨の中、後楽園の園内を散策したあと、『全国古本屋地図』に掲載された「岡山市」地図の一五店のうち、アーケードのある表町商店街にある「書見舎」に、まず行ってみた。しかし、該当住所には見当たらない。近くの骨董店で尋ねると「ああ、とっくに閉められましたよ」とのこと。

そこからほど近いはずの「民衆文庫」も、やはり見当たらない。今度はタバコ屋さんで聞くと「駐車場になりました」。二軒続けて空振り。これにはまいった。『全国古本屋地図』によると、岡山県の古本屋は〈ひと頃一五〇軒を越えた〉というが、いまはその五分の一くらいか。

　そのほか回った中では「南天荘」が楽しかった。雑本、雑書を本棚の前に積み上げ、何かありそうな気配がする。先代が亡くなられて間もない、店を手伝うようになってまだ数年という二代目店主は、「うちは日本一安い店のはずです」と豪語した。たしかに安い。川原久仁於のユーモア小説『天真らんまん記』(蒼生社・昭二一年)が三〇〇円。戦前の海外渡航記の石井伝一『斜に見た世界』(帝国児童教育書・昭六年)が五〇〇円。昭和三〇〜四〇年代の漫才台本を集めた織田正吉『笑話の時代』(のじぎく文庫・昭四三年)が二〇〇円。

　駅への帰り、途中まで市電に乗って、あとは歩いた。古い公設市場にさしかかったとき、コーヒーのいい匂いがした。市場の中にある喫茶店だ。店内は広いが、落ち着いたいい雰囲気の店でコーヒーもお代わりしたほどうまかった。市場で働く人は味にうるさいから、一杯一杯ていねいに淹れているのだろう。

　ジャズヴォーカルが流れている。特徴のある声で綾戸智絵だとすぐわかった。私も一枚持っている。しわがれた声のパワフルな「明日に架ける橋」を聞きながら、しばらく目をつぶっていた。店の人同士が喋る岡山弁が耳に入ってくる。

　変な話だが、このとき初めて、岡山へ来たんだなあとつくづく感じたのだった。

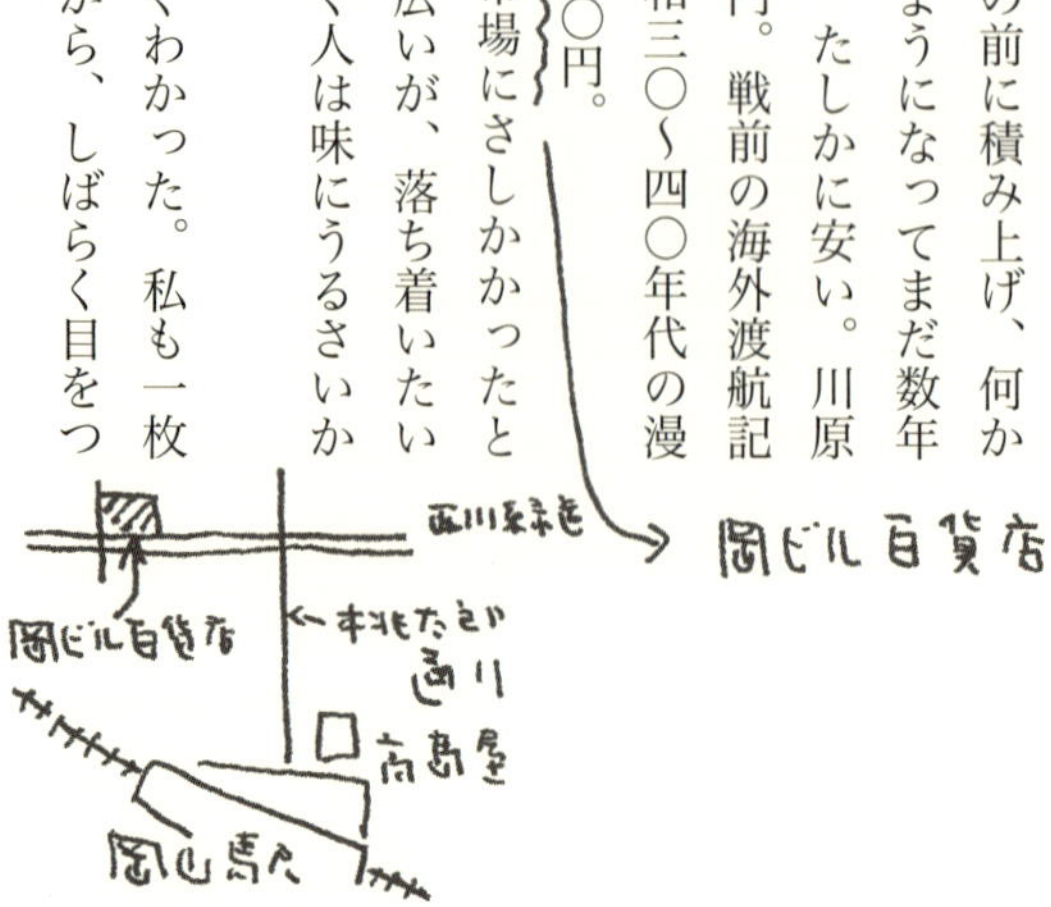

福永武彦から青江のママまで

二〇〇一年三月——大阪・矢野書店

二〇〇〇年一二月八日、『彷書月刊』の忘年会が神保町の某料理屋であった。せっかくだからと、中央線を利用する私は、その前に中野で途中下車し、「中野サンプラザ古本まつり」を覗いていくことにした。中野サンプラザという中野駅前にデンと聳える多目的ホール前の広場と、建物内のスペースを使って年二回、古本市が行われている。

この古本市は行ったり行かなかったりなのだが、今度行ってみたら会場は広場だけになっていた。しかし屋外だけでもスペースは相当広く、ふだん古本屋や古本市に縁のない人には、気軽に古本に接せられる機会として、うまく利用されているようだ。

一度、この古本市会場近くに、大勢の若者の姿（それも若い女性が多い）を見たことがあって、「ほほう、とうとう若い衆が古本に目を向けましたか。けっこうけっこう、カッカッカ。助さん格さん参りましょうか」と水戸黄門のような気分で乗り込んだら、何のことはない。中野サンプラザでアルフィーのコンサートがあったのでした。

……やっぱりね。そんなうまい話が世の中にそうそうあるわけがない。

ところで、『蒐集する猿』（ちくま文庫）の著者・坂崎重盛さんの従弟であらせられるアルフィーの坂崎幸之助さんは、コンサートの合間に中野サンプラザ古本市を覗いたりするんでしょうか。重盛さんと同じく、中古カメラを始め古物の蒐集癖があると聞くから、可能性はあると思う。

私のほうはといえば、広い会場をめぐれどもめぐれども、一向に買う本がない。未所持だった文庫本情報誌『トルト』のバックナンバー第二号を何とか二〇〇円で、青野豊作『「三越小僧読本」の知恵』を三〇〇円で釣り上げただけで、あとはうつろな眼が背文字の上を泳ぐだけだった。これだけでは少し寂しい。

仕方なくさらに一巡し、さっき手に取りながらためらった矢田挿雲の『世界放心遊記』（東光閣・大一五年）を買うことにした。矢田が報知新聞社会部記者時代に渡米した記録。ちなみに、このときの社会部長は野村胡堂だ。ふつうなら四〜五〇〇〇円はする。それが一五〇〇円という値段に文句はないが、少々状態が悪い。裸本の表紙はすり傷だらけ。ほとんどくすんで、誰も手に取らないはずだ。函なしは仕方ないとしても、小口が甚だしく汚れている。

中を少し読むと、助詞の「は」が「わ」に、「へ」が「え」となっている。〈次に英国え渡るつもりだから、この二ヶ国の領事の査証わもらった。〉といった調子。これが読みにくい。

あとで、忘年会で出して見せたところ、居合わせた田中栞さんが、「あら、模様が入っている。マーブル？」と言ったが、じつはカビが一面に生えていたのだった。たしかに、

ごぞんじ！
『古本屋の女房』平凡社'04

天、小口、地に斑点のような模様が入っていることありますね。しかし、カビのマーブル模様はいただけない。

矢田挿雲については、長らく『江戸から東京へ』の著者というイメージしかなかったが、松山猛『都市探検家の雑記帳』(文春文庫)の中で、石黒敬七『巴里雀』、牧逸馬『紅茶と葉巻』などと並べて、この『世界放心遊記』について触れてあり(素晴らしいチョイスだ)、「へえ、あの矢田挿雲がねえ」と密かにチェックを入れていたのだった。

ところで、この忘年会では、つい「中野サンプラザはあまり買うものがなくて」ともらしたら、たちまち『彷書月刊』の田村七痴庵翁に一喝されてしまった。

「なにおう、どんな本でも買う気があれば買える。そこがおぬしの均一小僧たるゆえんではないか。そんな妄言は五〇年早いわ。このコワッパめ！」

私は雷に打たれたように頭を垂れ、「御意」と次の間に下がったのであった。

でも、田村さんの言う通り。いつのまにか、「近ごろは筋のいい古本は払底し、どこを探してもクズのような本ばかり」などと能書きをたれる古書じいさんに成り果てるところであった。危ない危ない。初心にかえって、均一道に猛進することをここに誓います(そんなん、別に誓わんでもええで)。

さて、古本屋の話にやっと入ります。今回は大阪。「浪速書林」で長年番頭を務めてきた矢野龍三さんが、このほど天神橋三丁目に店を出したと聞いて、某誌の取材も兼ねて訪ねてまいりました。

いやあ、楽しい店だった。矢野さんの専門は福永武彦、中村真一郎を中心とした戦後文学とのことだが、たしかに店の一番奥に、その手の本がビシッと揃っている。しかし、そんな本がいくら並んでいても私は驚かない。

レジ前の映画、芸能の棚に目をやってそこでくぎづけに。野坂昭如『現代野郎入門』、浅香光代『女剣劇』、美輪明宏『紫の履歴書』、青江のママ『地獄へ行こか青江へ行こか』、その他、デヴィ夫人自伝、藤圭子自伝などがわさわさとひしめきあっている。浪速書林では天地が引っ繰り返っても、お目にかかれないゲテ本ばかりだ。

しかも、バラバラで散逸すれば、ゲテものすれすれの本が、こうして集結することで、一種の運動体と化している。

矢野さん、これはあきらかに狙ってまんな。

むしろ「浪速書林」では抑えていた、大阪人の情動が、自分の店を持ったことで噴出したか。他に、文学、美術、演劇、料理、趣味、それに大阪関係の本も充実。私はおとなしく、未所持だった海野弘『東京風景史の人々』（中央公論社）を八〇〇円で買った。

「矢野書房」は、天神橋三丁目商店街の路地を少し入ったところ。すぐ近く、商店街内には「天牛書店天神橋店」ができた。これでがぜん

※ 多くの支店をもつ天牛書房とは別系列らしい。ややこしいが……

矢野書店

「天三」周辺がおもしろくなってきた。同店はさすが「天牛」、めちゃめちゃ安い。三八〇円なんて値づけは「天牛」ならでは。懐かしかったなあ、三八〇円。

ご祝儀に、永田耕衣『わが物心帖』(文化出版局)という、骨董・古物のエッセイを一〇〇〇円で買いました。

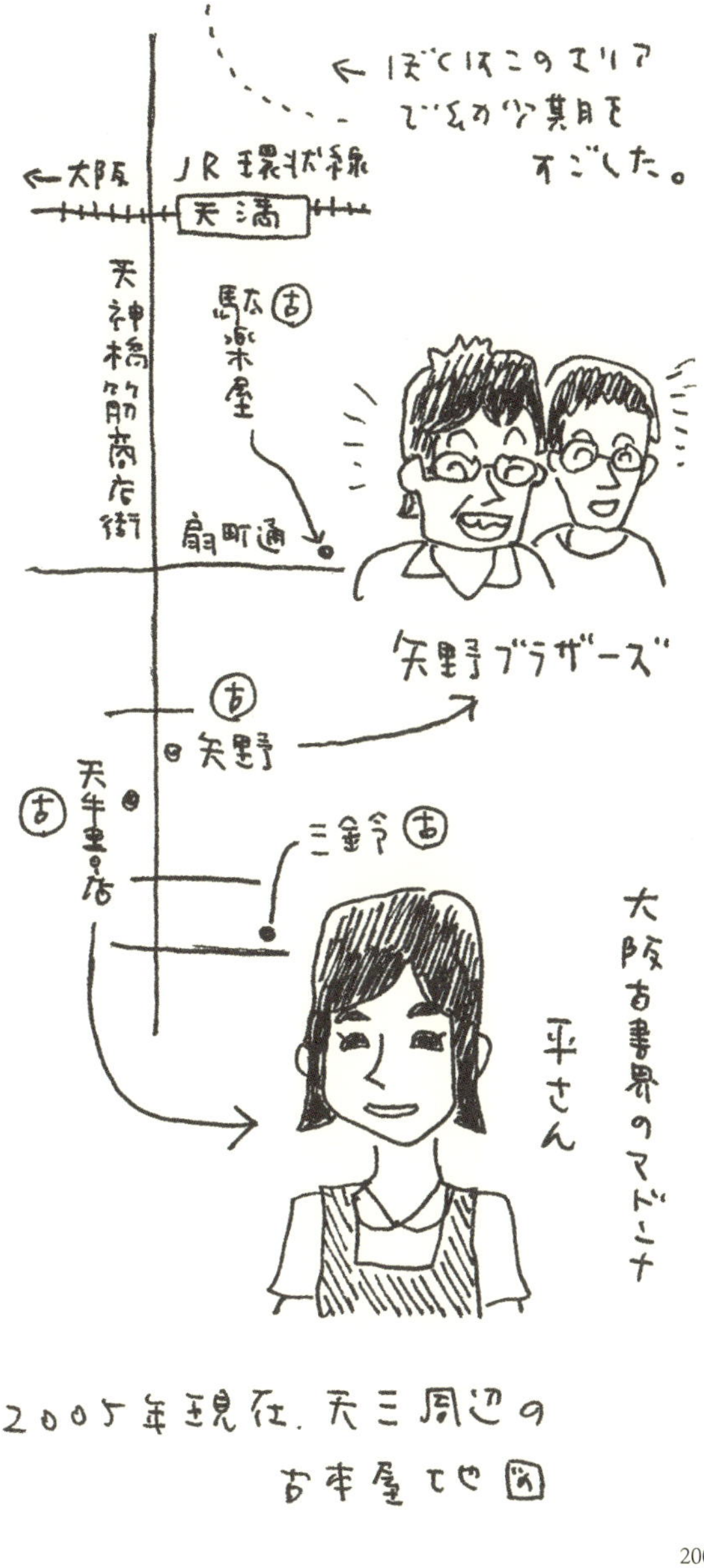

もう、このあたりに海野教の
信者と化している

相撲とキネマと女性の町

二〇〇一年四月——熊本・舒文堂河島書店ほか

さて、今回訪れるのは九州。二月の上旬、熊本と福岡の古本屋を、例によって『アミューズ』の取材で回ってきた。福岡は姉の嫁ぎ先ということもあり、これまで数回訪れているが、熊本は初めて。正直いって、肥後もっこす、保守、五高に漱石が講師として赴任というぐらいしか、熊本に関してはイメージが浮かばなかった。

ところが、海野弘『日本図書館紀行』(マガジンハウス)によれば、熊本には吉田司《つかさ》家という相撲の最高権威があり、いまの辛島公園にかつて肥後相撲館があったという。この相撲館が後にユニバーサル映画の封切館に変わり、ここから映画プログラム雑誌『キネマ』が発刊されていた。その編集長が吉田司家の次男・吉田次男だったのだ。伝統的技芸である相撲と新興の表現形式だった映画が交叉している点が面白い。

また、同誌の執筆者に日本映画界草創期の監督となる牛原虚彦がいた。牛原の上京(東大に入学)により『キネマ』は廃刊。代わって、いつも『キネマ』に投稿していた女性が編集長となり『カンラン』が創刊され、榎田かほるというイラストレーターが活躍した。

相撲、映画館、映画雑誌、女性……と、新旧がぶつかりあう、新しいイメージの熊本がこれで浮かび上がってきた。なんとか、今回『キネマ』か『カンラン』に出会えれば、と思いながら「舒文堂河島書店」「天野屋書店」「デラシネ書店」の順に回った。「舒文堂」「天野屋」は、市内一の繁華街、上通り・下通り商店街のうち、上通り商店街を北上し、アーケードがとぎれた石畳の通りにある。熊本はこの日、小雨。

九州郷土誌専門店「舒文堂」は、明治一〇年の創業。熊本五高に赴任する際、この地を踏んだ漱石は、宿舎に向かう途中、まず同店を訪れたといわれている。漱石先生、やるなあ。古本好きはそうでなくっちゃ。

三階建てのモダンな建物は、「天野屋」さんと同じ建築家の設計による。設計者はなんと「グエル書房」という市内の古本屋の店主で、一級建築士の資格を持つ。古本屋さんが設計した古本屋さんということになる。

「舒文堂」で感動したのは、店内奥にある和本、書画の部屋が、建て替える前の木造の店舗を模した造りになっていることで、壁の一部に縦長の細い窓がつくられている。そこから裏庭が覗けるのだが、一本の柿の木が見える。案内してくださった当代店主・河島一夫氏夫人（上品、美人）によると、この柿の木は、「小春柿」という甘い実をつける品種で、創業当時からそこに立っているとのこと。

高い場所に成る実は、熟して落ち庭を汚すなど手入れが大変だそう

舒文堂河島書店

じつは署名本が多い!

だが、この木のために裏庭を残し、店の中からいつもその姿を眺められるようになっている。そして柿の木は残った。こじつけのようだが、そこに先の相撲と映画ではないが、新旧の精神をうまく取りこむ気風がよく表われていると思った。

取材で訪れた古本屋さんでは、気が散ってなかなか買えないのが難点。「舒文堂」さんでも、庄司浅水の署名入り『写真にみる西洋の本』（保育社カラーブックス・昭和五九年）を七〇〇円で買えただけ。

次にうかがう「天野屋」さんからは、二代目の柏原優一さんがわざわざ「舒文堂」さんまで出迎えに来てくれた。近くの蕎麦屋で昼食をご一緒しながら話をすると、優一さんは昭和三三年の生まれ。一級建築士の「グエル書房」さんも同年、県内玉名市の「ほると書房」さんが昭和三二年と、熊本県内の古本屋を担う新しい勢力がこの年齢層に固まっていると教えられた。

ちなみに私が昭和三二年の生まれ。同年輩ということもあってうれしくなり、柏原優一さんとはすっかり親しくなってしまった。ところで天野屋さんの住所は「熊本市上林町」。そこでピンとこなければどうかしているが、優一さんに教えられて初めて「アアッ」と叫んだ。

そうだった。上林暁、本名・徳広巌城は、熊本五高に在学中、下宿のあった「上林町」の名を取ってペンネームにしたのだ。「うちの店の裏手、あのあたりに上林の下宿があったおや？いいこと言ってるなあ。

そうですよ」と指さされたとき、なんだか熊本と自分の距離が一挙に縮まったような気がした。

「天野屋」さんは整理の行き届いた清潔な店で、二階をギャラリー仕様にし、ガラスケースにやはり熊本に縁のあったラフカディオ・ハーンの著作、ご当地出身のプロレタリア作家・徳永直の著作が並べられている。特に、これだけ揃ったハーンのコレクションを見るのは初めてだった。これは一見の価値あり。

熊本大学周辺は「デラシネ書房」「メルの本箱」の二軒だけとやや寂しい。「デラシネ」と聞いて、五木寛之の『デラシネの旗』と口をついて出るのは私ぐらいの年齢までか。入って左の棚に、埴谷雄高、高橋和巳、吉本隆明などが並んでいるが、いまや大学周辺といえども売れないだろうなあ。安保世代の意地として並べているのだろうか。

しかし、意地を張らない古本屋も魅力がない。敬意を表して、『名作落語全集』(騒人社・昭五年)八〇〇円、檀一雄『美味放浪記』(中公文庫)二五〇〇円を買う。『美味放浪記』には、九州大学教養学部近くにある福岡の料理屋「月川」のことが書かれている。これからその福岡に向かうのだ。

ギャラリーみたいな古書店

二〇〇一年五月——神田神保町・書肆 埋れ木

よく、自分は友人が多いというのを自慢にしている人がいるが、こっちとしては、ああそうですかぐらいなもので、別に感心も尊敬もしない。アウトドア関係の人に多いようだが、しょっちゅうつるんであちこちでかけてはワイワイやっているようだ。もちろん、それは個人の自由でとやかくいうことではない。

しかし、友人とのつきあいが多いと、それだけ自分の時間が取られるし、しかも人に自分を合わせるわけだから面倒だ。窮屈な考えだといわれるかもしれないが、本音である。

私はいまだに取材の仕事が多く、その際は人から話を聞くことになる。それは楽しいし、収穫もあるが、けっこう疲れる仕事でもあるのだ。そうなると、仕事以外のことで人にわずらわされるのがイヤになる。その点、古書展や古本屋回りはじつにいい。自分勝手に、あくまで自分の流儀で本棚や本と対話する。誰からも侵されず孤独になれる。

高円寺の西部古書会館で古書展があるときは、それも一〇時開場に合わせて行くときは、九時過ぎには家を出る。最寄りＪＲ武蔵小金井駅に着くと、駅前のパチンコ屋にはいつも開店待ちの客が長蛇の列をつくっている。ご苦労なことだな、と思いつつ西部古書会館にたどりつくとこちらもダンゴになって客が開場を待っている(なんだ、オレも同じじゃないか)とそこで可笑しくなる。パチンコも他の客と横並びに盤面に向かって、一人ひとり自分の世界に浸ることでは、古本漁りと非常によく似ている。そう思いませんか?

小川町の東京古書会館の古書展も毎回欠かさず通っているが、たいてい『東京古書店グラフィティ』(東京書籍)の著者・池谷伊佐夫さんと顔を合わせる。ひとわたり探索をしたあと、食事とコーヒーをご一緒するというのがコースになっている。月に一、二回、池谷さんとのデート(?)は楽しみな時間だ。

話はほとんど古本の話。いま古書展で仕入れた戦利品の品定めを行うのだが、たいてい私は聞き役。私の場合、ほとんど一瞥で(価格を確かめて)本を買う。だから、池谷さんが中を広げて、「ああ、ここにこんなことが書いてありますよ」とか、「これは装丁は○○じゃないですか」とか鑑定してくれるのをいちいち「へえ、そういう本ですか」と感心して聞くことになる。自分が買った本なのに。

池谷さんは知識が豊富だし、イラストレーターなので、特に美術、ビジュアル関係の話では参考になることが多いから助かる。何度、貴重な意見を仕入れたかわからない。

その池谷さんを、先日、神保町に開店したばかりの古書店へご案内した。元「キントト文庫」の入っていた店舗が完全に改装して「埋れ木」に変身した。

おやまと読む

ガラス張りの洒落た外装はギャラリーのようで、古書店には見えない。このあたり、「美術倶楽部ひぐらし」「ゴルドーニ」など、あか抜けた造りの古書店が増えてきて、いまやヨーロッパの街角(行ったこともないくせに)のような楽しい一角となっている。

「埋れ木」は、よくぞ集めたりと、思わず四股を踏みたくなるような品揃えだ。和書、それも日本の近代文学オンリー、しかも、ほとんどが戦前の黒っぽい本だ。五反田の古書展でやっと一冊買った、小山書店の新風土記叢書、宇野浩二『大阪』がここには二冊あるし、その他、稲垣足穂『明石』など五、六冊並んでいる。これ、講談社文芸文庫で出さないかね。

書肆 埋れ木

小山久二郎『ひとつの時代』によれば、この叢書は、河盛好蔵の発案によるものだという。最初の腹案までは谷崎潤一郎も予定していたが、小山が頼みに行って不愉快な思いをした、と書いている。第一弾『大阪』はすぐ再版され、再版のほうには補遺が加えられたので、同書は再版以降の版を探すべきなのだ。

室生犀星の初版本が二〇冊くらいあったのも目についたし、私の専門の奥野他見男も見たことないようなのが五、六冊あった。ほとんどがパラフィン(グラシン)紙包装。

ガラスケースの中には、鮮やかな色彩の与謝野寛『采花集』(金尾文淵堂)ほか、古書目録で写真入りで紹介されそうな本がひっそり収まっている。

開店記念に何か一冊と思ったが、いずれも然るべき本のために然るべき値がついているため、均一小僧にはおいそれと手が出ない。手が出る範囲で、小酒井不木『闘病術』(春陽堂・昭二年・一三二版函入り)を八〇〇円で買った。正木不如丘、高田義一郎、式場隆三郎などの医学ものも、少しずつ集めているので、これはよかった。

本を買うついでに挨拶をし、店主の生田さん(生田耕作さんのご子息)に店名の由来を「吉田健一ですか」と聞いたら、「うーん、言いたくないんです」と言う。それも然り。何でも理由や由来を聞きたがるのは、雑誌取材で身についてしまった悪い癖。わからないでいいことはわからないでいいのだ。

そのほか、前々から火守文庫さんから教えられながら行けないでいた、阿佐ヶ谷「ゆたか。書房」にも、先日訪問することができた。中杉通りの西側を四、五分歩いて、もう早稲田通りの信号が見えるくらいのところに、小ぶりの店を構えている。

店内は狭いが明るく清潔で、文学を中心によく整理された本棚だ。地の利が少し悪いせいか値段も安い。金子光晴『どくろ杯』を再読して以来、このところ気になっている上海ものの一冊として斎藤憐《れん》『昭和のバンスキングたち』(ミュージック・マガジン)を五〇〇円で買った。同じ日に別の店で二五〇〇円ついていた本だ。

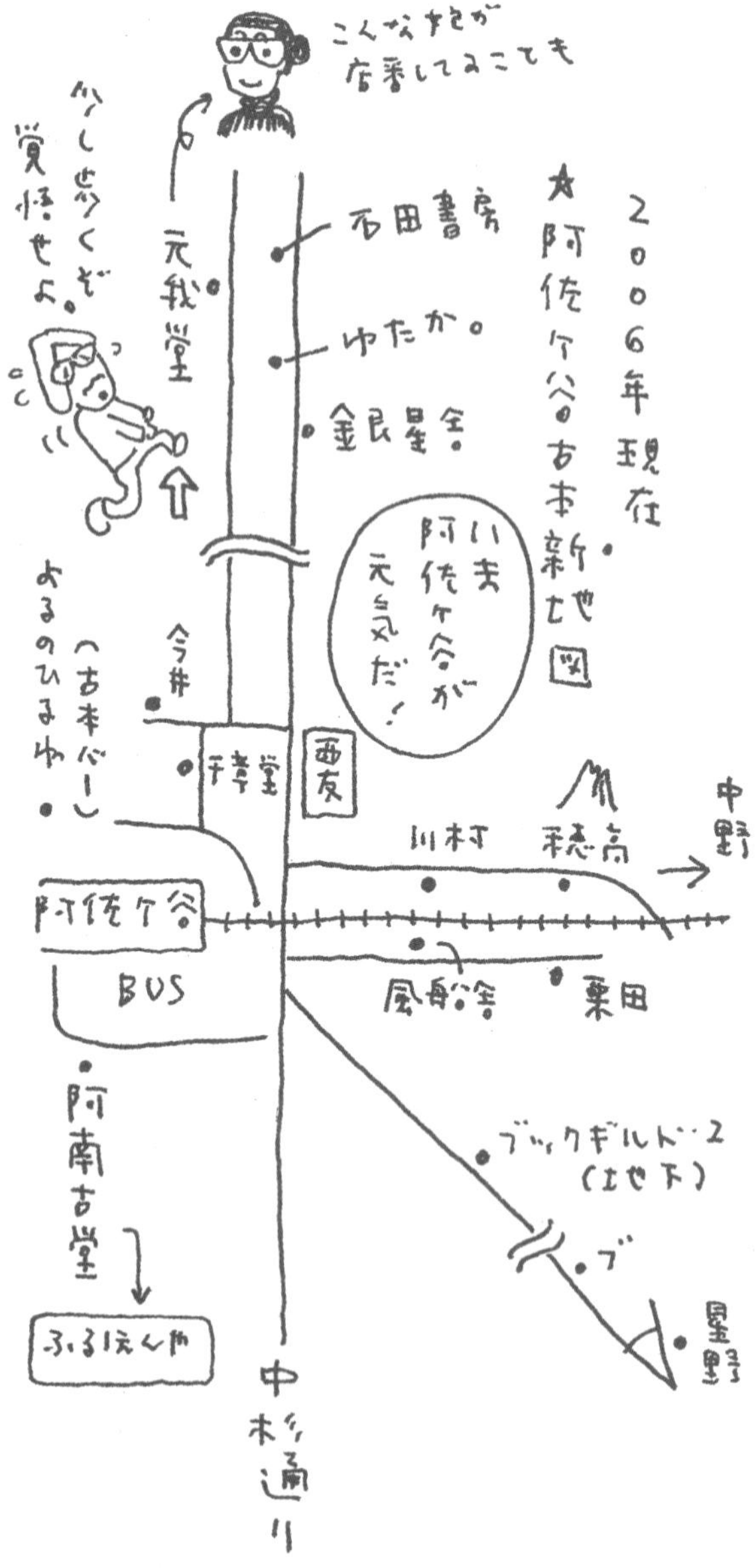

もと高原書店に勤めていたという店主の応対も、溶けて消えてしまいそうなほどていねいで、かえって恐縮してしまった。まだ荒らされていないようだし、阿佐ケ谷下車の際はわざわざ行く価値がありますよ。

再び大阪へ

二〇〇一年六月——大阪市阿倍野区・天海堂書店ほか

毎年ムックで神保町ガイドを発刊

『アミューズ』が休刊しました。秋の神田古本まつり特集を恒例とするほか、年に何度も古本屋特集を組む、奇特な雑誌でしたが、古本特集専属ライターとして駆り出されていた私としては貴重な足場を失って残念。東京を中心に、名古屋、大阪、京都、神戸、福岡、熊本とずいぶんいろんなところへ行けてよかったのだが……。

もうこれでしばらく、地方取材はないかと思っていた矢先に、『旅』（JTB）から、大阪文学散歩をしてきてくれと依頼が入った。ありがたや、このところ熱中しているモダン大阪の探索と、古本屋探訪がついでにできると喜び勇んででかけてきた。

のち新潮社にトレード…

この連載でもすでに書いたが、私は大阪出身のくせに、これまであまり大阪の街に注意を払わずに生きて来て、海野弘『モダン・シティふたたび』（創元社）、北尾鐐之助『近代大阪』（創元社）をきっかけにぐいぐい大阪探訪の深みにはまることとなった。

今回は、梅田の阪急百貨店をふりだしに、北新地、四ツ橋筋周辺の産経、毎日、朝日などで大阪ジャーナリズムを検証し、中之島、北浜から船場、心斎橋でそごう・大丸（ヴォーリズ！）の両百貨店、千日前、新世界、それに安治川周辺と文学作品の場面を現地と比較しながら「大阪じゅう、たっちょこ(縦横)十文字」駆け足で回ることになった。

編集部からは一泊二日で要請されたが、それでは足りず、わざわざ京都の実家に自主的に一泊しての強行軍だった。近年の大阪熱がなければ、とてもやれないことである。

今回、大阪市中を回って感じたことはいろいろあるが、やはり看板の過剰さが目立った。店の入口に掲げるのはもちろん、通りを歩く人の眼に止まるように、これでもかこれでもかと、頭上に押し合いへしあいしてせりだしている。ほとんど空が見えまへん。

もっともこれは近年に限ったことではなく、昭和七年刊の『近代大阪』によれば「大阪駅前の、あの交通地獄から、どちらか一歩裏町へ入ってみると、そこには、ほとんど看板でつくられた路次がある。煤けた壁や、厢や、戸障子や、至るところ、縦に、横に、乱暴な看板風景。／口入屋、下宿屋、インチキカフェ、関東煮屋、女髪結、汁粉屋、仕出し屋など。／古い古い昔ながらの梅田界隈」(現代表記に改めた)と書かれ、昭和二六年朝日新聞連載の林芙美子『めし』冒頭近くには、「ねえ、大阪の街って、ベタベタの広告なのね」と、東京から来た里子に言わせている。

東京に移って一〇年以上になると、頭では大阪のことがわかっているつもりでも、体が忘れていることがあり、看板のことでも、あらためて旅行者の眼で見て、つくづくその派手さに呆れながら感心してしまうのだ。

古本屋では、『モダン・シティふたたび』の中で、海野さんが大阪に来ると必ず立ち寄る船場の中心部にある古書店として「中尾松泉堂書店」が登場し、『全国古本屋地図』にも〈大阪を代表する古書店の一つだ〉とあるが、私はその存在さえも知らなかった。古本好きの大阪の友人に聞いたら、彼も「えーっ！　船場に古本屋なんかあるんか」と驚いていたから、けっこう知らない人も多いのではないか。

だから今回、ぜひ立ち寄ろうと楽しみにしていたが、立ち寄ったはいいが、店はドアを冷たく閉じていた。しかし、開いていたとしても、とても入れる雰囲気ではない。新築まもないモダンビルの外からガラス越しに覗いた店内は、一階は事務所のようになっていて、後ろの棚に置かれているのもすべて和本などの古典籍。毎度ながら、均一小僧などお呼びでない空気に満ちている。

船場から日本橋へ移動し、文楽劇場、黒門市場を写真に撮ったあと、これも未踏だった、文楽劇場の向かいの道を少し入った「天牛書店」も覗こうとしたが、こちらはシャッターが降りて「閉店」のはり紙が貼ってあった。これでミナミから、老舗「天牛書店」という名前は消えたことになる。

天王寺も、あまり足を向けたことのない地域である。子どものころ、天満に住んでいたときも、道頓堀、千日前どまりだった。今回は「古書さろん天地」と「天海堂書店」を訪問。「さろん天地」は、千日前と上六にある「天地書房」と同系の店。その名のとおり、店内に応接セットが置かれ、ガラスケースには稀少本が陳列された、まさに古書好きのサロン的雰囲気。函入りの学術書なども整然と棚に並ぶ。一般の文芸書なども値段はかなり抑えてつけてある。立ち寄る価値あり。

そこから数分の「天海堂書店」は、ずいぶん以前に立ち寄ったときより、店内は明るくなっていた。古書全般というところだが、文庫の棚には岩波、中公、ちくまなど硬めのものが主流。ここで永田照海『おおさか名作の泉』（浪速社・昭六〇年）を買う。一〇〇〇円。今回の旅の参考資料だ。

なお、以前紹介した「矢野書房」が、天三商店街、「天牛書店天神橋店」斜め向かいに移転したことをお知らせしておく。今回も立ち寄ったが、どちらの店もすこぶる繁盛していてうれしくなった。矢野さんと話していると、近所のおばちゃんふうの人が、「にいちゃーん、ハマコウの本ない？」と入ってきた。以下会話。

「ハマコウ？　って、浜田幸一でっか。おまへんなあ」（あるわけないやん）

「ほんまぁ、読みたいんやけど」

「今度、入ったらのけときまっさ。タダでよろしわ」（値なんかつけられまへん）

「そんなん、あかんて」（ほんま悪いなあ）

どないだ、みなさん。これが大阪商人の客あしらいというもんだ。

天海堂書店

ここに古本の泉あり？

二〇〇一年七月――高崎・みやま書店ほか

五月の連休中、群馬県高崎市へ行ってきた。もちろん、『彷書月刊』の取材を兼ねてである。妻と子に、「古本屋回りだぞ」と念を押して「一緒に行くかと」聞くと「行く」と言う。連休中、どこへも連れていってやってないので仕方ないが、毎度の結末も知らずに「わーい、わーい電車に乗るんだ、たかさきだ！」とはしゃいでいるわが娘があわれである。

高崎へは一度訪れたいと思っていた。一つは、今井正監督『ここに泉あり』の舞台となった土地だからだ。日本初の市民による交響楽団「高崎市民オーケストラ（のちの群響）」を描いたもので、戦後まもなくの高崎が出てくる。私はこの映画のファンで、これまでに五、六回は見ているだろうか。主演は岡田英次と岸恵子、それに小林桂樹、加藤大介、三井弘次と私のひいき役者が出てくる。

さらに、この「群響」設立に尽力した井上房一郎という人物にも興味があった。いのうえ・ふさいちろうは一八九八年生まれ。昭和五年に美術研究のため渡仏、帰国して父の経営する井上工業に入社し、のちに後を継ぐ。高崎の美術、音楽、工芸振興に貢献し、特に、昭和九年、ブルーノ・タウトを招聘し、「ミテラス」という工芸店を軽井沢と銀座に開いている。

一七歳でエレキギターで感電死し、死後に発見されたノートや絵が本となり一種のカリスマ的扱いを受けている山田かまちの絵の才能を認め、死後に展覧会を開いたのもこの井上だ。山口昌男さんが『敗者学のすすめ』『はみ出しの文法』で、それぞれ井上について書いておられることはあとで知った。

群響が練習場として使った喫茶店「ラ・メーゾン」に行くこと、井上房一郎の本をなんとか見つけることを目標に上野から快速に乗った。高崎までは一時間半ほどで着く。

高崎の古本屋は一キロ四方ほどの中に「みやま書店」「文京堂」「うさぎの本棚」「赤坂堂書店」と四軒あり、少し離れて「名雲書店」がある。歩いてでもこの四軒は回れる。時間の都合で、「名雲書店」に寄れなかったのは残念だった(あとで聞くと、「高崎へ行ったらあそこに行かなきゃ」という店だったようだ)。

駅の観光案内所へ寄ると、駅前の駐輪所で、無料で誰にでも自転車を貸してくれると書いてある。これはおすすめ! おかげで、市内散策がずいぶん楽になった。

ふだん東京都内に在住し、仕事をしていて、地方へ行くといつも抱く感想だが、とにかく人の数が少ない。駅前といえど、閑散としている。このあと、自転車で市内中心部をくまなく回ったが、にぎやかなのは、若者向けの店が集まる、東京でいえば原宿のような大通りだけで、一本、道を裏に回るともう人影が見えない。

特に、アーケード商店街は悲惨で、古くからの商店は半ばシャッターを閉じ、なにやら薄暗い。海野弘さんの『日本図書館紀行』(マガジンハウス)の高崎市立図書館の章に、この本町銀座のアーケード街が出てくる。〈天華堂という書店があったのでのぞいてみる。郷土の本がよくそろっている。『月刊上州路』のバックナンバーがあり、その一九七五年九月号が「ブルーノ・タウトと群馬」の特集なので買った。新刊書店なのに、こんな古い号がのこっているところがのどかである〉とある。

私もさっそく「天華堂書店」を覗いてみた。入口を大きく開け放した、どこか懐かしい匂いがする、書店というより「ほんやさん」だ。帳場に座る老齢な女性に郷土関係の本の場所を聞いた。ところが、そんなことを尋ねる客は珍しいのか「きょうどかんけい」という言葉がスッと通じなかった。「高崎や群馬に関する本」と言い直して、ようやく一番奥の棚と教えられた。なるほど、海野さんの書くとおり、古本屋の棚のように古い本が置いてある。『月刊上州路』のバックナンバーもあった。ちょうど海野さんの買った号のところだけ隙間が空いている。あの文章は九四年頃の話だから、ひょっとして、そのまま六、七年もの間、誰も手を触れずに来たのだろうか。

しばらく本棚の前で立っていると、さきほどの帳場のおばあさんが近づいてきた。ちゃんと郷土資料の置き場がわかったかどうか確かめ

うさぎの本棚

に来たのだ。このあたりの心遣いが、いかにも地方の「ほんやさん」である。

古本屋は、「みやま書店」「うさぎの本棚」「赤坂堂書店」「文京堂」の順で回った。高崎の古本屋は、月、火、水と週の前半に定休日が固まっている。お出かけの際は週の後半がいい。

「みやま書店」は、文学、歴史、美術、郷土史、一般書とまんべんなくひととおりジャンルの揃った、しかも量も豊富な手堅いお店。最初に足を運ぶのにはいい店だ。値づけも手が出しやすい価格帯に収めてある。

「うさぎの本棚」は、名前を聞く限り、どんな店か想像がつかない。駅前から、JR線と平行する古い街道のような道を長野方面へ進む。ほとんど人と行き交うこともなく、朽ち果てたような商店が点在する。せっかくの連休に、高崎まで来て、家族で自転車に乗って、地元の人もあまり通わぬような道を走っている。屈折した、切ないようなうら悲しい旅情がわいてきた。私はこういう気分がけっこう好きだ。

しかし、後ろの荷台で「ねえ、どこ行くの、どこ行くの」としきりに尋ねる娘に「いいところ、いいところ」と説明している自分が、とんでもない父親に思えてくる。行き先は古本屋に決まっているからだ。

井上房一郎、高崎で発見!

二〇〇一年八月——高崎・赤坂堂書店ほか

前回の続きで、五月の連休中に家族連れで遠征した高崎の話を。
せっかくの連休に、遠く高崎まで来て、もう、これ以上、己が道楽に妻子をまきこむわけにはいかないと、少し離れた図書館が併設された市民会館へ連れていき、娘はそこで遊ばせることにする。

爪の先まで古本病に染まったオヤジは、そこから一人でまた古本行脚へ。次に向かった「赤坂堂書店」が、高崎まで来た甲斐があったと思わせる店だった。とにかく、蔵書量が多く、棚がよく整理されていて、品揃えに目配りがきいている。棚がちゃんと呼吸しているといってもいい。

同店ホームページによると、創業は一九五六年と古い。八七年に現店主の経営となり、九一年に新店舗に改築された。前橋のリヴィン前橋、煥乎堂両店の古本市に参加している。現店主・西川佐知雄さんは、話ができそうな人だったので、この連載の慣例を破って挨拶をした。『彷書月刊』の拙文を読んでいてくださってるとのことでひと安

赤坂堂書店

心。ただし、「紹介される店が東京中心のようなので、もっと地方も取り上げてください」と言われた。反省。

「赤坂堂書店」では、今回の高崎行きの目的だった井上房一郎の著作が見つかった。『私の美と哲学』(あさを社・一九八五年)で一〇〇〇円だった。山口昌男『はみ出しの文法』の磯崎新対談「井上房一郎をめぐって」の中で気になっていた、タウトを援助しながら、彼の日記にしばしば井上への不満が書かれていた点について、『私の美と哲学』の中で釈明をしている。要するに、〈交渉の最も深くまた長かった〉ために起きた齟齬であったようだ。井上は書いている。〈ある時、安倍能成さんとの会話でできた「何もしない、何もかかわりを持たぬより、世話をして不平を言われることの方が勇気を必要とする」ということこそ、真実であると思う〉。

タウトと井上の関係について調べていることを「赤坂堂」の西川さんに言うと、朝雲久児臣『もうひとりのブルーノ・タウト』(上毛新聞・一九九〇年)を紹介してくださった。六八〇ページ強もある立派な本で、高橋英夫『ブルーノ・タウト』(講談社学術文庫)の参考文献に挙がっていた。二〇〇〇円。さっそく買うことにする。

そのほか、「赤坂堂」では、庄司浅水『物語ほんの話』(毎日新聞社)を一〇〇〇円、イーヴリン・ウォー/吉田健一訳『ブライヅヘッドふたたび』(ちくま文庫)を、すでに持っていたが品切れでめったに見ないので、四〇〇円で購入。まずまずの収穫となった。

戦利品を抱え、妻子を迎えに行き、帰りに喫茶店「ラ・メーゾン」に寄る。いまは改築されているが、かつて、群響がこの二階を練習場として使い、井上房一郎もさかんに出入りしていた場所だ。『ここに泉あり』でも、ここをモデルにした喫茶店が何度も登場する。戦後まもない、群響の前身である高崎市民フィルの時代で、楽団員は半ば素人。「先生、お産です」と看護婦の奈良岡朋子が呼びにくると、医者の十朱久雄が練習の途中で楽器を置いて抜ける。表をチンドン屋が通ると、それがオーケストラの練習の音と混じって騒音となり、階下のウェートレスが耳をふさぐ。そんなシーンがある。

このロケのため、昭和二九年にスタッフとキャストが高崎駅前の豊田屋旅館に泊まり込み、岸恵子や岡田英次が出演するとあって、〈朝と晩には豊田屋の前に大勢の人が押し寄せ身動きもできないほどだったという〉と、高崎文化情報マガジン『劇場都市』(二〇〇一年・二〇号)に書かれてある。

店を出るとき、年配の女主人に「『ここに泉あり』のファンでやってきました」と声をかけると、驚いたような顔をされた。そんな物好きな人間はあまりいないのだろうか。

最後に寄った「文京堂」さんは、いかにも、地方の町なかで長らく古本屋を営んでいるという風情。神棚があったこと、そこに福助人形があったこと、その下の帳場で福助人形とともに微動だにせず座っておられた御主人が印象に残っている。高崎はこれから先、何度も訪れることになるだろう。そんな予感がする。

胸がしめつけられた川沿いの店

二〇〇一年九月——中野区沼袋・天野書店、鷺ノ宮・うつぎ書店ほか

青木一雄さんが亡くなった。元NHKアナウンサーで、なんといってもラジオ「とんち教室」の司会を務めたことで有名だ。七月一四日付け朝日新聞によると、〈一三日、腎不全で死去、八四歳〉。

この連載でかつて触れたことがあるが、私は青木さんを近年、インタビューしている。青木さんが書かれた『「とんち教室」の時代』について、某誌で著者インタビューをすることになり、ご自宅でたっぷり話をうかがうことができた。「とんち教室」学派の私としては、この上なく幸福な時間となった。

私は、テレビが出現するまでの、NHKアナウンサーが大衆文化にもたらした影響の大きさを、もっと高く評価すべきだとずっと主張している。松内則三、和田信賢、志村正順、藤倉修一、河西三省、そして青木一雄……彼らの知性と話芸が果した役割を、もう少し、なんとかまとまった形で評価し、残すことはできないものか。

とりあえずNHKは、青木さんの死を悼むため、残った音源を中心に「とんち教室」に関する特別番組をつくってもらいたい。

逆に朗報は、『全国古本屋地図』の最新版「二一世紀版」がこの七月に出たことだ。「二〇〇〇年版」が出たのが、昨年の五月で、まだ一年強しかたっていないのに、すでに旧版から相当異同があり、改訂が待たれていた。

その店は
改訂版が出ていない

特に、神保町は出店ラッシュといっていいほど、新しい店が増えている。「みはる書房」「ゴルドーニ」「埋れ木」などができた人生劇場の裏手エリアの書き換えは大変だったろうと思う。地方の部を見ると、一度訪ねてみたいと思っていた郡山の「岳陽堂書店」が、駅前から移転し、目録専門店になってしまったことを知ったり、ページを繰るだけで時間が過ぎていく。また、この最新版を持って、できるだけ多くの未踏の古本屋さんを訪れたい。

さて今回は、近場ながらこれまで足を延ばせなかった西武新宿線の「沼袋」と「鷺ノ宮」駅周辺を慎んで訪ねることにした。いや、この日が暑かった。雲ひとつない天空から、刃のごとき光がどしゃぶりで落ちてくる。首筋に刺さる熱波が痛い、痛い。気温は都内で三六度とか。むちゃくちゃである。風はなく、冷房の効いた電車から降りると、熱い空気の壁にめりこんでいくような感じ。熱せられ炒られた路上を、波に揺られる小舟のように、路上をふらふらと歩いていく。こうなると古本屋めぐりも命がけ。

「沼袋」駅で降りたのはこれが初めて。駅の脇にある踏み切りと交差して南北に商店街が伸びる。駅前に目立つ建物はなく、飲食店など小さな商店がちらりほらり。古本屋でもなければ、こうして訪れることもなかっただろう。

最初はこの商店街を三分ほど歩いた「天野書店」へ。〈人文系の硬い本、美術書稀覯本、文化史を揃えている〉と『全国古本屋地図』にはあるが、それでも「沼袋」の商店街（クーポン券サービス実施中）だから、多少の隙はあるだろうと、暑さもあって低めのギアで店に入った途端、背筋が伸びた。いわゆる町の古本屋が主力とする商品はいっさいない。つまり、漫画、雑誌、実用書、ヌード写真集、流行作家のエッセイや小説は見当たらず、入ってすぐ左の通路の壁にはいきなり晶文社の本が目に入り、そのほか、人文書院、白水社、みすず、法政大学出版といったお硬い出版社の白っぽい背表紙が棚を占める。

文庫の棚を見ても、岩波文庫、講談社学術文庫がメイン。しかもけっこういい値がついている。鉄壁の要塞という感じで、スーパーの袋を下げた主婦や、漫画を立ち読みするつもりで入ってきた中学生などは、その高踏ぶりに腰をぬかすような品揃えだ。

次に回った「訪書堂書店」は、古書展ではおなじみの店だが、こっちも少しくだけた文庫があるくらいで、大勢はやはり学術書や資料ものが占めている。特に郷土史関係の書籍はかなり揃っており、こんなことでやっていけるのかしらと「沼袋」の偏差値の高さに心配になってしまった。

結局、「沼袋」では何も買えず、また西武新宿線に乗って、「鷺ノ宮」へ。これまた初めて降りる駅だ。南口を出るといきなり護岸工事のさ

天野書店

硬い本の背はなぜ白いか？
謎だ。
黒い本が少なくなったことも……。

れた用水路のような川がある。ドラマティックな展開だ。それを渡って川沿いに西へ。中杉通りを渡ってすぐのところに、「二〇〇〇年版」の『全国古本屋地図』では「うつぎ書房」「まどか書房」が並んでいるはずだったが、後者は移転してしまっていた。

残ったのは「うつぎ書房」。その前に立ったとき、はたして本当にいまは二〇〇一年か……暑さもあって頭がくらくらした。木造の店舗、ガラガラと開けるガラス戸、薄暗い店内と、どこを取っても二一世紀の証しがない。しかも店内の蛍光灯は消えていて、開店しているかどうかもすぐにはわからなかった。入ると、ぷんと独特の古本の匂い。棚の本は何といえばいいか、たしかに黒っぽい本も多いのだが、白っぽい本が色褪せたグレイゾーンの本も多い。ここからは、「うつぎ書房」さんが気に触ったらいつでも謝るが、どうも、ここ一〇年、二〇年は動いていない本（井上ひさし『ドン松五郎の生涯』！）がずいぶん交じっているような気配なのだ。

店のたたずまいといい、自然光の中で薄ぼんやりと光る古本といい、外を流れる川といい、ちょうど黄昏れどきとあって胸がしめつけられるような懐旧の情がわいてきた。もう二七年も前に死んだ父親が、ランニングに作業ズボンの格好で店に入ってきて「おい、武志、まだ本見てんのか。そろそろ帰ろか」と、声をかけそうな錯覚に陥る。これまでも、ずいぶん時代のついた古本屋さんは訪れているが、こんな気分になったのは初めて。不思議な体験だった。

青春プレイバック［その二］

二〇〇一年一〇月——大阪市旭区千林・川端書店ほか

いったいどうしたことか！

この私が山の本を集めるようになるなんて。

ここ一ヵ月で買った山の本が約七〇冊。古本屋や古書展、古本市でも、まず山とタイトルがつく本に目がいく今日この頃である。スキー目的以外で山になんか登ったことないのに。どうせ降りてくるのに、なぜわざわざ登るのか、と登山者を不審に思っていたのに……。まったく、人間、何があるかわからない。ひょっとしたら、この冬あたり、アイガー北壁に挑戦、とか言っているかも知れない。

そこで遭難して、新聞に名前が出ても、私を知る人間なら、同姓同名の別人だと判断するに違いない。「何がどう間違っても、少なくても岡崎は山で死ぬような人間ではない」と思われているからだ。

さて、なぜ私が山へ思いを抱くに至ったか……は省略するとして、どんなことでもまず本の収集から入るのが私という人間。これまで蓄積してきた古本収集の技術を応用し、ひと足お先に、本の分野で〈山の本〉山脈を縦走することになった。

品切を含んでの話だ。

とはいっても、私のことだから中心は文庫、新書の類。いままでは大して気にしなかったが、「山の本」というフィルターをかけると、中公文庫がこの分野における強力な叢書であることがわかった。どこまでを「山の本」に含めるかは難しいが、狭く見積もっても軽く五〇冊は超えるだろう。

現在のところ、私の所持するのは二〇数冊にとどまっているが、愛しい中公文庫において、これまで目もくれなかった分野が、肌色の背でミシミシと集まってきた。藤木九三『雪・岩・アルプス』、西岡一雄『泉を聴く』、冠松次郎『渓《たに》』、大島亮吉『山』、板倉勝宣『山と雪の日記』、深田久弥『わが山山』等々。上田哲農がなかなか見つからなかったが、先日、わずか二時間内に別々の店で『日翳の山ひなたの山』『山とある日』を見つける快挙もあった。まさに中公文庫再発見！　である。

同じく、平凡社ライブラリーがこれまた、書名はいちいち挙げないが、山の本の宝庫であることもわかる。岩波文庫はウィンパー『アルプス登攀記』、志賀重昂『日本風景論』、小島烏水『日本アルプス』、田部重治『山と渓谷』を始め、山岳書の古典ともいうべき要を押さえている。

雑誌では別冊太陽の『人はなぜ山に登るのか』、『スタジオ・ボイス』の「特集・そして、山へ。」がよくできていて、手元においてしょっちゅう開いている。瓜生卓造『日本山岳文学史』、河村正之『山書散策』といった、いわゆる「山の本」の本を買って、この方面の出版

2001年10月● 大阪市旭区千林・川端書店ほか

事情を研究するなど、そりゃあもう大騒ぎさ。「山」「アルプス」「登攀」なんて背文字ばかり追いかけているものだから、こないだも、『海の上のアルピニスト』という変わった題の本に目が止まり、「うん？　どういう意味やろ。面白そうな本やな」とよく見ると、映画化されてヒットした原作本『海の上のピアニスト』だったという笑い話まで生まれた（言っておくけど、つくってませんよ）。

　未読の作家だった新田次郎が、伝説の単独登攀者・加藤文太郎をモデルにした小説『孤高の人』もすぐ読んだ（やや不満）。神保町で、いつも一階を覗くだけだった「悠久堂書店」の吹き抜けになった二階スペースにある山岳書コーナーにデビューを飾ったのも、ほんのつい数日前のことだ。

　行き慣れた古本屋も、いままでまったく見向きもしなかった山岳書コーナーを見るようになったためにひどく新鮮に映る。隅の隅まで知り尽くした気でいた、武蔵小金井「中央書房支店」、荻窪「ささま書店」、西荻窪「盛林堂書房」、「古書 花鳥風月」などが、じつは山岳書を豊富に持つ古本屋であることに初めて気づいたような次第である。そのうち、山岳書の専門店阿佐ヶ谷「穂高書房」にも、見参することになるだろう。

　さて、今回、夏の京都帰省を兼ねて、『彷書月刊』の文庫特集で対談をした、高校時代からの友人で、『ｓｕｍｕｓ』発行人でもある山本善行と待ち合わせ、われらが青春の古本行脚のメッカ「千林」（大阪市旭区）を二人で回ることにした。山本も久しぶり、私にいたっては大阪を離れて以来だから、一一年ぶりということになる。最新の『全国古本屋地図』で確認するかぎり、十代後半から三〇過ぎまで足しげく通った「尚文堂」「川端」「楠」「山口」各書店とも健在。それどころか、今回歩いてみてわかったのだが、千林・今市商店街は、この一〇年、時間が停まったようにほとんどそのまま変わらず昔のままの姿を残しているということだ。しかも平日の昼間だというのに、買い物客がわさわさと押し寄せている。

地下鉄谷町線「千林大宮」駅を下車、地上に出たが、最寄りの「尚文堂」はお休み。商店街へ入り、「なんやこれ、ぜんぜん変わらへんなあ」と山本と言葉を交わしつつ「川端」の前へ。中学生のとき、『COM』をまとめ買いしに来た店頭のクリップ吊り下げ式雑誌陳列板もそのまま。

川端書店

以前は興味がないため、ほとんど気にしていなかったが、じつはこの「川端書店」は、山岳書における関西の雄、なのである。悠久堂で修行したという店主の背中にある書棚に、先に中公文庫のところで挙げたような本の元版や、山の写真集、豪華本などが鬱蒼とした森のごとく控えている。あんまりすごすぎて、まだ低山をうろちょろしている私には「ちょっと、その本、見せてください」という声さえ出なかった。

このあと「楠書店」で、通路にうず高く積んだ本、店頭の一〇〇円均一をすっかり高校生の頃に戻りながら見て回り、それにしてもさすがに、楠書店のおっちゃんは歳を取られたな、などと感想をもらしつつ、この日のトリとなる「山口書店」へ向かった。

「山口書店」では思い掛けないことが……。その話はまた次回に、京都・下鴨神社「古本まつり」のお噂と併せて。

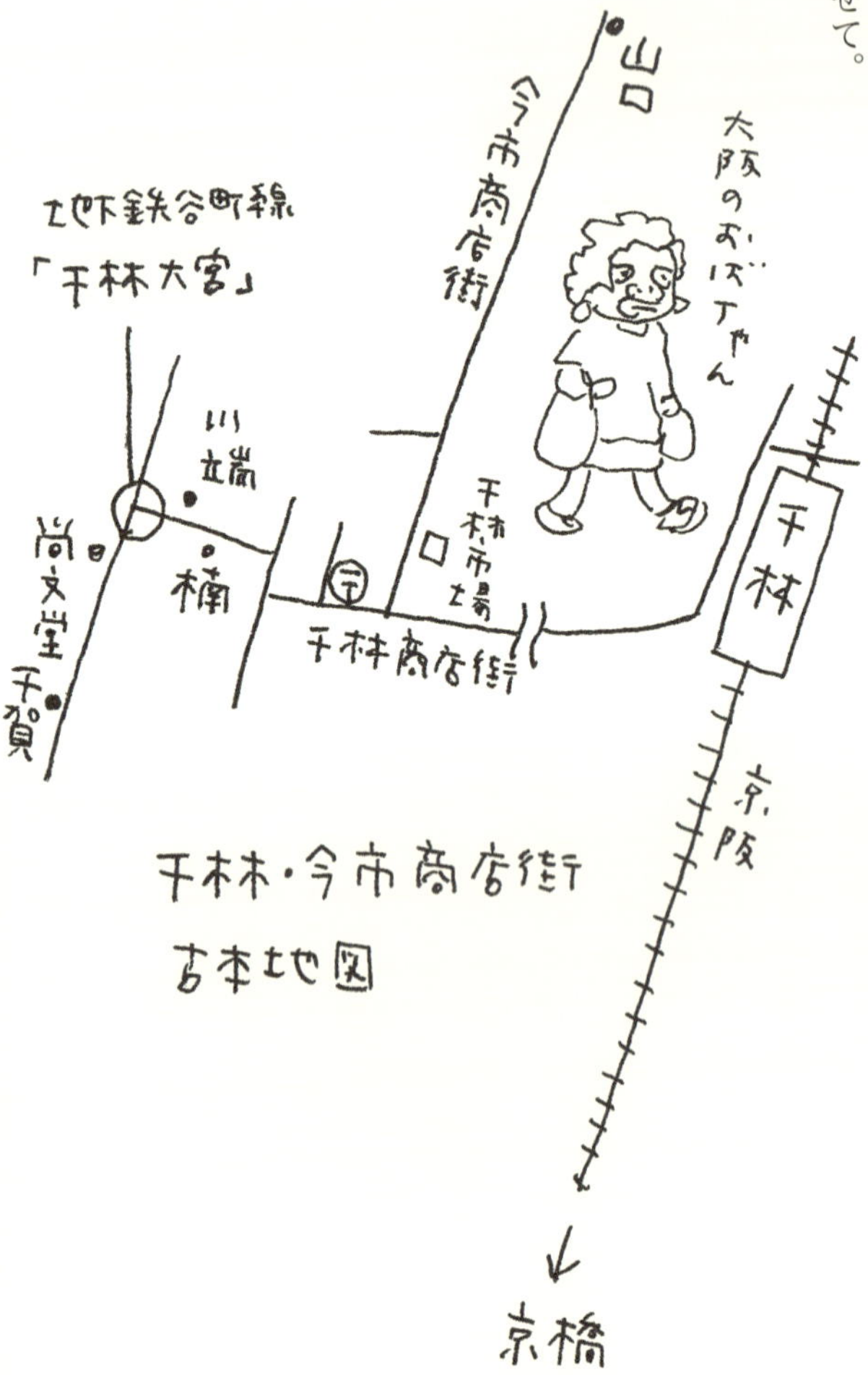

青春プレイバック［その二］祝！ 山口書店開店五〇周年

二〇〇一年一一月——大阪市旭区・山口書店

さて、前回お伝えした「山の本」狂いは、じつはまだ続いているのである。二ヵ月で買った「山の本」の数は、ざっと一三〇冊を超えた。中公文庫だけで二〇冊以上はある。冠松次郎『日本北アルプス登山案内』(第一書房・昭一一年)、尾崎喜八『雲と草原』(朋文堂・昭一七年)、小島六郎・渡辺公平『雪の山旅』(三省堂・昭一一年)、加藤泰三『雪の山稜』(朋文堂・昭三四年)、ガストン・レヴュファ『天と地の間に』(新潮社・昭四二年)、畦地梅太郎『山の出べそ』(創文堂・昭五一年)、雑誌『山旅』(朋文堂・昭一〇年八月号)などと、なんとなく古書っぽい山の本も集まってきた。ね、山書歴二ヵ月にしてはいい線ついてるでしょう?

それだけではない。すでに奥多摩に二度、高尾山に二度、低山ながらハイキングに出掛けている。特に、先日などは、高尾山山頂から一丁平、小仏城山(六七〇メートル)と足を伸ばし、そこをピークに相模湖へ降りていくという五時間コースを踏破した。なあに、八〇歳のばあさんが歩いていたくらいだから、どってことないんだけど、三年寝太郎の生まれ変わりといわれる私としては、グランドジョラス冬期無酸素登頂に近い強行軍であった。

彼は昔の彼ならず。まったく、人間なにがあるかわかりませんぞ、みなさん。

さて、前回に引き続き、友人・山本善行と弥次喜多コンビによる千林「青春プレイバック」の続編。大阪旭区にある、古くからの商店街・千林。高校時代から三〇代初めまで、二人はこの商店街内にある数軒の古本屋へじつに足しげく通ったのだ。その中でももっとも頻繁に本を買ったのが、千林商店街から枝分かれして伸びる今市商店街内にあった「山口書店」。私はこの自転車屋の隣にある愛すべき古本屋さんのことを、これまで出した著書の中で繰り返し触れている。〈表向きは町の小さな古本屋さんながら、文芸書の供給力が並々ならぬ〉店である、と。

十数年ぶりに訪れた「山口書店」だったが、表の均一にある雑誌や本の並べ方も、入口のたたずまいもまったく変わらない。入ってすぐ左一面の文芸書の棚は、やはりいまでも充実していた。十数年前なら手に取らなかっただろう、布表紙の『現代ユウモア全集』(集英社)もある。値段は函入り美本が五〇〇円とさすがに安い。そのほか『吉田健一著作集』や、目を引くものが何冊か散見できた。

いや、今回驚いたのは勘定台のすぐ左の棚が、ほとんど一面、山の本で埋められていたことだ。以前はまったく関心がなかったために壁紙を見るのと変わらなかったのだ。あわてて未所持の中公文庫、藤木九三『雪・岩・アルプス』一五〇円、松本竜雄『初登攀行』一〇〇円を抜き出した。ほかに、『銀花』の辻まこと特集号を四〇〇円、濱谷浩写真集『辺境の町 新彊ウルムチ』(河出書房・昭三二年)五〇〇円などを買う。

ちょうど、懐かしきご店主がいらっしゃったので、少し話をうかがうことにした。何百回と店内に足を踏み入れながら、ちゃんとした会話を交わしたのはこれが初めて。山口博さんというお名前も今回、初めて知ったようなことだった。「プロジェクトX」のナレーションふうに記述すれば……

「山口書店」は今年で五〇周年。まだ敗戦の名残りのある昭和二六年に開業した。山口さんは姫路市の出身。戦後の混乱期、男たちの働く場所がなかった。ハルピンで新刊書店を経営していて、敗戦後、姫路で古本屋「大坪」を開いた叔父さんがいた。彼が言った。「大阪ではたくさん本が出回っているという。ヒマだったら手伝ってくれないか」。古本に興味はなかったが、仕事がない。手伝うことにした。なりふりかまってはいられない。それが正直な気持ちだった。

大空襲で焼け野原になった大阪では、みな売り食いで暮らしていた。俗にいうタケノコ生活。本もどんどん手放す。梅田新道にあった「幸田書店」は大量に本を買い入れていたことで有名だった。店の中に本があふれかえって、土間にまで、本が山のように積み上げてある。山口さんはまばゆい思いで本の山を見つめ、圧倒されていた。

「あんなに本があふれかえった光景は見たことがない」と山口さんは言う。戦後、街ではしょっちゅう停電するので、百目ローソクをつけて寄せ来る客と対応。午前中で「買い止め」の札が出るほどだった。

山口さんは、それらをせっせと買っては「大坪」へ運んだ。そのうち仕事を覚え、この道の面白さも知り、自分でも店を持つことになった。姫路から商都・大阪へ出てきた。守口に居を構え、歩いて五、六分のところにあった今市商店街に店を持つ。人通りの少ない寂しい通りだった。木の電柱に小さな電燈がついたのが、ところどころぽつんと立っていたのが印象的だった。こういう場所だから、なんでも売ることにした。理工書が多いのは、大阪工業大学が近くにあったから。

とにかく本がよく売れた時代だった。哲学・思想の難しい本でもどんどん売れた。補充するのが大変だ。こうなると市で仕入れてくるのが実に楽しい。古本屋と客の蜜月時代だった。

「文芸書の質がいいですね」と感想をもらすと、「意識したことはないですなあ。売れるものを置いたらこうなった。山岳関係の本もそうです。売る人があって、買う人があって自然に増えてきた。いまはどっちも全くあきませんな。柔らかいものを売ってどうにか商売してるようなとこです」とあくまで謙虚だ。

山口書店で買った
想い出の1冊と言えば
やっぱりコレ!
小林信彦「東京のロビンソン・クルーソー」晶文社だ。

1970年代後半
1600円定価の半額の
800円の値がついてた。
ずいぶん迷ったあげくに
買ったのをおぼえている。

「じつは本に書かせてもらったこともあるんです」と、途中で告白すると、「ああ、おたくでしたか」と破顔された。私のことは仲間の業者から聞いて知っていた。あんたの店のことが出てるで、というので『古本めぐりはやめられない』(東京書籍)の該当箇所のコピーをもらったという。本の中で、店によく来ていたというので、どんな人やったかいな、と思っていた。どうやら、私のことはよく覚えていなかったようだ。

というより、なにしろ一番ひんぱんに通っていたのは、もう二〇年も前のこと。まだ、あれもこれも知らず、首筋はレモンのように光っていた。橋の下を多くの水が流れ、彼は昔の彼ならず。

2001年11月● 大阪市旭区・山口書店

松本に住みたい！

二〇〇一年二月――松本・慶林堂書店ほか

〈穂高山の前面に来る。

河原を切れて処女の森の一つに入る。白檜の森は、水のような虚空を突き、空のような水の面を伺い、等深線の如く横さに走っている、森の中の瀝青《チャン》のような、玄《くろ》ずんだ水溜りは、川流が変って、孤り残された上へ、この頃の雨で潦《にわたずみ》となったのであろう（後略）〉

（小島烏水「梓川の上流」『山岳紀行文集 日本アルプス』岩波文庫所収）

日本のアルピニストの草分け、小島烏水による上高地の風景描写である。

……へっへっへ、こういう書き出し、一度してみたかったのだ。しかし、出不精で山とは何の縁もなかった私が、本当に上高地から、穂高を拝む日が来ようとは思わなかった。長生きはするものです。

一〇月八・九・一〇日と、家族で松本から上高地と二泊三日の旅行をしてきた。自動車で中央道をひた走り、三時間ほどで松本へ着く。

松本へは一度ゆっくりと訪れたいと思っていた。ただし当然ながら古本屋の話で、今回も結局、現存する最古の天守閣を持つ松本城へも、最古の小学校の一つ、擬洋風建築の旧開智学校へも足を運ばず古本屋巡り。あんさんわざわざ松本まで行っていったい何してまんねん、ごめんちゃい。

毎度、お世話になっている『全国古本屋地図』によれば、現在、松本駅を起点にした市街地に一〇軒の古本屋がある。妻子とは行動を別にし、二時間ほどかけて全て徒歩で回ることにする。いずれも一キロ四方の範囲内に収まっているため、それで十分なのだ。

地方都市を訪れるたびに思うことだが、東京から行くと、町なかを歩く人の数が少ない。だいいち、せかせか小走りに歩く人がいない。川沿いの狭い道は、けっこう車の通行量もあるが、人の姿を認めると、必ず停車する。歩行者優先の町、歩いているだけでホッとするような町だ。

回った順番は、「三洋堂書店」「細田書店」「松信堂書店」「アガタ書房」「慶林堂書店」「書肆秋櫻舎」「青翰堂書店」「ヤマト屋細田書店」「ドゥセコンズ」「古本屋こむ」。

このうち、「松信堂」と「ヤマト屋細田書店」はシャッターが閉まっていて、「ドゥセコンズ」は見つからなかった。一番期待して行ったのは「細田書店」。なにしろ「山の本」がいまのところマイブーム(一時に比べればやや鎮火したが)だからだ。さすがに、店の約半分が「山の本」だった。目の高さに設えた棚をひとわたり眺め、ためいきが出た。見たこともない、知らない本もずいぶんあった。客が一番多かったのもこの店で、ひっきりなしに出入りがある。

日本山岳写真会に所属するというご主人は不在で、奥さんとご母堂が店番をしておられた。「おばあちゃん、お昼にしましょ」と言って、奥から昼食を運んでこられて、そのまま店内で御膳を食べ始めた。いやあ、こういう光景もなにかいいなあ、と思いながら、目だけ楽しんで次の店へ。

「アガタ書房」は店の半分がレコードショップ。レコードって、いまはCDでしょ、と思うかもしれないが、ここでは立派に中古レコードが販売されている。もちろんCDもある。ジャズがメインらしく、輸入盤のおすすめジャズCDが面出しで飾られていた。古本の棚のほうは、ところどころ隙間が空いて、中には本が並んでいない段もあった。これは少し残念。

慶林堂書店

松本の古本屋で、もっとも棚が充実していると感じたのが「慶林堂」だった。ご主人が自信を持って、自分の目にかなった本だけを厳選して並べているというふうで、棚の隅までいささかのたるみもない。最近改築されたらしい。まだまばゆいような白壁の蔵造りで、「古書」の看板がなければ、誰も古本屋とは思わないだろう。特に中央通路の詩、俳句、短歌を中心にした文芸書の棚は圧巻。レジ隣りの一番奥の山岳書コーナーも、よく選ばれた品揃えで、「山の本」全体が持つ、素朴な気品というものを感じさせる。そこに、やはり松本という土地柄を感じた。

ここでは『梢火《ほだび》 山小屋随筆集』(朋文堂・昭一八年・再版)を一〇〇〇円で買う。若山牧水の歌に「居酒屋の梢火の煙いでてゆく 軒端に冬の山晴れて見ゆ」があるが、雑誌『山小屋』(朋文堂)の創刊一〇周年を記念して編まれた、山の随筆のアンソロジー。石川欣一、角田喜久雄、小島烏水、椋鳩十などが執筆している。

松本での宿となった「まるも旅館」が経営する喫茶「まるも」で、松本民芸家具の椅子に身を沈めて、軽装、シンプルな黄色い表紙の『梢火』をぱらぱらやりながら妻と子が来るのを待つ。隅の席では穂高をやっつけてきたらしい山男が、大きな荷物を傍らに降ろし、ぼんやり煙草をふかしている。これぞ、旅先で古本を買う醍醐味だろう。松本で買ったのはこの一冊だけだった。

「青翰堂《せいかんどう》」は、松本城を二〇分の一縮尺した建築と情報としては知っていたが、いざ実物を見るとやはりすごい。個性的、という言葉が何か嘘くさいような、突出した建物だ。本家の松本城は拝まなかったが、もうこれで十分。店内に入り通路の両脇にまで堆く積まれた本の谷間をすりぬけて、ひと回りして出てくる。骨董品のような岩波文庫がずらり並んでいるのが目に止まる。ここは、各種ガイドブックに必ず紹介されているらしく、観光客がひんぱんに立ち寄っていく。記念撮影する人もいるが、本を買う人は少ない。

古本屋だけではない。市中には新刊本屋も充実しており(パルコブックセンター松本店がある）、映画館だって四館もある。人心は荒れておらず、みなおだやかで、店員の客への対応も人擦れしていない感じが好ましい。ここでサイトウ・キネン・フェスティバル松本が結成され、音楽祭が開かれていることも含め、市民の民度は相当高いと思えた。

もしもこの先、日本国中どこにいても仕事ができるだけの実力が貯えられたら、松本へ移住したいと真剣に考えた。その思いは、東京へ戻ってからも、熾火のようにさかんに胸のあたりで熱くなっている。

松本・青翰堂
松本城、意外に小さいな
こんなこともありうる。

【第五部】

1月 ◉北九州市門司区・佐藤書店、佐賀市・柿内二章堂ほか

2月 ◉府中市・古書 夢の絵本堂ほか

3月 ◉府中市・にしがはら書店

4月 ◉杉並区西荻窪・古書 興居島屋《ごごしまや》ほか

5月 ◉杉並区高井戸・中川書房ほか

6月 ◉藤沢・聖智《しょうち》文庫ほか

7月 ◉台東区・田中書店ほか

8月 ◉港区南青山・古書日月堂ほか

9月 ◉長野県茅野市・古本屋ピープル

10月 ◉滋賀県大津市・古本 あい古屋

2002年11月〜2003年2月はベルギー、パリでの「気まぐれ古書店紀行」になりますが、この内容は『古本極楽ガイド』『古本生活読本』(ちくま文庫)に収録されていますので、そちらをご参照ください。

海の見える町で『海の見える町』を買う

二〇〇二年一月——北九州市門司区・佐藤書店、佐賀市・柿内二章堂ほか

二〇〇一年一一月八日から一〇日、門司、佐賀と旅してきた。主要目的は、門司に一〇日オープンした文庫本だけの図書館「としょかん文庫やさん」の取材である。前日と当日は館長の谷口雅男さんが多忙で、先乗りして取材を済ませることにし、空いた日を使って、ついでに未踏の佐賀市まで半日、足を伸ばしたわけだ。

門司はこれで二度目。四、五年前に訪れていっぺんに気に入り、何度でも行きたい町の一つになった。まずなんといっても、鹿児島本線の終着駅「門司港」へ向かう車中の風景がいい。小倉から数えて、門司、小森江、そして終点の門司港となるのだが、林芙美子の生地である「小森江」附近から海側に見える「関門製糖」の工場は赤レンガの洋風建築。銀色に光る大きな鉄管の威容とのコントラストが圧巻で、現代美術を見るような思いで魅きつけられる。

このあと、これもおそらく昭和初期に建てられた「日本製粉」の白いモダン建築、「協和発酵」の赤レンガ倉庫群、山側の廃墟となったセメント工場など、スペクタクルといいたくなる光景が次から次へと目に飛び込んでくるのだ。

しかし、さらに素晴らしい空間がわれわれを待ち受けている。一九一四年につくられた門司港駅である。無骨な鉄柱で支えられた屋根が続くプラットフォームのがらんとした風情は、安西水丸が描く絵のようだ。改札は自動改札に変わっていたが、これも長い年月に耐えてそのまま残された駅舎が、さいはての町にたどりついたような旅情を駆り立てる。

一一月八日付け朝日新聞掲載の記事によれば、北九州市と下関市が共同して「関門景観条例」が施行されたという。両地区には、〈戦前の大陸経営の拠点として一対の都市として日本の近代史に足跡を残してきた〉（松葉一清）経緯があり、明治、大正のモダン建築が多く残されている。

門司港はこれを「門司港レトロ事業」とし、「旧門司税関」を始め廃虚寸前だった建物を修復保存し、観光事業の目玉としている。門司港のモダン建築の素晴らしさについては海野弘『光の街　影の街――モダン建築の旅』（平凡社）が最良の参考書で、述べたいことは山ほどあるが、とにかく古本屋の話をしないと、それだけで一回分が埋まってしまう。

門司港には、逸すべからざる「佐藤書店」がある。『全国古本屋地図』の記述を借りれば、〈一五坪の広く明るい店内は文学、美術、趣味、郷土誌などを中心に幅広く手堅い蒐書ぶりが窺える。ウィンドウには肉筆、和本等も展示〉とあり、まさしくそのとおりの店。戦前の古い「大阪郵船」のポスターが目についた。

私が店へ足を踏み入れたとき、奥のほうからシャカシャカという摩擦音が聞こえた。始めは何の音か検討がつかなかったが、奥へ進むと勘定台で女性が本にペーパー（紙やすり）をかけていた。別の女性はパソコンに向かい、店主らしき男性はその傍らで犬の頭をしきりになでて戯れている。なんとも不思議な光景で、これも地方の古本屋めぐりがもたらす楽しみの一つである。

同店の棚には駄本の類はなく、よく選ばれた本が、先のペーパーかけのごとくメンテナンスを経たのちに並べられている。古書ミステリには東京の専門店なみの値がついていたが、趣味本などは落ち着いた値づけがされていて手が伸びた本が何冊もあった。特にマイブーム継続中の山岳書は安く、中山善之助のスポーツ随筆『雪やけ・陽やけ』（河出書房・昭一五年）をまず脇に抱えた。一〇〇〇円。

一〇〇円の均一棚では、新潮社の昭和名作選が五、六冊積まれている中から、伊藤整の『海の見える町』（昭二九年）を抜き出す。海の見える町の古本屋で『海の見える町』という本を買う。それだけの話だ。

ほかに装丁に魅かれて、藤田進一郎『一記者の頭』（大阪屋号書店・昭四年）を一五〇〇円で買う。藤田は大阪朝日新聞の記者。大阪朝日、大阪毎日と聞くだけでウズウズしてくる私としては見逃せない。

さて、前段が長くなりすぎたが佐賀市古本屋めぐりの話だ。今回、一日空き日があったので、大分へ行こうか、久留米にしようかと『全国古本屋地図』片手に迷っていたのだ

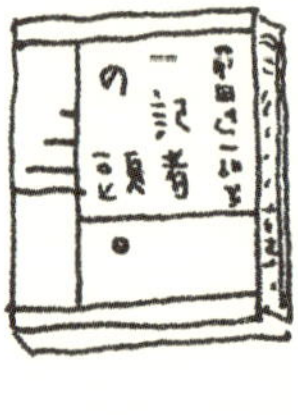

自殺の原因、文学校出、米人の好色生活
ゴルフ哲学、水族館礼讃、
家の革命と大阪…など、おもしろそう
な目次。

が、半日で行って帰って来れる適当な場所として佐賀を選んだ。

博多から佐賀まではＪＲ特急で四〇分。佐賀駅を降りると駅前から、佐賀城跡のある堀に囲まれた公園まで真っ直ぐにメインストリートが延びる。この大通りを中心に四軒の古本屋が点在している。徒歩でも二時間あればすべて回れるので便利だ。

まず立ち寄った「西村温古堂」は、店に入った途端、「古本の香り」としかいいようのない、紙とインクと黴とその他諸々をブレンドした匂いが鼻をくすぐり、大いに期待したが手ぶらで出ることになった。店内は広く、本の量も多いが経済、経営など社会科学系のものが目立った。

次に「坂田賛化堂」の与賀町店へ。ここも店内は広く蔵書量は豊富。毎月、特集の棚をつくっているらしく、この月は司馬遼太郎と松本清張の著作が集められていた。ＮＨＫ教育「人間講座」で半藤一利さんが両者を取り上げていることに合わせての企画だ。文庫の棚にも「文庫入れ替えました」の掲示など、企画力が目立つ店だ。私はこれからの古本屋さんにとって、この「企画力」は必要だと考えているので、わが意を得た気がした。

「坂田賛化堂」からほど近い、古美術と兼業する「柿内二章堂」は、私が足を踏み入れた途端、店内の照明が消えてしまった。こんなこと初めてで、暗闇の中、本棚を前にしばらく呆然とした。この一件、いま

柿内二章堂

だ理由がわからない。

結局、佐賀市では一冊も買えず。お土産にせめて文庫一冊でもと思ったのだが、もちろんこれは私のほうの問題。佐賀市の古本屋さん、ごめんなさい。

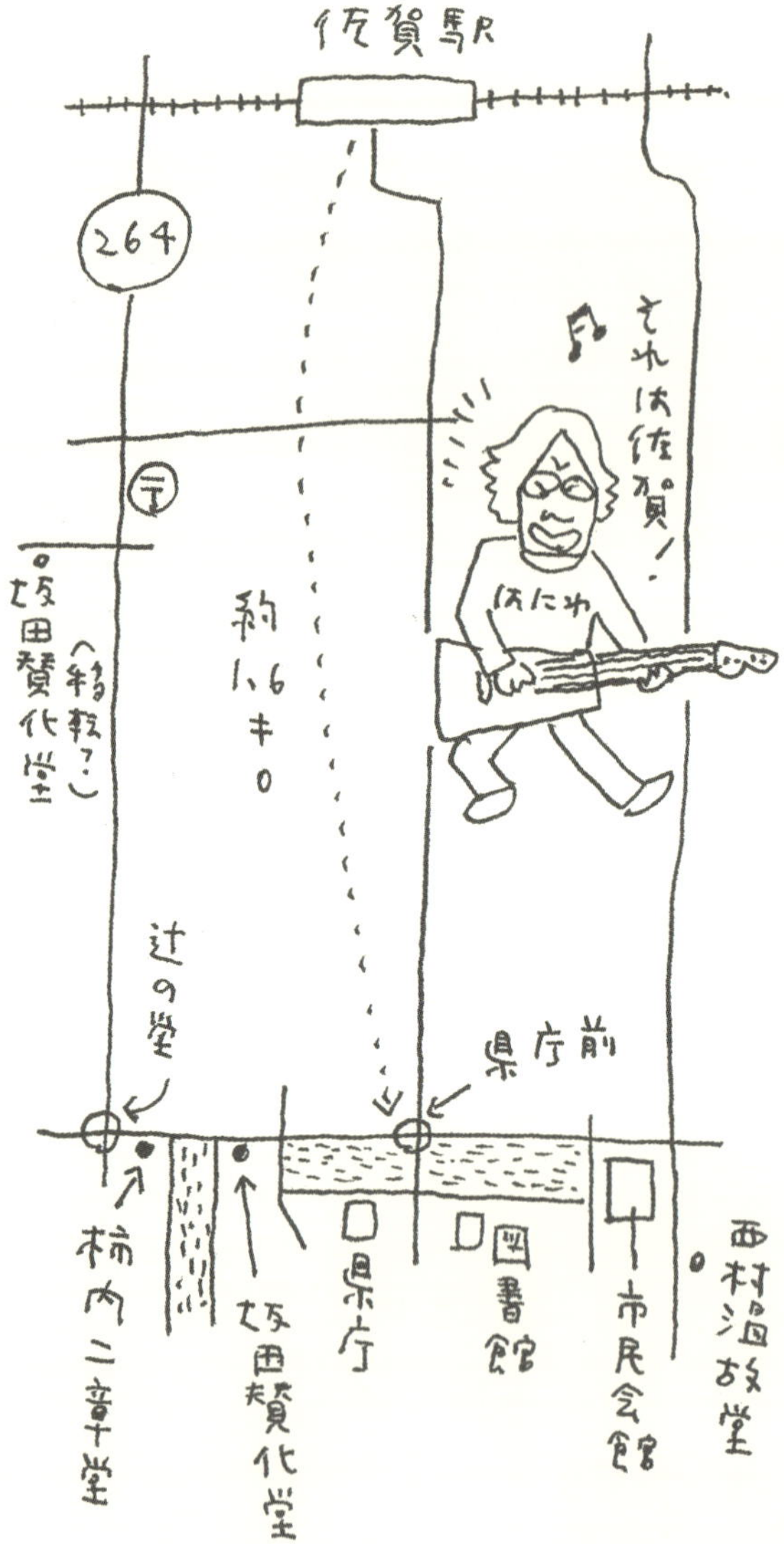

怪獣が愛した「江口書店」

二〇〇二年二月――府中市・古書 夢の絵本堂ほか

四方田犬彦著『ハイスクール・ブッキッシュライフ』(集英社)は、著者がおよそ三〇年前、高校時代に読んでいた文学を改めて再読するというかたちを借りた、いわば青春記である。その内容はさておくとして、ここに瞠目すべき発見が書かれている。どうか心落ち着けて、以下読んでくださいね。

四方田は一九六八年に東京教育大学農学部附属駒場中学から高等部に進学している。学校は井の頭線「駒場東大前」にある。中学時代の自宅は世田谷区下馬で、中学までは自転車通学をしていたという。その途中に〈三宿の朝鮮小学校の真向かいにある〉江口書店があった。つまり、あの「江口書店」である。

四方田少年は〈三日にあげず店の前に自転車を乗り付けると、店先にある一〇円均一の文庫本やSFマガジンの丸背のバックナンバーを集めたりした〉(よっ! 均一小僧)。昨年惜しくも亡くなられた店主の江口さんは〈いつでも憂鬱な顔をして煙草を吹かしていた〉。恰幅のよかった植草甚一とも、この店で何度か会ってるという。いや、「瞠目すべき発見」とはこのことではない。

「モスラ」を見直して確認したが、看板が……
というより店ごととばされている感じだ。

そんなこと初耳だが、四方田によると、東宝の怪獣映画『モスラ』の中で、怪獣がセットを壊すシーンがあり、〈この江口書店が怪獣に襲われ、看板が宙に舞うシーンをはっきりと確認した〉というのだ。うーむ、これにはうなりました。これまで日本において怪獣映画が何本つくられたのか、怪獣博士の竹内博さんにでも聞いてみないとわからないが、おそらく怪獣が壊した古本屋は、江口書店ただ一軒ではないか。

映画の美術と古本の縁の深さは、美術監督・木村威夫の著作を読めばわかるが、たぶん『モスラ』の美術監督か、セット制作のスタッフの中に、江口書店の常連客がいたんでしょうね。そして知る人ぞ知る、といった意味のいたずらで、そっとセットに紛れ込ませたにちがいない。

しかし、『モスラ』の原案が中村真一郎、福永武彦、堀田善衞、三人によるものであることは有名で、江口書店の一件といい、どうやらこの映画、かなりカルトの級数が高い。ぜひ有志で一度、『モスラ』ビデオ上映会をしませんか？

さて、二〇〇一年も本連載でずいぶんいろんな古本屋さんを訪ねたが、すべてを紹介しきれたわけではない。さまざまな事情で、紹介を見送った店もたくさんある。今回は、そのいくつかをご披露しようと思う。

一つは、青山に事務所を持つ安西水丸さんが、人と待ち合わせるとき、よく指定する古本屋として、エッセイに何度かでてくる「佐々木書店」。

いまは「日月堂」や「COW BOOKS」へよく行かれるようだ。「日月堂」のとなり「銀鈴堂」という古どう屋に、水丸さんの色紙あり。

かつて高幡不動参道に「文雅堂」があった。ここでフォアレディースの寺山修司『人形たちの夜』を買ったのだ。600円だった。

それで、昨年の夏、青山三丁目近辺へ行く用事があり「青山三丁目交差点角」というめちゃくちゃ立地条件のいい、そのお店を訪ねてみた。ところが、シャッターは閉められ、その前には自転車が無造作に何台か停められている。見上げると、看板の字も何ヵ所か剥げて落ちている。どうも、休業というより、お店を閉められた気配が濃厚だった。

　南青山にある古本屋……って、ちょっとかっこいいし、なんとか続けてもらいたかったけど、仕方ないんでしょうね。

佐々木書店

　昨年一〇月二七日、これは日付けがはっきりしている秋の一日、自宅（小平市）から府中まで自転車ででかけた。京王線「高幡不動」下車で、作家の浅田「鉄道員《ぽっぽや》」次郎さんの取材がこの日あったのだ。ところが、わが小平から、高幡不動へ行くアクセスがまことに悪い。

ええい、それならいっそ府中まで自転車で！　とまるで中学生のようなノリで、オリンピックで購入した愛車にまたがった。自転車で行くならついでにと、かねてから『全国古本屋地図』で目をつけておいた「古書　夢の絵本堂」に立ち寄ることにした。

　この日、秋風が強く、鋪道の並木から枯葉がばらばらと降るように落ちてくる。自転車の前籠の中にも、何枚かすでに黄から茶に変わりかけた大きな葉が入っている。

「古書 夢の絵本堂」は、その名のとおり、絵本や児童書が充実していた。かといって専門店というほどではなく、その他のジャンルの本もまんべんなく揃っている。ただし、子どもや女性客を意識して、いわゆるフーゾクものは置いていない。

店の前で自転車を停めるとき、鋪道の枯れ葉をしきりに帚で掃き集めている男の人がいた。その動作が、無念無想というか、まるで禅寺の庭を掃除している僧のように見えた。しばらく見とれていて、店に入ったら、その人が続いて入ってきてカウンターに座った。ご店主だったのである。

ひととおり、棚を見て回るだけで、硬軟あわせて本のことを、最近の情報まで含めてよく知っている人の店だな、と思った。本の並べ方が雑然としていなくて、筋の通った分け方がしてある。客に読書案内をする棚とでもいえばいいか。ここではぜひ買わせてもらおうと、力を入れたところで『とんち教室』(日本放送協会)を発見。どうやら、NHKラジオの「とんち教室」の録音テープを、そのまま起こしたもののようだ。これは貴重だ。しかも一〇〇〇円。あわてて脇の下に挟む。

勢いを借りて、近くにあった海野弘の未所持本『モダンガールの肖像』(文化出版局)を八〇〇円で買う。『とんち教室』はあまりにうれしくて、つい「いい本が揃ってますね」とご店主に余計なことを言ってしまう。

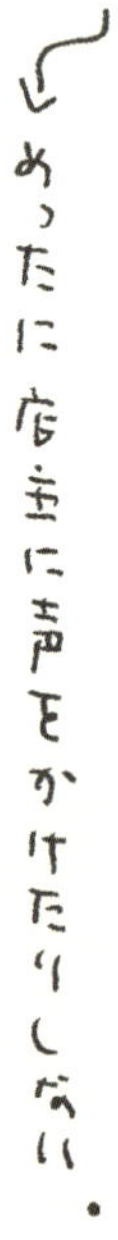

店をでてふりかえると、またご店主は、しばらくの間に溜まった落ち葉の掃除にかかっていた。「夢の絵本堂」という屋号と、落ち葉を掃く姿のイメージの衝突は、この秋の一日を印象深いものにした。

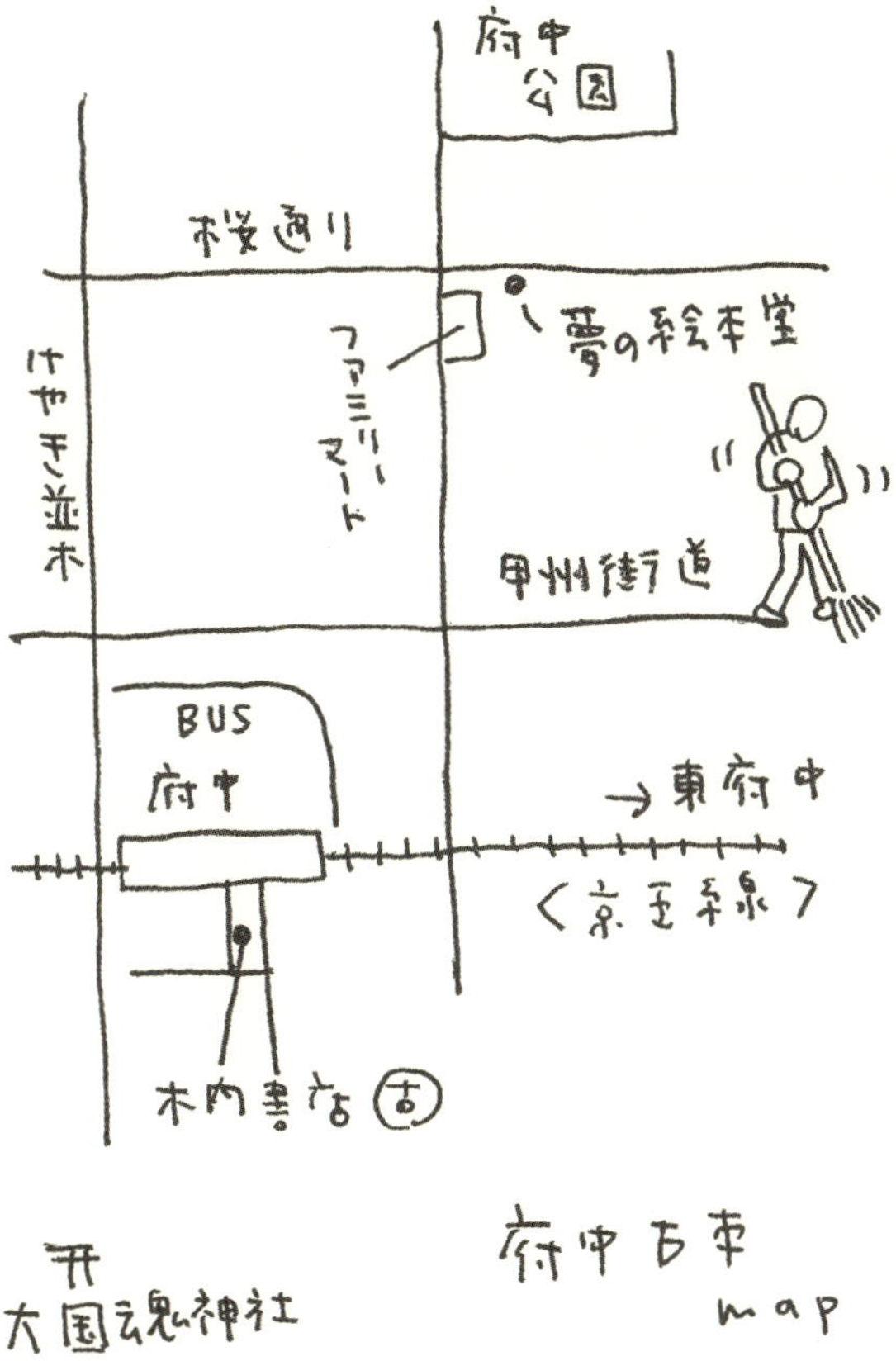

大学と一緒にお引っ越し

二〇〇二年三月——府中市・にしがはら書店

昨年の暮れから読み始めた、田辺聖子『道頓堀の雨に別れて以来なり（上下）』（中央公論社・一九九八年※現在中公文庫に全三巻で収録）を、一月半ば現在、まだ上巻を読み終えたところだが抜群におもしろい。「川柳作家・岸本水府とその時代」と副題にあるとおり、川柳結社「番傘」の中心人物だった岸本水府を中心に、大正、昭和前半の、大阪川柳黄金期を描いた大作だ。なにしろ、上下巻で一二〇〇ページもある。

にしがはら書店

あくまで川柳の世界が柱ではあるが、明治大正の大《だい》大阪の世相風俗についてたっぷり筆が費やされているし、少年時代、水府の家の二階に間借していた大工が、いやに素人ばなれした落語を聞かせ、これが後の五代目松鶴となる、などという話もあって、私の関心の急所をぐいぐい突いていく。

それで上方落語の本を開いてみたり、大阪関係の本を取り出したりで、なかなか読書は先へ進まない。ちなみに岸本水府は、桃谷順天堂の広告部文案科から、やがて福助、グリコと広告の仕事をし、スモカの片岡敏郎などと並び、近代コピーライターの草分けとなる人物である。

この話と以下の話がどこでつながるか、お楽しみに。

さて、本題の古本屋探訪記だ。一昨年の東京外国語大学の移転に伴い、一緒に北区西ヶ原から引っ越してきた「にしがはら書店」を今回はご紹介する。マンモス化した大学の郊外移転はここ一〇年あまりの流行だが、それに古本屋までくっついてきた例はあまり聞かない。その辺の事情も聞くため、今回はアポ取りをしてからお店を訪ねることにした。

中央線「武蔵境」駅から、かわいらしい郊外電車・西武多摩川線に乗り換え二つ目、「多磨」駅で下車。「多磨」駅は数年前まで「多磨墓地前」といったが変更された。たしかに駅名に「墓地」がつくのは縁起が悪い。「次は多磨墓地前ぇ～」って車内アナウンスがあり、ねぼけた老人が「とうとうお迎えがきたか」と……。

ところで「多摩川」線の「多磨」駅と、音は同じで字が違うのは大変ややこしい。

自動化されていない、昔ながらの駅員に切符を渡すかたちの改札を出ると、すぐ目の前。「サンライトビル」という輝かしい名前のイメージを直ちに打ち消す、階下に果物屋と酒屋がある古びたビルの二階に「にしがはら書店」は入っていた。

店主・深谷貞臣さんは電話での応対もソフトだったが、見た目も翻訳家かジャズ喫茶のマスターを思わせ、かっこいい。ちょうど、私が店へ入ったあとすぐに、大竹まこと風の男性客が現れ、取材中という事態を察し「今日はだめかな」と言い残して帰っていかれた。あとで深谷さんに聞くと、西ヶ原時代からのつきあいのある東京外大の先生で、月に一度一緒に将棋をしているのだそうだ。当然ながら、大学の移転に伴い、大学関係の顧客もこの地に移ってきたわけだ。

旧にしがはら書店は、北区西ヶ原四丁目にあった。深谷さんはそこで二五年営業を続けたが、その店は別の人が経営する、「豊島書房」の支店だった。店をたたむことになり、客として出入りしていた深谷さんにバトンが渡された格好となった。大学町にある古本屋として、言語、文化人類学に的をしぼった店づくりをした。当時、外語大教授をしていた山口昌男さんはいまも大切な顧客の一人。

にしがはら書店が移転できたのは、倉庫を持たず身軽だったから。それでも、移転時には持ってきた本と同じ量の本を廃棄した。本の処分を始め、移転の際には地域の人にずいぶん世話になったと深谷さんは言う。新天地で開業を決めたとき、大学の近くで一階の店を探したが、いい物件がなく、二階で隣は居酒屋という結果となった。この条件は厳しい。西ヶ原では、雪の日でも数人の客は必ずあったが、多磨駅前に移ってからは、客ゼロの日も経験した。覚悟はしていたが、ゼロには参った。芭蕉の句に「憂きわれをさびしがらせよ閑古鳥」とあるが、その「閑古鳥も鳴きません」と知人の石神井書林にメールを送ったと深谷さんは苦笑するのだ。振り子式の柱時計の刻む音を話し相手に、パソコンに向かう日々が続いた。

それが、一年を経たいま、ようやく「閑古鳥が鳴くくらいにはなりました」とメールを送れるようになった。現在、「日本の古本屋」に登録し、ネットによる目録販売もしている。ネットでは思い掛けない本が売れる。それが面白いと深谷さんは話す。

ところで、話をひととおり聞いたところで、私のほうは客となって店内を探索。語学、文化人類学に強いほか、文学、歴史、美術といったところの品揃えもいい。通路に本が置かれていないので、ゆったり本棚と向きあえる空間がつくられている。文庫の棚も見どころが多く、レム『枯草熱』(サンリオ文庫)が一〇〇〇円と値段もいたって控えめだ。

正面奥の棚に川柳関連本がまとまっているのを見つけ、その中から麻生路郎《じろう》『川柳漫談』(弘文社・昭四年)を抜き出した。誰あろう、この麻生路郎は、冒頭に書いた岸本水府の川柳仲間であり、『道頓堀の雨に~』にひんぱんに名前が出てくる人物なのだ。

『川柳漫談』は、自作の川柳を交えた漫文集で、漫画がふんだんに入っている。モダンなイラストで飾られた布表紙といい、集英社版『現代ユウモア全集』の味だ。「一ト昔前の大阪見物」というルポも入っている。二五〇〇円だがあわてて買った。『道頓堀の雨に~』によれば、麻生は一時、葵書店という古本屋を経営していたらしい。大阪日日新聞にもいたようだし、目が離せない人物だ。

にしがはら書店を訪問したおかげで、また一つ思い掛けない本との出会いがあった。

2002年3月 ● 府中市・にしがはら書店

「タンタン」と出会ったのはこの店

二〇〇二年四月――杉並区西荻窪・古書 興居島屋《ごごしまや》ほか

内堀弘さんの『石神井書林日録』(晶文社)の出版記念会が一月二十六日に、神保町「豆の木」で催された。

古本屋さんの会に出て、各人の挨拶を聞いていていつも思うのだが、みんな話がうまいなあ。長からず、短からず、それで個性的な、印象に残るような話をきちっとされる。しかもユーモアがある。スピーチって、結婚式でも、企業のパーティーでもうんざりすることのほうが多い。なかなかああはうまくいかない。

一次、二次と会場に集う古本屋店主の面々を見ていてつくづく思った。みんな個性的な面構えをしているなあ、と。ちょうど日本映画の黄金時代を支えた傍役俳優のあの顔この顔を思い出す。東野英次郎、小沢栄太郎、加藤大介、三井弘次、伊藤雄之介、左卜全、といった人たち。

現在、日本映画が奮わない原因はいろいろあるだろうが、一つには、右のような個性的な面構えを持った役者がいなくなったせいではあるまいか。彼らはその後どこへ行ったか。じつは古書業界にいるのである。こうなればいっそ、古本屋の店主たちだけで映画や芝居をつくったらどうか。「忠臣蔵」なんていいかもしれない。誰が吉良上野介に扮するかでもめそうだが、演出はもちろん天誠書林さん。新装・東京古書会館落成の際の余興でぜひ考えてもらいたい。

いや、そんなことを言うのも、じつは二月にちょっとした体験をしたからだ。スカイパーフェクTVという、多チャンネルの衛星放送があるが、その中の一番組に出演したのである。

誰が？　って私がだ。各界で活躍する（私が言うんじゃないよ、企画書にそうあったのだ）人々にスポットをあて、その日常と現代を生きる考え方をドキュメンタリー風に撮る三〇分番組で「エッジ2 今を生きる」という。

制作は「世界の車窓から」「ようこそ先輩」などをつくっているテレコムスタッフ。『彷書月刊』でもおなじみ、河内紀さんが所属する映像制作会社だ。詩人の城戸朱理さんが、「エッジ2」の監修をしていて、私の名を挙げてくださったらしい。城戸さんが私のことを知ってるなんてオドロキ。

『古本でお散歩』（ちくま文庫）を元に、私と古本のつきあい方、古本を通して現代をいかに見ているか（「そんなものないけどね」）を撮るという。監督、カメラマン、音声、助手数名がさっそく家にやってきて撮影が始まり、日を変えて丸三日、べったり彼らと行動を共にすることになった。

仕事部屋で、西荻で、川越で、根津の昭和初期に建てられた古い民家で、キューが振られ、そのたびに何か喋らなくてはならない。台本があるわけではない。「古本の魅力について」と聞かれ、もっともらしいコメントをその場でとりつくろう。あるいは、西荻の町を歩きながら、西荻の魅力について語る。これはけっこう大変なことでした。

送ってもらった完成ビデオを見ると、画面の中の男は、昭和初期の旧制高校生が残した個人アルバムに見入って「ここには時間を経て流れ着いた静ひつな世界が」などともっともらしく語っている。または、雨の中を川越の古本屋さんをうれしげに訪ねている。なんとまあ、この男は、世離れした気楽な人生を送っていることかと、感心したのでした。なんだかうらやましくもなった。

実際の自分は、もう少し苦い生活を送っているのだが、モデルのはなさんのふんわりしたナレーションの効果もあって、ふんわりした画面の中の自分に、少しでも近づきたいような気持ちになったのだった。

川越では「坂井ぎやまん堂」、西荻では「古書 音羽館」「ハートランド」「古書 興居島屋《ごごしまや》」「スコブル社」を撮影のために回った。買った本は以下のとおり。

●坂井ぎやまん堂／細川謙二『俚諺《ことわざ》読本』（厚生閣・昭一一年）二〇〇〇円

●古書 音羽館／内山修『ジャズが若かったころ』（晶文社・昭五九年）四〇〇円、阿佐田哲也『阿佐田哲也の怪しい交遊録』（実業之日本社・昭六三年）六〇〇円

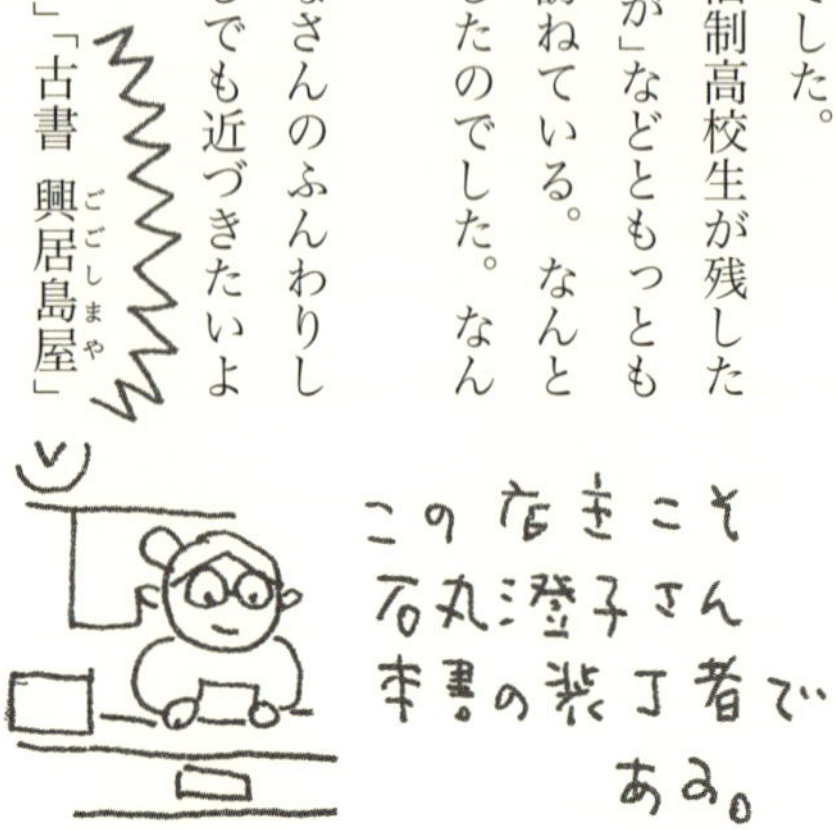
このなきこそ
石丸澄子さん
本書の装丁者である。

●古書 興居島屋／『ポケットパンチOh！』(平凡出版・昭四四年八月号) 一〇〇〇円、大内順子『おしゃれの夢』(平凡出版・昭三四年) 一五〇〇円、『チャップリン表紙カレンダー』(アメリカ・一九七三年) 一〇〇〇円

「古書 興居島屋」は、近頃もっとも気になる古本屋の筆頭で、「音羽館」などとともに、しばしば私の足を、中央線西荻窪駅で途中下車させるだけの磁力を持っている。「タンタン」の絵本と出会ったのもこの店。個人的に、店主の石丸夫妻とは「快楽亭ブラック独演会」や「川柳川柳《かわやなぎせんりゅう》独演会」に一緒に行くなどのつきあいもある。

最近、絵本を面出しでずらりと並べたり、解散したペヨトル工房の本や、絵本の店として有名なトムズボックスの本を委託で扱うなど、企画力で攻めの体制に入っている。

大内順子『おしゃれの夢』は、女性向けのお洒落、ファッションの指南本。函に使われたフランス人男女の写真のあしらいかた、五色を使って章分けした本文用紙、イラスト写真図版のレイアウトなど、いずれも「あっ！」と声がもれるほど斬新なもの。近代ナリコさん編集の『モダン・ジュース』の菌に感染したか、最近、こんな本にまで手を伸ばすようになってしまった。

『ポケットパンチOh！』は、包装されたビニールに、店主の手で「十勝花子のヌードあり。見たくない人も、それなりに」と書かれた

古書 興居島屋

キャッチに惹かれて買った。中を開けて該当ページを見たら、たしかに「それなりに」楽しめた。

興居島屋さんは、近く「ある試み」をすると宣言。その内容はまだ内緒。読者諸兄、刮目して待たれよ。

「おに吉」のことだ!

大内順子『おしゃれの夢』
とは こんな本だ。
おしゃれの夢
こんなスタイル画が
色つきページにバンバン
入っている

青春の仇をおっさんが討つ……わけだ。

阿佐ヶ谷からすぎ丸に乗って浜田山に着いたの巻

二〇〇二年五月――杉並区高井戸・中川書房ほか

三月一〇日(日)、西部古書会館「西部展」をのぞく。二日目の昼近くとあって、落ち穂拾いをするようなおだやかな気分で会場を回る。そして、本当に落ち穂のような、昭和二八年に出た、河盛好蔵編『三好達治詩集』(新潮社)を一五〇円で、装丁に惹かれて買う。

さらにもう一冊、このところの蒐集エリアである「学生時代に買って、その後手放してしまったなつかし本」として、アップダイク『農場』を三〇〇円で。これは河出書房が六〇年代末から七〇年代初めに出していた「今日の海外小説」シリーズ。先頃亡くなった田中一光がフォーマットをつくったデザインがなつかしい。私が京都で過ごした大学生活を思い出すアイテムの一つだ。百万遍を上がった、福田屋書店でよく見たものだ。

同じ河出の、渋い装丁のモダン・クラシックスもなつかしい。最近、神保町の小宮山書店で調べると、ものにはよるがどちらもそこそこの値がついている。これら海外小説シリーズは後に、平野甲賀による白い装丁のシリーズに吸収される。これはこれで洒落ていた。一部、河出文庫にケルアック『路上』、デュラス『モデラート・カンタービレ』、ドラブル『碾臼』、ファウルズ『魔術師』などが収録されているが、やはり若い頃に読んだ装丁がいい。一度、これらの河出海外文学シリーズの変遷を調査したいと思う。

古書会館をあとに、高円寺から西へガード下をぶらぶら歩いて、阿佐ヶ谷の古本屋を何軒か冷やかそうと考えていたら、南口駅前に小型バスが停まっているのが見えた。

「すぎ丸だ！」

渋谷、吉祥寺などにもあるが、自治体の運営による一〇〇円という低料金で一定区間を巡回するバスだ。ＪＲ阿佐ヶ谷駅と井の頭線浜田山駅を結んでいる。今年初めに、ピアニストの青柳いづみこさん宅で新年会があったとき、そこに浜田山在住の川本三郎さんと、野崎歓さんがいて、お二人ともがこのすぎ丸を愛用していると言っていたのをこのとき思い出したのだ。

よっしゃ！　乗ってこましたろ。

ぽかぽか陽気にも誘われて、発作的に名前も車体の大きさも可愛らしいバスに乗り込む。自動車教習所の送迎バスに乗る気分。座席数は二〇もないくらい。すでに半分くらいの席が埋まっている。けやき並木の中杉通りから、五日市街道を曲がって、車は細い道がくねくね続く住宅街を抜けて走る。杉並税務署から善福寺川を渡り、鎌倉街道を越えて浜田山小学校から浜田山駅前まで、およそ三〇分弱の行程。途中、自転車一台停まっていたらアウト、というような厳しいコーナーを曲がりながら、路地といっていいような道を抜けていく。とてもバスが通るとは思えないルートで、スリリングな体験だった。

なんといっても、中央線の阿佐ヶ谷と、井の頭線の浜田山という、これまで頭の中で結びつかなかった二点をつなげたことがすごい。急に、中央線族の行動範囲が広がった感じだ。車内では、東北弁のグループが花見の相談をしている。まだ桜の開花には早いが、たしかにそんな季節である。浜田山から井の頭線に乗り換えて、お隣りの高井戸下車。これまでは「ささま書店高井戸店」だったのが、店舗も在庫もそのまま受け継いで「中川書房」となった。名前が変わったら、名物の一〇〇円均一がなくなるんじゃないだろうな、と恐る恐る入口を抜けると、そこは一〇〇円均一だった。

荻窪の「ささま書店」もそうだが、これだけ一〇〇円でけっこう買える本があると、自分の中の基準が混乱して、かえってバカスカ買えなくなるものだ。もちろん、蔵書のキャパの問題もある。しばらく本棚とにらめっこして、冒頭で書いた、モダン・クラシックスを一冊拾う。M・デュラス『モデラート・カンタービレ』だ。庄野潤三の割合最近に出た小説も三冊ある。山口昌男『道化的世界』なども、持ってなければ即、買い……である。

文芸書の棚では小林信彦『オヨヨ城の秘密』（晶文社）初版を五〇〇円で。小林泰彦のイラストがふんだんに入っている。小林信彦もこのあたりのものは、初版で帯つきなら定価以上というところだ。

文芸書の棚から、ちょうどレジが見えるのだが、車椅子の老人と、店員のやりとりが聞こえてきた。どうも、このおじいさん、新聞の出版広告の切り抜きを持ってきて、その本が欲しいということらしい。新刊書店とまちがえているのだ。たしかに、中川書房は、店名といい、店の規模といい、初見の雰囲気といい、新刊書店に見えないこともない。

さあ、困った。「うちは古本屋で、新刊は扱っていないんです」というセリフを、バリエーションを変えて、若い店員が何度説明したことか。店主らしき人もあとから加わって、「駅の下にある新刊書店へ行かれたら」とアドバイスするが、それだって初めは通じない。店になければ出版社に注文してくれ、というのだ。困るよなあ。

しかし、中川書房の若い二人は、辛抱強く老人を説得していました。その姿には好感が持てた。老人は結局あきらめて帰ったが、続いて、常連らしきテンガロンハットをかぶった男性が、店主に親し気に喋りかけ、じつは頼みがあるという。なんでも、東ティモールから某月某日に放送電波を使って全世界にメッセージを送る。その際、日本時間の同時刻に、放送を聞きながら、その場で何か言葉を発してくれというのだ。うーむ。

中川書店

「わかりました」と答えてはいたけどねえ。次から次へと、古本屋さんという仕事も大変だなあ、と深く同情してしまったのだった。

◎中川書房さんは五反田の即売展でも、客から変な頼みごとをされている場面を目撃。客難の相あり。

古山高麗雄を買った藤沢は光にあふれていた

二〇〇二年六月——藤沢・聖智《しょうち》文庫ほか

藤沢駅のターミナルビルから外へ出たとき、少し光が東京よりも強いように感じた。長く列車に揺られてきたせいだろうか。新宿駅から約一時間、小田急のロマンスカーは快適だった。三月一二日、暖かい日射しに誘い出されて、急にその朝、藤沢行きを決めたのだ。未踏の地であり、『全国古本屋地図』によれば、駅前にバランス良く八店舗が集まっている。わざわざ出向く価値はあると見た。

ロマンスカーはこれまでにも鎌倉、小田原へ行くのに何度か利用している。新宿から藤沢まで、普通運賃より高い特急料金を払わねばならないが、東京からほんの少しの遠出でちょっとした旅行気分が味わえる。ロマンス……というほどではないが。

カバンから阿部昭『無縁の生活/人生の一日』(講談社文芸文庫)を取り出して、読んだり読まなかったりで車中の時間をやり過ごした。藤沢というと、私の場合は何をおいても阿部昭を思い出すのだ。それほど熱心な阿部の読者というわけではない。夏の日の夕方など、ときどき、思い出したように、彼の文章を、エッセイ、小説の別なく読みたくなるのだった。

阿部は小中高と地元藤沢の学校（高校は湘南高校）を進み、少しの移動はあるがずっと鵠沼《くげぬま》周辺に住んできた。鵠沼海岸のことは、よく作品の中にも出てくる。文庫では、かつて講談社文庫に『大いなる日』『無縁の生活』、集英社文庫に『子供部屋』、中公文庫に『司令の休暇』『日々の友』、福武文庫に『未成年と12の短編』などが入っていたが、それらはいま消えて、講談社文芸文庫が五点収録しているきりだ。こうなると、改めて同文庫の存在が、現在の出版状況の中で、ますます光ってくる。

さて、藤沢駅北口の強い光を浴びて、「太虚堂書店」「湘南堂ブックサーカス」「光書房」「祥書房」の順に回っていく。いずれも町の古本屋としてはレベルが高く、品揃えもしっかりしている。「湘南堂」は、外見こそいまどきの新古本屋風で、事実、ファミコンや文庫、ビデオソフトなども目につくのだが、奥の棚にはサブカルチャー中心に面白いものが置いてある。

これらはいずれも北口銀座通り商店街沿いにあり、人の行き来も多いのだが、国道一号線を挟んで、その先、ぱったりと人影が途絶える。この国道沿いに「栄信堂」、銀座通りをなおも先へ進んだところにぽつんと「小林書店」がある。正直いって、道一本挟んだだけで商売は難しくなるものだなあ、と思った。

小林書店は、店の外も内も、昭和五〇年代半ばあたりで時間が停まってしまったような店だった。一番新しい本が『窓ぎわのトットちゃん』といった具合。例えば児童書の棚にあった小学生向けの入門シリーズの表紙を見ると、『捕手入門』が阪神時代の田淵、『野球教室』が巨人の長嶋・王の現役揃いぶみなど、これはなかなかのものだ。

小林書店を出て、いったん駅前まで戻り、今度は逆方向へ行くと「大橋書房」があるはずだったが、いや店は見つけたがどうやら休業されたようだった。残るは「聖智《しょうち》文庫」。結局、この店が藤沢では私の気が一番合った古本屋となった。

入っているビルもまだ新しければ、聖智文庫も開店してそれほど日がたっていないようだ。広く明るい店内には、フローリングの床に、たっぷり空間をとって棚があり、本もみごとに整然と並んでいる。日本の現代文学をメインに、サブカルチャー、美術などが充実。棚の上に置かれた全集も、荷風、百閒、開高、森有正と店主の趣味を強く感じる揃え方だ。

圧巻は文庫の棚で、中公文庫のみで一本埋まった棚にはうなった。全体に品切れ、絶版をよく拾って、蒐集ぶりに研究の跡がうかがえる。わかっている棚なのだ。私は福武文庫のコーナーから、後藤明生の『笑いの方法』をなんとか拾う。これが三〇〇円。

現代文学の棚からは、古山高麗雄《ふるやまこまお》『蟻の自由』(文藝春秋・一九七四年)を八〇〇円で。これは初版・函入り・帯つきの美本だった。なにより和田誠の装丁に引かれて買ったのだ。背も表紙もタイトル、著者名と

聖智文庫

も書き文字で、水色の水面に浮いた短い鉛筆のイラストが涼し気でいい。

この二冊をレジに置いたとき、店主の有馬卓也さんから「本を書いておられる岡崎さん……？」と声をかけられ、以下お話を聞いた。有馬さんは、昭和二二年生まれ。早稲田ミステリ研の出身。自身、ミステリを中心とした古書マニアで、四年前に買う側から売る側に転身した。「学生時代に自分が読んでいた本をいまでも好きで集めています」という言葉どおり、趣味性を強く感じる棚だ。

笑いに関する本も目についたが、こちらも学生時代にレコード会社に出入りしていた頃、クレイジーキャッツを目の前で見るというような体験が下地にあってのことらしい。バックヤードも覗かせてもらったが、店に出した本を煮詰めたような、これは、あっと驚く在庫だった。聖智文庫は店主と仲良くなりたい店である。

さて藤沢から帰って三日後の一五日、朝刊を開いて息を呑んだ。古山高麗雄死去の記事を目にしたからである。一人暮らしのところを、長女が訪ねてきて亡くなっているのを発見したらしく、死亡推定日は数日前。つまり、私が藤沢で古山の本を買ったちょうどその頃……。

私が古山の単行本を買ったのは、自分が学生時代以来のはず。まことに珍しいことなのだ。変な話だが、私にはときどきこんな神秘的なできごとが起こる。聖智文庫の有馬さんは、この奇妙な符合に気づいてくれただろうか。

ブローティガン消失す、そして『タンタン』発見せり！

二〇〇二年七月――台東区・田中書店ほか

まあ、ちょっと聞いてください。この一週間ほど、周囲の者があきれるほど、私はブローティガン、ブローティガンとうわごとのように言っている。いうまでもなく、あの『アメリカの鱒釣り』の作者。ことの次第はこうだ。

今年四月末に、新潮社から藤本和子著『リチャード・ブローティガン』が出た。著者はブローティガンの小説作品の邦訳をほぼ一手に引き受けた人。日本でのブローティガン人気は、この人の清新な訳業に多くを負っているといってまちがいない。

で、この『ブローティガン』だが、帯の紹介文を借りると〈風変わりな愛すべき作品を遺し、八四年、ピストル自殺を遂げるまで。翻訳者にして友人でもあった著者が辿る生涯と作品、その光と闇〉ってな本だ。特に遺子のアサシンシ（変な名前）へのインタビューが、ブローティガン理解を深める素晴らしいものだ。

ガンを告知された男性が、初めてブローティガンを、『アメリカの鱒釣り』を読む。彼は感動して二週間かけて全作品を読み終える。彼はそれにより〈どこかよそへ、べつの時間へ運ばれていったと感じた〉。この話を紹介したアサシンシは、こう付け加える。

〈父の作品にはそういう力があると思う。書かれることのない人びとについて書くことで、父はアメリカを文学的な人物に仕立てたのだと感じるの〉

ここを読んで、額をアルコールで拭いたように、ブローティガンを読んでいた自分自身の学生時代のことを鮮やかに思い出したのだ。私がブローティガンに手を出したのは、村上春樹が「風の歌を聞け」で『群像』新人賞を取ったとき、選考委員だった丸谷才一による評に〈カート・ヴォネガット・Jrやブローティガンあたりの影響を受けている〉とあったからだ。

その後、ブローティガンをあらかた集めて、全部読んだわけではないが、『アメリカの鱒釣り』を始め、自分の趣味にあった好ましい作家だと思っていた。その読後感は、まさしく〈どこかよそへ、べつの時間に運ばれていったと感じた〉というものだった。さあ、そうなると無性にいま、彼の作品が読みたくなってきた。自分の本棚をひっくり返してみると、『鱒釣り』『芝生の復讐』『ホークライン家の怪物』『愛のゆくえ』が見つかった。探せば池澤夏樹、高橋源一郎訳の詩集もあるはずだ。

残りの作品を求めて、さっそくその日から、全精力をかたむけて、ブローティガン探しが始まった。結論からいうと、一週間たった現在、収穫はゼロ。周辺のブックオフ、ブックセンターいとうを一〇軒、ほかに神保町、早稲田古本屋街、中央線の主な店を、ブローティガン一本釣りでローラーをかけたが、『鱒釣り』以外は魔法にかかったように消え去っている。
ことは、荷風の初版本というような話ではない。七〇年代後半から八〇年代初頭あたりまで、古本屋の棚でじつによく目にしたし、たいていそれらは増刷されていた。幾人か知り合いの古書店主とも話し、消えた理由を尋ねたが、納得のゆく答えはかえってこない。ブローティガン払底の認識もないようだった。「不審」の一語につきるできごとだ。

ネットで検索したところ、渋谷のネットショップ「古本光堂」がほとんど持っていて、ダントツの品揃えだ。小説作品の値段は三〇〇〇円から一万二〇〇〇円（『西瓜糖の日々』）。しかし、これだけ現物を見ない体験をしてしまえば、この価格もうなずけるのだ。むしろ、よく集めたなあ、と感心させられた。

……またもや、かんじんの古書店探訪の話がお留守になった。写真は日比谷線「三ノ輪駅」から五、六分のところにある「田中書店」。この界隈、樋口一葉「たけくらべ」縁りの地、すなわち竜泉。

なんでそんなところまで行ったか？　話せば長いのだが、短くいうと、五月の連休中に家族で都電荒川線の途中下車ぶらり旅を敢行したところ、この四日がとげぬき地蔵のお祭りの日とあって、車内は殺人的ラッシュ。どこもかしこも、佃煮ができるほどの人出で、逃げるように終点の「三ノ輪」までたどり着いた。せっかくだからと（家族からす

田中書店

ればどこがせっかく?)、『全国古本屋地図』でチェックした未踏の店「田中書店」へ。外見は一葉が出入りしてもおかしくない時代のつき方だが、中はピカピカの文庫が中心だった。それも、ちゃんと作家別に名前をつけた仕切りで分類してある。

店内には客がいない、というより、この竜泉町自体が、祝休日は通りに人影さえまばらな、ひっそりとした町だったのだ。踏破した記録に写真を撮って、今度は妻の用事を果すため、東武伊勢崎線に乗り換えて「梅島」へ。なんでも、ここに有名な端切れ屋があるらしい。妻はキルトのパッチワークが趣味なのだ。

妻が用事を済ませる間、可哀想に小学一年の娘は、お父ちゃんの道楽に付き合わされ、またまた古本屋へ。この梅島駅前に「サトウ書店」があることは確認済みだ。しかし、ここはいかにも駅前の、穏便な品揃えの店だった。空振りかと、しばらく棚の前でたたずんでいたら、わが娘が私の背中をちょいちょいと指で突く。何か欲しい本でも見つけたかと、手招きされるまま児童書のコーナーへ行くと、絵本の棚の一番下の段に、横積みで絵本が突っ込んである。その中に、わが愛し『タンタンの冒険』シリーズが五、六冊あるではないか。娘は、このところ、お父ちゃんが『タンタン』に夢中であることを知っているのだ。

でかしたぞ、娘! 頭をなでて、ほくほくと絵本の束を抜き出したが、さて、どれとどれを現在所有しているかが、にわかにわからない。うーむとうなっていると、横で娘が、「それはある、ない、ある、ある……」と家にある号を指定するではないか。驚いたなあ、いつのまにわが仕事部屋にある『タンタン』を確認したのだろう。

結局、五〇〇円パーで三冊、『タンタン』が買えました。家へ帰って確認すると、たしかにそれはすべて未所持の号だった。わが娘は、確実に「均一児童」の道を歩んでおります。

乾坤一擲のチャレンジは**オレンジの棚**に

二〇〇二年八月――港区南青山・古書日月堂ほか

リチャード・ブローティガンの著作を探している、と前回書いた。ひと月経過して、さすがに一時の沸騰は冷めたが、依然、即売会や古本屋の本棚で、彼の名を探す日は続いている。沸点にあった五月二四日は「ブローティガン日和」とでもいうべき日となった。神保町、「田村書店」の店頭、一〇〇円均一の段ボール箱の中から、『現代詩手帖 特集ブローティガンを読む』(一九九二年二月号)を拾いだし、帰宅途中に立ち寄った高円寺「古書一五時の犬」で、続いて『東京モンタナ急行』(晶文社・一九八三年)を見つけた。一一五〇円だった。もちろん迷わず買った。探しに探して、その熱で目の玉が乾き切ったとき、目当てのものが目の前に飛び出すと、その一冊にスポットライトがあたったように見えるものだ。光り輝く『東京モンタナ急行』の背中を見ながら、うーん、としばらく棚の前でうなってしまった。これだから古本めぐりはやめられないのだ。

「いやあ、ないんだよね。ブローティガン」と、若き「古書 十五時の犬」店主に語りかけると、「そうですね。『鱒釣り』と『芝生の復讐』はまだ見るけど、あとはほとんど見ないですね」と言った。そうかそうか気づいていたか。「へえ、そうでしたか?・」などと言おうものなら、「この十五時の犬め！」と叱ってやろうと思ったが、ちゃんとわかっていて感心、感心。

そんなふうにブローティガンな日々を送っていたある日、頭のどこかで、ブローティガン本の背を見た残像が、チカチカと浮かび上がってきた。待てよ、あれはどこだったっけ。使い終わった歯磨きチューブを、なおも絞り出すように記憶をしごくと、前々回で紹介した、藤沢「聖智《しょうち》文庫」だった。あれから二ヵ月たっている。とっくに売れてるかな、と泣きそうな気持ちで電話すると、「そんなのうちにありましたっけ」と心細いことを有馬さんは言う。ちょっと見てきます、としばらく間があいて、受話器から「ありました。よく覚えていましたねえ。『西瓜糖の日々』です」と言うではないか。

……あ、ごめん。日月堂さん。今回は、南青山に移転した「古書日月堂」をたっぷり取り上げるつもりだったのだ。ブローティガンなんざ、どうでもいい。日月堂、日月堂。

『彷書月刊』読者には説明不要と思うが、あの華麗周到なるカラー目録で、トラもタヌキもキツネもナマズもいる古書愛好家界をうならせた「古書日月堂」が、大田区大岡山を引き払って、なんと港区南青山に進出したのである。南青山は古本屋と似つかわしくない地名だもんな。先頃まで、青山三丁目角に「佐々木書店」があったが、店を閉められたようだし、とにかく、移転するにあたって、南青山を選んだところが、さすがである。

五月二一日、オープンの日、地下鉄表参道出口から根津美術館へ向けて歩いていく。途中、コム・デ・ギャルソンなど、ファッションの先端スポットが続くお洒落な通りだ。そして、根津美術館のまさに対面、いささか時代のついたマンション二階に、新生日月堂はスタートした。間取は2DK。骨董の「銀鈴堂」と壁一つ隔てた同居で、日月堂の店舗は六畳一間（もう一部屋は日月堂の倉庫）。玄関入ってすぐ正面から飛び込んでくる、床も本棚もすべて統一した「朱」の色に、「やったな！」と秘かに喝采をあげる。

店内には日月堂ファンらしい四、五人のお客さんがあり、こっちはしばらく入口周辺に置かれた本を見て待つ。半分以上は洋書で、しかも写真集や絵入りのものが多い。絵葉書等、紙ものがいきなり置いてある。人が捌けたところで（なにしろ狭い）、日月堂・佐藤真砂さんに話を聞いた。

大岡山で店を始めて五年半。どうしたら売れるかをつねに考えていた。即売会、目録と試行錯誤をしていくうち、自分のやり方が見えてきた。その結果が南青山進出となった。

「自分のやり方がやれる空間、町はどこなんだろう、という発想から始まったんです。ちょうど、銀鈴堂さんから一緒に、と誘われたタイミングもあったんですね」

いま、全国の古本屋が店売りを捨て始めている中で、わざと、店売りの可能性をこの店で試そうと思った。佐藤さんは、即売会、目

古書日月堂

録をしばらく休み、この店に賭けるという。

朱の本棚、看板・店シールのデザイン、什器の指定などすべて自分の手で行った。「お金がなかったんですよ」と、佐藤さんは笑うが、しばらく店内にたたずんでいるとわかる。この店の隅々まで、埃一つまで、佐藤さんは自分の息をふきかけたかったに違いない。本棚のレイアウト、商品の見せ方、それらすべてに気迫がこもっているのだ。

品揃えの主眼は一九二〇年から三〇年代モダニズムということになるだろうが、最初に棚に本を並べ始めたときは、それほど先鋭的ではなかった。「このオレンジの本棚に負けない本を。そう考えて、どんどん棚から余計な本を追い出していきました」と佐藤さんは言う。煮つめに煮つめたフォン・ド・ボーみたいな店はこうして出来上がった。

レジ台に設えたポスター、洋雑誌、各種パンフなどを収める引き出しは卓抜。従来、本棚では客に提示しにくかった商品をブツとして手にとって味わえるよう考え出された方式だ。むろん、スタイルとしても洒落ている。今後、ここが日月堂の顔になりそうだ。

私は宗旨違いながら、オープンのお祝いの意味もあって、戦後のマッチ一八個一括(木箱入り)と、海野弘『日本遊歩記』(沖積舎)、オレンジ色の洋書(犬と男)を買った。全部で五〇〇〇円ちょっと。

「岡崎さん、いやに日月堂さんをヒイキしますね」とある人にからかわれたが、かまわない。こういう胸が熱くなるような古本屋を応援しないわけにはいかないのだ。

ネットから現地へ、オン・リーディング

二〇〇二年九月——長野県茅野市・古本屋ピープル

あるいは、もうご承知の方もいらっしゃるかと思うが、六月二〇日より、『彷書月刊』のウェブ・マガジン誌上にて、「均一小僧の古本購入日誌」の連載を始めた。ほぼ毎日といっていい、古本まみれ生活の一部始終を、買った本のデータを記しながらここで報告している。うまく本連載と、両輪のバランスを考えて今後もやっていくつもりですので、パソコン愛用の読者の方は一度覗いてみてください。

古本屋ピープル

　さて、話は一挙に五月末までさかのぼる。海野弘の映画論を再読していて、ある本の存在を知った。それはアンドレ・ケルテス『オン・リーディング』という写真集で、本、雑誌、新聞を読む人の姿ばかりを写したものだというのだ。もともと、本を読む人の姿には何かあると思っていたが、そこの箇所を読んだとき、無性に『オン・リーディング』を見たくなった。海野さんの書き方ではどうも洋書らしい。

　そこで、『オン・リーディング』をネットで検索してみると、

現在はブログに移行。
「okatakeの日記」として
ほぼ毎日更新中。

九三年にマガジンハウスから日本版が一五〇〇円で出版され、いまは品切れであることがわかった。こうなりゃ古本だ。今度は「スーパー源氏」という古本の検索エンジンにかけると、たちまち、長野県茅野市の「古本屋ピープル」が引っ掛かった。八〇〇円だった。その間、わずか十数分。

　早速、注文のメールを送ると、すぐ返事があった。支払い方法の説明とともに「この写真集はとても良くて売れて欲しいような売れて欲しくないような複雑な気持ちでした。余計なことでした」とコメントが。

　なんだか、この時点でこの本は、郵送してもらうのではなく、「古本屋ピープル」さんから直に受取りたいという気持ちになっていた。家内に事情を説明し、急きょ家族で、六月二日、三日と車による信州旅行を敢行することに決定。蓼科の旅館に予約を入れ、「古本屋ピープル」目指し岡崎家は中央道をひた走るのであった。

　車は家を出てから、高速をスイスイと滑り、諏訪インターを下り二時間数十分後、もう茅野に着いていた。目指す店は茅野駅からすぐ。三台は入れられそうな駐車場スペースに車を置いて、コボちゃんが新聞を読む(オン・リーディング!)絵の描かれた倉庫風の店内へ足を踏み入れた。

　さっそく挨拶した店主の矢沢徹さんは、聞くと一九五八年生まれ。つまり同世代。なんとなく風貌もフォーク歌手を思わせ、ギターを抱えて「私たちの望むものは」を歌いだして

2002年9月● 長野県茅野市・古本屋ピープル

もおかしくない。もともと諏訪の出身で、中央大学の学生として青春期を東京で送り、そのとき、古本の指紋や脂や垢が身体に染み付いたらしい。自分でリストをつくり、岩波文庫の全点収集を試みたのもこの頃。「なにしろ、古本屋にいるか、映画館にいるか、どっちかの毎日だった」というから、まさしく私の学生生活と似たようなものだ。七〇年代には、こんな学生、まだゴロゴロしてた。

卒業後、地元に就職してからも、土日になると、東京へ出かけ、古本屋と映画館めぐり。どこかで、古本まみれの生活を断ち切れなかったのだろう。八年前に脱サラし古本屋を始めた。開業の際には八王子「まつおか書房」さんに相談し、出店用の商品を市で落としてもらったりすっかり世話になった。「家賃払って食べていくなら、わりきってマンガ、文庫、エロを置いたほうがいい」などの具体的なアドバイスも受けた。

最初に店を出したのは下諏訪で、四年前に現在の場所に移ってきた。「以前は諏訪が中心だったんですが、人の集まる流れがここ数年ですっかり変わってしまいました」と言う。さらには周辺に新古本屋が三、四軒できて、店売りは苦しい。

いきおい、最近はネット販売が中心で、三〇坪の店内には、すべて本棚に目録用の分類の数字が打ってある。まさしく、私が七〇年代に古本屋で見たような品揃えが中心で、特に映画関係が充実している。値段も、もと定価一五〇〇円、品切れの『オン・リーディング』に八〇〇円をつけることでわかるように、自分がもし学生で、もしこの値段だったら買う、という基準でつけているような感じだ。つまり、安い。

ネット販売は一年前から。「古本屋ピープル」のホームページは、諏訪の観光案内があったり、店主の写真があったり工夫があって楽し気だ。いまのところ四〇〇〇点から五〇〇〇点を常時掲載している。

矢沢さんはいっけん、シャイな感じだったが、そこは同年輩の本好きという共通点で、たちまち話に熱が入り始めた。妻と娘は、おっさん二人がなにやらうれしそうなのをよそに、古本漁りをしている。日頃から、古本道の一端をかじらせているので、こういうとき安心だ。

私のほうは、うやうやしく『オン・リーディング』を受け取ったあと、店内をひと回り。外見に魅かれて『ソビエトの絵本一九二〇〜一九三〇』(リブロポート)を二九〇〇円で買う。その日、家内の趣味で立ち寄ったイングリッシュ・ガーデンでも、宿泊した温泉旅館(ガラガラだった)でも、この二冊はずっと眺めていた。それだけで満たされた小旅行となった。「古本屋ピープル」さんのおかげだ。


2002年9月●長野県茅野市・古本屋ピープル

七月の朝、山の中に一軒の古本屋が生まれた

二〇〇二年一〇月——滋賀県大津市・古本 あい古屋

京都へこの夏、二度帰った。一度は、今秋発売される、毎日新聞社刊『神田神保町古書街ガイド』の、京都古本屋ガイド取材のために七月中旬。二度目は家族を連れて実家に帰省、これが八月中旬。どちらも古本三昧の日々。そんな中からとっておきのトピックを。

『彷書月刊』の今年七月号だったか、巻末目録に見なれない古本屋さんの名前を見た。「〈山の中の本屋〉古本 あい古屋《こや》」さん、という。住所は大津市比叡平三-四四-二三。どうやらできたばかりの店らしかった。私はしばらく大津市に住んでいたことがある。滋賀という土地は、大きな歴史的舞台となり、一級の文化都市である京都と隣接しているくせに古本屋が少ない県だ。中心地となる大津市にだって、「古今書房」さん一軒しかなかった。いまはモダンな建物に建て変わっているが、当時は江戸時代の商人が通うような木造建築で、よく通った。寂しい心を抱えて、文芸書を、ときどきエロ本を買ったものだ。

どうも話が散らかるなあ。戻します。よいしょっ、と。大津市という住所がなつかしく、さっそく「あい古屋」さんにメールを打った。すると呼べば答えるように返事があって、一度うかがいますという話になったのだ。一度うかがいます、と言ったって、いつに

なるかわからない。

ところが……そうだった、いま書きながら思い出した。その『神保町古書街ガイド』で、京都特集をすることになり、「それじゃ岡崎さんに」とお鉢が回ってきた。これはまた、「素敵なタイミング」。さっそく「あい古屋」さんに連絡を取り、「行きますよ」「いらっしゃあい」という流れになったのだ。取材に同行する編集者より一日先乗りして、七月一七日に「あい古屋」さんを個人的に訪ねた。地図を見ると、京都から比叡山の中腹を縫って大津へ抜ける山道の途中にある。どうして行くべ、と店主の古賀さんに相談したら「そんなん、車で迎えに行きますがな、岡崎さん」と言う。お言葉に甘え、「文庫堂」という古本屋の前で待ち合わすことに。古賀さんは、青年の面影を残す、さわやかな学究の徒、といった印象の人だ。

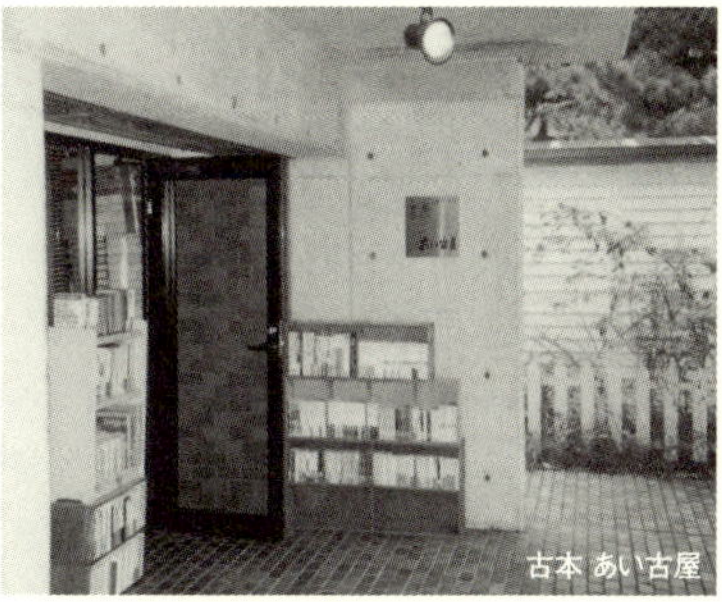
古本 あい古屋

車に同乗しながらあれこれ話すうちに、いろんなことがわかってきた。今年七月一日に「古本 あい古屋」を立ち上げた古賀晋さんは昭和三五年生まれ。またもや一九五〇年代後半に厚く棲息する古本者ベルト地帯の世代だ。九州は久留米市の出身。関西大学の中国文学科を出て、中国アジア書籍の輸入販売で知られる京都の「朋友書店」(左京区吉岡)に入店。以後、二〇年近く中国書籍、資料を扱ってきた。

あとで「月の輪書林」さんからハガキをもらって知ったが、古賀さんは業界内でお客さんとして名前を知られる人だったようだ。書店員であるとともに無類の本好きであったことは、話していてすぐ伝わってきた。自分の店を持つことは長年の本望だったのだろう。四〇にして独立。まさしく〈山の中の本屋〉を始めることになった。住所の比叡平は、京都、滋賀在住の大学教授、自営業の人たちのための別荘地として開発。滋賀のビバリーヒルズを目指したが挫折、少しだけ高級な住宅地となった。古賀さんはそこに家を建てる。店舗は自宅の一階、もとは書斎とガレージだったのを改装し看板を掲げた。

「最初は大阪で店を持つことも考えたんです。駅前第三ビルとか、でも条件が合わなくて、結局自宅で始めることになった」と古賀さん。私はどうやら、開業して最初の客という栄誉を担ったようだ(本を買わなかったから客とはいえないが)。

しかし四〇にして思い切ったものだ。上京したとき、私にはまだ妻も子もなかったが、古賀さんには(書いていいのかな)奥さんとそれに子どもが五人いる。しかも迎えてくれた奥さんのお腹には新しい命が！　じつは今回、一番驚いたのはこのタケカワユキヒデ級の子だくさんぶりだった。「毛沢東思想ですよ」と古賀さんは笑ったが……。

さらに店を見せてもらって驚いたのは、荒川洋治さんの著作(詩集、エッセイ集、同人誌)がほぼすべて揃っていて、しかも複本がある。荒川洋治の弟子を自認する私でさえ二冊しか持っていない『あたらしいぞわたしは』を五冊も持っている(子どもの数と同じ！)。そのことでまず、古賀さんとの間に強いシンパシーができた。詩人ではほかに同郷の谷川雁が好きだという。

店内はまだ半分、目録用の倉庫状態だが、ゆくゆくは店売りできるように態勢を調えていくつもりのようだ。一二〇〇世帯の住宅地で、なかなか店売りは厳しいかもしれないが、もし私がここの住人だったら、この一軒がどれほど心丈夫なことか。やはり中国ものを中心にやっていくらしいが、同世代の本好き向きの本も発信していくとのこと。資金がたまったら出版書誌の本もつくりたいという夢もある。がんばれ！　あい古屋さん。私がついてるよ……って、頼りないバックアップやなあ、すんません。

ところで別れ際、古賀さんがお土産にと一九六八年版「大阪ふるほんやMAP」という折り畳みの地図をくれた。コンパクトながら、当時の大阪の古本屋が集中している地域が網羅されている。いやあ、ぶっとんだ。ちょうど数日前、ネット検索で大阪・天五の古本屋「青空書房」さんが書いている文章にぶつかって、読んでいたらこのMAPが出てきた。表紙写真も掲載されていて、「こんなん欲しいなあ、しかし見つからんやろなあ」と思ってたところだったのだ。そんなときに、待っていたかのように目の前に「大阪ふるほんやMAP」は現われた。なんで、私が欲しがってたの、知ってたの？　古賀さん。

2011

【第六部】

3月 ◉ 鎌倉・公文堂書店ほか

4月 ◉ 世田谷区梅丘・ツヅキ堂書店

5月 ◉ 三鷹・古本カフェ フォスフォレッセンス

6月 ◉ 杉並区西荻窪・古書カノポス

7月 ◉ 早稲田・五十嵐書店、古本茶屋岩狸

8月 ◉ 川崎・近代書房

9月 ◉ 岐阜・鯨書房

10月 ◉ 岐阜・有時《うじ》文庫ほか

11月 ◉ 前橋・山猫館書房

12月 ◉ 台東区浅草・おもしろ文庫ほか

2002年11月〜2003年2月はベルギー、パリでの「気まぐれ古書店紀行」になりますが、この内容は『古本極楽ガイド』『古本生活読本』（ちくま文庫）に収録されていますので、そちらをご参照ください。

映画に曳かれて鎌倉参り

二〇〇三年三月——鎌倉・公文堂書店ほか

近頃、ケーブルテレビの日本映画専門チャンネル、チャンネルNECOで古い日本映画を頻繁に見ている。いわゆる名画はもちろん、ビデオにもなっていない、映画史にも残っていないような作品が続々と放映されるのだ。これが最近の楽しみになっている。

昨年一二月に見た映画の一つに、有馬稲子主演の『泉へのみち』(東宝・筧正典監督)があった。原作は広津和郎の同名小説による。ほかに根上淳、高峰三枝子、藤木悠、宮口精二などが出演。細かい内容説明ははぶくが、ここで有馬は神田駿河台にある出版社「女性之友社」の編集者という役どころ。だから、聖橋から本郷通りを下り「く」の字に折れた駿河台交差点周辺がひんぱんに映る。映画の中で女性之友社の社屋は、現・総評会館の対面にあり、住所でいえば神田駿河台三の一、現在ルノアールがある少し先あたりという見当。

有馬と根上は何度か、社屋に面した本郷通りを渡り、対面

公文堂書店鎌倉本店

にある喫茶店に飛び込む。その際、まだ本郷通りの両側に並ぶ商店はほとんど二階建ての木造家屋で、ニコライ堂の丸屋根とその下部がはっきり見える。それが同じショットで反復される。そういえば、古本屋街に続く明大通りはしょっちゅう歩いているのに、小川町へ向かう本郷通りはほとんど足を向けたことがない。過日、映画のロケ地となった駿河台交差点まで歩いてみたが、ニコライ堂は姿かたちも見えず、「く」の字に折れた交差点以外は映画が撮られた昭和二〇年代後半の面影はまったくない。しかし、なんでもない一区画が、映画の一シーンのせいでとても魅力的に見える。

同じ映画の中で、有馬が編集長から「すまないが、○○先生の原稿を鎌倉の〝雪の下〟まで取りに行ってくれ」と頼まれる場面がある。次に画面が現われたときは、原稿を受け取った有馬が、鶴岡八幡宮脇の鎌倉国宝館で古美術を眺めているシーンに。そこで藤木悠と出会う。長く話を引っ張って申し訳ないが、それでなんとなく鎌倉へ久しぶりに行きたくなり、家族を誘って昨年の一二月二八日にでかけてきたのだ。今回はその話。

1999年8月の回だ。

鎌倉の古本屋めぐりは、すでに数年前にこの連載で取り上げている。ただ、どういうわけか由比ケ浜大通りにある「公文堂書店」をはずしてしまった。今回は、とにかくまず「公文堂」を訪問するのが目標。古書 興居島屋《ごごしま》・石丸くんの大推薦もあった。「岡崎さん、教えたくないけど教えます」と、興奮しながらいかに面白い店かを伝えてくれた。石丸くんによると、同店は横浜市南区日野にも支店があり、石丸くんはこっちのほうも好きとか。

絵本を中心に相当量、買い込んだようだ。

ガイドブックのるるぶ情報版『鎌倉を歩こう』の由比ヶ浜のページにも、珍しく古本屋として「公文堂」が紹介されている。それによれば、〈店内に入ると懐かしい紙の匂いがしてくる、昔ながらの古書店。立原正秋や川端康成、大佛次郎など鎌倉ゆかりの小説家の本を鎌倉観光の記念にと買って行く人も多い〉と、ちゃんと取材したあとが見える記述になっている。

なお、同書にアクセスは〈江ノ電和田塚駅から徒歩二分〉とあるが、乗換えを考えると鎌倉駅西口から御成通りを歩いて下ったほうがよほど早い。たいした距離ではない。御成通りを行くと、ちょうど江の電の踏切と由比ヶ浜大通りが交差するところで右折するのだが、たぶんこの左にある踏切は、映画『狂った果実』に出てくるはずだ。

途中、「紙屋」という文房具、雑貨の店があり、これが鄙びたという言葉を晒して、錆をつけたような、なんともいい雰囲気。娘は私が古本を眼を皿のように漁っている間、ここで駄菓子屋で売ってるような玩具を、やはり眼を皿のようにして漁っていたらしい。

妻子を待たせておいて、ほんの一五分ほど覗いただけで、結局一冊も本を買わずに出てきたから、本当は取り上げるのも心苦しいのだが、「公文堂書店」はガイドブックの解説のとおり「昔ながらの古書店」らしい古書店だった。鎌倉の古本屋はどことなく敷居の高い雰囲気があるが、「公文堂」は店内も広く、雑多なジャンルの本が大量に、しゃっちょこばらずに並べてあるので、手に取りやすく緊張感が少ない。おりをみて、日野店とペアでじっくり再訪したい店だった。

駅まで戻り東口へ回る。歳末の小町通りは大変なにぎわい。雑貨、食品、土産物など、ありとあらゆるショップがこの両側に集まって集客に忙しい。ついさっきまで歩いていた由比ヶ浜通りとえらい違いだ。知らない人なら、まさかこんな通りに古本屋があるとは思わないだろう。

「藝林荘」は以前にもうかがったはずなのだが、なぜ気づかなかったのだろう。今回、入って見ると右奥の棚に、ずいぶん演芸関係の本が揃っている。なんとなく美術本関係の専門店のような気がしていたので見過ごしたのだろうか。文芸、趣味の棚もそう数は多くないがなかなかいい。ここで私は、岡本一平『泣虫寺の夜話』(大一〇年)を二五〇〇円で買った。函入りで状態もいい。

次は「木犀堂」。小林秀雄『芸術随想』なんて、これまで見慣れたなんでもない本でも、この店で一二〇〇円、一五〇〇円ついていると、欲しくなる。もちろん、小林秀雄が鎌倉文士であったという地縁がそこに働いている。改造社から昭和初期に出た、一巻本の『池谷信三郎全集』なんか、この店で見るまで知らなかったな。一万五〇〇〇円。本文はちょいと筑摩の現代日本文学全集みたいな三段組。

しかし買ったのは店頭均一で、ブローティガン詩集『ピル対スプリングヒル鉱山事故』

1999年8月の回で、ちゃんと「見学」している。なんか、ただ「見学」しただけかい！

（沖積舎・昭六三年）三〇〇〇円と、新書の棚で高村暢児『新聞記者千夜一夜』（河出新書・昭三〇年）二〇〇円。

……やっぱりね、案の定。

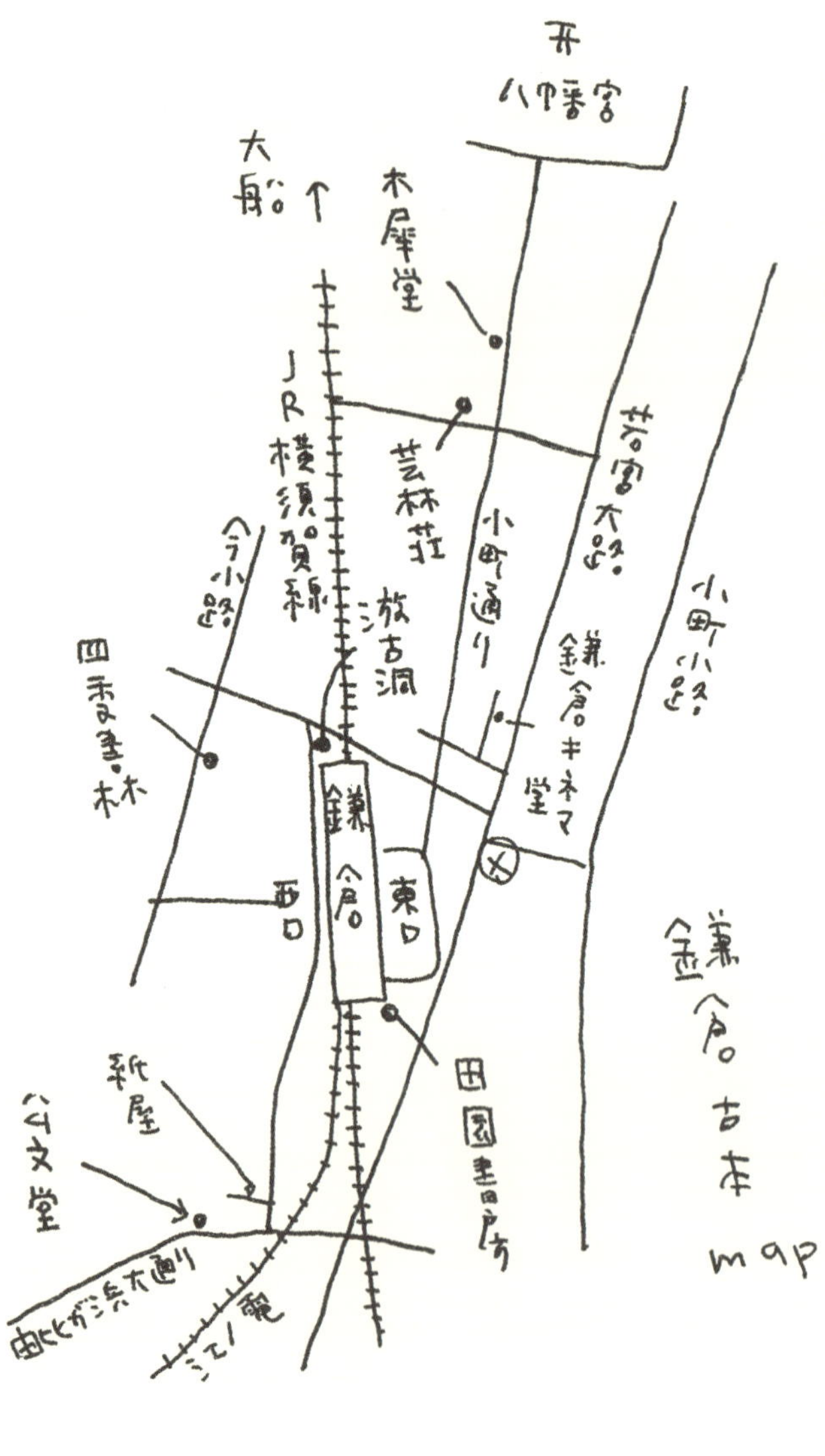

成瀬巳喜男『驟雨』の舞台を訪ねて

二〇〇三年四月――世田谷区梅丘・ツヅキ堂書店

今回も日本映画の話からだ。

一三年前、上京したばかりのとき、まだ独身だったから、土曜日の夜などは早稲田の「ACTミニシアター」のオールナイトによく通った。小津や増村や川島、その他、さまざまな映画作家の特集をここで観た。成瀬巳喜男特集のとき、『驟雨』を初めて観たのもここだった。靴を脱いで上がる天井が低く狭い小屋で、すぐ目の前にスクリーンがある。座椅子にもたれ、足を投げ出すと、あちこちから饐《す》えた靴下の匂いが漂ってきたものだ。

『驟雨』は一九五六年東宝作品。岸田國士の複数の戯曲を元に、水木洋子が脚色。

子どものいない倦怠期の夫婦を軸に、珍しく成瀬が喜劇タッチを交ぜながら小さな世界を悠々と描いている。主演は佐野周二と原節子。隣りの若夫婦が小林桂樹と根岸明美。原の姪に香川京子。脇に成瀬作品ではおなじみ中北千枝子のほか、長岡輝子、加東大介などが出演している。伊豆肇がちょい役で顔を見せているが、今年一月一一日の西部古書会館即売会で、この眠そうな顔の俳優が書いた小説集『風流交叉点』(光書房・昭三四年)を見つけた。その足ででかけた阿佐ヶ谷の青柳いづみこさん邸での新阿佐ヶ谷会で、川本三郎さんにさっそくお披露目すると、川本さんも伊豆が小説を書いていたとは知らなかったらしく、うらやましがられた。

『驟雨』の話に戻って、佐野と原の夫婦が住むのが東京・世田谷区梅丘。小田急線「梅ヶ丘」駅と、駅前商店街が何度もスクリーンに映る。商店街に映画館があり、中北千枝子と数人の主婦が映画を観るシーンが出てくる。『驟雨』を観た直後、昔からの梅丘の住人に取材する仕事があり、つい『驟雨』のことを喋り、商店街に映画館があったんですよね、と知ったかぶりをしてしまった。

あとで、成瀬がロケを嫌い、なるべくセットを組んで撮影することを本で読み、『驟雨』も、木造の駅舎以外は、ほとんどセットだったと知る。映画館のシーンもセットで、実際にあったわけではなかった。日本橋あたりに通勤する佐野周二が、この梅ヶ丘駅の改札を出てくるシーンが何度かある。どうも、下り方面の駅のようだ。とすると南口か。

同じ昭和二〇年代の梅丘附近を舞台とした久松静児『月夜の傘』(日活・一九五五年)にも、梅ヶ丘駅らしき木造の駅が映る。しかし、『驟雨』に映る駅とはあきらかに違う。するとこっちは北口ということになる。

まあ、そんなことを思いつつ、梅丘まででかけることにした。小田急線は、かつて川崎市多摩区に住んでいる頃、最寄り駅が南武線「宿河原《しゅくがわら》」、隣りの「登戸《のぼりと》」で小田急線に乗り換え、新宿に出るというかたちでしょっちゅう利用していた。私が利用していた一〇年近く前は地べたを走っていたが、最近高架工事が進み、梅ヶ丘駅もまるっきり変貌していた。映画の中で、原節子が佐野周二を駅まで迎えにいくシーンがあり駅前が映る。

もちろん、駅周辺にもいまや映画の面影はない。心の恋人『全国古本屋地図』を片手に、住所だけを頼りにしてとりあえず歩き出す。梅丘の古本屋は南口に固まっていて、「すやま書店」「ツヅキ堂書店」梅ヶ丘店の二軒。「すやま書店」を目指す。略図がないので、だいたいの方向を決めて南へ、駅前周辺にこびりついた商店群を抜けるとすぐに住宅地が拡がっている。世田谷らしい光景ですね。

いやに不動産屋と飲食店が多い駅前。また、『驟雨』の頃からあったと思われるような古い商店がひっそり残っている。ジグザグに住宅地を行くと、わりあいすぐに「すやま書店」は見つかった。しかしシャッターは閉まっていた。おかしいな、休店日は確認したつもりだったけど。

入口脇に置かれたスチール本棚にはり紙があった。曰く「当店は買い入れを重視しておりますので、販売時間は左記のみとなります。ただし予告なく休む場合もありますので遠方の方はTELで御確認下さい。火よう~金よう　PM5:00~8:00」。『全国古本屋地図』にも営業時間は五時から、と書いてある。ありゃりゃ、これはこっちが悪かった。あきらめて、駅に近い「ツヅキ堂書店」を目指すと、黄色い大きな

ツヅキ堂書店 梅ヶ丘店

看板に「売ります 買います 本」の字がすぐ目に飛び込んできた。

これが「ツヅキ堂書店」。川崎、町田、祖師ヶ谷、仙川にも店舗があるようだ。入ってすぐ右の棚に文庫、メインはマンガらしく、奥に各種一般書がある。いわゆる「町の古本屋」の商品構成、ただし棚はよく整理されていて見やすい。

一応、ひとわたり棚を見渡して、残念ながら今日はボウズかなと思った頃、レジの方向から声が聞こえた。客からの買取りらしい。客は若い男性、マンガを紙袋に一つ持ってきた。しばらく耳を澄ませ、一貫したその店主の対応が気に入った。「ありがとうございます」というていねいな礼を三回は言った。買える本と買えない本の説明も明確。買える本は「こっちは一冊一〇〇円でいただきます」と、どんなマンガかわからないがけっこう高価な買取り。買えない本についてもくどくど悪口を言わない。

近くに「ブックオフ」があるのだろうか。その対抗として、極力ていねいで高価な買取りをしているのだろうか。それにしても聞いていて気持ちがいいやりとりだった。これは何とか一冊は買って帰りたい。美術書の棚に、望月通陽作品集『円周の羊』(新潮社・一九九六年)を見つける。値段も定価四八〇〇円のところ、一六〇〇円。これです、これです。

町はもう黄昏れだしていたが、望月通陽の画集を抱えて、いい締めくくりができた。

『驟雨』のラストは、佐野と原の夫婦が庭先で紙風船をつきあう。紙風船が何度もモノクロの空に飛ぶ。

太宰ファン夫婦の小さな古本カフェ

二〇〇三年五月――三鷹・古本カフェ　フォスフォレッセンス

自分も書いているので具合が悪いのだが、悪かったら書くな！　はいはい　と、殿山泰司『三文役者の待ち時間』（ちくま文庫）をさっきまで読んでたから、こんな書き出しになる。もとい、散歩の達人ブックス『東京古本とコーヒー巡り』（交通新聞社・本体一四二九円）はよくできていて感心させられた。古本カフェや、レコードと共存したニューウェーブ系の古本屋を多く取り上げているのだが、細かい情報への気の遣い方と見せ方に一日の長がある。全体に茶を強調したカラー写真も温かみがあっていい。特に表紙の天誠書林さんの店内写真は、本の中にうかうかと吸い込まれていきそうな感じ。

若い世代に、歌舞伎や能と同じく伝統的システムを継承する古本屋という業種を、その旨味を紹介するとしたら、まずはこの『東京古本とコーヒー巡り』（以下、『東京古本』）のようなかたちがベストだと思う。担当編集者の高野麻結子さんの瞠目すべきがんばりがあってこそできた本だ。

恥ずかしながら、同書を読んで初めて教えられた店も何軒かあった。「book cafe・das 古本茶屋岩狸」（早稲田）、「バラード堂」（下高井戸）、「十二月文庫」（池の上）、「古本カフェフォスフォレッセンス」（三鷹）がそうだった。どれも、いますぐ駆け付けたい気持ちにさせる個性と強い発信力を持っている。このうち、一番近い「フォスフォレッセンス」にはさっそくでかけてみた。

　ＪＲ三鷹駅、南口を出る。店は二キロぐらい離れたところにあり、本当はバスに乗ったほうがいいのだが、三鷹通りをぶらぶら歩くことにする。太宰治の墓がある禅林寺を左に見て連雀通りへ。この先は初めてだ。右に三鷹市立図書館が見えたら、もう目の前「フォスフォレッセンス」がある。「古本」という大きな看板が掲げてあるわけではない。入口脇に均一本の箱があり、近づくとドアにはり紙があるのでようやくそれとわかる。このさりげなさが味というものだろう。外装はブティック風。中へ入ると五坪ほどの店内に、本棚とテーブル三つがぎっちり詰まっている。『東京古本』には〈座ったまま本に手が届きそうな、コクピット感覚〉と、表現がしてある。うまいね、どうも。壁には「中原淳一」「宇野亜喜良」「内藤ルネ」などの展覧会ポスターが貼ってあるので、嗜好の一つにいま流行の「乙女系」が入っていることはすぐわかる。広く近現代の文芸ものを中心に、人文、美術などがメインジャンルらしい。文庫の棚の上に、獅子文六『コーヒーと恋愛（可否道）』（角川文庫）が立てられてあって、値段を見ると一〇〇〇円。なるほどねえ。棚に差してあった獅子文六（『娘と私』だったか）は、二〇〇〇円

古本カフェ フォスフォレッセンス

か三〇〇円だったから、カフェものを重視しているということか。

通りに面した窓際の席に若いカップル、奥のテーブルには中年夫婦が座って熱心に本を読んでいた。それぞれコーヒーを注文して。

中年夫婦が帰る際、お互いに買った本をレジに出したのだが、夫のほうが「コーヒー代は一緒でいいけど、本代は別々で」と言い、「なによ、それ。ケチねえ」と妻が抗議したのがおかしかった。でも、わかるよなあ。

店主・駄場みゆき（失礼ながら珍しい姓だな）と『東京古本』には書いてあったが、カウンターに座っているのは若い眼鏡をかけた男性だった。すると彼が〈揃って太宰治好きの夫婦が、京都から三鷹に移り住み、始めた店〉（『東京古本』）とある、みゆきさんの旦那ということになる。店内を写真に撮るつもりだったので、一応、名刺を出して挨拶しておく。

店のご主人、つまりマスターに話を聞いたら、二人は太宰ファンという共通点から知り合い結ばれたのだという。京都在住時代から、桜桃忌には来ていたというから本物だ。この日、みゆきさんのほうは同窓会出席のため関西に帰省し留守だった。

あとでホームページを覗くと、みゆきさんは一九六六年大阪生まれ。京都で七年間の書店員経験の後、二〇〇一年一二月末に三鷹へ転居、翌〇二年二月五日オープンにこぎつけたという。ほぼ一年が経過したわけだ。駅からは離れているが、図書館の至近にあることと、目の前のバス停からひんぱんに三鷹駅と結ぶバス便があるのは利点だ。

なんと！駄場さんは 守口高校→立命館Ⅱ部→別の仕事→上京 と 私とまったく同じコースを歩んでいる。

ところで店名の由来を聞く、なんて野暮なことはしてはいけない。いわずとしれた太宰の小説タイトルから取られてあるのだ。新潮文庫でいえば『グッド・バイ』に収録。名作「メリイクリスマス」もこの文庫。いま目次を見たら「フォスフォレッセンス」はその隣りに並んでいた。私は、『人間失格』『晩年』などより、同書や『きりぎりす』に含まれている短篇のほうが好き。

ついでにいうと、野原一夫『回想 太宰治』（新潮文庫・昭五八年）によれば、「フォスフォレッセンス」は、野原の見ている前で口述筆記されたものだという。二二年の四月頃、翌年入水心中する山崎富栄の部屋で、太宰とビールを飲んでいるとき、別の雑誌の編集者が原稿を取りにきた。その日が締切り日なのに太宰は一行も書いていなかった。編集者に白紙の原稿用紙を渡し、ビールを飲みながら太宰は口述し始めた。

〈三〇分か、四〇分か、その時間は記憶していない。なんの渋滞もなく、一定のリズムをたもちながら、その言葉は流れ出ていた。私は目をつぶってその言葉を追っていた。はじめ私は、不思議な恍惚感に捉れていた。それは、美しい音楽を聴いている時の恍惚感に似ていた。やがて、胸をしめつけられるような感じに襲われ、そして、戦慄が私のなかを走った〉

そのようにして「フォスフォレッセンス」は生まれ、半世紀後に小さな愛らしい店の名前としてつけられたのだ。太宰治はなんと幸福な作家だろうか。

西荻にまた新規開店の若い古本屋が

二〇〇三年六月――杉並区西荻窪・古書カノポス

一部を除いて、新刊を読むのはほとんど書評用というふうになってきた。困ったもんだ。せっかく新刊書を読んで、書評を書くあてがないと、ちょっと損した気になるな。職業病だろうか。さらに、古本をバカスカ買って、どんどん溜まっていくのを消化しきれない。けっこう私の場合は旧著も再読する。そんなあれこれがせめぎあって、とてもクリーンな読書生活というわけにはいかない。そんなものがもしあれば、の話だが。

だから、村上春樹が今度、あの、サリンジャー『ライ麦畑でつかまえて』(白水社)の新訳を出すと聞いて、いそいそと本屋に買いに行く気分は、なんだか久しぶりに純粋な読書ができるような気がしてうれしかった。ちなみにタイトルは原題を生かした『キャッチャー・イン・ザ・ライ』。版元はもちろん白水社だ。『出版ダイジェスト』(二〇〇三年三月一一日)が、刊行記念特集を組み、三面を使って村上春樹・柴田元幸対談を掲載している。どうせ、本の巻末に組み込まれるだろうと思ったが、いざ『キャッチャー』を買ってみると、原著者の意向により訳者のあとがきも解説もなし。『出版ダイジェスト』、もらっておいてよかったよ。

同紙の「『キャッチャー・イン・ザ・ライ』刊行履歴」によれば、一九五二年に橋本福夫訳『危険な年齢』(ダヴィッド社)という題でまず翻訳され、六四年にやっと野崎孝訳『ライ麦畑でつかまえて』が出ている。これは、「新しい世界の文学」シリーズの一冊。このビニールのかかった白い表紙についても多くの思い出がある。

以来四〇年で、「白水Uブックス」版も含め累計で二五〇万部も売れているというのだ。おどろき、おどろき。今度の村上訳がいったいどこまで部数を伸ばすのかは興味津々だ。下手な純文学の新作が出るより、よほど文学的な事件となるんだから、やっぱり村上春樹はすごいんでないかい。

私は野崎訳を横に置いて、ときどき村上訳と比べながら読んだけど、ここでその比較報告はしません。そういう場じゃないもんな。ただ、村上訳からは庄司薫は生まれなかったかもしれない、とは少し思った。うまくはいえないけど(なんて、庄司薫の文体が伝染している)。大塚英志「庄司薫とサブカルチャー文学の起源」(『文学界』一九九九年二月号)がずいぶん面白かった記憶があって、読みなおさないとだめかと思ったりもしたのだった。

これを機に、サリンジャーリバイバルがあるのかどうか。昨年、私が大騒ぎしたリチャード・ブローティガンは、ハヤカワepi文庫が『愛のゆくえ』を復刊したぐらいで、大した動きは結局なかったみたいでした。せめて『西瓜糖の日々』を、それこそ高橋源一郎が新訳で、新潮文庫から出すとか、あってもよさそうなものだと思ったのだが。

↳その后、河出文庫が『西瓜糖の日々』『ビッグ・サーの南軍将軍』、新潮文庫が『アメリカの鱒釣り』を出す。

2003年6月 ● 杉並区西荻窪・古書カノポス

こんなこといつまで書いててもきりがない。古本屋の話をしなくては。今月は、例えば「青春18きっぷ」を使って、関東一円の古本屋めぐりをしてみよう、などと企画をたててみたのだが、どこへも行けなかった。またかよ、と言われそうだが、中央線です。順次紹介するつもりだが、このところ、この沿線に新しく開店した古本屋がいくつかある。

西荻の南側にできてまもない「古書カノポス」がその一つ。いまのところ不定休で、営業時間は平日が午後三時から一一時、土日が午後一時から九時。駅の南側に出て、西荻南銀座通りを南へ、左角にレコード店がある交差点を左へ折れる。信愛書店を右に見てしばらく歩くと児童公園が見えてくる。その右側に店がある。

かつては洋品店でも入っていたようなフローリングのこぎれいな七坪の店舗。Ｊマートで売っている茶の本棚で統一されており、なかなかお洒落だ。これは高円寺の古本屋「古書 十五時の犬」と同じ本棚だな、と思って二〇代後半くらいの店主に聞いたら、店を始めるにあたって真似たそうだ。この店の存在を教えてくれたのは同じ西荻の「古書 音羽館」の広瀬さんで、カノポスさんは音羽館の客だった。

そういえば、なんとなく品揃えは音羽館に似ているか。真ん中の棚二列に文庫。それもなんでも並べてあるというわけではなく、探偵小説、人文、評論、ＳＦ、純文学とよく吟味されている。近頃、カー

古書カノポス

ト・ヴォネガットの文庫をこれだけ揃えている店はあまり見ない。勝手にもらった小さな案内には、ほかに、哲学、民俗学、旅行、江戸、東京、衣食住、映画、音楽、写真、美術、建築などが取り扱い分野として並ぶ。

エロ本、学術書、専門書の類は置かず、趣味のいい学生が自分の部屋に置く蔵書の延長という感じで集めている感じだ。その点は「十五時の犬」とも兄弟関係にあるといっていい。あまり見ない後藤明生の本にはちゃんと値がついている。それでも二〇〇〇円くらいか。奥泉光なんてところもけっこう揃っていて、いまや日陰者の純文学をきっちりキープしている点がうれしいじゃないか。

こうなると手ぶらで帰るというわけにはいかない。未所持だった中上哲夫訳『リチャード・ブローティガン詩集』(思潮社)を一二〇〇円で、それに唐仁原教久による新カバー版の太宰治『お伽草紙』(新潮文庫)二〇〇円を買っておいた。

このところ、こっちが歳とってきたせいか、若い古本屋の店主を見ると、家賃はちゃんと払っていけるだろうか、店買いはあるのか、ごはんはちゃんと食べてるのだろうかといろいろ心配になる。「古書カノポス」には店主のセンスが感じられたし、古いラジオなども商品として置く才覚もある。徐々に特色を出していければいいのではないか。

場所としては分《ぶ》の悪い、西荻南の一角から、いかにカノポス色を発信するか。おじさんは見てますぞ。

ただいま均一小僧入院中！

二〇〇三年七月――早稲田・五十嵐書店、古本茶屋岩狸

ただいまF病院内科病棟にいます。五月一二日に入院して、今日で四日目。二週間の予定だが、多少長引くかもしれない。

といってもご心配なく。『彷書月刊』ホームページ連載の日誌ではすでに通知済みだが、わたくし〝糖尿〟なのだ。話せば長いが、入院も初めてではない。〝教育入院〟というやつで、一日一八〇〇カロリーに制限した食事と、食事前の血糖値測定、ほか多種検査、インシュリン注射などをこなすことになる。

入院中〝糖尿病教室〟が何度も開かれ、そのたびおどかされるわけだが、現在、日本での糖尿患者は推定約七〇〇万人。うち三分の二が通院していない。糖尿が怖いのは放置して悪化すると起こる〝合併症〟で、年間四〇〇〇人が失明し、一万二〇〇〇人が人工透析を受け、うち四割が死亡する。ね、怖いでしょう。

まあ本誌は健康雑誌じゃないからこのへんでやめるが、身体そのものはピンピンしているのにベッドにへばりつく生活が始まった。とりあえず自宅から本を三〇冊ばかり持ち込んだ。一日二冊は読むつもり。初日は事実、田中小実昌『ポロポロ』を再読し、打海文三

じつは病院を脱走して、ちょくちょく国立の谷川書店ほかへ行っていた。もう時効でしょう。

『されど修羅ゆく君』もやっつけた。他にすることなく、さびれたリゾートホテルで雨に閉じこめられた村上春樹の小説「土の中の彼女の小さな犬」みたいに、本を読むしかない。これはいいチャンスだ、と思ったわけなのです。ほんと、梶井の小説ではないが「のんきな患者」だ。

その他持参した本に、ジャック・ロンドン『白い牙』、ニコルソン・ベイカー『中二階』、竹西寛子『兵隊宿』、犬養健『揚子江は今も流れている』、集英社日本の詩『金子光晴』、P・オースター『ムーン・パレス』、『芸術新潮』の有元利夫特集等々。

ベッドのそば、大きなガラスの向こうが中庭になっていて、ケヤキの大木が何本かそびえ、野菊、タンポポなどが群生している。風が渡り、揺らした樹々から尾の長い鳥が鳴きながら飛び立つ。こわれかけたベンチに腰かけ、ここでも本を読む。しかし、他に誰もこの中庭に出てくる患者はいないらしく、看護婦のHさん（まだ二ヵ月のなりたて）に聞いても、人が出ているのを見たことがない、という。最高の読書空間をひとり占めだ。中庭の読書の中ではP・オースターにびっくりぎょうてん。おそまきながら著作を追うことになった。

こうなると、ただ一つの苦痛は古本屋に行けないことだ。F病院はかなり大きな規模の病院だから、古本屋の一軒ぐらい院内にあってもよさそうだが、あるわけない。ちょうど入院直前に、古本仲間で詩人の阿瀧康くんが、手持ちで不要になった古い古書目録を二〇冊送ってくれた。グッドタイミング！　さっそく入院の道連れにした。いずれも一九八〇年代から九〇年代初めにかけて発行されたもの。太秦文庫、高野書店、アルカディア書房、草木堂書店、けやき書店等々。

　外を出歩けない分、目録の上で古本散歩を楽しむことにした。特に高野書店「ほんのもくろく」には、故・保昌正夫さんほかの古書エッセイが掲載。読みごたえがあった。

　そんなわけで古本屋めぐりの話がどうしたって寂しくなる。かろうじて入院前に、五月の「ＢＩＧＢＯＸ古本市」を覗くついでに早稲田の古本屋街を回っていたのでその話を。

　どうしても見ておきたかったのが、リニューアルした「五十嵐書店」と、散歩の達人ブックス『東京古本とコーヒー巡り』で知った「book cafe・das 古本茶屋岩狸」だ。これは写真だけでなくぜひ一度足を運んでみる価値はある。

「五十嵐書店」さんなんか、位置を覚えていたはずなのに通りすぎちゃったよ。「渥美書房」ぐらいまで来てから、「おや？」と思って引き返したのだ。コンクリート、ガラス張りの店頭に立ってさえ、正装もしないで入っていいのかな？　とためらったほどの過激なリニューアルぶりだ。

　一階が、この革命的店舗改装を手がけた二代目、五十嵐修さんの担当で画集・写真集に力を入れた品揃え。ガラステーブルの上にさりげ

book cafe・das 古本茶屋岩狸

なく本を並べるなど、貴婦人を扱うように本の展示をしているのが目をひいた。やるなら、これぐらいやらないとやったことにならない、というほどのみごとな変貌ぶりだ。同じ真似をする必要はないが、同業者の方は一度見学されるといいと思う。

片側壁面に本棚を寄せ、中央通路と窓側にはなるべく本を置かない。なんでもかんでも並べるのではなく、的を絞ったセレクトをする。これが今後の古本屋のあり方の主流になると思われる。

「古本茶屋岩狸」にも驚いた。二〇〇二年に、もと「古書現世」一〇〇円均一店の後を受けてオープン。ご店主はかつて上野動物園勤務という変わり種。ほかにアパート経営などの食い扶持を持つというが、そうでなければ、店の中に炬燵は置けません。いや、炬燵だけではない。店頭には蛙の置き物に、なぜか火鉢や七輪が出してあり、私が訪ねたときはふかしたイモが置いてあった。店頭均一も「旅」「俳句」など〝デーマ性〟があり、あなどれない。

ちょうど目の前に神社があるが、なんだかそのイメージとダブり、「岩狸」に入るときも手を合わせたくなる。棚も、レンガを積んで板を渡した自家製。「旅」「環境」「革命」「ユートピア」といったあたりの品揃えに特色あり。私としては、なんだか学生時代に回っていた古本屋の棚の匂いがした。潮出版から出ていた、埴谷雄高、武田泰淳、三島由紀夫の黒い装丁の映画論シリーズなどがそう。値段はいたっておさえ目で、山川方夫『トコという男』が一〇〇〇円くらいだったか。

早稲田周辺で変革を告げる煙火があがってきた。インディアンうそつかない。「BIG BOX古本市」を覗いたら、ぜひ古本屋街へも足を運ぼう。

月五〇〇冊！ 底抜け古本バカの日々

二〇〇三年八月——川崎・近代書房

五月二二日、一一冊。二四日、一八冊。二五日、一二冊、二七日、一六冊。二九日、一四冊。三〇日、二三冊……と、この数字、私が退院した日から、毎日買い続けた古本の冊数である。ほぼ毎日、平均一五冊は買っている。六月七日は、とうとう決壊し、一日で三八冊も買っている。月、五〇〇冊ペース！　ここに、書評用に買う新刊書が加わり、われながらいやはや、である。

前回も書いたが、わたくしこと岡崎武志は、先祖伝来の「糖尿病」に罹り、一〇日間の入院を強いられた。厳密な食事制限により、アルコール、間食、大食いっさいなしの生活を送り、退院後も禁欲が継続している。煙草は半年前から止めていたので、肉体を汚すなにものも寄せつけない、天使のような暮しぶりである。体重も入院前より五キロ以上落ちた。眼の白い部分が透き通り、腹のまわりの脂肪は落ち、あごがとがり、首筋がキリンのように細くなる。以前は途中で恨めし気に見上げていた駅の階段も、体が軽いから、二段飛ばしくらいで駆け上がっていく（ちょっと、ええかげんにしなはれや）。

しかし、人間とはよくしたもので、どこかを抑えれば、別のどこかが突出するんですね。どこかを清潔にすると、どこかを汚したくなる、といってもいいか。私の場合、煙草、飲酒、食欲を抑えたことで、そのどこかが一挙に〝古本買い〟に集中した。

どうもそうらしい。退院後に襲ったその買いっぷりは、まさしく飢えた餓鬼状態だった。『彷書月刊』ホームページに連載している日誌には「底が抜けた」と書いておいた。「均一小僧」あらため「底抜け小僧」と名乗りたいぐらいだ。退院後に本棚を四本、購入したのだがとても追い付かない。焼け石に芋、いや水。まだあちこちに本の塔が賽の河原に積み上げた石のように、悲し気に屹立している。「お父さん、ぼくたちいったいどうなるの」と言いたげに。

今回はその怒濤の古本前線にあって、やや小康状態を迎えた六月二日のことを報告したい。前日の一日に一一冊、三日に一六冊買っているのだが、この日はたった四冊。しかも場所は川崎だ。なぜ、川崎へ行ったのか。いや、たいした理由はない。一つには、一〇年ほど前、川崎市多摩区に住んでいたから。なつかしさにぼんやり駅を降りて……ユーミンの歌みたい。

もう一つは、この日銀座で取材があって、ついでにどこか古本屋を訪れたい、という魂胆が最初からあった。銀座では老舗蕎麦屋Yに入って、天盛りを注文したのだが、この蕎麦がくっつきあって離れない。いくら箸でほぐそうと思ってもだめだ。ひどい。

たぶん、昼時にあわせ、あらかじめ茹でたのをせいろに盛って、積み重ねて置いてあったのを出したと思われる。注文を聞いてから茹でたかと思われるほど待たされたのだが、もしそうなら、あんなにべたべたくっつくわけない。こんな店、大阪なら三日でつぶれるよ。それが老舗とあって繁昌している。まあ、いいけど、二度と行かないだけだから。

銀座から新橋まで歩いて東海道線で川崎へ。駅からすぐに地下道へ入る。飲食店が立ち並ぶ中、奥へ奥へ。地上でいえば銀柳街に岡田屋モアーズという百貨店がある。その入口が地下とつながっていて、六階に「ブックオフ」が入っているのだ。このビル、なんともがちゃがちゃと安売りの店ばかりが寄せ集まり騒々しい。ワンフロアが一〇〇円ショップという階もあり、繁昌している。ブックオフでは買った本を報告するにとどめておく。飯塚恒雄『村上春樹の聴き方』(角川文庫)、金井美恵子『ながい、ながい、ふんどしのはなし。』(筑摩書房)が各一〇〇円。『ユリイカ』七九年一月号「カフカの世界」が二〇〇円。

ここから地上に出て、商店街を歩いたのだが、露店が道端に出ていて、地下街からのアプローチといい、周囲の風景、歩いている人々から受ける印象が大阪っぽい。川崎は関東の大阪か。「兄ちゃん、電車賃、貸したってえな」と、物騒なおっさんから声をかけられそう。しかし、そんな中にある「近代書房」はいい古本屋だった。〈店内が広いので本の量も多い〉と『全国古本屋地図』に書かれているとおり。場所がら風俗ものも置いてあるが、文芸書も壁一面に取り揃えてある。俳

近代書房

句、短歌など詩歌関係のものも充実。幻想文学もあり、かなり見ごたえがある。一部を除いて、文芸書の値づけはかなり安めの設定。永井龍男の単行本など、文庫を買う感覚で手に取れるはず。奥の写真集や画集もかなりたっぷり量があり、本体六〇〇〇円の『和田誠装幀の本』(リブロポート※絶版)が、たしか一五〇〇円くらいだった。持ってなかったら即買い、のところだ。レジ横に荷物を預けて、けっこうたんねんに棚を見て回り、何か一冊買って帰りたい、という気持ちになった。

あれこれ見比べた後、横光利一『書方草紙』(白水社・昭六年)が、函なしながら七〇〇円と安い。大判四〇〇ページ強のたっぷり、どっしりした本で、装丁は著者による。横光の随筆、評論、詩を収める。あの有名な「蟻臺上に餓えて月高し」も入っている。この時代の白水社の本は、いかにも「本」という造りで素晴らしい。

近代書房の支店は隣の「いちご舎」。店先には古着、店内はすべて女性のための品揃え。女性作家を中心に、料理やファッションなど、女性客をターゲットにした店づくりがされてある。なるほど、こういう手があったか。本店が近くにあってこその手法だが、面白い発想だ。

『全国古本屋地図』記載の「大島書店砂子店」もすぐ近くと見て、附近を探索したが見つけることができなかった。後日、同じく大島さん経営の「古書朋翔堂」(近代書房から一〇〇メートル)と統合した、と知りました。

吠えるは犬だが鯨書房

二〇〇三年九月——岐阜・鯨書房

ひさしぶりに東京以外からの報告だ。七月二五、二六日と飛騨高山、岐阜と回ってきた。今月は一五、一六日と熊野へ一泊取材してきたばかり。東京からほとんど出ることのない私としては旅づいている。いずれも某誌の仕事で、高山では同市にある「光博物館」を訪ね、所蔵の鏑木清方、北斎の絵を学芸員に解説してもらう。

今回、旅するにあたって参考にしたのは海野弘『日本図書館紀行』(マガジンハウス)と、作品社の日本随筆紀行『東海に朝日が昇る　愛知・岐阜・三重』。ところが、この二冊、出発当日、午前中に別の取材が入っていたためあわてて家に置き忘れてしまった。なんたることをサンタルチーヤ！　旅から帰って読み直したら、「ああわれあやまてり」と思った箇所がいくつもあった。行けばよかったポイントをいくつか逃してしまったのである。

高山へは、着いたのがそもそも遅かったので、私は当地に一泊。翌日も用事のある編集者はとんぼ帰りで東京へ戻っていった。大変だなあ。編集部で取ってもらった宿は、シティホテルながら温泉の大浴場がついている。ホテル内のレストランで飛騨牛の定食を食べ、部屋へ戻って阪神・中日戦をテレビで観戦。もちろん阪神は勝った。下柳がよく投げて……なんて書くページじゃないだろう、バカ。すんません。

殿山泰司を読んだのがわかる。

翌朝、列車の時間まで市街を散策。高山はいい町だった。駅前から伸びる国分寺通りが繁華なメインストリートで、飲食店、土産物屋が並ぶ。高山本線と平行して南北を流れる宮川を越えると、一帯が下三之町、下二之町と呼ばれるいわゆる古い町屋の保存地区で、工芸品といってもいいような屋敷が続く。観光客もここが目当てだ。

へそ曲がりの私は人込みを避け、むしろ誰も足を向けない城山城趾のある高台に登り、あるいは宮川へ至る手前の駅周辺をうろついた。驚くべきは喫茶店と理髪店の多さで、どこかの地点に立てば、必ず視野に一軒は目につくといっていいほどだ。昭和二六年創業というコーヒー専門店「ドン」に入ってみたが、全体に民芸調の落ち着いたいい店。三五〇円のブレンドもうまかった。これで古本屋が一軒でもあれば申し分ないのだが、十数年ほど前までは「かすみ書房」があったという。旅先では必ず古本屋に立寄り、地元縁《ゆか》りの資料を探す海野さんは『日本図書館紀行』の中でも〈宮川をさかのぼった和合橋〉のそばにあるはずの「かすみ書房」を訪ねる。しかし〈五年前に主人が亡くなり、店を閉めた〉と近所の人に聞かされる(この文章が『ダカーポ』に連載されたのが九三年から九五年)。先に「行けばよかったポイント」の一つはここで、たとえいまはなくとも、どんな場所に「かすみ書房」があったのか、訪ねておきたかった。これだけ喫茶店があるのだから、古本屋の一軒ぐらいあってもよさそうに思うが……。

しつこいなあ!

自動化されていない改札を済ませ、駅前から段差なくプラットホームに続く高山駅をあとに、特急「ひだ」で名古屋方面へ。雑誌の仕事は終わっているので、ここは途中下車し、岐阜をうろつくことにする。岐阜駅は、京都へ帰省する際、何度も通過はしているが降りたのは初めて。『全国古本屋地図』には、市街に六店が記されてあった。夕方の新幹線を指定予約してあったので、効率を考えて長良地区の「鯨書房」「有時《うじ》文庫」、駅からすぐの徹明町附近の「岡本書店」「我楽多書房」の四店に的をしぼる。

　まずは「鯨書房」を目指す。駅前からバス。「G」の表示の乗り場から「三田洞団地」行きに乗り約二五分。「長良北町」で下車。バス運賃は二〇〇円。途中、金華山を眺め、長良川を渡る。川を越えるあたりで、パンパンと破裂音がした。見ると河畔にビニールシートが無数に敷かれ、川辺に露店がたくさん出ている。今日は長良川花火大会なのだ。どおりで、似合わぬ浴衣姿の若い女性を何人も見かけた。

　長良河畔で乗客を吐き出し、その先まで乗り続けるのはわずか。長良北町バス停で下車し、少し戻って交差点を左折。「日本堂」という古い時計店を右角に見て、左折するとすぐ目の前に大きく「鯨書房」の看板が見える。かなり時代のついた瓦屋根の下、古本屋の大きな看板との組み合わせがいい、と

鯨書房

いったらいいのか不思議といったらいいのか。

　店頭均一は壁いっぱいに棚が並びかなりの量を擁する。一〇〇円ではなく、二〇〇円というのが微妙なところ。村上春樹『村上ラジオ』、川上弘美『溺レる』なんて人気作品もある。私も重宝してよく使う、明治書院『現代日本文学大事典』の函なし、もある。これは店内も期待できそうだ。〈かなり広い店内は各分野の本が分類よくギッシリ〉と『全国古本屋地図』にはあるが、つけ加えるべき言葉がない。文庫、新書、マンガもあれば、児童書、料理・将棋・釣り・旅・山岳などの趣味本、人文書関係は思想哲学から内外の文学研究書も揃っているし、郷土史もかなりの量。つまり、古本屋が揃えるべき品目はことごとく、しかもよく選んで置かれてある、という印象を受けた。

　これはなにか買わねばとうろついたあげく、ドス・パソス／青山南訳『さらばスペイン』(晶文社)八〇〇円を一冊だけ手に取る。お金を支払うときに、店へ入ってからずっと気になっていたことを、奥さんらしき人に聞いた。それは、店内に響く複数の犬の吠え声、鳴き声だった。なんだか一緒に檻に入りながら本を選んでいる気分なのだ。「ああ、隣りがペットショップなんですよ」という答えであった。ついでに「有時文庫」の場所を聞いたら、新岐阜百貨店で開催される「古書の市」の目録をくださった。「有時文庫」他は次回で。

2003年9月 ● 岐阜・鯨書房

文芸評論家てづくりの店だった

二〇〇三年一〇月——岐阜・有時《うじ》文庫ほか

前回の「鯨書房」の外装もたいそうユニークなものであったが、「有時文庫」もちょっと見たところ、古本と書いてなければどういう店かわからない。入口で本の山へ向かって値づけをしていたご主人らしき人に、「失礼します」と挨拶し、中へ入る。外からは想像もつかなかった光景が目の前にある。むきだしの天井には、廃材っぽい梁がはりめぐらされ、ひと目で手製とわかる本棚が、容易には人を通すまいぞと空間を埋めている。

有時文庫

古本屋はこうでなくっちゃ。人文書を中心に、あの本この本がところ狭しと積まれ、溢れだしている。学生だった七〇年代、京都の古本屋の棚を目を皿のように眺めていた頃と、同じようなラインの本が多い。文学書はかなり充実。国文社と白地社の本は、ひと棚に新本割引きとして固めてあった。

なにか一冊、記念にと、すでに持ってはいるが植草甚一『ぼくのニューヨーク地図ができるまで』(晶文社)を六五〇円で買う。代金を支払う際に、ご主人に「『彷書月刊』で連載を持っている岡崎と言います」と名乗りをあげる。ご主人は岡田啓さん。

喫茶店に誘われ、あれこれ話を聞くことができた。

聞いてびっくり！　岡田啓さんは『島尾敏雄』（国文社）などの著書を持つ文芸評論家だった。それで国文社の本が揃っていたのだ。「店に小島信夫の本がずいぶんありましたね」と言うと、「！」という顔をした。それもそのはず、地元出身作家である小島信夫を研究、顕彰する会の岡田さんは会長だった。「講談社文芸文庫の『うるわしき日々』の巻末年譜はおれがつくったんだよ」。これもあとで調べたらそのとおりだった。いやはや。

ユニークな造りの「有時文庫」は、できて二〇年。前身は「岡田書店」といい、岡田さんの自宅で営業をしていた。これは三〇年前にさかのぼる。いまの店舗は岡田さんが息子さんと半年かかってつくりあげた手づくりの店。「以前はこんにゃく屋。ボロボロの倉庫で、猫が一匹ミイラになってたよ。本棚も全部自分たちでつくったんだ」という。

岡田さんの話によれば、岐阜市内にはかつて三〇もの古本屋があった。いまやそれが三分の一に。「鯨書房」「有時文庫」のある長良地区は、岐阜大学のある文教地区だった。ちなみに岡田さんも同大学の卒業生。大学はその後移転してしまった。

岐阜出身の文学者にはほかに平野謙、篠田一士がいて、ここに小島信夫を加えた三人が同時期に朝・毎・読三大紙の文芸時評を担当していたことがあったという。「そのときは、なんだみんな岐阜じゃないか。岐阜は優秀な評論家をたくさん出しているなあ、と笑ったことがある」と岡田さん。それがいまや……。文芸書を中心に古本屋をやっていくのは難しくないか、と聞いてみた。岡田さんの答えはこうだ。

「いや、むしろある意味ではいまのほうが、古本屋らしい古本屋しか生き残れなくなったわけだから、やりやすいんだよ」

時はいまに有る。じつに「有時文庫」という店名らしい心意気ではないか。

岡田さんと別れて、バスに乗って駅前へ戻る。駅周辺の繁華街「柳ヶ瀬」に「岡本書店」と「我楽多書房」がある。これはどちらも品揃えのいい、見ごたえのある古本屋だった。「岡本書店」はメインストリートの一本、神田町通りに面したビルの二階にある。

明るくきれいな店内。入口にかなりの量の均一本があった。さっそく点検し、昭和二五年発行の谷崎潤一郎『細雪』、白水社ポール・ボウルズ作品集『世界の真上で』を各二〇〇円で買う。「我楽多書房」も、均一は充実。中村誠一『サックス吹き男爵の冒険』(晶文社)を一〇〇円で、店内ではル・クレジオ『向う側への旅』(新潮社)を四〇〇円で買う。我楽多書房ではけっこう長い時間、店内に滞留していたが、飽きることがなく、楽しい古本めぐりをさせてもらった。

岡田さんの話にもあったが、柳ヶ瀬はかつての大歓楽街。美川憲一のヒット曲「柳ヶ瀬ブルース」がヒットしたのは昭和四一年。その頃のにぎわいもいまやない。

海野弘『日本図書館紀行』(マガジンハウス)には〈城址の岐阜公園と駅の中間ぐらいに盛り場の柳ヶ瀬がある。なんでこんな中途半端なところに盛り場ができたのだろう。また、駅のすぐ南に、金津園というソープランド街がある。これらの位置関係がよくわからない〉と書いてある。

じつは、岡田さんによると、金津園はその昔、吉原や雄琴と並ぶ大風俗街で、柳ヶ瀬の近くにあったのだという。海野さんもそのことにすぐ気づき〈柳ヶ瀬は美江寺の前にあった遊廓の門前町であったという。遊廓と盛り場が隣接していたのだ〉と後述している。『日本図書館紀行』により、さらにいえば、一九一九(大正八)年に、柳ヶ瀬地区で内国勧業博覧会が開催、大噴水塔が建ち、映画館、カフェーができた。街路照明が岐阜で始まったのが柳ヶ瀬でこれが二七年から。二八年から三〇年にかけては道路舗装もされる。

一九二〇年代のモダン都市が岐阜では柳ヶ瀬から始まった。岐阜公園近くをぶらついていると、たしかに、戦前に建てられたようなモダン建築の歯科医院があった。あるいはモダン柳ヶ瀬の名残りか。岡田さんに推薦された「岐阜古書センター」にはついに立ち寄れなかった。それだけが悔やまれる。

上州・前橋で文化の泉を見た

二〇〇三年二月——前橋・山猫館書房

前橋へ行ってきた。前橋は過去に二度訪ねている。一度は赤城山に居を構える俵萌子さんの取材、一度はこの地で画家の林哲夫さんが個展を開いたときだ。今回は、毎日新聞が秋に出す神保町ガイドの取材で編集者とともに高崎へ。『半落ち』（講談社）の著者、横山秀夫さんをインタビューしたのだ。横山さんの母上の実家が神保町にあり、東京在住の横山さんは古本街を遊び場にしていたという。

横山さんは一九五七年生まれ。私と同年だ。そんな気安さがあってか、話はずいぶんはずんで、たちまち二時間が過ぎた。終わったのが四時。編集者とカメラマンとは高崎駅で別れて、一人前橋を目指し両毛線に乗り込む。ところが、電車は三〇分に一本しかない。前の電車は出たばかりで、プラットフォームで三〇分近く待つことになった。

前橋駅から駅前通りにある西友の前に立ったときは、もうあたりは暮れなずんでいた。人通りもほとんどない駅前から延びるケヤキ並木を少し早足で歩いていく。以前訪れたとき印象的だった「大成堂書店」、古本市がちょうど催されている「煥乎堂」（新刊書店）、少し中心地からはずれるが「山猫館書房」の三店はなんとしても確保したかった。順序とすれば

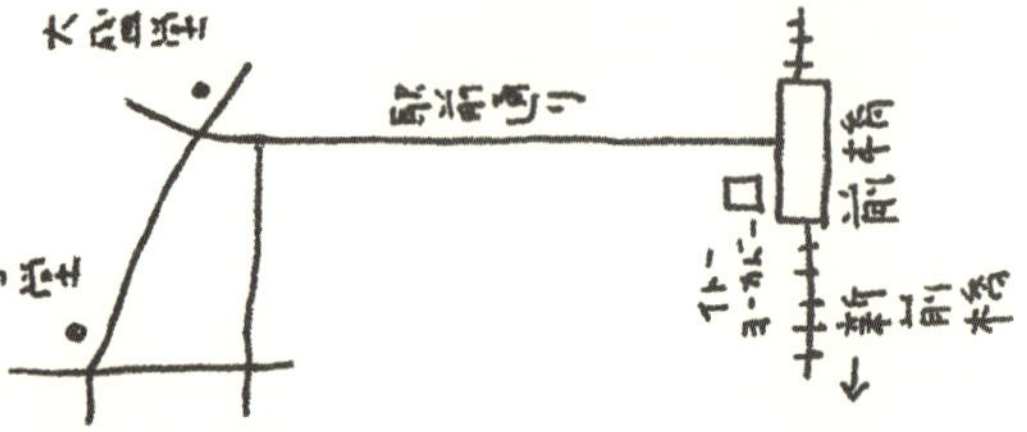

※・旧版（宇野亜喜良イラスト表紙）と新装版（斎藤亮・写真）の２種類あって、これは後者。ぼくはどっちも持っていて、どっちも300円でかった。

「大成堂」が一番近いが、まずは「煥乎堂」へ。四階ギャラリーホールで、定期的に古本市を行っているのだ。

三階、四階と階段を上がる途中に見るだけでも、この前橋を代表する新刊書店が充実した良質な店であることがわかる。古本市の会場となるギャラリーホールは意外に広く、ゆったりしたスペースに県内の古本屋が毎回、郷土資料を中心に、文学書、歴史書、一般書などを出品している。三〇分ほどうろついたあげくに買ったのは二点。寺山修司『はだしの恋唄』（新書館フォアレディース）三〇〇円。以前から探していたレニ・リーフェンシュタール『ヌバ』新潮文庫二〇〇円。リーフェンシュタールがこの一週間ほどあとに亡くなる（一〇一歳！）とは思ってもみない。本連載を読んでいただいている人はおわかりと思うが、ほんと、私が唐突に古本を買った著者が、その後すぐに亡くなるケースがけっこうあるのだ。わしゃ、厄病神か！

会場で、以前高崎をこの連載で取り上げたとき、お世話になった「赤坂堂書店」さんがいらっしゃったので挨拶する。「これから山猫堂さんに行くつもり」と言うと、「さっきまで会場にいたんですよ」と教えられる。山猫堂さんを追い掛けるように会場をあとにし、もうとっぷり日が暮れた前橋を歩く。結局「大成堂」さんはパスし、山猫堂へ向かうため上毛電鉄というローカル線の駅へ。切符を買って、改札を通りぬけようとしたら駅員に止められた。いまだパンチで切符に穴をあける方式を取っているのだ。

客もまばらな二両連結の小さな電車に揺られて二駅。「三俣《みつまた》」という恐ろし気な駅で降りたのが私一人なら、当然のごとく駅も無人。この頃には長い一日の疲れが、肩から背中へ回り腰まで染み込み始めている。

事前に地図で確認した「山猫館」は駅から数分のところにあった。山猫館主人の水野真由美さんは、句集『陸封譚』（七月堂）で第六回中新田俳句大賞を受賞した俳人で、朝日新聞群馬版に連載されたエッセイが、『猫も歩けば』（山猫館書房）にまとまっている。私もかつて朝日新聞で水野さんの紹介記事を読んだことがある。「山眠り眠れぬ鬼は星を浴び」あるいは「肛門も桃色子猫の探検隊」の句が水野作品。店名でもわかるがネコが好きなのだ。水野さん自身も、茶髪をピンピン空へ向かって立て、大きな切れ長の目といい、どことなくネコを思わせる風貌だ。

ちょうど煥乎堂古書市に出店していることもあり、店内は在庫が通路をふさぎ、棚のあちこちに空きが見えたが、文芸書を中心に品揃えはしっかりしている。詩集、句集が充実しているのは、店主の好みの反映か。持っていなかった野口冨士男の文学エッセイ集『断崖のはての空』（河出書房新社・昭五七年）が目に入り、これは脇にはさみこむ。一五〇〇円。

名乗るほどの者ではないが、名乗らないと怪しまれるので名乗っ

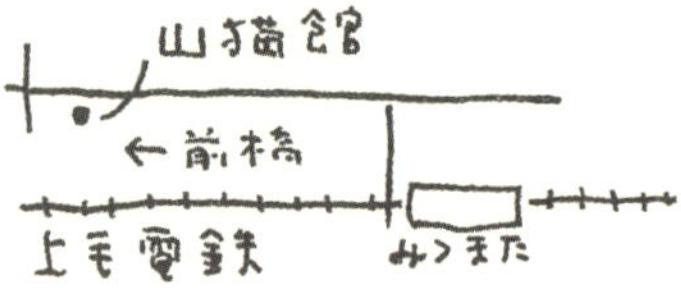

山猫館書房

田口久美子『書店風雲録』本の雑誌社・03を読め！

て、水野さんに話をあれこれ聞いた。あとで知ったが、水野さんも一九五七年生まれ。横山秀夫さんといい、今日は五七年生まれづいている。聞いて初めて知ったが、水野さんは、前橋で昭和一〇年代から営業を続けていた古本屋「みずの書房」の娘さんだった。お父上は七、八年前に没し、店を閉められた。

水野さんは東京の大学を卒業し、すぐこの地に戻り「山猫館」を開いた。なぜ中心地ではなく、この三俣に？

「駅前は家賃が高いでしょ。私、自転車が好きで、店探しのためにふらふら走ってたらここを見つけた。一発で決めました。私、下宿を決めるときも最初に出会ったところで決めた。なんでも一発、なんです（笑）」

前橋西武で古本市に参加した話が面白い。古本市の初代担当が今泉正光さん。あの西武池袋リブロで独自の人文書の棚をつくりあげ多くの業界人を集客し、八〇年代半ば「今泉棚」と称されることになった、あの今泉さんだ。今泉さんは、七八年オープン時に前橋西武（現・西友）書籍売場の責任者として赴任し、たちまち群馬大学の先生たちをまきこんで前橋文化ネットワークをつくりあげたという。その一環に前橋西武古本市があった。その初期から山猫館さんは参加している。

「最初、今泉さんに怒られたのよ。まあ、こっちも何もわからない頃で、ワゴンの置き方でまごついていると、何してんだ！　ってことで（笑）。でも、本を並べ終わったとき、今泉さんが『いい本出したねえ』って誉めてくれたのがうれしかった」

そのほか、私が興味を持っている群馬文化人の代表・井上房一郎の興味深い話を聞いたが、ここでは割愛。前橋に来て、煥乎堂、山猫館、そして今泉正光、井上房一郎と話がつながって、改めて前橋の文化度の深さを感じた。それも「山猫館」の水野さんのおかげだ。古本屋は文化の泉である。

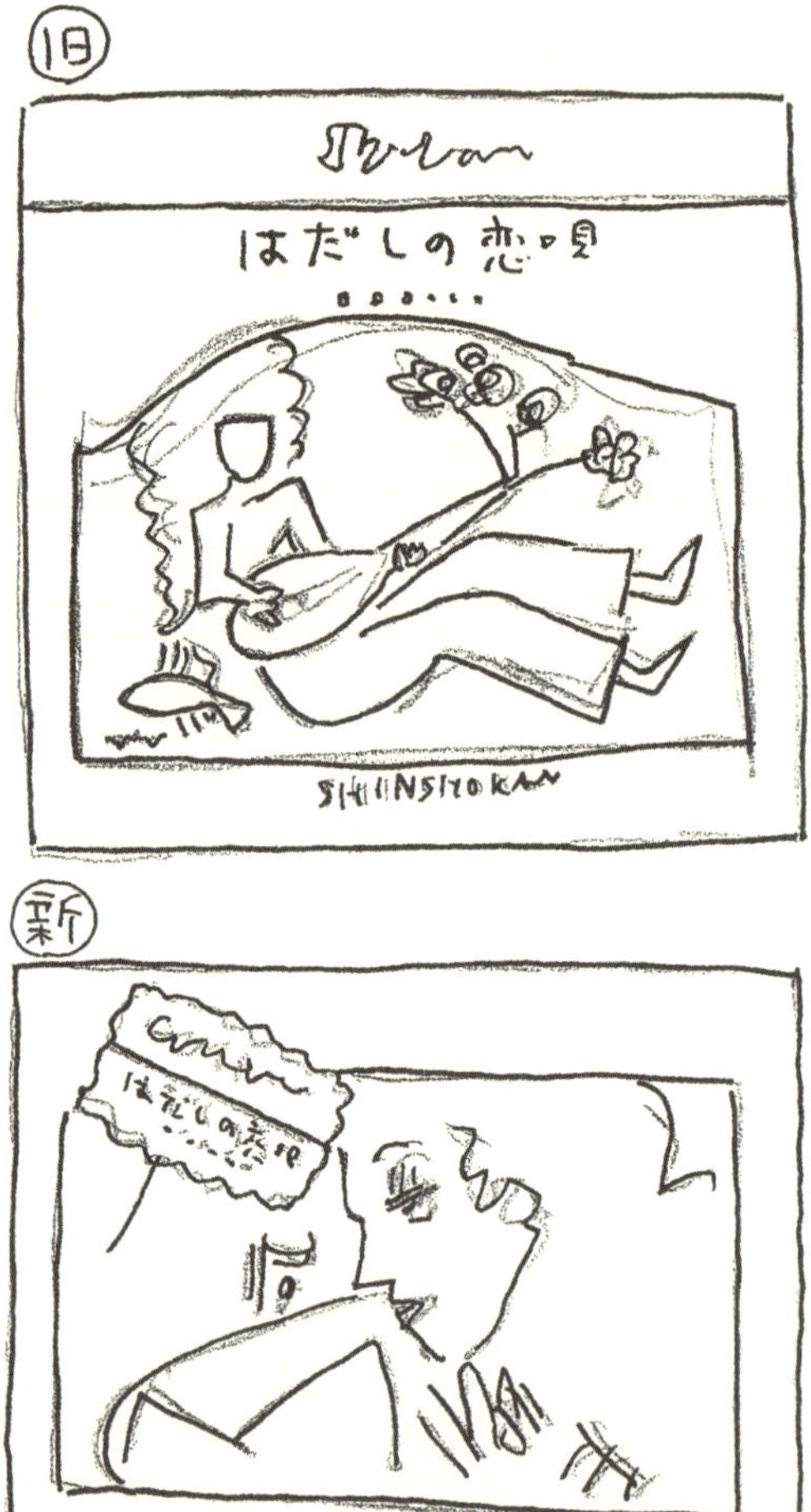

はだしの恋唄 2種

祝エノケン生誕一〇〇年、浅草めぐり

二〇〇三年一二月——台東区浅草・おもしろ文庫ほか

今年はエノケン生誕一〇〇年。しかし、いまいち盛り上がりに欠けるような、煮え切らない気分です。『中洲通信』は一〇月号で「エノケンの凄み」という特集を組んでいる。この「日本のチャップリン」と謳われた不世出の喜劇王を、中学校卒業の頃からエノケン一座に出入りしていた吉村平吉さんがインタビューで〈彼の目標はチャップリンではなく、あくまでボードビリアンだった。チャップリンは自ら脚本を書き、思想性も高かったけれど、動きや演技そのものでエノケンはけして負けないと私は思いますよ〉と答えているところが印象的だ。

同じ生誕一〇〇年の小津安二郎が、テレビで映画特集が企画されたり、種々の小津本が刊行されるなどにぎやかなのに対し、エノケンの扱いが寂しいんじゃないか、と思っていた矢先だったから、よくやってくれたよ。しかし、そんなことをいいだせば、小津に対して清水宏、エノケンに対して古川ロッパが同じ生年なのに、黙殺に近い。「江戸東京博物館」で記念映画祭と「エノケンとレビューの時代」展が催されたエノケンはまだまし、ということか。

さて、そのエノケンだが、彼の黄金時代を築いた地、浅草で「勝手にエノケン祭り」なるライブが一〇月一二日、つまりエノケン生誕一〇〇年目の翌日に開かれた。こりゃ、行かずばなるまい。出演はふちがみとふなと、大熊ワタル。ゲストに上野茂都、中尾勘二、こぐれみわぞう（以上、敬称略）。チラシをつくったのが古書　興居島《ごごしま》屋の店主・石丸澄子さん。メジャー・レーベルとは違った場所で、ユニークな音楽活動を続けるミュージシャンが、おじいさんの世代であるエノケン音楽をいかに料理するか。期待は高まる。

ライブは午後四時半から。秋の日曜日、せっかく浅草まで行くのだから、古本屋を回らない手はないやね。『全国古本屋地図』を見ると記載は五店。少し早く家を出て、記載の順に回ろうと決める。浅草のガイドブックを調べたら、ROXの裏あたりに「蛇骨湯」なる銭湯がある。お湯がちょっと黒っぽいらしい。古本屋めぐりの締めはここにしよう。

日曜の浅草はとんでもないことになっていた。人の数がすごい。仲見世なんて、わいわいがやがやと人の波が寄せては返すたいへんな混雑ぶり。あわてて横道に避難した。他県から観光バスが、ベルトコンベアーのように人々を大量に運んでくるらしい。小津安二郎『一人息子』でも、信州から出てきた老母を、東京に住む息子が東京案内をしたあとで、「おっかさん、あちこち連れていったのに覚えているのは浅草雷門の大きな提灯だけなんだよ」と妻に話すシーンがある。浅草ってやっぱりそういう場所なんだ。

その仲見世を抜け、伝法院通りを右折してちょっと行くと「まるい書店」がある。いいね

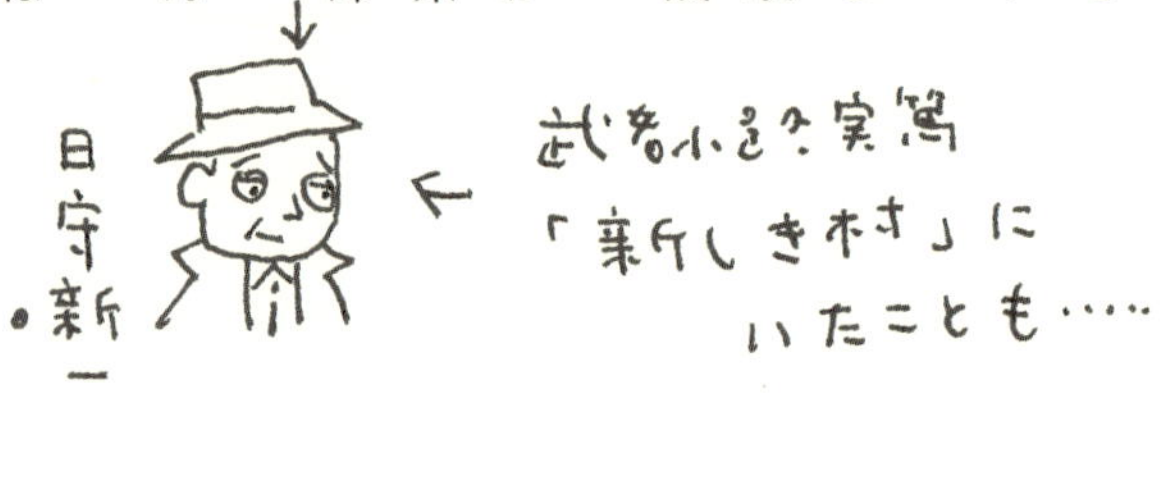

★戸板康二は慶応を卒業后、明治製菓に入社。
PR誌「スヰート」の編集をやる。編集長は内田誠

え、店名が。名前は丸いが、店はうなぎの寝床型。入ってすぐのところには、文庫ややわらかもの。奥に一部、歴史、文芸とハードもあるが、場所がらソフトが中心になる。

そのまま伝法院通りを西へ、浅草公会堂を過ぎたあたりに「地球堂書店」。途中、骨董、雑貨、衣料などを並べた店が軒を連ねていかにも浅草のムードを醸し出している。漫才師が着るような派手な衣裳ばかり吊るした店もあったが、いったい誰が着るのか。

「地球堂書店」は、今回浅草めぐりをした中では一番見ごたえのある店だった。店頭で珍味や乾きものを並べて売っているのには少したじろいだが、鍵型になった店内は本の量も多く、よく整理されている。映画、音楽、芸能に特色があるように見受けられた。そのうちの何冊かに手が伸びたが、いずれも値段はきっちりついている。いや、高いというのではない。よく調べられた市価がそれ以上でもそれ以下でもなく、ついている。

★戸板康二『思い出す顔』(講談社)を発見。ここに『スヰート』と『三田文学』が収録されていて、読みたかったのだが二〇〇〇円。以前、ネットで調べたときもそれくらい。それがどうした、買っとけよ。いえいえそれはなりませぬ……なんだかバカがこんがらがって、買いそびれてしまった。地球堂さん、すいません。↓ほんと、いいなです。

次に場外馬券場の裏手、花やしきを右に見ながら言問通りへ。途中、酒やけと肝臓のダメージで化粧したような、性別は疑いなく「男」といった面々が路上を占拠している。伝法院通りを国境に、別の国に来たように人種が変わってしまう。見上げるとサウナビルの途

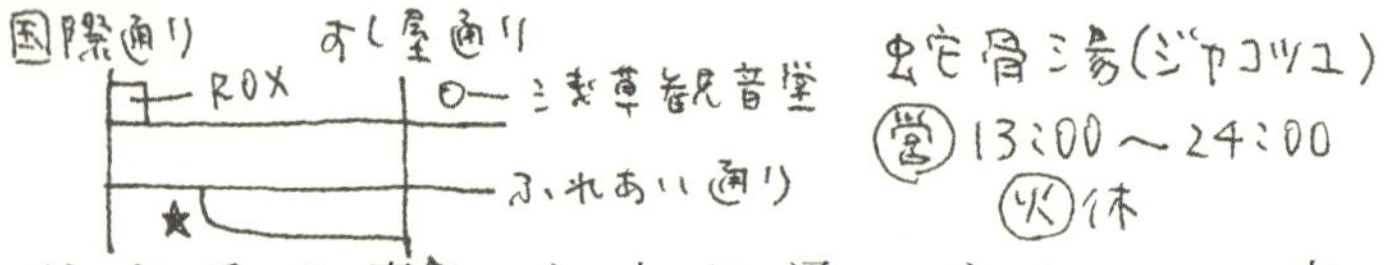

中に、汚れた鳩がびっしり並んで地上を見下ろしていた。
言問《こととい》通りでは「白鳳書院」を楽しみにしていたがお休み。残念。その先「おもしろ文庫」へと急ぐ。店頭均一が二ヵ所あり、一つは「一〇〇円」と表示。もう一つには「均一ではない」と書いてあった。安くしてはいるが、値段は統一ではない、という意味だろう。しかし「均一ではない」という表示を見たのはこれが初めて。思わず写真を撮る。
「おもしろ文庫」は角地にあるため、入口が二ヵ所とってある。そのため店内は明るく風通しがいい。ただし、品揃えはやわらかいものが中心だ。うーん、とひと声うなって、とにかく何か一冊買わねばと思案したあげく、邱永漢『金銭読本』(中公文庫)一五〇円を釣り上げる。なぜに邱永漢? 金銭読本? と訝る人もいると思うが、目次を見ると「二号さんの黄金時代」とある。これは見逃せぬ。そうではありませんか、みなさん!
ようやく買った「二号さんの黄金時代」所収の文庫を携え、ROX裏の銭湯「蛇骨湯」へ。フロント式で男女の入口が二分するいまどきのスタイル。湯舟も洗い場も広々としてお湯は薄いコーラ色。うんと手足を伸ばして湯に浸れば、ここが浅草であることをしばし忘れてしまう。思いがけない繁華街の楽天地だ。ああ、もうすぐライブの時間だ。「きずな書房」は次回、必ず取り上げます。浅草古本屋めぐりのしめくくりは、ぜひ「蛇骨湯」へどうぞ。

おもしろ文庫

二〇〇四

【第七部】

1月 ◉台東区浅草・きずな書房

2月 ◉港区三田・小川書店

3月 ◉桐生・雄文堂書店ほか

4月 ◉足立区北千住・カンパネラ書房ほか

5月 ◉京都市左京区・山崎書店ほか

6月 ◉練馬区・古本遥《はる》ほか

7月 ◉千代田区秋葉原・万世不動産ほか

8月 ◉杉並区高円寺・西部古書会館

9月 ◉千葉県柏市・太平書林ほか

10月 ◉郡山・古書ふみくら、古書てんとうふ

11月 ◉会津若松・勉強堂書店

12月 ◉横浜・西田書店ほか

なぜか浅草で落合恵子を！

二〇〇四年一月——台東区浅草・きずな書房

晩秋のいやに暖かい日の夕暮れ、私は東京・柳橋近くの水べりにいた。一一月半ばだというのに、昼間の温気がまだ路上にこもっている。総武線「浅草橋」を降りて、駅前の雑踏を抜け出し柳橋の橋のほうへ歩き出すと、水べりということもあり視界が開けて、なにやら静かな興奮とでもいうべき心境に……。

あ、ダメですね。せっかく東京下町散歩のスタイルで書き出そうと思ったのだが、どう考えても似合ってない。元に戻します。なぜ柳橋へ行ったかといえば、二〇〇三年一一月に、ちくま文庫から出久根達郎さんの『古本夜話』という本が出たことに端を発する。その解説を私が依頼され書いたところ、お礼にと、天ぷらの老舗「大黒屋」で一席もうけていただくことになった。担当のちくま文庫編集部の青木真次さんも交えて、この夜、小さな宴が開かれたというわけだ。二階の座敷（小部屋）に通され、お茶を飲みながらしばらく待つ。この時間がなかなかいい。落語ファンとしては、「船徳」に出てくる、船宿の二階にやっかいになっている勘当息子の気分だ。

「もう、こうなったらね、ちょいと船頭やろうかなと思って」

「ちょいと船頭ぉ！　ああたねェ、船頭なんてものはちょいとってできるもんじゃありませんよ」（柳家小三治「船徳」より）

あの船宿もたしか柳橋だったはず。やがて、お呼びがかかってカウンター席へ移動する。目の前で天ぷらが揚げられるのを、次から次に口に運ぶという寸法だ。水辺の町で江戸前の味を楽しみながら（似合わないなあ）出久根さんの話を聞くのは楽しかった。

集団就職について、まとまった記録が少ない、と出久根さんは嘆く。出久根さん自身、集団就職で昭和三〇年代に上京してくる。休みの日に浅草で映画をハシゴした話、勝鬨《かちどき》橋の話（あれをいま開閉するには一〇〇〇万円代の費用がかかる）、銀座で出会った友人が裸足で自転車を漕いでいた話などなど。出久根さんの小説を読んでいるような思いがした。

中でも印象に残ったのは、一〇月から東京新聞夕刊で、『坊っちゃん』の新聞連載が始まったということだった。現代作家による新聞小説ではない。あの、漱石の、『坊っちゃん』である。これには驚いた。いま中学の国語教科書から消され、読んだつもりでいて読んでいない代表のような『坊っちゃん』が、もし毎日、新聞に掲載されていたら、これは読むわな。読みますよ。なにしろ作者は漱石だもの。下手な現代小説を読むよりむしろ新鮮かもしれない。事実、新聞小説『坊っちゃん』はいま、非常に好評らしい。まさにコロンブスの卵だ。

古本屋の話をしなければいけない。じつは、大黒屋へ行く前、一時間ほど先に浅草橋で降りて、都営地下鉄に乗り換えて浅草へ寄ってきた。前回、行きそびれた「きずな書房」を取り上げたいと思ったからだ。前回の浅草取材のあと、複数の人から「きずな書房」は面白いですよ、と言われたのだ。これを逸して先に進むわけにはいかない。柳橋に用ができたのをいい機会に、やっと訪ねることができた。『全国古本屋地図』の記述のとおり、〈都営浅草線浅草駅A3出口近く〉にその店はあった。具体的にいえば、地下鉄階段を上がって地上に出ると、目の前の浅草通りを挟んで対面に「きずな書房」の看板が目に入る。

店構えはまだ新しく、入口のガラスも明るい店内を覗かせて開放的だ。中央に文庫の両面棚があり、それぞれ壁際に相当量を要する本棚が並ぶ。なんといっても目をひくのが、入って右側、江戸・東京関連書と芸能・演劇の棚だ。私の専門の笑演芸の本もかなり揃っている。どさっと一括入荷したというより、ご店主が時間をかけて、眼をつけた本をあちこちから蒐集した気配がする棚だ。

これで終わりと思ったら、奥へ進むとL字型にまだ先にスペースがあり、そこは歌舞伎や演劇の本だけで占められていた。同じ浅草の「地球堂書店」も似た造りで、やはり歌舞伎・演劇の本を集めていたから、この相似は楽しい。戸板康二、宇野信夫ご両所の著作が目についたのも、土地がらというものだろう。特に宇野信夫には、ご主人が執心しているらしく、著作で使われた挿絵の元絵(本物だろうか)が飾られていた。

このコーナーにもちゃんと文庫・新書棚があり、歌舞伎・落語・演劇関係が別に固められている。これだけ、この方面の文庫・新書を蒐集している古本屋はまずあまり見当たらないだろう。つい最近、川本三郎さんの新刊『東京の空の下、今日も町歩き』(講談社)でその存在を知った、小林亜星の赤線放浪記『軒行灯の女たち』(光文社文庫※品切れ)もちゃんと置いてある。値段は一〇〇〇円とついていたから、この方面の研究も怠りないらしい。表紙は滝田ゆう。

その後入手。

偶然だが、大黒屋でこの「きずな書房」の話が出た。私から言い出したのではない。ちくま文庫の青木さんの口から出たのだ。なんでも最近、青木さんが本を処分するために、最初某店へ持ち込んだところ、その中に藤原審爾の文庫が二〇冊あったが「古い文庫はちょっとねえ」と買ってもらえなかった。そこで、この「きずな書房」へ持ち込んだところ、二〇冊で千数百円と、そこそこの評価をして買い取ってもらえたというのだ。

話を聞いて出久根さんは「いや、青木さん、藤原審爾の文庫って珍しいですよ。藤原は全集も出てないから、そうは読めない作家だから」と、さすがに本職!

ああ、それなのに、私がこの日買ったのは均一台の落合恵子『匙をくわえた天使たち』(講談社)。なぜにいまごろ落合恵子? それは、近代ナリコ編『FOR LADIES BY LADIES』(ちくま文庫)のせい、だといっておこう。

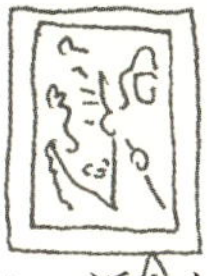

富岡多恵子、鈴木いづみ、白石かずこ、安田南、中島各美子、矢川澄子など個性的な女性のエッセイを精粋。文化系女子必携のテキスト!

2004年1月● 台東区浅草・きずな書房

あれを魚藍《ぎょらん》と指差す方に

二〇〇四年二月――港区三田・小川書店

そろそろこの連載の取材をしなくちゃ。二〇〇三年の一二月一二日、どこを取り上げるか何も決めずとりあえず中央線に乗った。まさに「気まぐれ」。揺れる車中、東京ガイド本と『全国古本屋地図』を見比べながら突如ひらめいた。あさって一四日は赤穂浪士討ち入りの日。私は「忠臣蔵」のファンで、関連の映画もほとんど見てるし本もけっこう読んでいる。そのくせ泉岳寺へは行っていない。行こうと思えばいつでも行けるのに。今日はそのチャンスじゃないか。よし、行け行け！

できれば古本屋をそこにからめたい。手の中にあった二冊を研究したところ、泉岳寺駅周辺に古本屋はないが、泉岳寺門前から一五分くらいで三田五丁目の「小川書店」へ行きつくことがわかった。伊皿子《いさらご》坂、魚藍《ぎょらん》坂といわくありげな名のついた坂も途中にある。いいぞ。わたしゃ坂は好きなんだ。急に気分が盛り上がってまいりました。

地下鉄「泉岳寺」駅から地上へ上がった。目の前が第一京浜国道。泉岳寺の表示がすぐ見える。伊皿子坂へ続くほぼ直角に曲る道はやや緩やかな勾配をつくり、そのパースペクティブが目に楽しい。泉岳寺へ向かう参道の右側にはお土産物屋が軒を列ねる。

たぶんあるんだろうな、と想像した義士せんべい、まんじゅうはいうにおよばず、陣羽織、のれん、ペナント、提灯、湯のみからキーホルダーとおよそ思いつく義士ものはなんでもある。義士のプラモデルまである。しばらく店頭でぼーっとそれらを眺めていると、店の主人が出てきて「おすすめはこれ」と、陣太鼓のミニチュアを指差した。おなじみ浅野家の家紋が入っている。あやうく買いかけたがやめた。

門をくぐり、境内に入ると大変な人出。みんなお好きだね、忠臣蔵。明後日一四日の「義士祭」には、もっと増えるだろう。テント設営など係員も準備に追われている。泉岳寺は門前の大石内蔵助の銅像に始まり、首洗いの井戸、浅野内匠頭そして四十七士の墓、義士館と、ひととおり忠臣蔵をダイジェストで追体験できるいわばテーマパークだ。

太宰治も『人間失格』の中で〈自分はとうとう、明治神宮も、楠木正成の銅像も、泉岳寺の四十七士の墓も見ずに終わりそう〉と主人公に言わせているぐらいだから、昔もいまも泉岳寺は一度は見ておくべきものなのだろう。この日も線香の束を片手に、十数名が四十七士の墓に熱心に手を合わせていた。私は、線香の煙りが霧のようにたちこめた墓所を一巡し、さっさと寺をあとにする。

泉岳寺の参道前に立つと、ビザンチン様式のバカでかい建築物がいやでも目に入る。近寄ってみると「幸福の科学」の礼拝堂。なるほど、世の中は金ですなと首を斜めにしたまま坂を上っていくと、九九を暗誦しあう私立の小学生トリオ、いかにも品のよい老女などが

2004年2月 ● 港区三田・小川書店

装丁は和田誠
カバー写真は篠山紀信

通り過ぎていく。このあたり、高級住宅地なのね。伊皿子坂を上り切ったところが、「江戸名所図絵」では「潮見坂」として描かれてあり、町人風情が二人、坂の上から沖に白い帆がいくつも立つのを眺めている。その昔、泉岳寺駅あたりまでが海だったのだ。

ここから下りが「魚藍坂」。あれこれ東京ガイド本を見ていると、かつてここを市電が走っていたことがわかる。品川から泉岳寺、伊皿子坂、魚藍坂とたどり、四谷塩町までを結ぶ小さな市電があったそうな。この魚藍坂を走った市電のことを、小沢昭一さんが「徹子の部屋」に学ランを着て出演した回（昭和五一年一〇月二〇日放送）で喋っている。ちなみに黒柳徹子はセーラー服！　小沢さんは麻布中に通うため、品川から赤十字病院下まで市電に乗った。以下、放送を本にした『徹子の部屋 二』（テレビ朝日）から。

〈当時、チンチン電車です。走りながら、ダッタンと音がする〉なんて語り出す。電車は満員。入口に扉なんかない。真鍮の棒と踏み台に鎖が張ってあるだけ。小沢さんはこぼれそうになる女学生を身を挺して守ったわけです。魚藍坂の途中の左側に大きなお屋敷があって、その窓から美しいセーラー服が顔を出す。小沢さんはそれを見るのが楽しみだった。いい話ですねえ。無謀を承知で黒柳徹子にセーラー服を着させたのはそういうわけ。この放送は珍品ですよ。

話をもとに戻す。魚藍坂下交差点から「魚らん商店会」と表示のある商店街へ入る。

『改訂 東京風土図』（教養文庫）には、〈魚藍坂通りはにぎやかな商店街で震災や戦災を受

「丸万書店」の芸術的積み本は一見の価値あり。

けなかった〉と記述が。その商店街にある「小川書店」はウナギの寝床式で、一番奥に帳場がある。しかしご店主の顔は半分しか見えない。すべての本棚の前に床から腰の位置より高く在庫が積まれていて、視野を阻んでいる。なかんづく、ところどころ聳《そび》える本の塔は軽く私の身長を追いこす勢いだ。そのさまは圧巻。しかも、あくまで緻密に、整然と積まれ、多少の揺れでもびくともしない様子。みごとな光景だ。これだけ完璧な積み上げ方をしている店といえば、西は京都の「丸万書店」と双璧だろう。「日本古書積み上げ大賞」を心の中でそっと贈る。

手には店頭均一で拾った、サム・シェパード『モーテル・クロニクルズ』(筑摩書房)一〇〇円がある。本の塔から、いま研究中のカッパ・ブックスを一冊(三島由紀夫『葉隠入門』二〇〇円)抜き出す。それに、奥の芸能の棚から『小沢昭一の世界』(白水社)を手に取る。同系の『井上ひさしの世界』はよく見るが、小沢さんのは初めて。一〇〇〇円。魚藍坂で小沢さんのことをチラと思ったのでちょうどいい。

小川書店を出て、桜田通りの対岸、歩道橋下に「白金ブックセンター」がある。いわゆる新古本屋。しかし「ブックオフ」よりさらに過激なリサイクル店で、新刊占有率がやたら高い。白っぽい本が金になるブックセンターってわけね。じゃんじゃん!

小川書店

2004年2月● 港区三田・小川書店

伊香保から桐生ゆうゆうと焼きそばを

二〇〇四年三月——桐生・雄文堂書店ほか

結婚一〇周年だそうである。

誰が？　って、私が……である。昨年末、妻がそう言うのだ。聞いた私は、もうそんなになるのかとも、それぐらいにはなるかもしれない、とも思った。妻とは、一一年前の、荒川洋治さん率いる韓国旅行で知り合い、帰国後ドガチャガになってしまった。ちゃんとした結婚式は挙げていない。仲間と身内のパーティーを二つ関西で開いた。結婚記念日なんて、どうせ私が覚えられないだろうと妻が一二月二五日をその日にした。たしかに、毎年クリスマスが近づいて初めて、意識に上るようになったから正解だった。

そこで、一〇周年を記念し、娘は妻の実家に預けて一泊の温泉旅行にでかけてきた。伊香保を選んだのは、成瀬巳喜男『浮雲』の一シーンで伊香保名物の石段が印象にあったからだ。くされ縁〝ドガチャガ〟コンビ高峰秀子と森雅之が、寄る辺なく伊香保で新年を迎え、湯に浸かるため石段を上がり降りする。小津安二郎『秋日和』でも、原節子と司葉子が母娘最後の水入らずを伊香保で過ごす。宮崎駿『千と千尋の神隠し』の温泉街もこの伊香保がモデル、という噂あり。日本映画ファンとしては一度訪れたい場所だった。もちろん古本屋のことを忘れたわけではない。車ででかけたので、同じ群馬県内、桐生まで足を伸ばせばこの連載の責務が果たせるはずだ。

二〇〇三年一二月二五日午前、自宅から車で出発。空は快晴。青い空にちぎれ雲一つ。所沢から関越に乗り、正午前には渋川伊香保インターを降りていた。渋川駅から伊香保温泉街へ向かう途中、右折矢印つきの「夢屋書房」の表示を発見！　事前にチェックし忘れたのだが、これは行かずばなるまい。

車が二台すれちがうのがやっと、という細い道を入るとすぐ左側にショートケーキのような三角形の建物が見えた。これが「夢屋書房」。いかにもマンガ、文庫しか置いてなさそうな外観に期待は一挙にしぼむ。ところが、店内をひと回りして印象は変わる。たしかに中央はマンガ、文庫の棚が占めているが、壁面棚にはけっこう黒っぽい本も混じっている。美術、歴史、文学とちゃんと見るべき品揃えになっているのには驚いた。山口瞳の男性自身シリーズが一〇冊ぐらい、各一〇〇〇円でグラシン紙がまかれて並んでいた。わかってらっしゃるのである。どこぞのどなたかが書いた『古本屋さんの謎』もおました。これは七〇〇円。売れまへんやろなあ。

こういう店ならなにかお土産にと、文庫の棚から竹西寛子『鶴』(中公文庫)一〇〇円を抜く。伴田良輔『女の都』(河出文庫)は品切れながら二五〇円と安い。天狗タバコの岩谷松平をモデルにした永井龍男『けむりよ煙』(角川文庫)は、たしか筑摩の文学全集に入っているのを持っていたはずだが、風間完のカバー絵に魅かれて二〇〇円で（この二日後、風間完は死去。新聞記事を見てびっくり）。帳場には老婦人がいる。本を持っていくと「すいません、どうもすいません」と、真から申し訳なさそうにあやまられた。「買ってもらって申し訳ない」という意味らしいが、こんなにあやまるのは珍しい。しかし感じはよかった。立寄る価値はじゅうぶんある。

伊香保でのじゃらじゃらした話を書く気はもうとうない。ただ、伊香保は意外にも若いアベックがたくさん来ていた。温泉街の裏通りはスナック、射的場だらけの歓楽街になっており、ストリップ劇場まであった。シーズンあるいは夜は、それなりに華やぐだろうけど、昼間はなんだかわびしい。やるせなき旅情が石段に影を落とす。じつは『浮雲』の石段はセットで、ここでロケをしたわけではないことがわかった。がっかり。

伊香保温泉については、巌谷國士『日本の不思議な宿』（中公文庫）に、「伊香保 千明仁泉亭」なる一文がある。中で紹介された、昭和七年刊、水島芳静『東京から一二泊の気まゝな旅』（荻原星文館）には、〈伊香保温泉は既に第一印象に於いて百パーセントである〉と大絶賛されているとのこと。私の第一印象は四五パーセントぐらいかなあ。

伊香保では竹久夢二記念館を訪れたが、それは割愛。桐生へ話を移す。翌日、伊香保から赤城山の裾野をくねくねと、車の行き来も少ない道路を走らせ、一時間ほどで桐生市内に着いた。この日もピーカン。

軒の低い商店が連なる本町通りに「雄文堂書店」がある。車を路肩に停めて、ここから桐生古本屋めぐりを始めることにしよう。

郷土資料、文学書がメインで、棚は整然としている。値段も総じて安めだが、惜しいことに棚のそこここにブランクがある。古い文学全集も穴埋めのように棚に鎮座する。店内はけっこう広いから、違う目で見れば買える本もあるだろう。文学書の棚の前で、制服姿の女子高生が熱心に本を選んでいたのがよかった。いい本買うんだぞ。

私は一度外へ出て、均一台を睨みつけて、山口瞳『男性自身 禁酒時代』(新潮社)、阿佐田哲也『ぎゃんぶる百華』(角川書店)を各一〇〇円でどうにか拾う。

雄文堂を出るとちょうど昼飯どき。数軒駅よりの「ほりえ」という焼そば屋へ入る。ソース焼そば専門店で、量により二五〇円から五〇〇円まで五段階に分かれる。妻は三〇〇円、私は四〇〇円を選んだのだが、運ばれてきた量の多さに一瞬たじろいだ。しかし、けっきょくは食べ尽くす。それほどうまかったのだ。叔母と姪という雰囲気の二人の女性がきりもりする、いい意味で商売ッ気がまるで感じられないおだやかな空気の店。駅周辺を散策するのに、便利な駐車場はないかと尋ねると、「うちの駐車場が空いてるからどうぞ」と言われる。焼そばを食べただけの客になんという親切。お言葉に甘えることに。

雄文堂書店

このあとに寄った「書肆画廊 奈良書店」は、美術書を中心にしたいい雰囲気の店だったが何も買えず。松本竣介を集めた大川美術館が、夫婦二人の貸しきり状態で、ゆっくりくつろぐことができたのがよかった。ここは桐生へ行くことがあったら、ぜひ寄りたい。大おすすめのスポットだ。そして昼飯は「ほりえ」で焼そばを。これも、ぜひ！

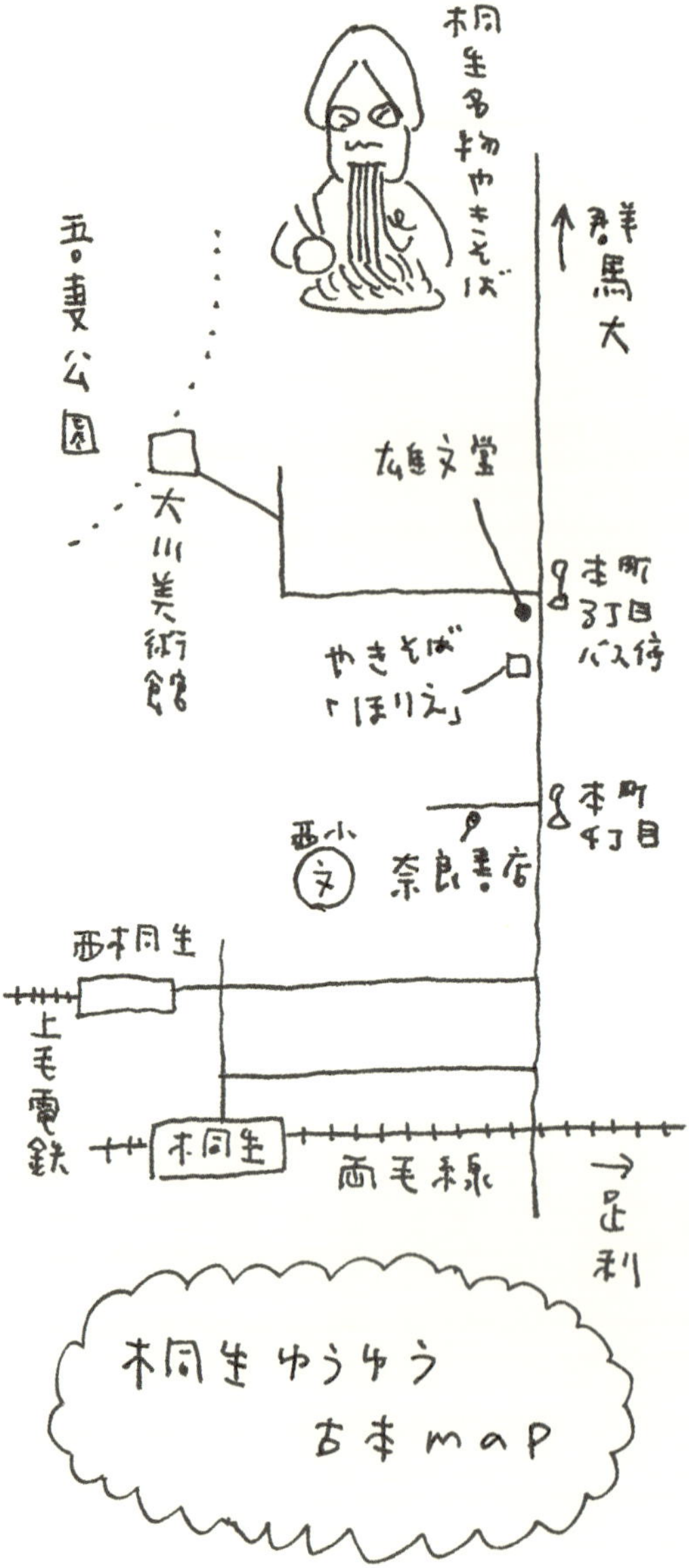

東京の戦前を訪ねて北千住詣で

二〇〇四年四月——足立区北千住・カンパネラ書房ほか

急に北千住へ行こうと思い立ったのは、隔週出演している朝のラジオ番組「森本毅郎スタンバイ」において、『東京の戦前 昔恋しい散歩地図』（草思社）を紹介したことによる。昭和六年版『ポケット大東京案内』をもとに、当時と現在の地図を対照しながら、失われた昭和の東京を散策できるようつくったこのガイドブックに魅せられたのだ。

例えば、収録が行われている港区赤坂のTBS放送センタービル。その隣りにあるTBSスクエアは、昭和六年は麹町区一ツ木町、一帯は「近衛歩兵第三連隊」のあった場所だ。その東側、宮城を守るように陸軍省、参謀本部、陸相官邸、航空本部、衛戍司令部など軍関係の施設が点在する。つまり、昭和一一年に二・二六事件が起きる舞台装置としてのキナ臭さが地図から匂いたつ。まあ、そんなめんどうなことをいわずとも、昭和六年のわが神保町を開くだけで胸が躍る。当時は四軒あった映画館の位置を確認するなど、タイムトリップする気分が楽しめる。いま、さくら通りの「鳥海書房姉妹店」があるあたりだろうか、あの「東洋キネマ」の文字が見える。若き日の夢声が弁士として声をはりあげた、伝説の映画館だ。大正一一年に開館、大震災で建物は崩壊し昭和三年にモダンなデザインで復興、そのままの姿で平成四年まで残っていたという。知らなかった！　平成四年なら、私はじゅうぶんまにあったはずなのに、その姿を拝むこともなかった。

そんなことにいちいち驚きながらページを見ていくだけで時間が過ぎていく。ほとんど昭和六年そのままの町の表情を地図の上に残すエリアを見つけたときも興奮した。それが足立区北千住（旧・南足立郡千住町）のページだった。荒川と隅田川に挟まれているおかげで、大震災でも大空襲でも延焼をまぬがれたのだという。〈戦前からの商いの店も数多い〉〈昔の街道の道幅や町割りがそのまま残されているのも特徴〉だという。

（そういやあ北千住、降りたことないなあ。よっしゃあ、行ってこましたろ）と、『東京の戦前』ほかカメラ、資料をカバンにぶちこんで、二月、春の訪れを感じさせるうららかな午後にでかけてきた。

まだ見果てぬ「北千住」駅前のイメージは、地方のひなびた駅前の光景を想像していた。目の前に古いスーパー、本屋、食堂が立ち並び、タクシーが客待ちをしている。昭和四一年刊のサンケイ新聞社編『改訂 東京風土図 城北・城東編』（現代教養文庫）を見ると、〈国電北千住を西口に出ると、シュロの葉が茂る広場がある。この広場には区内の堤南と堤北（荒川放水路を境に）を結んでいる東武、京成のバスが何本も発着している〉と描写されている。だいたいイメージどおりの映像だ。もちろん、現在がそんなわけないわな。はい、えらく変わっておりました。特に西口を出た北側は、まもなく「マルイ」がオープンするとあって、劇的に駅前の風景を一変させたであろう空虚感が漂っている。目の前の両側にアーケードのあるメインストリートを、とりあえず進むと、アーケードに守られながら日光街道と交差する。その角を右に曲ってすぐ「カンパネラ書房」はあった。近くにイトーヨーカドーあり。人通りも途切れずいい立地です。

広く明るい店内に本がぎっしり。通路にはちゃんと(?)在庫が列をなして積んであります。ジャンルも偏らず、まんべんなく揃っている。中でも政治・哲学など社会科学系統の棚が充実している気がした。女性問題を扱った本も多い。中央の棚がマンガと文庫で占められているのは、町の古本屋としてはいたしかたない。目録やネット販売にも力を入れているようだ。

店番は店主夫人とその息子さん、という間柄に見えた。本を買った客に、その両方が少し声をずらして輪唱で「ありがとうございます」と言うのが気持ちがいい。私はざっと本棚をなめて、今回も結局均一台からせしめた、田辺保『フランス 詩のふるさと紀行』(同文書院)という本を一冊買えただけだった。二〇〇円。すんません。

店を出て、旧日光街道を散策する。宿場町の名残りを残す通りを歩けば、横山家、名倉医院など当時の建物をそのまま保存してある物件にも遭遇する。ここはなかなかの散歩コース。昭和三〇年代なら、西

カンパネラ書房

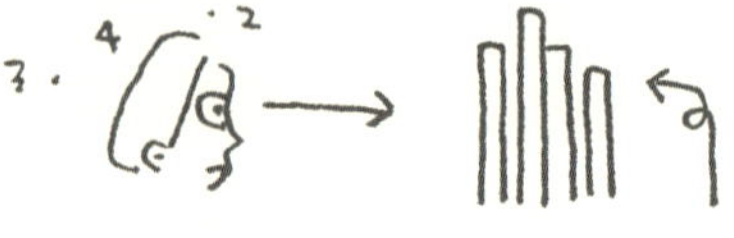

側にあの「お化け煙突」がにょっきり、屋根の上に顔を出していたのだろう。四本が方向によって三本にも二本にも見えた千住名物の煙突は、『東京の戦前』昭和六年地図では、煙突マーク入り「東京電灯変電所」にあった。現在は「東京電力千住資材センター」となっている。旧宿場町通りを抜け、金八先生でおなじみ荒川土手で少し風に吹かれて、また駅のほうへと戻る。ちょっとした小旅行気分が味わえてよかった。千住へは、ぜひもう一度行かねばならない。というのも、現在は「千住柳町」その昔は「千住大門」の商店街が、かつて遊廓だったのだ。〈空襲にも焼け残っており、商店街の中にも古い建物も残っている〉と『東京の戦前』にある。つい先を急いで、これを見逃してしまった。

木村聡『赤線跡を歩く』(ちくま文庫)によれば、千住の遊廓はそれ以前に町中に十数軒あったのが、大正一〇年に「指定地」として柳新地に移転。翌年には四一軒、昭和に入って五三軒まで増えた。かなりの規模の楽天地であったことがわかる。大空襲の難も逃れ〈戦後は破風屋根のある木造の家と、戦後派のカフェー調が入り混じる町並みになっていたという〉。同書に掲載された写真を見ても、赤線の匂いが残る楽しい物件がちらほら散見できる。今度は、この千住大門商店街赤線跡を見たあと、昭和四年築、千鳥破風屋根の銭湯「大黒湯」に浸かりたい。締めは当然、「カンパネラ書房」だ。

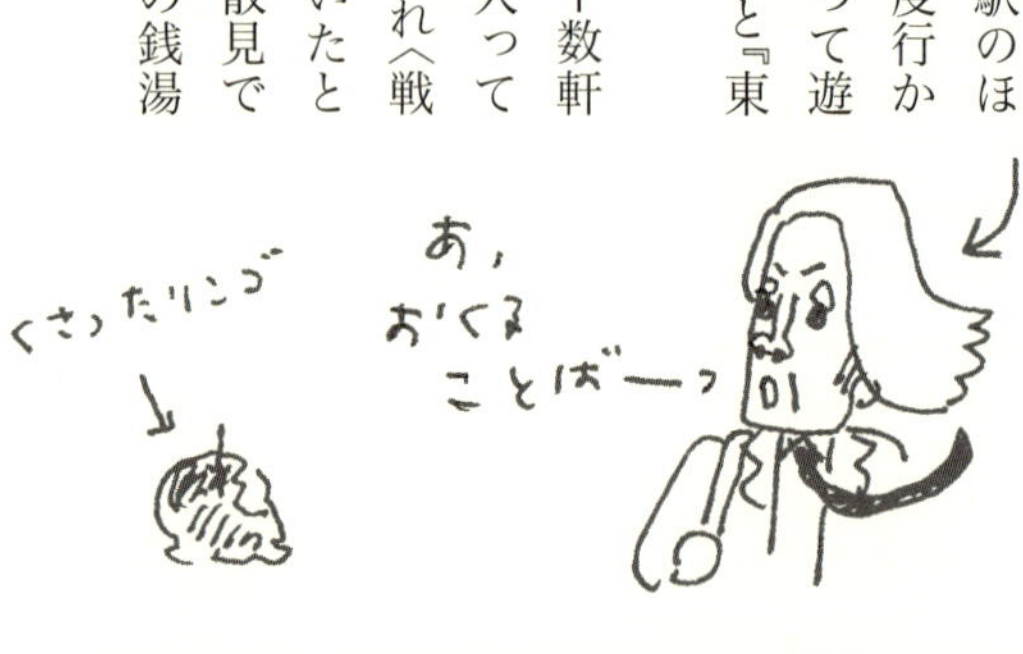

築七〇年木造建築二階でパラダイス

二〇〇四年五月――京都市左京区・山崎書店ほか

昨年（二〇〇三年）、京都の美術書専門店「山崎書店」が移転した。場所は平安神宮参道の大鳥居が目と鼻の先。岡崎公園美術館からも徒歩一分。骨董店が立ち並ぶ神宮通りから、路地を少し入った二階建て木造住宅が新店舗だ。まさかこんなところに、まさかここが……という意表をついた場所、建物だ。この二階がギャラリーになっていて、さる二月二二日から二九日、「ｓｕｍｕｓパラダイス展」が開かれた。私も所属するミニコミ誌『ｓｕｍｕｓ』を編集制作している林哲夫さんが、関連資料と雑誌編集作法を展示公開するという試み。最終日（二九日）に、同人と読者が集まるファンの会を企画し、私も東京から参加することに。

　林さんから、事前に例によって神経の行き届いた案内が送られてきた。そこに、『ｓｕｍｕｓ』の前身となる『ＡＲＥ』創刊から現在までの詳細な年表が掲載されている。両誌ともに林さんと関わった私の名前もひんぱんに登場する。それを新幹線の車中で眺めながら、しばし感慨に耽っていた。私はぞろっぺいで自分の過去について、いつ何をしたかをデータに取っていない。初めて自著を刊行した記念すべき年さえ、ときに混乱する。だか

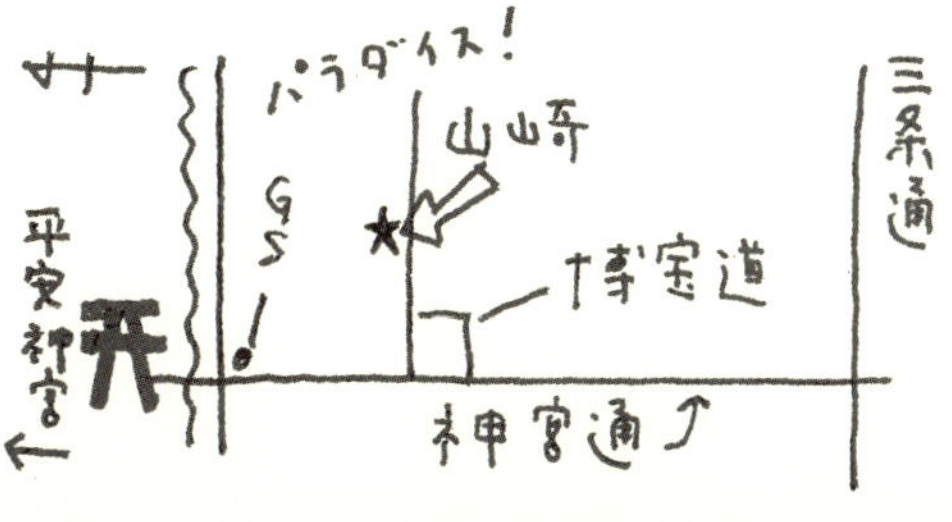

ら、この年譜は私個人にとっても非常に有益な資料となった。

林さん作製年譜によれば、一九九四年一〇月に『ARE』創刊号が出た(部数は三〇〇)。どちらかというと詩人の集合体の中に、林、岡崎、山本と後に『sumus』を創刊する古本好きのメンバーが同居したかたちだった。ちょっとユニークな詩の同人誌という感じ。しかし三号目あたりから特集主義が前面に押し出されてきて、四号「文庫特集」、六号「洲之内徹という男」、九号「喫茶店の時代」、一〇号(終巻)「私小説の3K」と、『sumus』創刊が準備されていくことが年譜ではっきりわかる。

私にとっては九五年に出た四号「文庫特集」で、当時愛知県豊田市にあった「ふるほん文庫やさん」に、山本善行と二人で日帰りで取材に出かけたことが大きな意味を持っている。文庫で人生を変えた快男児・谷口雅男さんに出会った。そこから私のライター人生も大きく展開していく。それまではずっと平坦な道を歩いていたのが、ここからは階段を上っていくことになる。仕事の見晴らしがだんだん広がっていったのだ。

そんなあれこれが年譜から甦ってくるが、山崎書店が遠ざかるのをくい止めねばならない。前日に新幹線「のぞみ」でまず大阪に乗り込み、古本屋をぶらつき、その夜は高校時代の仲間とミニ同窓会。翌日、山崎書店に乗り込むことになった。当日二九日は山本善行と待ち合わせ、いつものように「水明洞」「中井」と古本屋を二軒回ってから会場へ。築七〇年の民家を改築したという店舗は、暖簾や看板がなければ外装からはとても古本屋を営業しているとは思えない。玄関で靴を脱ぎスリッパに履き替え上がれば、勘定場から美しい笑顔で迎えてくれるのが中嶋優子さん。私なんか、山崎書店へ行く愉しみの半分は中嶋さんと会えることにある。一階は三部屋分くらいぶちぬきで店舗になっていて、ものすごい量の美術書がみしみしと音をたてるように並んでいる。特にカタログ類の充実はさすが。前の店舗は息苦しくなるほど狭くて、とても山崎書店の全容をつかむというわけにはいかなかった。場所を得て、山崎書店が晴れて白日のもとに躍り出たという印象だ。

山崎さんに二階ギャラリーを「京都パラダイス」と名づけた理由を聞いて驚いた。平安神宮を含む岡崎公園一帯、そして現在山崎書店が建つあたりまでが、第四回内国勧業博覧会（明治二八年）の開催地だったというのだ。博覧会会場につくられた動物園、遊園地、水泳場、滝の流れる池など遊戯施設が「京都パラダイス」と呼ばれた。開催時につくられた見取り図も見せてもらったが、山崎書店のあるあたりが、ちょうど温泉場予定地になっている。なるほど、だから「パラダイス」か。明治一〇年に東京で始まった内国勧業博覧会は、第二、第三と同じく東京、四回目京都、五回目大阪が開催地となる。特に四回目の京都は、この年が遷都一一〇〇年目。首都を東京に奪われ、寂れゆく都をなんとか盛りかえそうと盛大に行われたという。知らなかったが、平安神宮もこのとき、遷都一一〇〇年目記念のモニュメントとして建造された博覧

山崎書店

会パビリオンだったのだ。平安宮大極殿を縮小復元、神宮としてその後も保存し、平安朝の創始、桓武天皇が祀られた、とものの本にある。平安時代の建物だとばかり思っていた（私ってバカ?）。

国内初となった市電も、京都駅から会場となった岡崎まで見物客を運ぶ足として路線が敷かれた。明治二三年に疏水が完成し、蹴上《けあげ》に水力発電所がつくられた。これも国内初。この電力が市電に有効活用される。毎年古本市が開催される「みやこめっせ」は、かつての勧業館。これも「勧業博覧会」の名残りだろう。山崎書店さんのおかげで、思わぬ京都モダン史を勉強させてもらった。

「ｓｕｍｕｓパラダイス展」には、『ｓｕｍｕｓ』のメンバーほか、読者や知り合いが大勢駆けつけてくれた。物持ちのいい林さんが、写真や編集資料、手紙などをみごとに展示しているのが見ものだった。いまや稀少の『ｓｕｍｕｓ』創刊号はガラス瓶の中に密閉されているし、私が『ＡＲＥ』文庫特集のときに資料として文庫数冊を入れて宛名を書いて郵送した箱まで飾ってある。扉野良人くんが原稿が遅れる言い訳を長々と書いた手紙も公開されて爆笑をさそっていた。

テーブルの置かれた物干し台から下を見ると、およそ一〇〇年前はパラダイスと呼ばれた跡地で、子どもたちがなんと羽根つきをしていた。さすが京都。いまもパラダイスだ。

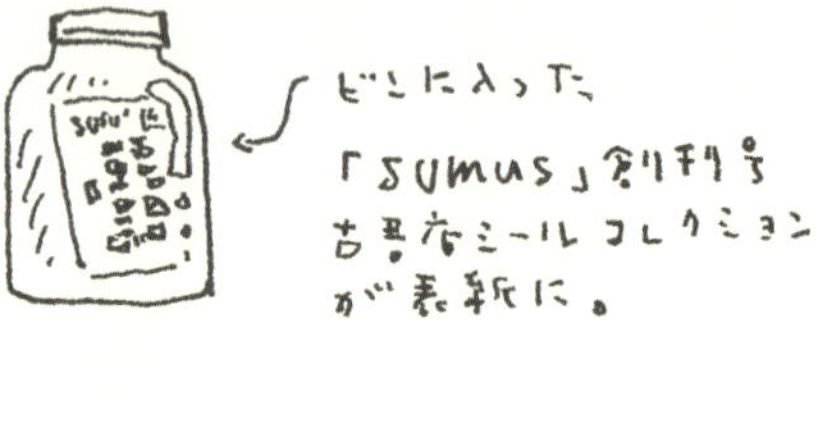

『されどわれらが日々――』の主人公は均一小僧だった！

二〇〇四年六月――練馬区・古本　遥《はる》ほか

柴田翔『されどわれらが日々――』という、もはや骨董品のような青春小説を、必要があって再読を試みたのだが、全部は読み切れなかった。しかしタイトルはかっこいい。文春文庫版が現存するのも、半ばタイトルの力かと思われる。しかも、これは同文庫創刊（一九七四年）第一回配本だった。三〇年も青春小説の代表のような顔をしていなくちゃいけないとはきつい。森田健作の哀しみである。

ちなみに、この作品は一九七一年に東宝から森谷司郎の手で映画化されている。タイトルは『「されどわれらが日々――」より　別れの詩』で、山口崇と小川知子の主演。もっといえば、前橋の連続女性暴行魔・大久保清が運転する車の後部座席には、この本があったという。ジョン・レノン暗殺者のチャップマンと『ライ麦畑でつかまえて』の例を並べていいかどうか悩むところだ。

しかしなんといっても『されどわれらが日々――』（いまなら『サレワラ』と短縮されてしまうだろうな）が忘れ難いのは、冒頭がいきなり古本屋の場面で始まることだ。「序章」の書き出しはこうだ。

〈私はその頃、アルバイトの帰りなど、よく古本屋に寄った。そして、漠然と目についた本を手にとって時間を過ごした。ある時は背表紙だけを眺めながら、三十分、一時間と立ち尽した。そういう時、私は題名を読むよりは、むしろ、変色した紙や色あせた文字、手ずれやしみ、あるいはその本の持つ陰影といったもの、を見ていたのだった〉

古本屋体験が身体にしみついた者でないと書けない実感と描写だ。それに、古本が後にプロットの鍵を握る重要な小道具となる。

このあと、英文学専攻の大学院生である主人公・大橋文夫は均一台を漁る。そこには『育児法』『避妊法』、あるいは『革命闘争』といった汚れた本と一緒に、題名も知らないような翻訳書が混じっていた。この均一台の描写も正確。なんと、『されどわれらが日々――』の主人公は均一小僧だった！

しかも、この小説は「第一の章」に入っても、また古本屋の話から始まる。ある冷たい雨の降る秋の夕方、アルバイトの帰りに、彼は〈郊外のK駅のそばの古本屋〉でH全集を買う。ただしお金が足らず、代金の半分を払い、残りの一〇冊を翌月まで取り置きしてくれるよう店の主人に頼むのだ。〈無口で愛想のない主人〉は、眼鏡越しにじろじろ見るという古典的な古本屋のイメージどおりの人で、〈「こんな本を、買ってすぐ売ってしまう人もいれば、あんたみたいに無理して、また買う人もいるんだね」〉としびれるようなセリフを吐く。まさにこれぞ古本屋の会話である。

さあ、そこでだ。この古本屋を特定し、訪ねてみようと考えたのだ。別のところに、主人公の下宿は「西北の郊外の町」とある。東武東上線か西武池袋線か。ただし、アルバイト先から小一時間かけて下宿に帰る、とあるので、この古本屋のある「郊外のK駅」とは別の線と考えた方がいい。中央線の「吉祥寺駅」と決めてしまえば話は早いが、ほとんど地元の吉祥寺をあらためて紹介するのもどうか。第一、K駅のイニシャルが架空のものとしたらすべては御破算だ。だからあっさり古本屋捜しはあきらめた。

このあと、主人公が持ち帰ったH全集にひょうたん型の蔵書印が見つかり、偶然に恋人の節子が同じ蔵書印のついた本を友人から借りていたことから、もとの持ち主がわかる。このあたりも蔵書印を使ったミステリ仕立てで、『されどわれらが日々—』は、古本小説としても格が高い。この恋人の節子が住んでいる町が、〈地下鉄で池袋に出、そこから私鉄に乗ってN駅にくる〉と特定されている。

諸条件をかんがみて、私はここを「練馬」と決めた。当初の目的とはだいぶ違ってきたが、そこで今回は練馬へ行く。練馬は、上京してすぐの東京古本屋行脚の際に訪れている。一四年も前の話だ。そのとき「一信堂書店」には立ち寄っている。今回、どうしても行っておきたかったのは「古本 遥《はる》」だ。二〇〇一年一〇月開店の店で、川本三郎さんが『東京人』の連載で紹介し知ることになった。ご本人からも「岡崎さん、あそこ行った？　いい店だよ」とお聞きしていたこともあって、いずれはと拳を握りしめていた。

川本さんがお気に召したのは、古い文芸書と東京関係の本を揃えていることで、たしか

に行ってみると町の小さな古本屋としては手堅い品揃えだ。文庫は中公文庫が充実、すべてパラフィンが巻いてある。エロ、マンガがなくて、日が差す明るい窓際に絵本が並んでいるのは女性客をターゲットにしているのだと推察した。気軽に入れて、店内も圧迫感がなく居心地のいい店だ。私はしばらく店内を回遊し、川原田徹の絵本『たくさんのふしぎ かぼちゃ人類学入門』を二五〇円で買った。かぼちゃの絵ばかり描いている異色画家で、古書 興居島《ごごしま》屋の石丸くんが絶賛していたのを思い出したのだ。

門司を旅した時、偶然川原田さんの個人美術館を発見！「カボチャドキヤ国立美術館」という。

「一信堂書店」へも寄ってみた。表の均一がけっこう充実していて岩波少年文庫箱入りの『星の王子さま』ほか数冊を購い、店内に入ったらもの凄い本の量に驚いた。未整理の棚の前にはビニールヒモが張ってあるのだが、それでも十分見ごたえがある。

しばらく棚の前で物色していると、ぶつぶつ変な声が。ふと見ると、くそ暑いのに前をはだけた黒いコートを着こみ、シャツ下着なしで裸の胸と腹丸出しのおっさんが水色の風船を持って立っている。そばにいた店主も他の客も完璧に黙殺しているため、まるで私だけにしか見えない悪夢のようだった。

このあと「ブックオフ」練馬区役所前店へも寄ったのだが、ここでも信じられないようなパワフルな濃い客を発見。いまや練馬名物は大根ではなく、古本屋の客か。

本棚にイモリのようにへばりついてた。

古本 遥

日当たり不良なれども古本ありマス

二〇〇四年七月——千代田区秋葉原・万世不動産ほか

秋葉原、アキハバラと読む。東京都千代田区秋葉原。ほんの十数年前までは、「家電の街」で説明がついたはずだ。私もそういう認識だった。ところが、東京都市街図で見ると山手線の右肩にくっついたこの街は、いまやオタクの巣窟と化していたのだ。えらいことですよ、これは。

そのことを知ったのは、昨年刊行されて評判となった森川嘉一郎『趣都の誕生』(幻冬舎)によってだった。八〇年代末から、家電の需要を郊外の量販店に奪われたアキハバラは、パソコンへの愛好を結節点に、アニメ、ゲームなどのオタクたちを呼び込む趣味の都となった、とこの本は解説する。つまり「趣都」だ。いま秋葉原駅改札を出て、中央通を歩いたとき、あなたを出迎えるのは、みだらなコスチュームに身を包む、美少女アニメのキャラクター。ぱっちりしたお目々の似たような絵柄が、あちらこちらであなたに「私の目を見てえ、いやあん、うっふん」と秋波を送るのである。いやはや。

そしてこの街に集まるのは、ぼさぼさ髪、デイパックを背に、色白、小太り、メガネの心優しき若者たちだ。いや、ほんとみんなおんなじスタイルなのね。私はこうなる以前から、どうもアキハバラとは相性が悪かった。結婚してまもない頃だったか、冷蔵庫、洗濯機、掃除機、クーラー……そんなものを安く揃えるのに妻とアキハバラまで遠征したことがあった。当時は川崎市多摩区に住んでいたから、気分としては「遠征」である。

ところがどうしたことか、このピカピカ、キラキラした電化の街に、ものの数分も滞在しただけで、放射能汚染を受けたように疲れてしまったのだ。理由はよくわからない。店の数と商品数が多すぎるということもあったと思う。とにかく地下に原発を備えているかと思われるほど電力を消費し、圧倒的な物量で購買意欲を刺激する。その刺激がどうも私には強すぎる。古本だったら、どれほど膨大な数に囲まれても平気なのに、どうして電化製品に拒否反応が起きるのか。これ、たぶん『彷書月刊』の読者ならあまり説明せずともうなずいてもらえそうな気がする。ね、わかりますよね。つまり、電磁波にすっぽり包まれたこのアキハバラでも、古本屋が何軒かあれば、それを寄港地にして荒波を泳ぎきれたと思うのだ。

なんだ、けっきょくそこへ行くのかい？……見破られたか、けっきょくはそこへ行くんです。さあ、そこで今回、鬼門のこの街へ足を踏み入れたのは、「古本市場」が新規開店したというニュースを聞いたからだ。これまでにもアニメビデオ、ゲームとともに、一部中古の書籍や雑誌を販売している店はあったらしいが、これだけ大々的に古本屋が進出するのは初めてではないか。しかも新古本屋チェーン「古本市場」は、「ブックオフ」と比べても、郊外展開の店というイメージがあったから聞いたときはちょっと驚いた。

私も、自宅周辺に「小平店」「東大和店」と二店舗あるから、よく行きますが、どうも「古本市場」と名乗りながら、古本に力を入れているようには思えない。古本の棚の前に店員の姿を見ることは少なく、値段のつけ方も投げやりだ。それに、ブックオフでは引き取らないような、新しくない、きれいでない本もけっこう混じっている。逆にわれわれ新古本屋漁りのハイエナ(だれがハイエナじゃ！)にいわせると、そこが狙い目で、一〇五円(かっては九五円)表示の棚で、けっこう拾いものをしてきた。

「古本市場」秋葉原店のホームページを見ると、八階建てビルの五、六階のフロアを「古本市場」が占めるというから、これは！　と期待してもおかしくない。平日の午前中、勇んででかけたのだが、結果は空振り。五、六階といっても、五階はゲームソフトやCD売場で、古本は六階だけ。しかも三分の二はマンガで、残る文庫と単行本も、私がなじんだ「古本市場」の物量に比べるとひどくおとなしい。こういう店は、始めから多くを期待できないのだから、せめて量がないと腕の奮いようがないのだ。ただし値段は全品一〇五円で、その点は気合いが入るのだが、それを受け止めるブツにまったく力がない。暖簾に腕押しとはこのことだ。

お土産になんとか文庫を三冊だけ拾う。書くほどじゃないよ。ナンシー関『雨天順延』(文春)、高階秀爾『ルネッサンスの光と闇』(中公)、洲之内徹『絵のなかの散歩』(新潮)の三冊だ。よほどのことがないかぎり、再び訪れることもない、と思えた。
帰り、天気もいいから、神保町まで歩こうと御茶ノ水駅へ向かって総武線高架の線路沿いを歩いていると、昌平橋の手前一〇〇メートルほどのところに「古本」の白い幟《のぼり》が風にはためくのが見えた。私の頭の中の古本地図にはまったくインプットされていないエリアだ。さっそく矢印が指し示す路地へ入ってみた。

なんと、そこは「万世不動産」と看板が出た「不動産と古本」の店だった。昨今、カフェと古本屋の融合はちょっとした流行となっていて、雑誌などでも紹介されているが、不動産と古本屋の融合は珍しい。春から夏は種屋になる「湊文庫」（八戸）、陶芸品も売る「秀峰堂」（宇都宮）など異色の古本屋は各地にあるが、不動産との兼業は空前絶後ではなかろうか。

万世不動産

中へ入ると五坪ほどの狭い店内はたしかに古本屋。秋葉原のお膝元とあって、理工系、コンピュータ関連の本が目についた。文庫、新書も多数置いてある。売値を付箋に書いて、本の頭からちょっと覗かせているやり方はユニーク。近所のサラリーマンが、昼食時にちょっと文庫を買う、という使い方がされているようにお見受けした。しかし、まだまだ驚くことが残っている、古本屋さんってやっぱり面白いわ。

上林暁も行った、昭和二六年「古書文化祭」

二〇〇四年八月――杉並区高円寺・西部古書会館

六月末の「五反田古書展」目録で注文した一点が当たった。荷主は「月の輪書林」さん。「中央線古書会　古書文化祭チラシ　司会★石黒敬七先生　戦後　一枚　一、五〇〇」と目録の記述だけでは、現物を見るまでどんなものかわからなかった。ペラペラのA五判大の仙花紙、裏表に印刷されている。A面に中央線古書店分布図と中央線古書会加盟店一覧。B面に、「古書文化祭」のお知らせと、「第四回古書即売展」の告知がある。せっかくだから引用してみよう。表記は随時改める。

古書文化祭　入場無料

文化も伝統も古書なくして有り得ないと存じます。私共はその根本資源の交流を天職と心得、日日を倦む事なく努力いたして居るものでありますが、心なくもこの大切な宝を損じて居ることも失って居ることも、また、天変地異に依り失って居る事等も少からずあることと存じます。損ずること、失うことゝは別にこの古書とこれを著された先賢に対し感謝しこれを祭ることは現代人士といたしまして当然なことと存じ、大方の御後援を得、左記に依り「古書文化祭」を行う次第であります。どうぞ一人でも多く御参加戴きこの意義ある行事を盛大に行いたく存じます。
　東京都古書籍商業協同組合
　第三支部
　中央線古書会

関東大震災と太平洋戦争の空襲は、大正、昭和期の膨大な書物を焼失せしめた。戦災で多くの本を失い、ようやく復興した古書組合の心意気をこの一文が伝えている。

年代は不明。荻窪駅南口「都立荻窪高等学校」を借りて、「古書文化祭」は開かれた。詩「古書を祭る」の野田宇太郎の朗読がある。講演は、亀井勝一郎、野村胡堂、南井慶二、野田宇太郎、宮田重雄という豪華メンバーで司会は石黒敬七。〈作家・画家・文化人揮毫色紙無料進呈〉と付記されている。いいなあ、これはぜひ行きたかった。

さて、この「文化祭」がいつ開かれたか。

『東京古書組合五十年史』の「中央線支部」によると、戦後の中央線古書展は、昭和二五年一一月九、一〇日に、荻窪古物会館で発足する。〈当初は広範囲に多くのうぶ荷が出品されて沿線の客を喜ばせた〉なんて書いてある。行きたかったなあ。第二回が翌年二月、第三回が問題の「文化祭」のあった回で〈文学者細田源吉氏の提唱により、中央線沿線居住の文化人で組織するカルバドスの会、作家クラブの十日会、捕物作家倶楽部、東京組合の後援で図書文化祭を兼ねて開催した〉。企画担当は山岡書店さん。

ここで気になるのは、私の所持するチラシには「第四回」とあることだ。現物がある分、こっちのほうが正しい気もするが。なお、抽選で配られた文化人色紙は、なんと一三八枚。文化祭参加者の色紙もあったろうから、たぶん石黒旦那のものも。これは行きたかったなあ(しつこい!)。

上林暁が、この文化祭のことを書き残していた。随筆集『文と本と旅と』(五月書房)所収の「荻窪の古本市」だ。

〈荻窪の映画館「荻窪文化」の隣に、古物会館という古ぼけた建物がある。ふだんは古物商達の会館であろうが、芸能の催しが時々あって、名ある浪花節語りの一座もよく来るようになる〉と書き出されている。古物会館で演芸が! 上林はこの会館で定期的に行われる古本市へ通うようになる。このあと〈数年前には、荻窪高等学校で文化講演会を催したことがあった〉と該当箇所が出てくる。〈煙雨のそぼ降る日であったが、こういう手近な文化講演会の催されるのが珍しくて、私は軽い気持ちで聴きに行った。いずれも本に関する肩の凝らない話で面白かったが、中でも興味のあったのは、野田氏の話であった〉とある。野田宇太郎は、西大久保時代に三人の子どもを死なせた藤村の話をし、子どもの過去帳を調べたところ、死因が「栄養失調」であることをつきとめる。そんな話をした。

なお、このとき参加者に、〈支部作製の沿線古書店分布地図を配布した〉と『組合史』にあるから、私が入手したのはこれだろう。地図のまわりをとりかこむように、組合加盟店の屋号が並んでいる。全部で五〇店舗。これも資料的意味から写しておく。書店、書房等は省略。

〈中野〉丸吉、大新堂、文化堂、澤田、コモロ、中外堂、十月、文昌堂／〈高円寺〉竹岡、都丸、三昭堂、多賀、大石、邦文堂、阿藤／〈下高井戸〉豊川堂／〈阿佐ヶ谷〉和堂、古典、三開、百萬塔、市川、高野、金子、栗田／〈荻窪〉竹中、深澤、岩森、リルケ、新興、吉田、飯田、昌文堂、大公望、九嶺／〈西荻〉葵、太田、森田、待晨堂、アワノ／〈小金井〉伊東／〈吉祥寺〉春光堂、さかえ、ムサシノ、現代、外口、盛林堂／〈三鷹〉ミタカ／〈立川〉立志堂、天馬堂／〈国分寺〉国分寺。

西部古書会館

このうち現存するのは三分の一くらいか。敗戦後から三、四年、中央線沿線で古本屋は急増する。物資欠乏、悪性インフレで食うものに困り、持ち物を手放す、いわゆる〈竹の子生活の世界が出現して古物商が激増した〉と『組合史』にある。一時の方便で、とりあえず古本屋でも、と始めた中には、陸海軍の将官、佐官級の人物から、講師、研究員、停年の会社員、学資稼ぎの若い人などがいたという。

そして、それまで荻窪南口にあった中央線支部の会館が、昭和四二年、現在ある高円寺の西部古書会館落成とともに移転する。この会館へ私が通い出すのは、それから四半世紀あとのことになる。さる六月二六日「好書会」では、矢田挿雲『江戸から東京へ(2)』(東光閣・大一一年)二〇〇〇円など一〇冊を買った。西部支部のみなさん、また「古書文化祭」を開いていただけませんか。文化人色紙プレゼントもお忘れなく。

☆文化祭チラシを買った五反田では、ほかにこんなものを…

- フンド・アンダソン「あなた話・こなた話」S1 誠文堂新光社 1,000
- 生方敏郎「謎の人生」S15 数文社 2,500
- 柳沢孝子「牧野信一」'90 小沢書店 200!
- 笠智衆写真集「おじいさん」'92 朝日新聞社 200
- 龍胆寺雄「シャボテン・四季のアルバム」S37 大泉書店 200
- 川上澄生「えげれすいろは人物」竹村書房 400
- 竹鶴政孝「ヒゲと勲章」S41 ダイヤモンド社 200
- 高橋博「アナウンサー」S31 洋々社 200
- 講談社世界名作童話 S26「いなばの白うさぎ」「ピーターパン」ともに黒崎義介／絵 200

雨中の柏めぐりの締めは天然温泉

二〇〇四年九月――千葉県柏市・太平書林ほか

七月三〇日、千駄木「古書ほうろう」にて、『彷書月刊』でもおなじみ南陀楼綾繁《なんだろうあやしげ》さんのイベント「第一回モクローくん大感謝祭」がスタートした。この日は初日とあって、綾繁さん始め、河内紀さん、佐藤真砂さん（古書日月堂）、向井透史さん（古書現世）によるトークショーも開かれる。河内さんの東京放送（現ＴＢＳ）在職時代に手掛けたラジオ番組の試聴会もあるという。午後七時に古書ほうろう、ここに照準を合わせて一日が始まる。

まずは東京古書会館「和洋会」。西部、東部に比べて、このところ、御本山への参詣は滞りがち。たまにでかけても初日午後とか、思いっきり日和《ひよ》っている。これではいけない。初日一〇時前から待機して、開館と同時に脱兎のごとく駆け出し殺到。その最前線に身を置いてこそ、古本道の明日が見えてくる。

といいながら、この日も午後出勤。またも日和ってしまう。「書肆　ひぐらし」さんの棚の前に滞留し、朝日放送創業五周年記念『ＡＢＣ』六〇〇円、少女倶楽部・昭和一二年付録『新型手藝ブック』二〇〇円、婦人倶楽部・昭和八年付録『花嫁花婿必要帖』五〇〇円を買う。中でも『ＡＢＣ』はかなりいい。函入り大型本で、題字は佐野繁次郎、扉絵は小磯良平、向井潤吉、田村孝之介。ABCに寄せた文章が、執筆者ABC順に安倍能成、阿部真之助に始まり、安藤鶴夫、江戸川乱歩、井上靖、久保田万太郎、ダイマル・ラケットと挙げていけばきりがない。かつてABCに在籍した庄野潤三も書いている。南の島へでも持っていって、一ヵ月ほどかけてメモを取りながらじっくり読みたい資料だな、これは。

古書会館を出て、地下鉄千代田線「新お茶ノ水」駅を目指したのは、ここから常磐線乗り入れで「柏」へ行くつもりだったからだ。申し遅れましたが、今回は千葉県の柏へ均一小僧参上の巻であります。千代田線なら、帰りも「西日暮里」を通る。古書ほうろうへ行くのにも都合がいい。それにもう一つ。ネット検索したら、柏には国道一六号線沿いに「白金の湯」なる、天然温泉の健康ランドがあることが判明(柏市柏六-一〇-一五)。古本めぐりのあとはひと風呂浴びて、と夏の日のスケジュールは熱く埋まっていく。

千代田線で北千住まで、そこから常磐線に乗り換える。常磐線になんの恨みもないが、わたくしこの線に乗ったのは初めてといってもいいくらい。ほんと、縁がない路線だった。よって柏に下車するのも初めて。荒川、中川と川を二つ越え、私の住む東京西郊からはどんどん遠ざかる。ほとんど小旅行の気分。おまけに、途中、電車の窓をすごい勢いで雨粒がたたき出した。結局、この日は、晴れ、もしくは強い雨の繰り返し。おかげで古本めぐりはさんざんだ。

またも出番の『二一世紀版 全国古本屋地図』によれば、柏駅周辺に七軒、古本屋がある。西口に六軒が集中。西口から攻めることにしよう。駅ビルを出るといきなり雨。地図帳とメモを持ち替えながら、躍るようにバッグから傘を取り出す。まずは「太平書林」から。高島屋の角を左折、線路と平行して進むと、はたしてあるのかどうかと不安になる頃看板が見えた。

「太平書林」は、予想したよりはるかにいい店だった。二〇坪と広い店内の半分は文庫とマンガだが、残り半分の文芸、歴史、人文書の品揃えがいい。山岳書もひと棚を占めていた。しかも思いっきり安い。入口入ってすぐ左手に文学全集の端本がひと棚あるのも珍しいが、その奥、文芸書の棚も見ごたえがあった。しばらく店内を周遊し、唐十郎『わが青春浮浪伝』(講談社)五〇〇円、鈴木均『ジャーナリスト 毎日の旅の記録』(三一新書)二五〇円、九重敏子『パリのアバタ』(学風書院)二〇〇〇円を拾い出す。まあまあの買物です。まめに通えば、けっこう掘り出し物に出会えそうな予感がした。

太平書林

食べ放題のバイキングでいえば、これで下腹はできたし元はとった、という感じ。あとは雨中をできるかぎり回ろう。ところが、雨はさらに強くなり、地図に示された「靄靄《あいあい》書房」が見当たらぬまま、その先「柏林堂」へ。見当をつけたビルは見つかった。しかし、一階はシャッターが閉まっている。

なぜかパリ本のタイトルは秀逸が多い。
『にわか巴里ジャン』『パリの全裸湯』
『あの巴里この巴里』『パリの穴東京の穴』etc

休日というのでもなさそう。この夜、「古書ほうろう」のイベントで河内さんから聞いてわかったのだが、「柏林堂」さんは、東口のほうへ移転されたようだ。河内さんは柏に土地勘があるらしくくわしかった。「柏林堂さんはいい店ですよ。いまも目録は送ってもらっています」とのことだった。

道を挟んで対岸の「古書 森羅」は、店内はけっこう広いが、マンガと文庫が半々。つまり文庫の量はすごいのだが、いくつか値段を確認したところ、わりときっちりついている。中公文庫の絶版が八〇〇円から一五〇〇円ぐらい。高いというほどではないが、おめこぼしを拾う楽しみはなさそうだ。あっさり退散させていただいた。もちろんSFミステリの文庫、マンガのコレクターが行けば、また違う見方はできるかもしれない。

ほかのお店には申し訳ないが、雨中とあって、時間も気力もここでアウト。東口の温泉ランド「白金の湯」へ向かうことにする。駐車場つき二階建ての大きな建物で、しかも湯は地下一二〇〇メートルから汲み上げた天然温泉を使っているという。これは楽しみだ。

柏駅東口から一〇分ほど歩くと、「白金の湯」を示す矢印表示が見えてきた。目指す建物にたどり着くと、同時に斜め前に「ブ」こと「ブックオフ」の看板が。どこまで行ってもついてくるお月様のようだ。まあ、いちおう御挨拶をと立ち寄り、追悼の意味をこめ中島らもの文庫『さかだち日記』を一〇〇円で買う。風呂上がりにこれを読んでいたら、私が中島らもを取材した日のことがちゃんとでてきた。びっくり!

郡山は途中下車してでも立寄るべし

二〇〇四年一〇月——郡山・古書ふみくら、古書てんとうふ

八月六日、七日と郡山、会津若松を旅して来た。ひさびさの地方取材に胸が高鳴る。東京駅九時二四分発「やまびこ四七号」に乗車し、一〇時四七分には郡山到着。あっというまだ。郡山駅前から伸びるメインストリートを直進し、「古書ふみくら」「星書店」「ブックオフ」と覗き、ここで道を左折し、中央図書館前の「古書てんとうふ本店」、そして駅へ向かって「古書てんとうふ駅前店」を最後にゴール、というコースをつくる。じゅうぶん歩いて回れる距離だ。

「古書ふみくら」は駅からすぐ。その名は東京古書会館や伊勢丹浦和の即売会などでもおなじみ。郷土資料、軍事、紙ものに強いことで知られている。商店街にあるオーソドックスな店構え。婦人が店番をしている。棚に Easy seek 〇〇〇~〇〇〇番と表示があるので、ネット販売にも力を入れているらしい。レジ近くに郷土資料あり。特に中山義秀、久米正雄、宮本百合子の初版本などがガラスケースにかしこまっている。

できればこの店で、郡山を舞台にした小説、ガイドなどを買おうと思ったが、結局は、このガラスケースの中に核心はあるらしい。少し、店番の女性に郷土の作家について話し

掛けると「ああ、中条《ちゅうじょう》さんね」という。宮本百合子も地元では、あくまで郡山近代化の功労者だった父・中条精一郎の娘、なのか。ガラスケースの中を開けて、いくつか先の作家たちの本を見せてくださった。しかし、ここで買ったのは、植草甚一『ミステリの原稿は夜中に徹夜で書こう』(早川書房) 一〇五〇円。郡山とぜんぜん関係ないの。

「ふみくら」さんには、これから向かう予定の「星書店」が廃業されたことを教えられた。〈店主はこの道三十余年のベテラン。宗教、哲学ほか一般書を扱う〉と『全国古本屋地図』には書かれてあり、その店名とともに期待していたのに残念。帰り際の背中に、「ああ、今日から『うねめ祭り』で、パレードがありますよ……と言っても、ご興味ないでしょうけど(笑)」と声をかけられて苦笑する。よく、わかってらっしゃる。祭りやパレードはなるべく避けて、古本屋めぐりだけに専心したい私です。

これで「星書店」へ行く用はなくなったが、店舗だけでも見ておきたい。そのまま駅前通りを先へ先へと進む。このあたり、高度成長期に施工された三階建てぐらいのモダンビルが、歳月に晒されて時代がついた骨董のように残る光景が目につく。人影もまばらで、強い日光がハレーションをおこし、影絵の町のようにも見える。「星書店」は、古い自転車屋のような店構え。残された看板「星書店」の横に「星運命鑑定所」と表示が。郡山出身の「古本酒場 コクテイル」狩野くんの話では、星書店のご主人が占いもやっていたらしい。

郡山を訪ねて、もう一つ楽しみにしていたのが、海野弘『光の街 影の街——モダン建築の旅』(平凡社)所収、「郡山」の章に登場するモダン建築を確認することにあったが、時間はわずか、目は二つしかないので、そこまで追いきれそうにない。そのかわり、「古書てんとうふ」へ向かう途中、図書館、市庁舎が集まる区画に『光の街 影の街』では触れられていないモダン建築を発見。安田講堂などと同じ、中央に塔のある白っぽい建物で、これは「郡山合同庁舎」だった。一九三〇年竣工。宮田荘七郎の設計。古本屋めぐりの途中に、こういう物件に出くわすのは楽しい。写真を一枚撮る。

この次に訪ねた「古書てんとうふ」は、素晴らしい店だった。赤茶煉瓦づくりの三階建てという外装にもちょっと驚いたが、ドアを開けて中へ入ると、すぐ二階への階段が。一階が文学、人文、美術、文庫、マンガなど。二階は郷土史を中心に雑誌、資料、肉筆や、それにコケシなどが置いてある。本の量は多く、見どころたっぷり。

外光を採り込んだ大きなガラス窓、本棚の上に白いアクリルの反射板を置いた間接照明など、本をいかに魅せるかを熟知した店づくりだ。おまけに「サマーセール」として、店内全品が三割引。重いリュックをここでは下ろし、じっくり見て回ることにする。

まずは文庫、新書の棚から串田孫一『感傷組曲』(河出新書)三〇〇円、木村弓子『美しい装い』(保育社カラーブックス)五〇〇円を拾う。旅先で串田孫一を読むのは、なんだか習慣になってきた。文学の棚から

古書てんとうふ池ノ台本店

は、寺山修司編『男の詩集』(雪華社)五〇〇円を買う。三割引なんだから、もう少しきばって買ってもよかったのだが、ついてる値段に縛られる癖はそうそう修正できない。ここに挙げただけでも、総じて価格は買いやすくなっているのがおわかりだろう。

店番をしていた若いハンサムな男の子に、「写真を撮らせてもらっていいですか」と『彷書月刊』の名を出して頼むと、「あっ、いつも読んでます。ウチにいつ来てくれるかと待ってました」と言ってくれる。うれしいじゃないか。どうやら準社員のようなかたちで働いているらしい。すぐ社長に電話して許可を得てくれる。

「二階もどうぞ」と言われて、無人の二階でもバシャバシャとシャッターを切る。コケシと一緒に、小道具類が並ぶ中から、朱塗りの「御手玉」と書かれた愛らしい小箱を買う。三越のマークと、三越呉服店玩具部と金文字で左から書かれている。戦前のものではないか。これが一五〇〇円。娘の土産にちょうどいいや。

このあと、「古書てんとうふ駅前店」で、上林暁『入社試験』(河出新書)を三〇〇円、塚本邦雄『芳香領へ』(ポーラ文化研究所)を一五〇〇円で買う。こちらも三割引だ。郡山は新幹線で途中下車しても立寄る値うちあり、と見た。

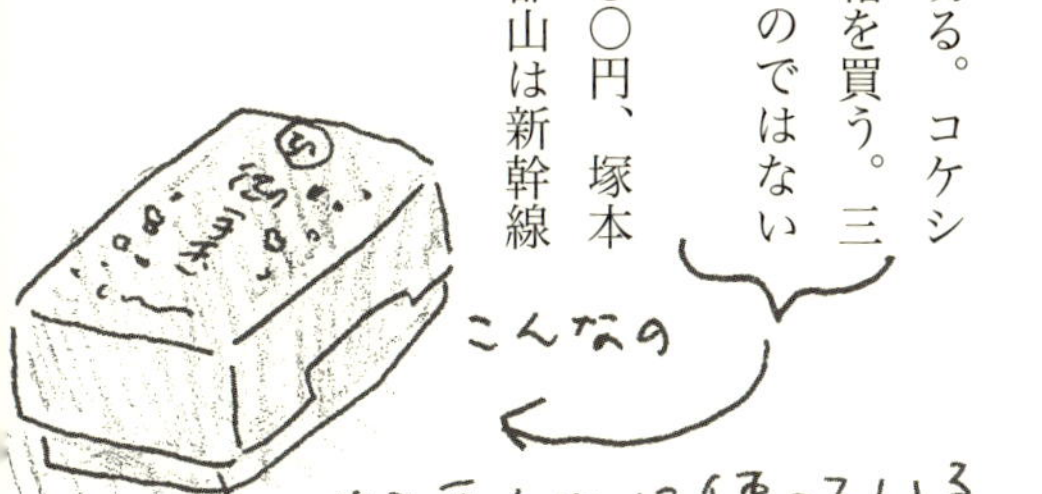

カカカと笑うは会津のこいし師匠

二〇〇四年二月——会津若松・勉強堂書店

郡山に滞在したのはわずか三時間ほど。昼飯をとった駅前のラーメン屋の対面に西友があり、その入り口脇にコインロッカーがあった。これが無料。郡山で途中下車し、市内散策する人はここを利用すればいい。郡山から会津若松までは磐越西線、「快速あいづライナー」(会津若松まで約一時間)が出ているが、それにはうまく乗れなかった。したがって各停で一時間強の旅程となる。この路線は、右に磐梯山を眺め、左に猪苗代湖、会津若松から先には蔵とラーメンの町「喜多方」と見どころも多く、温泉地もあるため、中高年の旅行客が多く見受けられた。私は「見どころ」をすべて素通り。古本、古本と呪文を唱えての旅である。

会津若松着が三時半頃だったか。駅前から白虎隊自刃の飯森山登山口までが約二キロ。この二キロ四方に、主要な観光スポットは収まっている。歩いてでも市中を回れる距離だ。しかし、駅前のレンタカーで自転車も貸し出していて、これを利用。二時間まで五〇〇円で、二時間では足りないかと思ったが、「いいですよ、七時に閉めますからそれまでに返していただければ、五〇〇円で」と係の人が言ってくれる。さすが義理人情は廃れてないと、ホロホロと涙をこぼし、係のおじさんの手を熱く握る(ウソでっせ)。

駅構内でもらった観光案内の地図を見ると、相生町から会津大学前に移転した「会津の古書処 勉強堂書店」は、市販の観光ガイドに掲載された地図からははみだした位置にある。少なくとも観光客が足を伸ばす場所ではなさそうだ。もちろん私はそういう場所へこそ足を伸ばす。私には低すぎる自転車のサドルをコキコキと上げ、いざ出発。

磐越西線に沿って北へ伸びる幹線道路を、右に三菱伸銅の大きな工場を見ながら走る。川沿いの土手のように盛り上がった四九号線とぶつかって、それを越えると風景は一変し、人影も見えないのどかな別天地だ。そこから会津大学はすぐ。大学前には真っ直ぐな並木の植わった舗装道路。対面には住宅街。夏休みの時期とはいえ大学生の姿も見えず、終末の日のごとく、がらんとした空間だけが広がっていた。いったい、本当にこんな場所に古書店があるのかと不安になってくる。

「勉強堂書店」とひっそり看板のかかる小体な店を探して自転車をゆっくり走らせる。すると、私設の美術館かと見まがうような、モダンな建物が目に入り、そこに「勉強堂書店」と看板があった。大きなガラス窓が張られた入り口から中を覗くと、いきなり骨董っぽい品々が見える。同店は古書のほかに、骨董民具も扱っているのだ。広く明るい店内に整然と背の高いスチール本棚が幾列も並び、図書館のようで

会津の古書処 勉強堂書店

蛸のあたま　初旅の凸ちゃん　おへその宙返り
おなかの逆立ち　赤い顔して　女優を待てば
女房が欲しうてなりませぬ　おへその宿に泊まりて
高い山から谷底見れば　僕も嬉しで嫁もろた……

もある。失礼ながら、地方の郷土古民具も扱う古書店……からイメージしたのとはまるで違う。客の姿はなく、ゆったりと棚の間を回遊していく。郷土史は奥の壁一面の棚を圧して埋め、さしずめここが「勉強堂書店」の看板の棚。ほか、歴史、美術、文学、趣味とひととおり揃っている。私は、よしここでは何か買うぞ、と下帯に力を込め（いつの時代の人間？）、奥野他見男『熱き血汐にふれも見で』（大誠堂書店）一〇五〇円、小山清『犬の生活』（筑摩書房）七三五円、ほるぷ復刻の武井武雄『赤ノッポ青ノッポ』五二五円を拾い出す。これらはいずれもいい買物。価格も躊躇せず手が出せる設定でうれしい。

『熱き血汐』は、函なしを以前にもっと高い値段で買っている。ここは美本にバージョンアップだ。奥野他見男は同じ作品が、いろいろな出版社から、ごちゃごちゃといろいろな版が出ていて混乱する。第一タイトルが馬鹿馬鹿しい。中身がまた輪をかけて馬鹿馬鹿しいのだが、ユーモア流行作家として逸することはできない。小山清『犬の生活』は、これまで現物を見た記憶がない。それぐらい珍しい本だと思う。よおっ、筑摩っ！　という感じの本である。

お金を払う段になって、ご主人に話を聞かせてもらった。いただいた名刺には鈴木英成さんとある。椅子に座って話をされていた男性はお客さんかと思いきや、英成さんの兄上。ご兄弟でお店をやっておられる。弟がややふっくらと快活、兄が小柄でもの静かと、漫才界の至宝、いとし・こいしを思わせる。

こいし師匠……もとい英成さんによれば、勉強堂書店は先代になる父上の手で昭和八年に会津若松で創業。父上は神保町で修行、反町茂雄を「帝大出の丁稚が一誠堂にいてな」と話題にしていたことを英成さんは覚えている。場所は移転前の相生町か、と聞くと、そうではないという。少し移動があるらしい。

「勉強堂」とはいい名前ですね、と振るとカカカと笑い、「オヤジは『この名前はダメだなあ』とよく言ってましたよ。自分でつけておきながらね」とまた笑った。「客はせいぜい一日に一人か二人」カカカ、「一〇年前に大学前に移転したときは、売り上げは三分の一に減った」カカカ……と英成さんはよく笑う。笑い事ではないのだが、こちらもつられてほがらかな気持ちになるのだ。

秋は紅葉、冬は雪に埋もれ、春は桜、夏は磐梯山の緑を目にしながら、古書をあっちへやったりこっちへやったりする。いいものですよ……とまた笑う。以前はデパート展もやったし、神保町まで買い出しに足を運んだ時期もあったが、いまはどっしりこの地に腰を据え、地方史中心に商いをしているという。

「つまり基本に返りつつあるんですよ。こんなことしていていいのかと思うが、会津っぽはガンコでねえ。やりたいふうにしか、やろうと思わない」

ご兄弟の笑顔に見送られ、勉強堂書店をあとにした。青い山に夕暮れが迫ってくる。今晩は会津若松に泊。宵まで市内を散策しようと思う。

かつて遊園地、いまや競輪場の「花月園」へ

二〇〇四年一二月——横浜・西田書店

梶井基次郎『檸檬』は、一〇代終わりの頃、「そうとも、これが文学だ」と教えてくれた決定的な一冊だった。以来、三〇年近くことあるごとにページを開いては拾い読んでいる。既読本を読む面白さは、そのつど未読の箇所を発見させてくれる点にある。

今回、何の気なしに「橡の花」（一九二五年『青空』発表）を読み返していて、次のような箇所に目が止まった。

〈Oはその前の日曜に鶴見の花月園というところへ親類の子供を連れて行ったと云いました。そして面白そうにその模様を話して聞かせました。花月園というのは京都にあったパラダイスというようなところらしいです〉

京都「パラダイス」については、本年五月号の山崎書店探訪記の中で触れた。かいつまんで繰り返せば、明治二八年、第四回内国勧業博覧会が京都で開催され、博覧会会場の動物園、遊園地などの遊戯施設が「京都パラダイス」と呼ばれた。「橡の花」によれば、同じような遊園地が、昭和初年に横浜市鶴見にあったようなのだ。初耳、初耳。

☆本書P327参照

ここで「鶴見」「花月園」をネット検索すると、いまも京浜急行線に「花月園前」という駅

よく驚いてるなあ！

があり、その「花月園」とは現在、競輪場になっていることがわかった。なおもヒットした検索の項目を追うと、驚くべきことが続々出てきた。以下、横浜市鶴見区のＨＰ（http://www.city.yokohama.jp/me/tsurumi/）の「月刊鶴見の歴史」による。

遊園地「花月園」は大正三年に、鶴見「東福寺」の境内を借りて開園。つくったのは明治元年創業の新橋料亭「花月」を経営する平岡広高とその妻・静子。二人は洋行した際、パリ郊外の遊園地を見て、日本にも児童本位の施設が必要と考え、帰国後にすぐ動いた。三万坪（のち七万坪）の敷地に、動物園、噴水、花壇、大滝、ブランコ、茶室をつくり、電気自動車、観覧車、飛行船塔、大山すべり、豆汽車などの遊戯機具を置いた。特筆すべきは、第二の宝塚を狙い「花月少女歌劇団」を設立、歌劇場を建設、大人の社交場として本格的なダンスホールをつくったことだ。二〇〇坪の大ホールに日本人による生バンドを入れ、外務省、海軍省の外国人接待にも使われた。

ダンスホールのある遊園地！　これには驚いた。しかも、わが国最初の営業ダンスホール。永井良和『社交ダンスと日本人』（晶文社）によれば、第一次世界大戦後の欧米旅行において、平岡広高の〈妻の静子は社交ダンスが「すっかり気に入って」しまい、帰国後「夫にねだって」花月園内の建物を改築し社交舞踏場をつくらせた〉という。この花月園ダンスホール開設は、〈それまで外国人やごく一部の日本人の趣味にすぎなかった社交ダンスが、一般に普及していく足がかり〉となった。同時代の小説、〈谷崎潤一郎『痴人の愛』、里見諄『多情仏心』にも出てくる。当時のモガ、フラッパーたちにとって、この花月園がトレンディスポットであったことがわかる。

また、敷地を借りた東福寺が「子育て」の寺だったことから、園内の売店で「子育てまんじゅう」を復活し販売したところ、これが人気となる。このまんじゅうを売ったのが、なんと天野芳太郎。儲けた金でペルーへ渡り、インカの遺跡を発掘、蒐集し「天野博物館」を開いた人物である。私は、何が何だかわからないまま、今年六月にフリダ・アンダリセン主人『あちら話・こちら話』という、昭和一一年刊の本を買っていたが、このフリダ・アンダリセン主人こそ天野芳太郎だ（中公文庫に『第二次大戦と中南米移民』の著書あり）。ダンスホールの生バンドは日本のジャズメンだから、ジャズ史にもかかわる……という具合に、掘れば掘るほどさまざまなものが出てくるのだ。これは、とにかく一度花月園に行かねばと、一〇月二二日、五反田「本の散歩展」へ行ったついでに、京急「花月園前」駅に降り立ってみた。古本屋探訪は、同じ鶴見区内の「西田書店」へ寄っていく。

「西田書店」を覗くのは五年ぶりぐらい。以前訪れたときは、棚の前にはみだした本の山が通路をふさぎ、行き止まりをつくって迷路みたいになっていたが、今回も汗牛充棟ぶりは相変わらずながら、かなり本は整理され、見通しがよくなっていた。前回は二階への階段に締め

西田書店

是枝裕和監督「幻の光」のオープニングに登場。

きりの縄が張られていたが、それも解禁。とにかく扱う本の量が多く、ジャンルも幅広いので見ごたえがある。

神奈川県全般の郷土史、地方文献もかなり揃っている。もしや「花月園」についての資料が……と期待したが、それはなかった。しばらくうろつき、ちょうど欲しかった『芸術新潮』の「特集 ロシア絵本のすばらしき世界」を買わせていただく。五二五円。こんな程度で「古書店紀行」とは、詐欺呼ばわりされても仕方ないが、「花月園」へ急がねば。

この日は平日のため競輪は休場。高架駅から、跨線橋を渡り、花月園競輪場まで行ってはみたものの、当然ながら大正モダニズムの夢の跡は欠片も残っていない。ただ、ここに「花月園」という遊園地があったことを示す表示板が立っていた。鐘《ジャン》の音に心馳せる者たちに、おそらくこの表示板が目に入ることはないだろう。

京急、東海道、横須賀、京浜東北各線を跨ぎ越す長い長い踏切を渡って東側へ。JR鶴見線「国道駅」を見物に行った。高架駅の下がガードになっていて、煤けたようなコンクリのマチエール、廃業した飲食店が放置され、そのまま戦前の風景として映画やドラマロケに使えそう。中世ヨーロッパの修道院にも見える。わざわざ見に行く価値のあるガードですぞ。国道駅からすぐ、第一京浜沿いに「千代の湯」という銭湯があった。近くの薬屋でトラベルセットを買い、気まぐれで入ってみたらこれがコーラ色の鉱泉で得した気分。西田書店、花月園、国道駅、千代の湯。この冬、おすすめのお値打ちスポットだ。

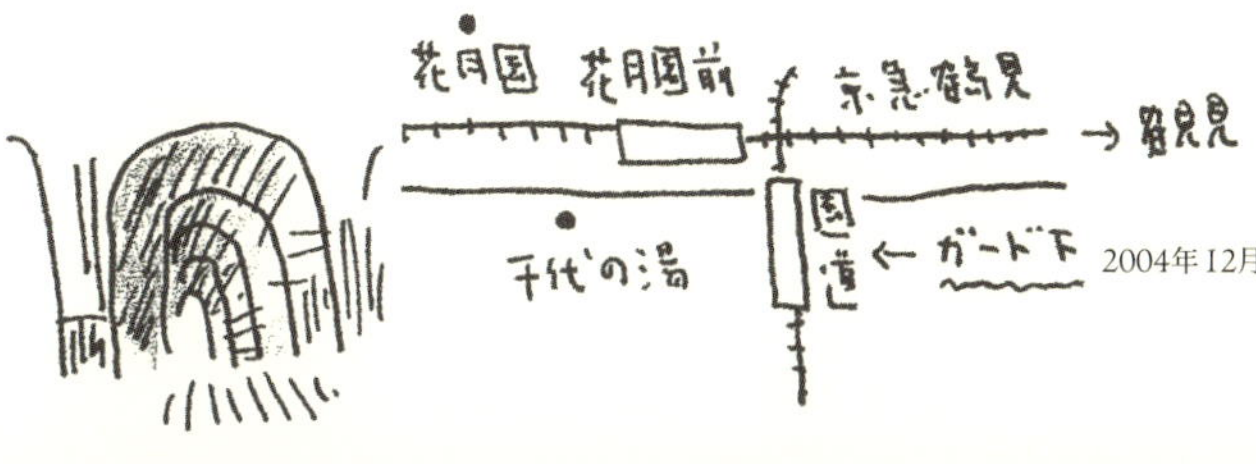

2004年12月● 横浜・西田書店

二〇〇五

【第八部】

1月 ◉ 武蔵野市武蔵境・境南堂書店

2月 ◉ 平塚・萬葉堂書店ほか

3月 ◉ 熊谷・千文堂書店

4月 ◉ 熱海・草木堂書店

5月 ◉ 北九州市若松区・ブックランド・ピースほか

6月 ◉ 久留米・松石書店ほか

7月 ◉ 八王子・ブックセンターいとう元八王子店ほか

8月 ◉ 杉並区西荻窪・古書 にわとり文庫

9月 ◉ 渋谷区広尾・古書 一路

10・11月 ◉ 京都・下鴨古本まつり、尾道・画文堂ほか

12月 ◉ 仙台・萬葉堂書店ほか

小沼丹と幻のスタジアム

二〇〇五年一月――武蔵野市武蔵境・境南堂書店

小沼丹はいま古書業界でひっぱりだこ。04年に未知谷から全集が出たが、88年に小沢書店から出た作品集の方も価値が下がらない。5万円以上もついている。

今回は、風が吹けば桶屋が儲かる……みたいな話になりそうだ。ちなみに、風は「小沼丹《おぬまたん》」、桶屋は武蔵境「境南堂《きょうなんどう》書店」さん。この二つがどこでどうつながるか。

講談社文芸文庫で小沼丹『埴輪の馬』を読み返したのがことの発端だ。冒頭の「煙」(『群像』一九八〇年七月号)は、大寺さんすなわち小沼丹が、自宅の近くで焚火をする話から始まる(ただし、この短篇では「大寺」の名は出てこない)。〈いつだったか、寒い日〉と始まるから過去の話。溜まった林檎箱、蜜柑箱を裏の路へ持ち出して燃やす。威勢よく燃える火に手をかざしていると、自転車に乗った若い警官が通りかかり「お相伴させてください」と、焚火にあたりにくる。近所の交番に勤務する警官だが、新米なのでこの辺りのことがよくわからない。

大寺さんは、いろいろと昔のことを彼に話し始める。「近所に小川があるが、昔はその小川に水車が廻っていて、蛍も飛んでいた」「交番と通一つ隔てた所に米軍の将校宿舎があった」。その宿舎は「戦争中は中島飛行機会社の工場」だった、などと打ち明けるたびに、警官はひどく驚く。

このあたりまで、私のほうも読みながらどのあたりのことだろうと見当をつけ始めている。たしか小沼は武蔵野市の住人だった記憶があるが……。巻末年譜で確かめると、昭和二四年八月に〈以後終生住み続けた八幡町四丁目一〇番地七号の住居の前身、当時の武蔵野市関前四二〇番地の家に住む〉とある。地図で確かめると、最寄り駅は西武柳沢、五日市街道が武蔵野女子大で大きく左折し、伏見通りを北上した武蔵野北高前あたりとわかった。近くに武蔵野中央公園があり、ここが大寺さんが語る中島飛行機跡にできた米軍宿舎があった場所である。

なおも読み進めると、今度は私が驚いた。大寺さん曰く〈その米軍宿舎の先に、戦后間も無い頃、大きな野球場が出来た。これは国鉄スワロウズの本拠地で、中央線から引込線が球場近く迄来ていて、白い煙を吐く蒸気機関車が観客を運んできた〉というのだ。その野球場は数年のうち姿を消し、その跡に大きな団地ができた。

思わず絶句。家族で吉祥寺へ行く際、車で五日市街道をいつも通るが、その片鱗さえ感じたことはない。ところが地図を開くと、たしかに武蔵野中央公園に隣接する「緑町住宅」を囲むように、円周の道路が見える。件の野球場「東京スタディアム」は愛称「グリーンパーク」と呼ばれた。現在の「緑町」はその名残りかと思われる。なおも調べると、かつて中央線三鷹駅からこの野球場まで単線の鉄道が走っていて、廃線跡が緑道として残っているという。

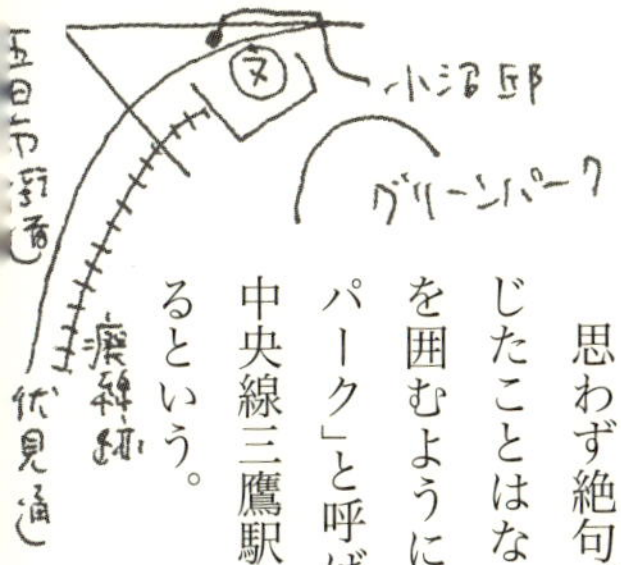

のんびりと小沼丹を再読していただけなのに、なにやらにわかに胸躍る、にぎやかな事態となってきた。これは行かずばなるまい。某月某日、妻の運転する車で武蔵野北高校前まで運んでもらい、あとは徒歩で附近を探索、緑道をたどって武蔵境まで歩くことにする。武蔵境には「境南堂書店」がある。すなわち「風が吹けば桶屋がもうかる」だ。

武蔵野北高前の伏見通りは舗装された広い道路。『多摩らび』(「特集 西東京市・武蔵野市」二〇〇四年二八号)に、「武蔵野中央公園の隠れた歴史」という記事があり、昭和一九年一一月にこの附近を航空撮影した写真が掲載されている。この写真で見るかぎり、道路はいまより狭く舗装はされていなかったのではないか。

道路の西側に船の舳先のように狭められた住宅街が、「煙」の舞台である。一歩足を踏み入れると人影も見えない静かな一画だが、焚火をするような場所ではない。番地を頼りに探したが、どうやら現在、八幡町コミュニティセンターのあるあたりが小沼邸跡らしい。『埴輪の馬』所収の「散歩路の犬」に〈Aコオスは橋を渡ると左折して小川に沿って歩くが、Bコオスは橋を渡るとその儘真直に歩いて行く〉と書かれた橋「関前橋」を左に見て、NTT研究開発センターの脇を抜けると、たしかに緩やかにカーブした道路があった。これがかつてのスタジアムの外周だろう。武蔵野中央公園へとって返し、正門まで来ると目の前に「グリーンパーク遊歩道」が木陰の下から弧を描きながら伸びている。ここを三鷹まで、途中駅なしの三・二キロという短い電車が走っていたのだ。車両の先頭にある行き先表

示板は、野球のボールをデザインしたものだったという（『鉄道廃線跡を歩く』宮脇俊三・JTB）。はたして、小沼丹はこの電車に乗っただろうか。

本当は武蔵境まで歩くつもりだったが、疲れたので途中からバスを使う。武蔵境駅南口から境南通りを西へ五分ほど歩いた場所に「境南堂書店」はある。店頭の均一台に並んだ本は色褪せてしまっているが、店内の本は背に価格表示の紙が張られ、よく整理された印象を受ける。なにより、店のガラス戸を開けたときから、泰然とした古めかしい古本屋ならではの匂いがする。ニューウェーブ系や新古本屋では、けっして嗅ぐことのできない鎮静効果のある香りといっていい。

「境南堂書店」さんの棚では、入って左の棚にあった小林鶯里編『東京を歌へる』（文芸社）が、なんともゆかしい造りの本。明治大正に東京を謳った詩歌・句集を集める。すぐに感電したが、四五〇〇円という値段に躊躇した。家に帰って調べたら一万円以上ついている本で、これは買っておいたほうがよかったかもしれない。そのかわりに、川崎賢子『蘭の季節』（深夜叢書社）を見つけた。これが一五〇〇円。『新青年』作家を中心としたモダニズム文学の研究書で、装幀もかっこいい。いままでどうして目に入らなかったか不思議だ。最初の文章を流し読みして、巻末の初出一覧を見ると、なんと『彷書月刊』だった。

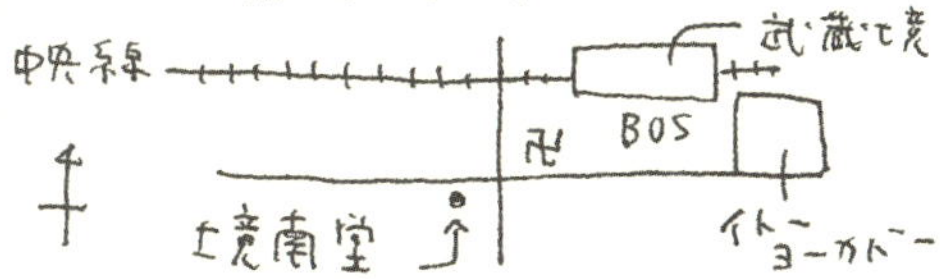

2005年1月 ● 武蔵野市武蔵境・境南堂書店

境南堂書店

青春18きっぷで古本屋めぐり

二〇〇五年二月――平塚・萬葉堂書店ほか

「青春18きっぷ」の存在をご存じだろうか。春、夏、冬と学休期限定で発売される格安キップのこと。期間中はJR普通、快速列車のみ全国、乗り放題となる。五日分・一万一五〇〇円が一枚のキップになり、期間中で五回、自分の使いたい日を選び、その日一日のみ有効。「青春18」とあるが年齢制限はない。これを使って、この冬、少しだけ遠出をして古本屋めぐりを楽しもうというのだ。

最初の一回は「身延線」の全線乗車と決めた。理由はない。ただ乗ってみたかったのだ。同線は中央線甲府と東海道線富士を結ぶ、全長八八・四キロメートルのローカル線。駅数は全部で三九。落語ファンには「鰍沢」（「鰍沢」は三遊亭圓生の名演あり）なんてうれしい駅名もあれば、井伏鱒二が通った旅館「源泉館」がある「下部温泉」という駅名も見える。

とはいっても途中下車して、思い入れに浸っているヒマはない。時刻表を見ると身延線はほとんど一時間に一本。甲府から富士まで特急「ふじかわ」に乗れば一時間半が、普通列車だと二時間半。東京発の新幹線「のぞみ」なら新大阪に着いてしまう。このあと、東海道線の沼津と平塚で下車して古本屋めぐりをする予定を立てている。乗ったら最後、覚悟して座席にへばりつくことだ。

朝、まだ薄暗い国立駅を出発したのが六時過ぎ。明るみ始めた空気の中を朱色の中央線は西へ西へ。八王子が終着で、降りたホームから六時三六分始発の松本行き普通列車が出る。松本着が一〇時一七分着。意外に早い。よほどこのまま松本まで行こうかと迷ったぐらいだ。かつては新宿からも松本行き、があったらしいが、いまはこの早朝に出る八王子発と高尾発の二本が松本行き直通の普通列車となる……なんて書くと、ちょっと鉄道ライターになった気分。うれしいなあ。

しかし、こんなふうに書き継ぐと、まるで『旅』の記事になってしまう。『彷書月刊』であることを忘れてはならない。そこで途中を端折ると、甲府から身延線に乗り換え富士へ、そのまま東海道線に乗り入れ、沼津に着いたのが一二時二〇分。最後の三〇分ほどは車窓からずっと富士山が見える。こんなに間近で長時間、富士を拝んだのは初めて。富士山ショーだ。それだけでも身延線に乗った価値はあった。

沼津では二軒の古本屋に見参。「長島書店」は駅からすぐ。西武デパートのすぐ裏。お稲荷さんの鳥居とツーショットというロケーションが面白い。店の中は買物帰りの主婦を対象にした文庫、料理本ほか、郷土資料まで幅広い。「平松書店」はアーケードの商店街を抜けて、駅から四、五分のところ。腰の高さまで通路に積み上げた本を含め、とにかく量が多い。私はここで、角田喜久雄『神変白雲城』(中公文庫)を発見。絶版だが、文庫はすべて定価の半額で二六〇円。

沼津で昼食を済ませ平塚へ移動。平塚駅で降りたのは初めてだ。にぎやかな北口の駅前を抜け、「平塚書房」を探すがわからず(どうやら閉店されたようだ)、次に「新村堂古書店」へ。愛用『全国古本屋地図』によれば、〈店名からわかるように武者小路や白樺関係の資料に力を入れているようだ〉とある。新村堂すなわち「新しい村」だ。奥行きのある店内に足を踏み入れただけで、ここが混じりっ気のない、本寸法の正統的古書店であることがわかる。文学関係の品揃えがとにかくすごい。近現代の研究書もずらりと本棚を圧して埋め尽くされているし、吉田健一がずらりと揃っているのが目を引いた。

その文学の棚でたたずんでいる高齢の白髪男性がいて、いかにも「白樺派」。最初はその男性がご店主かと思ったが、これは客。一番奥のレジ前で目録用の荷づくりをされている女性が新村堂さんの奥様らしかった。ここはなんとか一冊、と思ったが、逆にこれだけ整然と良書が眼前を覆うと、私ら均一小僧はほとんど手が出ない。あり余る敬意をそっと会釈に託して店をあとにする。まっ先に平塚で足を運ぶべき店であることは疑いない。

駅前へとって返し、跨線橋を渡って南口へ。北口の喧噪とはうってかわって、こちらはひっそりと昔ながらの趣きを残す。跨線橋を降りて目の前が、探すまでもない「萬葉堂書店」。まずとりついた均一台で庄野潤三『小えびの群れ』(新潮社)帯付き初版、花輪和一『御伽草子』(双葉社)を一〇〇円で拾う。

店内でも粟津潔『デザイン夜講』（筑摩書房）五〇〇円、ローマ字絵本『ＰＩＮＯＫＩＯ』三〇〇円を買ったが、今回の旅で一番息が合った店がこの萬葉堂書店さんだった。入って右の棚に現代詩集、歌集、句集が相当量並んでいた。現代詩集を大事にしている店、というだけで頬がゆるんでくる。

大型本の棚の前では、写真集を熱心に見ていた男性が、一冊、富士山の写真集を購った。表の均一台でガヤガヤ声がし、女性が手にいっぱい、小ぶりの美術全集を抱えて、「こんなに安いのね。今度、車で取りに来るから置いておいてくださいね」とお金を払っていった。こんなに本が次々売れる光景を、東京以外の店で見ることは珍しい。

かつて浮世絵版画でその名を馳せた萬葉堂書店初代とも話ができた。昭和二二年に仏教書、国文学、詩歌専門店として鎌倉で創業。三五年頃、平塚へ移転したときは、大衆向けの読物しか売れなかった。そこで少しずついい本を置いて、この本をお読みなさいとお客さんに奨めた。結果、良書が集まるようになってきた。そんな話をされたのが印象的だった。いまは息子さんが引き継いで、小さい店ながら、おそらく本好きなら棚を眺めただけで笑みがこぼれるような品揃えで客を待つ。新村堂さんといい、店の数は少ないがそれぞれが独自の魅力を持つ古本町だった。

萬葉堂書店

「ある田舎町の魅力」の魅力

二〇〇五年三月――熊谷・千文堂書店

「青春18きっぷ」を買ったら、ぜひとも行きたいところがあった。埼玉県児玉郡児玉町。八王子と高崎を結ぶ「八高線」（厳密には倉賀野まで）沿線の「児玉」駅を下車。埼玉県西北端に位置し、ナスが名産の小さな町である。古本屋は当然ながら、ない。

なんでまた、そんなところに？　児玉が私にとって特別な町なのは、ひとえに吉田健一のエッセイ「或る田舎町の魅力」（『新編 酒に呑まれた頭』ちくま文庫所収）による。文庫本でわずか八ページのこの小文が、何度読んでも素晴らしい。これを読めば誰だって、どうしても児玉へ行きたくなる。しかし片道三時間、日帰りで丸一日を要する小旅行……。それでなかなか思い切れなかった。

青春18きっぷは、こういうときこそお役にたつキップです。日付けスタンプ一つ押せば、あとは一日乗り降り自由。私も吉田の跡を訪ねて、昨年一二月二一日、八高線の車中の人となる。〈何の用事もなしに旅に出るのが本当の旅〉だと考える吉田は、〈何もない町〉への旅として八高線「児玉」を選ぶ。かつて講演で訪れたこの町を、再度、菊正の壜詰めと毛抜き鮨をお伴に八高線に揺られて行く。「田島旅館」という、児玉にたった一軒ある旅館に泊まり、ただ酒を飲んで帰っていくのだ。その何もなさが読後に文章の魅力とともに沁み通っていく。昭和三〇年頃の話だ。

外は厳しい寒気ながら、車内にはポカポカと陽射しが射し込むジーゼルに揺られ、昼過ぎにようやく着いた「児玉」駅は木造モルタル、つまり「ガロ」駅だ。がらんとした駅前広場には車も人影もなし。しーんとしている。ひょっとしたら、ここだけは昭和のままで、平成に変わったことも知らないのではないか、とさえ疑われる。

吉田が泊まった「田島旅館」は、はたしていまもあるのか。不安が胸を圧するが、途中、立寄ったカメラ店で聞くと、「田島旅館」は健在だった。吉田の記述どおり、一部三階建て、木造瓦屋根の立派な建物。ただし、「田島屋旅館」が正しい。しばらく玄関先をうろついていたが、意を決してドアを開けた。「あのう、泊まり客ではないんですが、吉田健一さんの……」と言いかけると、応対に出た中年女性の表情が「ああ、はいはい」と明るくなった。どうぞ、どうぞ中へ、と招かれ、茶の間へお邪魔することになった。

田島屋旅館

炬燵に入っておられた八十年輩の老女が女将で、吉田健一の名前を出すと喜んで話を聞かせてくれた。この家に嫁いできたという二代目女将さんの話によると、田島屋旅館は明治期の創業。すでに一〇〇年以上になる。大正三年の大火に遭い、焼け落ちると同時に義父(創業者)が材木を買い集め、素早く再建した。だから、現在の建物は大正三年築のもの。

秩父街道沿いの仲町の交差点が、秩父へ抜ける要所で、その近くにある田島屋は途中、旅人が足を止める宿として戦前あたりまで栄えた。吉田健一が最初に泊まったのが昭和二九年頃で、その体験が「或る田舎町の魅力」に書かれているわけだが、じつはその後も何度となくここを訪れている。よほど、この古びた静かな町が気にいったらしい。

中村光夫が渡仏するときも、わざわざ送別会を田島屋旅館で開いた。三島由紀夫、神西清も泊まった。すごいメンバー。そのおりに各人が筆をとった芳名帳も残っていた。例えば中村光夫は「さきたまの児玉のさとの児玉町　田島屋にきてこころいこへり」、吉田健一は「喜雀入堂」と記した。これ、お宝ですよ。

そのほか、吉田がこの旅館で飲んだという地の酒の名「千歳誉」は「千里」の誤り、中村光夫はお金が足りなくなり、文藝春秋社から郵便振込で送金してもらったが、受け取る際に本名の木庭一郎を証明するものしかなく、先代女将が身元保証人として立合ったなどの楽しいエピソードを聞かせていただいた。思いがけなく、「或る田舎町の魅力」の背後に広がる話を取材できて、この児玉行きは大正解だった。私もいつか、何の用もなしにこの田島屋旅館で一泊し、吉田の飲んだ「千里」で一献やりたいと思う。

帰りも八高線、というのは芸がない。吉田も書いているが、児玉から高崎線「本庄」ま

田島屋旅館　埼玉県児玉郡児玉町大字児玉93－2
TEL 0495・72・0011

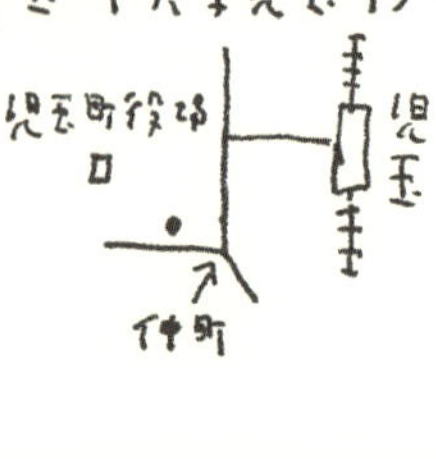

373—372

でバスが走っている。これに乗ろう。約八キロで運賃は三四〇円。本庄から熊谷へ。ここで途中下車。駅前から伸びる大通りを徒歩一〇分の「千文堂書店」へ寄る。

駐車スペースのために少し引っ込んだかたちの店舗は、これも大きく「千文堂書店」と看板がなければ、なかなか古本屋があるとはわからないだろう。しかし中へ入るとかなり広く、木製の古い本棚にびっしり本が詰まっている。ジャンルはほぼ全方位。黒っぽい本も散見できる。店主と先客の会話に耳を澄ますと、どうやらご店主は病気入院され、しばらく店を閉めておられたようだ。そのあと、心配して訪ねてきた画家の常連客(洲之内徹似)もあり、地元熊谷で愛すべき店となっていることがよくわかった。

私は、ずらり一〇〇冊ほど並んだきれいな『ユリイカ』に注目。しかも同じタイトルが二冊ずつあるのはどういうことか。「鈴木清順」と、あと一冊(『ユリイカ』以外の何を買ったか失念したが)を買う。すると黙って五〇円値引きしてくれた。熊谷発一五時五九分発小田原行き特別快速に乗った頃には、もう日がだいぶ落ちかけていた。

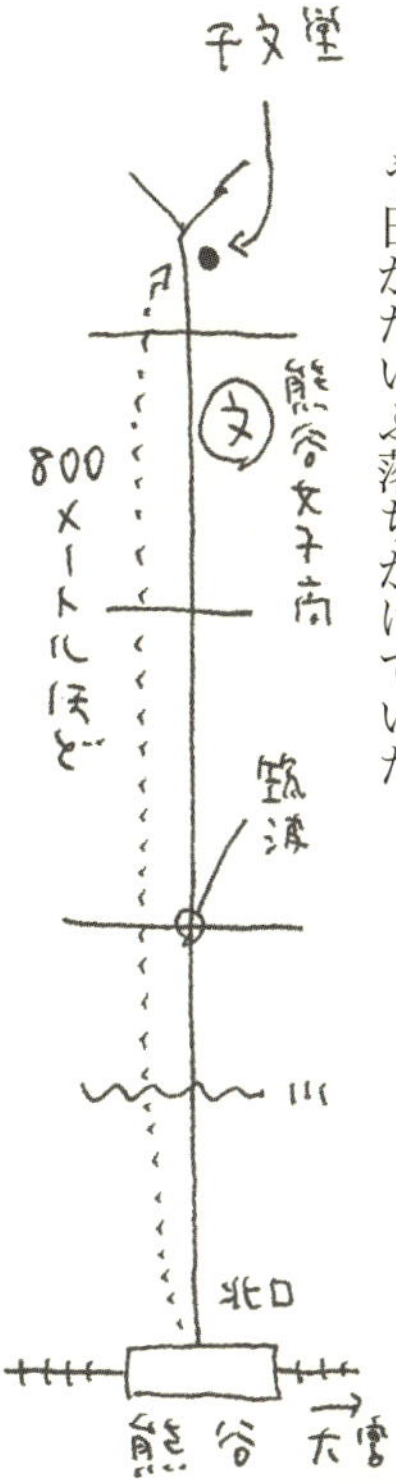

千文堂書店

ロックの夢果てた後の古本屋

二〇〇五年四月——熱海・草木堂書店

一度見た夢で、いまだに忘れられないのが「古本温泉」だ。山の中の温泉宿、丸ごと一軒が古本屋でもあるのだ。古本を漁りながら風呂に入り、湯上がりにまた古本。そして酒。まさにパラダイス。しかし夢から覚め、現実的に考えると温泉と古本屋はなかなか結びつかない。大分県の水郷の町「日田」温泉郷に、かつて古本屋があったと、某社の編集者が話してくれた。『全国古本屋地図』には記載がなく、ネット検索したところ日田市三本松二丁目九七〇-二に「痛快創庫日田店」を発見。六年前から営業中だとか。しかし、これは編集者が話してくれた店ではない。

野村宏平『ミステリーファンのための古書店ガイド』(光文社文庫)によれば、別府市には駅周辺に古本屋がけっこう点在している。その一軒「ブックス・ボス」餅ケ浜店などは〈目の前が海〉。温泉地、海と古本屋と縁のないトポスにある物件として超注目店だ。

『ミステリーファンのための古書店ガイド』(通称『ミス古書』)は、北海道から沖縄まで、「タウンページ」やその他情報から独自に調査したデータをもとに、全国の古本屋をしらみつぶしに踏査。おそるべき元手のかかった本だ。なにしろここに登場するのは「古本屋」だけではないのだ。貸本屋を看板に古本を扱っている店、本屋じゃないのに古本を兼業で売る店まで網羅している。

東京・亀戸駅近く、京葉道路沿いの「ヒラノカメラ」は、〈店名どおり、もとはカメラ店で、いまでもわずかにカメラやフィルムを扱っているのだが、店内は古本で埋め尽くされている〉という。写真もあるが、たしかに看板は「ヒラノカメラ」で、店はどう見ても古本屋だ。これにはうーん！　とうなってしまった。けっこう全国の古本屋を見て歩いているつもりの私だったが、この本には素直に降参、である。

だが、『ミス古書』にも載っていない店を今回は紹介する。それが熱海「草木堂書店」。ここはまさしく温泉地の古本屋、だ。

青春18きっぷによる古本屋めぐりを計画したとき、まっさきにターゲットにしたのがこのお店だったが、スケジュールの都合が合わず断念。その後なんたる偶然か、一月二一日に熱海へでかける用事ができたため、急きょ、この日に訪れることにした。

草木堂さんといえば、長らく中央線支部に所属し、中野サンプラザを始め、デパート市や古書即売会ではおなじみの名前。あの草木をあしらった美しい値段票が印象的だった。そのうち、名前を見かけなくなったと思ったら、なんと熱海でお店を再開されていた。そのあたり

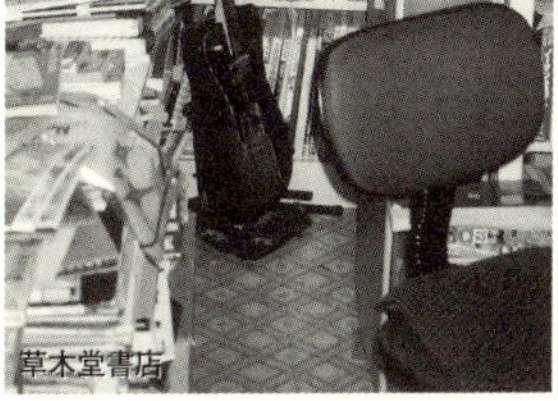
草木堂書店

の事情も、今回はうかがってきた。アクセスは熱海駅からバス。歩いても二〇分くらいか。草木堂の少し手前にホテル「金城館」がある。これを目指して来ればいい。

草木堂・横田盛夫さんとは初対面ながら、会うとすぐ「ああ、この人だったのか」と合点がいった。店にもフェンダーのエレキギターが置いてあったが、中野サンプラザでよくお見かけした痩身、長髪、メガネとなんとなく音楽業界人っぽい男性が横田さんだった。店で長々と話を聞いたが、その後送られてきた横田さんの自己申告調書がくわしい。以下、これをもとに筆を加えて御紹介する。

横田さんは、一九四八年クリスマスイブの日に降臨。団塊の世代だ。早稲田大学在学中はバンドを組んで音楽に狂っていた。卒業後も「聖路易《セントルイス》」なるロックバンドで作詞作曲、リードボーカルとMCを担当。ヤマハのポプコン始め各種オーディション、音楽祭に参加というからいい線いっていた。名曲「恋の仮面」（聞いてみたい！）を残し解散。三〇代前半は、九州、広島、京都と放浪生活を続け、再上京。八四年に都立家政北口に、〈日本で唯一機織機のある和風古本屋〉として開店。店名は山崎斌《あきら》の「草木染」から来ている。

「都立家政時代は、チリ紙交換全盛で、毎日店の前に軽トラ、集書は楽な時代でした。ダイエーの古本祭を月四回、ほかにサンプラ、小田急、立川フロム、西武所沢、サミットと年に二万冊を売り上げるスーパーマン時代でした」

いまだ中野サンプラザの前掛けをした横田さんは、かつて取った杵柄のシャウトする声

植物染料による"染め"を「草木染」
と命名したのが山崎斌
——と横田さんから教わった。

でそう語る。平成元年に都立家政の北口から南口に移転。同時に伊豆・韮山の山中に家を持つ。これが奥さんの草木染工房となる。自家目録「泥花」のみの、優雅な暮しを夢見るが、九七年に人生設計を大きく狂わすできごとが起こる。胃癌が発見されたのだ。胃を全摘出し、風でよろめく身体となる。以後、いちはやく将来のために電脳化を推進。〇二年末に都立家政店をたたみ、熱海の現住所に一五坪の店を借りる。

「最初は伊豆の家からネット販売をしようと思ったんですが、ADSLが接続できない。接続できる近場として熱海、だったんです。だから『競輪場で石を売る』つげ義春のマンガみたいに、『温泉地の古本屋』を狙ったわけではないんですね(笑)」

事実、温泉地であることのメリットはまったくないそうだ。「いまの熱海は、温泉地というより、宴会をしに来る場所」らしい。たしかに私の用事も「宴会」だった。最初は「ミステリ専門店」を考えたが、いまは染織、草木染、SF・ミステリ、芸能などの分野に特色を出してネット販売をしている。

私は表の三〇〇円均一棚(質量ともに豊富)から、ロアルド・ダール『王女マメーリア』(早川書房)、石原吉郎対談集『海への思想』(花神社)、相賀徹夫編『東海道1600キロ』(小学館)、片岡義男『サーフシティ・ロマンス』(晶文社)をありがたく抜かせていただいた。

最後に「御来店の際は、お電話ください。毎年八月は法務で一ヵ月休み」とのこと。わざわざ、というわけにはいかないだろうが、熱海へ来たら「草木堂」だ。

九州大地震遭遇記――［上］

二〇〇五年五月――北九州市若松区・ブックランド・ピースほか

さる三月二〇日、午前一〇時五四分。福岡を中心とする九州北部に震度六弱を観測する大地震が襲った。震源地が海底部だったために、人的被害は少なかったが、これが内陸部であれば阪神大震災に相当する被害がもたらされたことも予測される激震であった。

その渦中に私は九州の久留米市にいた。しかも古本屋内で地震を体験。前後五分ずれても、古本屋にはいなかった。被災した方には恐縮だが、古本男にとって千載一遇のチャンス。「さすがは岡崎さん」と、あとで周囲の人にも賞讃された。ちょっと複雑な気持ち。

なんでまた、わざわざ大地震のあった日を選んだように九州に、それも古本屋にいたか。今回と次回はそのことを書く。

ことの発端は、昨年一一月末に「ふるほん文庫やさん」が移転したとの通知をもらったことに始まる。もとパナソニックの子会社が入っていた社屋、三八四坪へ五〇万冊を大移動した、という。これはふるほん文庫やさんウォッチャーとしては取材しないわけにはいかない。さっそく『サンデー毎日』に企画を出したが、実現まではこぎつけなかった。

ところが、飛んで火に入る夏の虫。北九州市役所の広報課から、小倉、門司の観光ガイドを誘致する案内が同誌に舞い込んだ。交通費、宿代、食事代は向こうもち、つまりアゴアシつきの接待ツアー。一日延ばせば、「ふるほん文庫やさん」にも行ける。われながら、引きの強さに驚かされるできごとだった。

三月一七日、朝九時すぎの飛行機で羽田を発ち、北九州空港に着陸。迎えが来て、小倉で新幹線組も含めほかの媒体からの参加者と合流する予定だった。ところがこの日、天候不順で空港の上空を旋回したあげく、北九州空港をあきらめ福岡空港に着陸することになった。これで午前中のスケジュールはめちゃくちゃ。

あわてて博多から小倉まで新幹線移動。改札には、このツアーを補助する広告代理店の男性が旗を持って待っていた。飛行機組は一〇人ほどいたらしいが、素早く行動し、最速で着いたのは私と、もう一人の男性だけ。後続組を待って、Tと名乗る彼と名刺交換(角川書店『大人のウォーカー』編集長)をしたあとマイクロバスで待機。あれこれ話すと、T氏も大阪出身。しかも高校、中学と出身校を挙げると同じ枚方生まれと判明。そして、小学校まで来て、ついにビンゴ! 二人は同じ「枚方第二小学校」卒業生だった。

ツアーでは他の媒体の取材者と言葉を交わすことは少なかったから、このとき、飛行機が空港を変更し、二人だけ先発で到着していなければ、たぶん同窓生であることは最後までわからなかったろう。おかげで、ツアーのさいちゅう、T氏はずっと私を「先輩」と呼び続けることになる。ここでも私の引きの強さが証明された。しかし、まだもっと強烈な引きが待っていることは、このとき予想だにしなかった。

小倉、門司、下関と一泊二日の取材ツアーが終わり、翌日の「ふるほん文庫やさん」取材を控え、一八日は小倉ステーションホテルに投宿。荷を解いて、鹿児島本線に乗り込み戸畑へ。今回、旅に出る前に海野弘『光の街 影の街――モダン建築の旅』(平凡社)の北九州の章をチェックし、ぜひとも訪れたいと思っていた。戸畑から若松へは渡し船を利用。料金は五〇円。自転車ごと乗り込む人も多く、通勤、通学、買物の重要な足になっている。若松の渡船場から戸畑側を振り返ると、『光の街 影の街』で紹介された日本水産ビルが見える。一九三六年竣工。〈そのスマートなビルは水面を快速ですべってゆく汽船のイメージとひびきあっている〉と海野は書く。

若松側の洞海湾に面した遊歩道沿いに、レトロモダン建築が多数残っている。旧古河鉱業若松支店、北九州商工会議所若松支所と並ぶあたりは特に見ごたえあり。その一本裏筋はひっそりした通りで、こちらにも個人医院など古い建築物が散見できる。海野も書いているが、ちょっと〈東京の浅草のような下町の気分を感じる〉。

野村宏平『ミステリーファンのための古書店ガイド』を今回も手放さず持ち歩いてきたが、ちゃんと若松も著者は歩いている。古本屋は三軒。エスト本町というアーケードの商店街を行き、路地を曲ったところにある最初の一軒「書肆アモルフ」は〈訪れるといつも閉まっている〉と『ミス古書』に書かれてあるが、私が訪ねたときもそうだった。そこからすぐの「ブックランド・ピース」は、〈骨董も扱う中型の雑本店〉。たしかに骨董というか、古道具類が雑然と置いてある。店内も広い分、量も多いが、私は何も買えず。ただ、店主が神秘学・オカルト系にハマっているらしく、ちょっと眼に沁みるような張り紙がいっぱいあって、それが印象に残った。

渡し船とモダン建築をすっかり堪能したので、もう満足。また船で戸畑へ渡り、小倉まで戻ることにする。小倉北口からすぐ、「古書城田」は以前、本連載で取り上げた。文芸書を中心に、よく選びぬかれた品揃えで気持ちのいい店だ。前回は姿が見えなかった若い店主がせっせと棚に品出しをしていた。福岡北九州古本屋マップ・案内が入った『ふるほん福岡 Vol.2』（福岡市古書籍商組合）四〇〇円と、蓮實重彦『映画の神話学』（ちくま学芸文庫）六〇〇円を買う。

ブックランド・ピース

翌一九日は、「ふるほん文庫やさん」を取材。四時間も費やして、なおかつ全貌がつかみきれないという、ケタはずれの展開になっていた。くわしくは『サンデー毎日』に掲載予定。午後からは鹿児島本線「黒崎」「香椎」へ向かう。「香椎」は、松本清張『点と線』の重要な舞台となった町。そして地震に遭遇。次回、くわしくお伝えする。

九州大地震遭遇記──［下］

二〇〇五年六月──久留米・松石書店ほか

前回から続いて、九州探訪の話。九州へはこれまで何度か足を運びながら、いまだ踏破せざる極め付けの場所があった。それが「香椎《かしい》」。つまり松本清張『点と線』の重要な舞台となった場所だ。博多湾の海岸で一組の心中死体が発見されたことから、戦後推理小説の金字塔となる作品は動き出す。小説の中で清張は〈鹿児島本線で門司方面から行くと、博多につく三つ手前に香椎という小さな駅がある〉と書いている。私は映画も観たが、「カシイ」という地名が何度も出てきて印象に残る。清張ファンとしては、ぜひ一度は行きたい地だ。

今回の九州行きは取材のためだったが、もう用は済んでいる。野村宏平『ミステリーファンのための古書店ガイド』（以下『ミス古書』）を片手に、まずは鹿児島本線「黒崎」で下車。駅からすぐの「古本センター珍竹林」黒崎店、駅から放射状に伸びる商店街内にある「ブキヌリ檸檬」を訪問。「古本センター珍竹林」は、この黒崎店を本店として北九州に複数店を持つ大型古書店。まずは訪れてみる価値は十分にある。「ブキヌリ檸檬」は入り口もドアもないあけっぴろげな店で、店頭に豊富な均一台あり。ジャズが流れる店内は手堅い文芸書がそれなりの値づけで並んでいる。平井房人『思ひつき夫人』がガラスケースに入っていた。

黒崎では結局、文庫を数冊買っただけで香椎へ移動。〈西鉄香椎駅を通り抜けて、国鉄の香椎駅へ向った。この二つの駅の間は、五〇〇メートルぐらいしかない。道の両側は、ややにぎやかな町なみであった〉と『点と線』に描写された光景はいまもそのままほぼ通用する。『ミス古書』に〈猟書家必見の店〉と推奨された「あい書林」は『全国古本屋地図』に記載がないため、ノーチェックの店。勇んで向かったが閉まっていた。

駅前へ戻り、「ブックオフ」香椎駅前店で山川静夫『人の情けの盃を』（淡交社）、幸田文『番茶菓子』（講談社文芸文庫）を拾い、ひと息つく。駅前通りから西鉄方面へ、右折してすぐ、『ミス古書』記載の「香椎文庫」がある。なんとこの店、クリーニング&文具兼業の古本屋なのだ。踏破記念に写真をパチリと撮って、一応店内を散策したあと西鉄香椎駅へ。

JR香椎駅には駅ビルができて大きく変貌しているのに対し、西鉄のほうは木造駅舎。おそらく『点と線』に描写されたそのままの景色を残していた。いまにも改札を『点と線』のコートを着た男と、着物姿の女が通り、女が男に「ずいぶん寂しい所ね」と声をかけそうな趣きがある。しかし、すぐ脇で高架のための工事中。『点と線』文学散歩とし

香椎文庫

こんな本

2005年6月● 久留米・松石書店ほか

☆ 寺田瑛は報知新聞記者。"不連続線"というコラムを長年書き続けた。それが各社から単行本化。私は現在4冊を所持。

てはぎりぎりの時期に訪れたことになる。せっかくだから、この西鉄線（初めて乗車）で博多へ向かい、九州へ来たら必ず立寄る「痛快洞」を目指すことにする。

『ミス古書』にも同店は〈まるで宝箱をひっくり返したような感じで、どの棚を見ても飽きることがない。値付けも安め〉と紹介がある。まったく同感。このあと、福岡市西区に住む姉と待ち合わせをしているので、あまり時間がない。店にいられるのはたぶん一五分くらい。それでも行きたい店なのだ。やっぱり収穫はあった。私が収集している寺田瑛★の不連続線シリーズの未所持本『談話倶楽部』が七〇〇円、満洲理科の話と副題のついた『生きようとする姿』が八〇〇円。それから痛快洞さんが「岡崎さん、これは面白いですよ」と奥から出してくれた、昭和二〇年代の総合児童書カタログ『少年少女向優良図書案内』を二五〇〇円で譲ってもらう。

その夜は、福岡市西区にある姉の家に投宿。翌日、青春18きっぷを使って、久留米から久大本線に乗り夜明、日田とめぐり、日田彦山線、後藤寺線、筑豊本線、篠栗線と乗り継ぎ博多へ帰るコースを行くことにする。夜明駅は、『男はつらいよ』で寅さんが降りた駅なのだ。ちょっとした冒険気分（私にとっては）で、いそいそとまず久留米で下車。そして運命の一日が始まった。駅前で自転車をレンタルし、キコキコと「小山書店」へ。ここが絵に描いたような古本屋の一典型で、広い店内に専門書から雑本までたっぷり詰まっている。しかも安い。三〇〇円、五〇〇円で拾える本がゴロゴロ落ちている感じ。洲之内徹

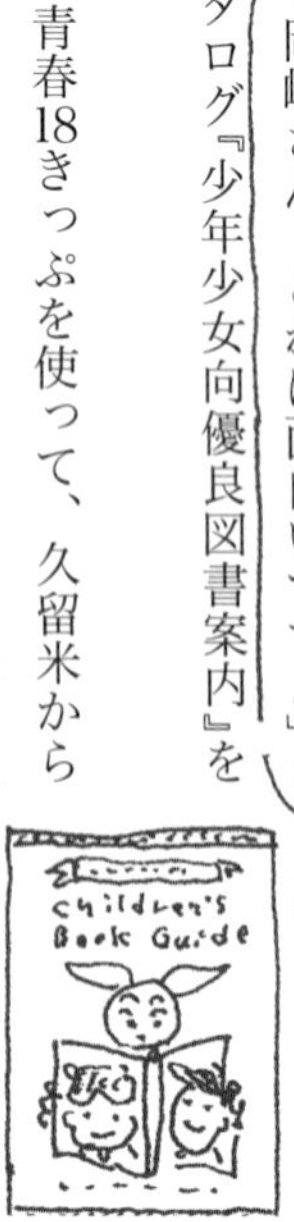

こんな本

この連載のタイトルは
ここから拝借

『さらば気まぐれ美術館』五〇〇〇円、植草甚一『いつも夢中になったり飽きてしまったり』三〇〇〇円、岩波少年文庫『名犬ラッド』一〇〇〇円、そして『西部日本大観』二〇〇〇円と、どれも相場の三分の一、四分の一の値段。家が近ければ、たちまち二〇冊、三〇冊と買ってしまいそうな店だ。

続いて、歌舞・音曲・謡曲関係の専門店という珍しい「松石書店」へ。木枠のガラス戸、能面などを陳列したショーケースと、骨董店のような店構えは、ちょっと均一小僧を怖じ気づかせる。ガラス戸を引くとチリリンと来客を知らせる鈴の音が。奥から女性が出てこられ、「ご用がありましたら、この鐘を鳴らしてください」と、古い洋式ホテルに置かれたようなリンを指差された。しばらく重厚な棚を巡っていると、いきなりミシッと本棚が軋む音が。次の瞬間、ドンと衝撃が身体を襲い、あとは激しい揺れが津波のように押し寄せて、思う存分私の体を揺らした。

頭上から大部な歌舞音曲の本が降ってくる。あわてて店の外へ飛び出す。揺れはしばらくして収まったが、このあと久留米駅で六時間以上、留め置かれることはまだ予期していない。不謹慎ながら、「あの地震のさなかに九州にいて、しかも古本屋にいるなんて、岡崎さんらしい」と仲間に言われるだろうと想像し、ニヤニヤしていた。不謹慎の報いが、この日の予定をすべて狂わせてしまった。電話は通じない。駅員の情報は不確か。見知らぬ土地での、途切れた「点と線」にただ呆然と立ち尽くすのみだった。

弥次喜多コンビにくっついてセドリツアーに参加

二〇〇五年七月――八王子・ブックセンターいとう元八王子店ほか

五月二二日、知り合いの古書店主二人、それに、出版社営業のYさんを含め、総勢四人による「多摩地区セドリツアー」を敢行した。今回はその報告をしよう。私がこの日買った冊数は四五冊。バカだねえ、なにもそんなに買うことはない。

そもそもこのツアーは、都内の古書店で父親の跡を継いで看板を守っている三〇代の男性二人が始めたものだ。仮に弥次さん、喜多さんとしておこう。彼らは「看板を守っている」といっても、安穏と帳場の座布団を暖めているわけではない。働き盛りの中堅として、古書組合の仕事を経験し、業者市でさかんに同業者と交じって品物を落とし、デパート展、即売会に出店し、宅買いに精を出し、しかも古書業界の明日を睨みながらイベントを企画するなど大忙しの毎日である。野球なら大リーグへ移籍しようかという、バリバリの主力選手だ。

このセドリツアーとは、都内西郊に点在する「ブックオフ」「ブックセンターいとう」など、大型リサイクル古本店を一日がかりで車で回り、仕入れをしようというもの。弥次さんが言うには、「仕入れの効率やかかる経費を考えれば、業者市で買ったほうがいい。でも、とにかく楽しいんですよ。仲間とワイワイ言いながら、半ば客の立場になって本を探すことが……」がこのツアーの眼目。毎回、一人、二人と古本好きの友人(これは素人)をゲストに加えるのが趣向だ。その「楽しさ」は、弥次さんが発表するブログ日誌で読み、あるいは口伝えで聞かされて、うらやましいと思い、機会があれば連れていってくれと懇願していた。それが時を得てついに実現。薄曇りの空の下、喜多さん運転する乗用車(車種は違うがセドリックと呼ぶ)に乗り込んでいざ出発。

車に乗り込んでから私がある提案をした。近くの図書館に併設した公民館で、一年に一度の「古本バザー」を開催している。肩ならしとしてそれに行かないか、と。値段が一冊二〇円とか三〇円とか、とにかくバカ安。私は、じつは前日、午後から乗り込んだにもかかわらず五〇冊を買った。それでも払った金額は一一四〇円。そのなかには小沼丹『椋鳥日記』、田中小実昌『女類学入門』、『小島信夫をめぐる文学の現在』、野見山暁治『うつろうかたち』、永井龍男『設計図の上の消ゴム』などがあったからあなどれない。

私を除けば「古本バザー」初体験の三氏もこの安さにはこたえられないというふうで、肩ならしどころか、肩をこわすぐらい買い込んでいた。「最初に、こんなに安く買うと、あとが買いにくくなりますね」は喜多さんの弁。Yさんも文庫を中心に、シブイところを抜き出し、確かな腕前を持っていることを証明していた。二日目の私は、文庫二五冊、雑誌一冊、単行本五冊を買って、六〇〇円強を払った。さして珍しくはないが、村松嘉津

『巴里文学散歩』を買えたのがよかった。
そしていよいよ、本番だ。この日、めぐったのが六店舗。

一　いとう八王子東中野店
二　ブックオフ八王子堀之内店
三　ブックオフ八王子西店
四　いとう元八王子店
五　いとう秋津店
六　いとう立川羽衣店

『彷書月刊』の読者には説明不要かと思うが、同じ大型リサイクル古本店とはいえ、「いとう」には、けっこう黒っぽい本も混じっている。思わぬ掘り出しものに出会えぬとも限らない。弥次さん喜多さんの主力も、もっぱら「いとう」に注がれていると見た。

喜多さん運転のセドリ車「セドリック」のカーナビには、主だった大型古本店がすでに登録済み。検索すると、どこそこと地点を示してくれる。これは便利。いっそ『全国古本屋地図』と野村宏平『ミステリーファンのための古書店ガイド』

と連動させて、カーナビソフトを開発したらどうかと、冗談が飛び出すほど。とにかく同好の士が揃ってるから車内の会話が楽しい。渋滞する車を見ながら「これ、全部セドリに行くんすかね(笑)」「じゃあ、あの観光バスの格納庫には、黄色とオレンジの袋がいっぱい詰まってたりして(笑)」などとギャグの応酬が続く。ちなみに黄色とは「ブックオフ」、オレンジとは「いとう」のナイロン袋の色だ。

ドライバーは喜多さんが引き受けてくれたのだが、各店舗の駐車場に着くなり、まずわれわれを降ろし、それから駐車スペースに車を納める。普通は待つよね。喜多さんが車から降りるのを。ところが弥次さんの「さあ、じゃあわれわれは先に」の声に、さっさと店内に先乗りしてしまうのだ。どうもこのツアーではそれが当然、らしい。まさに「非情のライセンス」だ。

私はけっきょく六店舗を回って、一四冊を買う。セドリ・カルテットの中では一番おとなしい買い方。やはり午前中の「古本バザー」のバカ買いがボディブローのように後々まで響いたらしい。弥次さん、喜多さんのおすすめ店「いとう元八王子店」で、一番いい買物ができた。大江健三郎『青年の汚名』(文藝春秋新社)は、佐野繁次郎装幀で二一〇円。桂枝雀『枝雀とヨメはんと七人の弟子』(飛鳥新社)枝雀のサイン入り五〇〇円は、本は持っていたが、サインが欲しかった。文庫の棚からも柳原良平『船旅の絵本』(集英社文庫)を二五〇円で拾う。

最後、自宅まで送ってもらったときには夜一〇時を回っていたが、快い疲れと手に提げた収穫とともに、長く楽しい一日の思い出が残っていた。

「また、連れていってくれよ」

「ええ、ぜひ行きましょう」

そしてセドリックは闇の彼方へ去っていった。

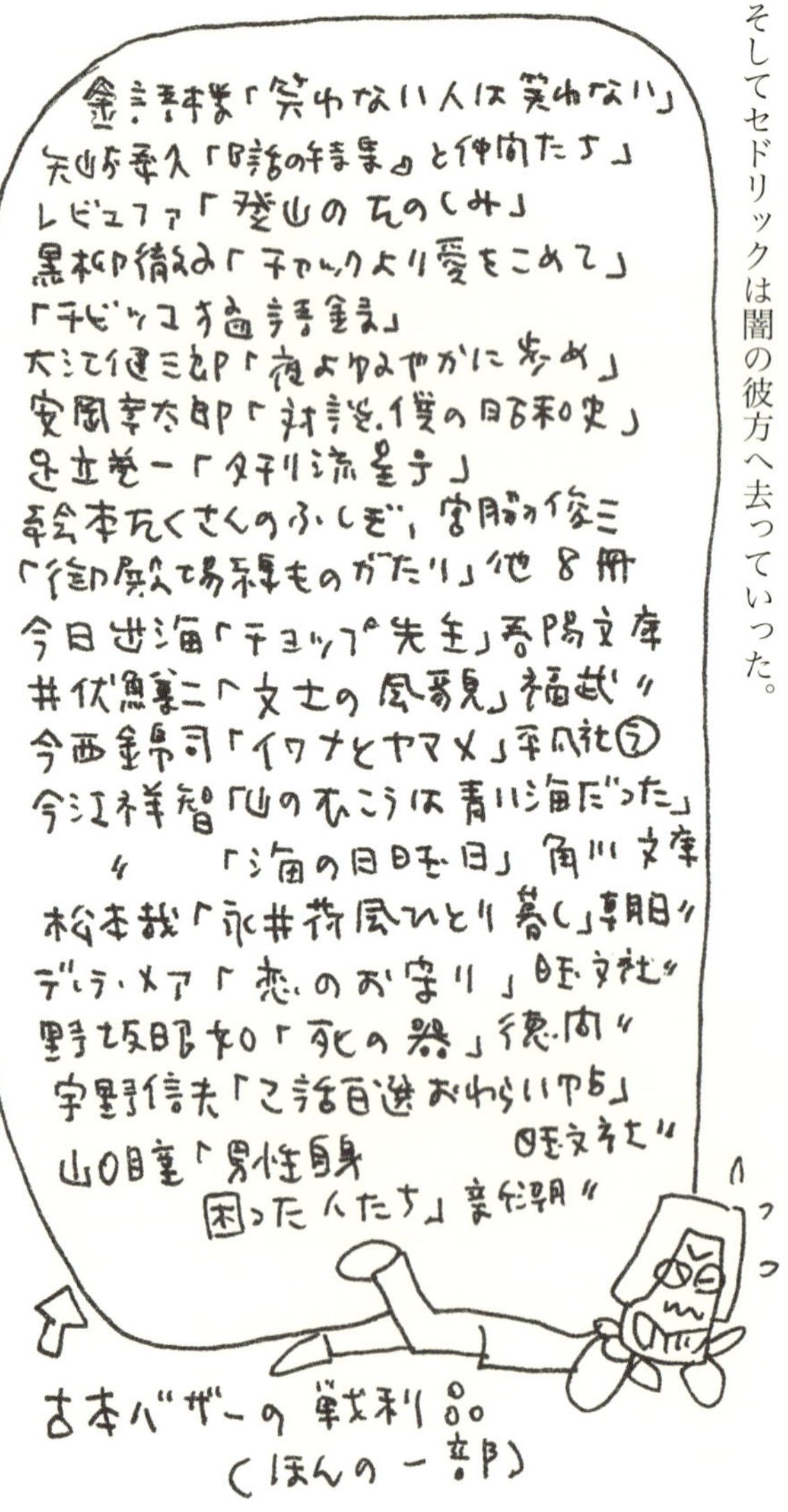

東京書房が産んだ卵が孵って「にわとり」に

二〇〇五年八月――杉並区西荻窪・古書 にわとり文庫

ねこの手、とんぼ、かもめ……これですぐに「西荻」と思い浮かんだ人は、かなりの古本通。じつはこれすべて、西荻窪の古本屋さんの屋号（後半を省略）なのだ。そしてここに、このほど新たに加わったのが「にわとり（文庫）」。ミミズもヒヨコもみなおいで、と言いたくなる微笑ましい風景である。

新しい古本屋がオープンしたと聞くと、ざわざわ胸が騒ぐのはなぜだろう。どんな店なのか？ なにがあるんだろう？ ひょっとしてあの本が？ まだ体温や視力や指紋で汚されていない、できたての店へ足を踏み入れるのは、つねにちょっとした冒険気分である。

しかもそれが「おらが村」ともいうべき東京・西荻窪で、店主は自由が丘「東京書房」のスタッフだった田辺浩一くんと聞けば、胸騒ぎの二乗だ。田辺くんには、その昔、東京書房を取材したとき、少し言葉を交わした覚えがある。古書マンガがずいぶん揃っていたのが意外だったが、三代目店主・和田くんの話では、「マンガはみんな田辺

古書 にわとり文庫

にまかしてあるんです」ということだった。あとで聞いたら、東京書房へ勤め出したのが一九九八年頃とかで、それじゃあ、私が取材したのは、入って一年目とか二年ぐらいのときのはず。

大きな身体の三代目の陰で、まだ学生みたいな、おとなしい感じの若者だった田辺くんの姿をよく覚えているが、三四歳になったいまも印象はあまり変わらない。しかし、店の造りも、棚の本も、受け答えも、芯の強さを感じさせる。個性的な古本村「西荻」に、あらたにアクセントをつける、いい店をつくったなあ、とこれが第一印象だ。

ＪＲ中央線「西荻窪」南口を出て、中央線高架に沿う細い道を東へ数分。左側、連なる商店を目で追い、果物屋の隣り、頭上に紺色のホーロー看板「古書 にわとり文庫」が見える。なにしろ間口の狭い店だ。少し手前から、くしゃみが出そうになってもこらえたほうがいい。くしゃみが出た瞬間に、通り過ぎてしまうかもしれないからだ。そんなアホな。

六・五坪のうなぎの寝床式のスペースながら、床はフローリング、褐色の木製本棚に、天井はヨシズ張り。タングステンの小さな電球からは、柔らかく暖かい光がふり注いでいる。入り口右手の出窓スペースの床には色とりどりタイルが張られ、勘定台はアンティークなショーケースと、なかなかのセンス。これが知り合いのアドバイスをもとに、すべて自前で仕上げたというから驚きだ。オープンすぐに見学に来た中野書店さんに、プロ並みに仕上がった棚を見るなり「これは完全に道を誤ったな」と、変な褒め方をされたそうだ。

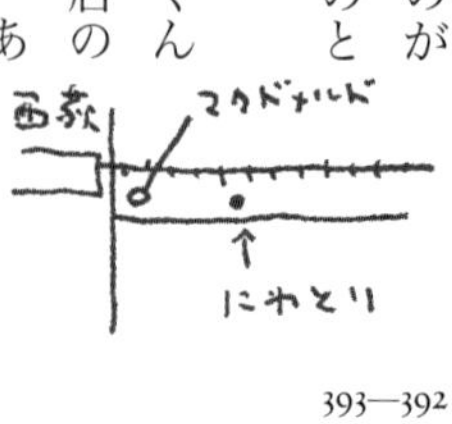

まずは前史。田辺くんと東京書房のかかわりから。自由が丘駅南口を出てすぐの東京書房は、昭和二三年創業。自由が丘がこんなに女性誌の食いものになるほどお洒落な街になる前、社会科学系の専門書に強い良店として機能していたが、二代目が亡くなり、急きょサラリーマンをしていた三代目・タツヒロくんが継ぐことになった。

「ぼくはスーパーの店員を辞めて、ちょうどブラブラしていたときでした。ところがタツヒロは業界にあまり詳しくない男で、中学の同級生だったぼくが、うむをいわさず、という感じで引っ張り込まれることになったんです」

田辺くんは古本マニアというわけではなかったが、古本屋の雰囲気が好きでちょくちょく足を運んでいた。その体温の微妙な高さと、中学時代の親友、という二条件からスタッフとして東京書房にかかわることになった。しかし、二代目から引き継いだ古本の山を前にして、二人の若者は呆然としてた。これが約七年前の話。

「こんなんでやっていけるの？　というのが正直な気持ち。ただ、東京書房の立地はめちゃくちゃいい。だから、最悪、本屋でなくてもいける(笑)と思ってました」

それまで店に蓄積された在庫を、いったん大量に市場で処分。お店を大改造し、二人で勉強しながらいまの東京書房をつくっていった。田辺くんが目録で古書マンガを特集し、その筋では知られる存在に。しかし、いつまでもスタッフの一員でいい、というわけではない。「そろそろ、どうだ」と薦められ、独立することに。

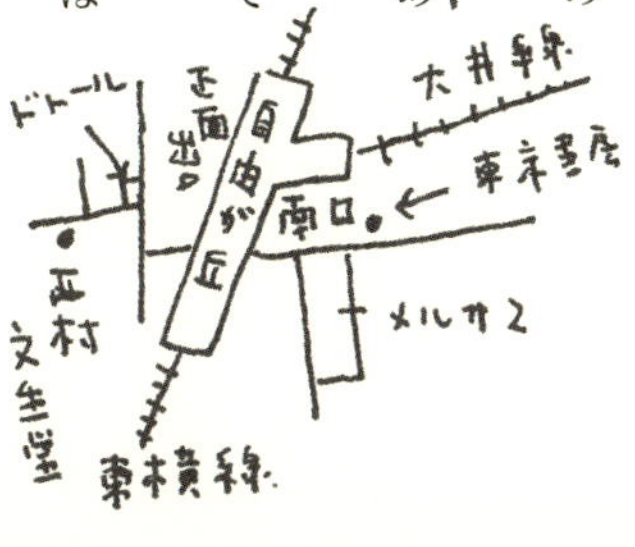

2005年8月● 杉並区西荻窪・古書 にわとり文庫

「自分で店を持つにあたっては、ちゃんと家賃を払って、家族を養っていけている人達に相談しました。いや、ぼくに家族はいないんですが(笑)、目録の仕事には自信がありましたから、それで家賃をまかなえて、その上で食っていければいいか、と」

開業資金は、自己資金プラス父親から援助を受けた。「こわごわ相談したら、やれやれって親父のほうが積極的なのにはびっくりした」。大胆な親父さんだ。場所探しは神田、本郷、中央線に狙いをつけ、最終的に西荻のこの場所に決まった。

「西荻は本屋も客もレベルが高くて面白いです。その仲間に入れてうれしい」と田辺くんは言う。そんな西荻族に向けて、店の奥には、貸本マンガ、児童書など「東京書房」の目録づくりで培った「田辺」色を。ほか、写真集、美術カタログ、洋雑誌、絵本、料理本、江戸、落語、音楽、文芸書一般と西荻チックな品揃えとなった。私は記念に清水茂『ヴェラ・イコン』(小沢書店)一〇五〇円を買う。週に数回、イラストレーターの西村博子さんが店番をしている。後日、西村デーにもでかけた。田辺くんには悪いが、西村さんがレジに座っているほうが、なんだかいかにも「にわとり文庫」らしい。

最後に店名の由来を聞くと、いやあ、それは恥ずかしいと大いに照れながら教えてくれた。昨年末、資料会の忘年会で「屋号が決まっていない」ともらすと、誰かが言った。「来年の干支が酉年だから、トリにちなんだら？」

え、まさか？　それで……にわとり！

予感適中！2人は夫婦に。

渋谷区広尾の住宅街に出現した古書カフェ

二〇〇五年九月——渋谷区広尾・古書 一路《いちろ》

東京は一人であるく
地下鉄の寒駅にも目をこらせばひと出があり
このうえものぐるうことはない場でもなく
甦ることもない世ではない
広尾の広尾

（荒川洋治「広尾の広尾」）

私にとって東京渋谷区「広尾」とは、この詩にある「広尾」だ。「ＨＩＲＯＯ」このまろやかな音韻を舌に載せ、関西在住の頃、「広尾」という街の様子を勝手に夢想していたのだ。

東京へ移住してからの「広尾」のイメージは、大使館、大学、病院などが集まる閑静な高級住宅地、というところか。そんな場所に、今年六月一八日、一軒の古書店が誕生した。「古書 一路《いちろ》」という。マン

古書 一路

ションの一室を使っての開業のようだが、まだ誰も書かないうちに行ってみないと。

　地下鉄から地上にでて、外苑西通を渡り、緩く弧を描いた並木の坂道を上れば、要塞のようなどでかいマンションがいくつも聳えている。昭和五〇年刊の『平凡社版ポケット地図 東京』の渋谷・麻布のページをめくると、かつてこのあたり一帯は宏大な日本赤十字社病院（現・医療センター）の敷地だった。明治二四年に前身となる博愛社病院が広尾に移転、同名となる。日赤通りに沿って、赤れんが塀の名残りがあったが、これはひょっとしたら明治期のものかもしれない。

　「古書 一路」は日赤通りから住宅街の路地に入った奥のマンションにあった。無事、たどりつけるか心配して、店主の堀江一朗さんが出迎えてくれた。たしかに最初はちょっと迷うかもしれない。まさかこんなところに、と疑うような場所にあるからだ。半階分下へ階段を降りて、また上ったところに一階があり、逆方向の路地からも同じように入口があるという、変則的な造りだ。「お邪魔します」と靴を脱いで入ると、まさに普通の住居の玄関で、廊下にはさまざまな絵がギャラリーのように飾ってある。

　奥には広めのリビングがあって、中央にテーブル、ほかはこれすべてぐるりと本棚に囲まれている。ここが「古書 一路」だ。さっそく話をうかがうことにした。堀江さんはなんと、一九五七年生まれで私と同い年。堀江さんは日大芸術学部卒。学生時代は、「青柳」「アワノ」「うさぎや」など江古田周辺の古本屋へはよく通ったそうだ。本棚を一瞥するだ

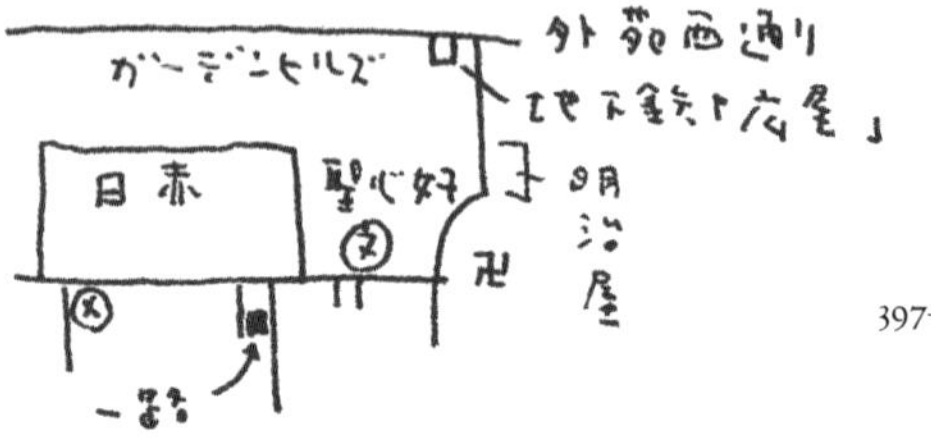

けでわかるが、「純」な文学青年だったのだ。

大学卒業後は「文」にかかわる仕事をしたいと、一年間はフリーで産経新聞の子会社で記者となる。しかし会社がつぶれ、銀座にある文房具店に就職。「『文』はつくけど文房具でした」と堀江さんは笑う。結局この店には、昨年までいた。定年を前に退職したのだ。どうしてまた、その歳で古本屋を？　と誰でも聞きたくなるではないか。

「とにかく本が好きで、即売会やデパート展で古本を買っていくうちに、どうしても自分でも店をやってもみたくなった。これは夢だったんです」

これが答えだ。わかるなあ。ネット販売という手もあったが、やはりお客さんに本を直に手渡したい。奥さんのカフェをやりたいという希望もあり、カフェつきの古書店というかたちを取った。出してもらったコーヒーを飲みながら、テーブルをはさんで堀江さんと喋っていると、古書店というより、大量に本を置いてあるリビングにお邪魔しているという気分になってくる。

このマンション自体が堀江さんの持ち物であり、「古書 一路」も、昨年まで人に貸していた。畳の部屋があったのをフローリングにして改装、本棚を入れて体裁を整えた。閑静な住宅街にあり、外からの光も入って快適な空間だ。「部屋としては家賃をもらっていたほうが、よっぽど儲かるのですが」と堀江さんは苦笑いする。たしかにそうだろう。

並んでいる本はもとは堀江さん自身の蔵書が中心。圧倒的に日本の純文学が多い。好きな作家が小沼丹、山川方夫、野呂邦暢、野口冨士男、和田芳恵、結城信一など。なんだかこのあたり、自分の本棚を見ているみたいで気味が悪い。批評家では江藤淳、秋山駿が好み。富岡幸一郎氏は中学時代からの友人だとか。さらに話をすると、お互いに卒論が志賀直哉論であることが判明。道理で話が合うわけだ。しかし一部を除き、日本の純文学は古書業界で旗色が悪い。専門としては厳しい選択をしたような気がする。

「一度、知り合いのプロの古本屋さんに、うちの本棚を見てもらったんですが、同じことを言ってました。つまり『お宅の本は売れないのを置いてるね』って(笑)」

しかし、四〇代半ば過ぎという遅いスタートで、好きで始めたことだから、逆に自分の売りたい分野にこだわっていくつもりだ、と堀江さんは言う。いまのところ、オープニングの日を除けば、数えるほどしか訪問客はない(来店の際は電話確認を)。一度、若い男性客が挨拶もなしに黙って入ってきて、じっと本棚を見て帰っていったことがあるそうだ。オープンな古書店なら普通だが、ここではそれはちょっと怖い。

まだ在庫の三分の二ほどだが、ネットで販売もしている。「紫式部」に加入しているので、そっちからもアクセスできる。本を売るだけではなく、月一度、学生が読書会をするのにスペースを提供したり、壁面を使った個展、トークショーなど、本好きが集まる空間として充実させていきたいと堀江さんは抱負を語る。古書業界に新風を吹き込むホリエモンとして大いに期待したいところだ。

京都から電車に乗ったら尾道に着いた

二〇〇五年一〇・一一月——京都・下鴨古本まつり、尾道・画文堂ほか

その朝、起きた時点では、まさか自分が尾道へ行こうなどとは思っていなかった。起きたのは京都の実家。八月お盆前に娘を連れて里帰りをしていた。法事が一件あったのと、一一日からの「下鴨古本まつり」に合わせたのだ。東からも、前回ご登場いただいた「古書一路」さん、神奈川の「聖智《しょうち》文庫」さんなど、プロも馳せ参じると聞いていた。それにもっとも強敵の『ｓｕｍｕｓ』連も押し寄せる。楽しいような、穏やかでないような気持ちである。

春のみやこめっせ、夏の下鴨神社、秋の知恩寺で開かれる恒例の古本祭を、われわれは「京都三大祭」と呼んでいる（怒られまっせ、京都の人に）。下鴨の古本祭は、なんといっても鬱蒼と樹木の生い茂る神聖な域で、頭に青空を頂きながら古本と戯れられるのが快楽だ。欲と功名心の二人連れによる古本狂たちが買い漁る阿鼻叫喚に混じって、親子連れが縁日で金魚すくいをするごとく、のどかに本を買う姿が微笑ましい。

東京在住の私は毎年、というわけにはいかない。これまで、盆の帰省にかこつけて、四、五回は顔を覗かせてきた。並ぶ本の中では、テントで囲われた本丸は眼中にない。木

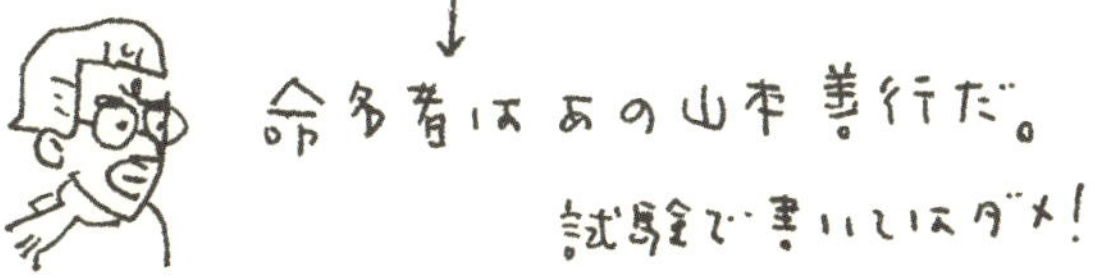
命名者はあの山本善行だ。
試験で書いてはダメ!

陰から漏れる陽を浴びながら無造作に身をさらす、無蓋の各店均一台が戦場だ。今回は、娘を連れて帰省していたので、親子で参戦。ところが、気持ちがはやっていたのか、ぼけていたのか、一時間も早く会場に到着。着いて、雰囲気がおかしいので気づいた。娘をなだめて出町柳まで戻り、ハンバーガー・ショップで「好きなもん、注文してもええから」とごまかす。このお父ちゃん、京都まで来て、なにしてますんやろ。

一時間近くも時間をつぶし、再び会場へ。おお、すでにあちこちのテント下を、開店前から大勢の人がうろうろしている。視察を済ませた炎のライバル・山本善行もいた。「今年はキクオ書店が狙い目」と、彼はすれ違いざまにご托宣を残し、一〇〇円均一コーナーへ足音もたてずに風のように消えていく。

それならと、ライバル対決を避けて私はその「キクオ」均一から取りついた。三冊五〇〇円の平台には、なにやらゆかしそうな黒っぽい本がある。背表紙の面構えからすぐさま三冊を抜く。木村毅『文藝東西南北』(新潮社)、高田義一郎『人性の趣味と神秘』(博文館)、横山桐郎『蟲』(弥生書院)。いずれも昭和初期の本で、裸本だが、まあいいチョイスだろう。そのほか均一荒らしで二〇冊近く買い、単品でこの日いちばん高かったのが、ディック・ミネ『すりこぎ随筆』(カッパブックス)の三〇〇円、というんだからいやはや。

翌朝、いよいよ「青春18きっぷ」の旅へ。今回早々とキップを買いながら、ここまで一度も使えずにいた。京都にいる間に、せめて一回分は消化しようと目論んでいたのだ。昨日買った『蟲』という本をお土産に、倉敷の「蟲文庫」へ行く。これがメイン。ついでに岡山の古本屋もひさしぶりに回るつもりでいたが、昨日の「下鴨」を見るかぎり、けっこう岡山の古本屋さんが出店していた。となれば店舗は休業、無駄足になるかもしれない。まあ、そのへんは岡山に着いてから考えよう。

京都駅から朝六時台の新快速に乗り網干へ。相生、岡山と刻んで乗り継ぎ、岡山から倉敷で下車するつもりが、乗った列車が三原行きだという。まてよ、と時刻表を開くと、三原の二つ手前が尾道だ。私はまだ尾道へは行ったことがない。これも持参した野村宏平『ミス古書』をチェックすると、なかなか尾道、面白そうだ。「青春18きっぷ」気ままぶらり旅のいいところで、急きょ予定を変更し、尾道まで「行ってしもたれ」。早朝に京都を出て尾道に着いたのが一一時前ぐらいだったか。五時間近くも快速と普通列車に揺られてきたことになる。

とりあえず古本屋を求めて商店街へ入っていく。駅前にどでかいショッピングセンターができて、お定まりながら商店街は抜けた歯のようにシャッターを閉めた店が多い。アーケードに入って、左手に「BOOKプラザ尾道」が。店構えも店名も期待をするな、と告げているが、店内右奥に雑誌の付録漫画を始め、おやと思えるものが並んでいた。外見を裏切る奥行きがある。尾道古本めぐりはまずこの店から始めるのがいい。

次に進むとアーケードが途切れた交差点で左折、右手に「尾道書房」がある。取り揃えるジャンルは『全国古本地図』では「郷土誌・美術・全集」とあるが、いまは漫画・文庫・エロに変わっていた。消えたジャンルがどこへ行ったかというと、向かいのビル「画文堂」という店に移っていた。両店は同じ経営者らしい。『ミス古書』では〈一階には貸本漫画、二階には絶版コミック・文芸書・文庫など〉となっていたが、訪ねてみると改装されていて、一階はなんとバーに変身していた。壁際一面の文庫だけが古本屋の名残りで、とても古本屋兼業とは思えない。貸本漫画は二階へ、絶版文庫や全集は階段まわりに陳列。なんともユニークな経営だ。鞄を下で預けて(そういう方式)無人の二階へ上がるが、並んでいる本はしっかりしているものの値段もしっかりついている。ひとめぐりして、お土産に階段まわりの絶版文庫から中野実『この恋百万ドル』(春陽文庫)五〇〇円、山内義雄『フランス詩集』(角川文庫)三〇〇円を拾う。

画文堂を出ると目の前が山。線路を超えて坂道を上ると、やっと尾道らしくなってくる。小津安二郎『東京物語』、大林宣彦監督の尾道シリーズ、あるいは志賀直哉『暗夜行路』の舞台となった、あの町だ。観光コースとなった志賀直哉旧居だけ拝んで、蝉の声だけが耳をつく静かな尾道をあとにした。一週間ほどあとに、あのホリエモンが乗り込んで大騒動になるとは、このときはもちろん想像もしていなかったのである。

画文堂

荷物が重いと心が軽い

二〇〇五年一二月――仙台・萬葉堂書店ほか

本連載では、北は札幌、南は熊本と、日本全国とはいえないまでも各地を回ってきたが、振り返れば後悔もある。

せっかくその地を訪れながら、けっこう取りこぼしがある、などはその一例。「せっかく〇〇まで行きながら、あそこに行かないなんて」と、批判されたりすると、やはり苦い胃液がこみ上げてくるのだった。さしずめ一番濃い胃液をくみ出すのが、仙台だった。仙台のことは二〇〇〇年六月の回でふれたが、東北大学周辺をさらっと流したのみに終わった。あとでみなから咎められた。なんで「萬葉堂書店」鈎取《かぎとり》店に行かなかったのか、と。どうやら、日光を見ずして結構というようなものらしい。そのことが連載中も、小骨のように胸の中に突き刺さっていた。

仙台再訪を誓って幾年月、めぐりめぐった今年一〇月八日、T社の単行本取材のため、仙台のカフェ古書店「火星の庭」を訪れることになった。「火星の庭」については、T社の本に書くので職業倫理上、ここでは触れない。同店制作の「仙台古本マップ」を持って、取材を終えた一日、市内を散策、そして念願の「萬葉堂書店」を訪れることに。

仙台市内の東北大周辺でいえば「ぼおぶら屋古書店」が未踏。今回、なんとか靴跡をつけようとしたが、扉は堅く鎖されていた。

駅前から青葉通りを真っ直ぐ、広瀬川にかかる大橋のたもと附近に「尚古堂書店」がある。萬葉堂系列の大型古書店で、地下一階、地上二階のビルすべてが店舗だ。特に珍しい本があるというわけではないが、各ジャンルの比較的手に取りやすい本が、まんべんなく揃えられている感じだった。筒井康隆『乱調文学大辞典』(講談社)は、探すとなると見つけにくい本で、ビニールカバーなしだが三〇〇円を買っておく。

市街地では東北大からも近く、地下鉄「五橋」駅下車すぐの「S」が面白かった。薄く切ったカステラのような、平べったいビルの「おにぎり屋」の二階という、奇妙なトポスにその店はある。狭いビルの一室の半分は中古レコードで、まるで店主の蔵書のごとく古本が……。しかし、品種は足穂、澁澤、種村など幻想文学のストライクゾーン。カスはなく、いいとこ取りの棚である。

「S」主人らしい若い長髪の男性と、その友人らしき男性が、乱雑にものが置かれたテーブルを前に煙草をふかし談笑している。まるでつげ義春のマンガに登場したような気分だ。そこからの連想ではないが、『ガロ』の特集を組んだ『アサヒグラフ』を二〇〇円で買う。代金と本の受け渡しの際に、「まさか買うとは思ってなかった」とでもいうような、困惑した店主の表情が印象的だった。ブローティガン『ホークライン家の怪物』が八〇〇円

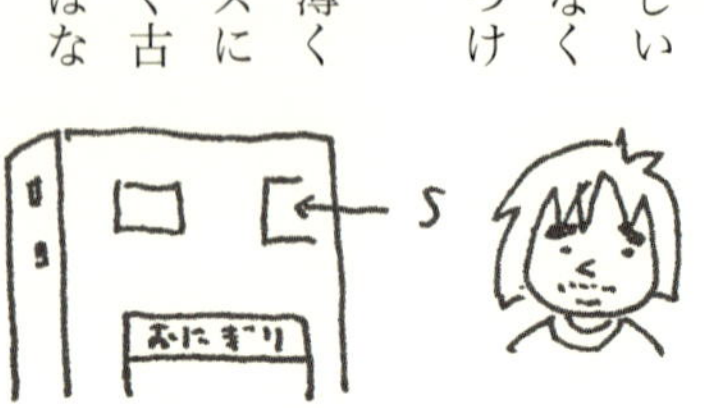

だったから、本のことをよく知った上でうまく抑えた値をつけていることがわかる。
「S」から数分のところに「萬葉堂書店」五橋《いつつばし》店がある。これも萬葉堂の支店。ただし巨大、というわけではない。ここでは一〇〇円文庫から永井龍男『コチャバンバ行き』（講談社文庫）ほか三冊、『たま詩集』（思潮社）三〇〇円など六冊を買う。均一だけでもけっこう拾えそうな店だ。

　そしていよいよ駅前からバスに揺られて三、四〇分、ひなびた地方都市の道路沿いに、まず大きな駐車場が目に入り、その奥に三角屋根の「萬葉堂書店」鈎取店があった。前日に、「火星の庭」でイベント実施中の田中栞さんから「地下売場は、一度入ったら三、四時間は出てこられませんよ」と脅かされていたが、さすがに凄かった。一階はだだっ広い古本屋という印象。これであなどってはダメだ。ロッカーにカバンを入れ、店員に断って階段を降りると、迷路のごとく本棚がはりめぐらされ、そのすべてに古本魂をくすぐる品々が詰まっている。平日の昼下がり、客の姿もほとんどなく、まるでプールを一人じめで泳ぐようなもの。田中さんの「三、四時間」は居なかったが、たっぷり二時間は滞留した。

萬葉堂書店 鈎取店

　どんな本があるかは、買った本を書くほうが早い。新書の棚がずいぶん見ごたえがあって、春山行夫『詩人の手帖』(河出新書)、長尾みのるのイラスト満載『お嬢さんチャッカリ旅行』(三一新書)、それに探求書の一冊、舟橋聖一『花の素顔』(河出新書)、はかま満緒の替え歌集『オトナの歌集』(プレイブックス)はカバーが伊坂芳太朗で各三〇〇円。

『一週間は飛んでいく』(有紀書房)の著者・田中利一は『週刊朝日』編集長の日々を描く。五〇〇円。源氏鶏太『堂々たる人生』(集英社)は佐野繁次郎装丁で三〇〇円。真鍋博デザインの思潮社・現代日本詩集、高橋新吉『鯛』が五〇〇円。一番の買物だった、アトリエ社の『現代ユーモア小説全集』の、弘木丘太『スキー一年生萬歳 日本黄金狂時代』は裸本で難あり、だが一〇〇〇円。それに一階で文庫を数冊買った。

地方の古本屋を訪ねても、あれほど買わない私が、これほど買ったことをもって、萬葉堂書店鈎取店の実力のほどがおわかりいただけたに違いない。社長の松﨑則顯さんにも挨拶させていただいた。

「ここ数年で売り上げが急激に落ちた。それでも同じことをやっていくしかない。地下はなかなか手が入れられなくて棚の本がガタガタ。それをうちは、お客さんが直してくれるんです」

そう語ってらした。古本買いはいつもそうだが、荷物が重いと心が軽い。

全般、雑誌 ▶とんぼ書林 ▷〒167-0042 杉並区西荻北4-13-17-101 TEL FAX 03-3395-1117 ▷http://www.tomboshorin.com/ ▷tomboshorin@nifty.com ▷＊ネット古書店 ▶かもめBOOKS ▷〒167-0054 杉並区松庵3-18-15コーポ高橋1F TEL FAX 03-5346-2958 ▷http://www17.ocn.ne.jp/~kamome/MyPage/menu0.html ▷10時半〜18時 ▷水曜・日曜・祝・祭日定休 ▷絵本、洋書、玩具、雑貨、新刊、古書籍 ▶古書 にわとり文庫 ▷〒167-0053 杉並区西荻南3-17-5 TEL FAX 03-3247-3054 ▷12時〜22時 ▷月曜定休 ▶東京書房 ▷〒152-0035 目黒区自由ヶ丘1-9-6 TEL FAX 03-3718-2413 ▷tokyo-s@s4.dion.ne.jp ▷10時〜22時 ▷正月三が日のみ休み ▷サブカルチャー、趣味、哲学、宗教、歴史、古書一般 ▶中野書店 ▷〒101-0051 千代田区神田神保町2-3神田古書センター2・3F TEL 03-3261-3522 FAX 03-3234-2430 ▷nakanos@blue.ocn.ne.jp ▷10時〜18時半(平日)／11時〜17時半(日曜・祝・祭日) ▷第三日曜定休 ▷[2F]マンガ、アニメ [3F]稀覯本、筆蹟類

●2005年9月◎渋谷区広尾・古書 一路

▶古書 一路 ▷〒150-0012 渋谷区広尾3-8-13ハイツヒロオ102号 TEL FAX 03-3406-6645 ▷http://home.k01.itscom.net/ichiro/ ▷kosho-ichiro@e08.itscom.net ▷11時〜20時(来店時には電話を) ▷月曜・水曜・金曜定休 ▷近代日本文学、文芸批評論、美術批評、建築批評専門

●2005年10・11月◎京都・下鴨古本まつり、尾道・画文堂ほか

▶京都・下鴨古本まつり ▷＊京都・下鴨神社糺の森で毎年8月開催。京都古書研究会主催 ▶古書 一路(既出・2005年9月) ▶聖智文庫(既出・2002年6月) ▶キクオ書店 ▷〒604-8005 京都市中京区河原町通三条上ル恵比寿町430 TEL 075-231-7634 FAX 075-255-4436 ▷http://www003.upp.so-net.ne.jp/kikuo/ ▷kikuo@sc4.so-net.ne.jp ▷10時〜19時 ▷日曜・祝・祭日定休 ▷洋書、人文系専門書、文学、全集、美術、趣味書など ▶蟲文庫 ▷〒710-0054 倉敷市本町11-20 TEL FAX 086-425-8693 ▷http://homepage3.nifty.com/mushi-b/ ▷mushi-b@nifty.com ▷11時〜19時 ▷不定休 ▷文学、社会学、自然科学 ▶BOOKプラザ尾道 ▷〒722-0035 尾道市土堂1-2-4 TEL FAX 0848-23-9875 ▷http://www.j-field.com/book/onomiti/ ▷puraza@mocha.ocn.ne.jp ▷10時〜18時 ▷無休 ▷マンガ、アイドル雑誌、初版本、郷土誌 ▶尾道書房 ▷〒722-0035 尾道市土堂2-1-4 TEL 0848-23-5027 ▷http://www.fuchu.or.jp/~onomichi/ ▷onomichi@fuchu.or.jp ▷10時〜20時 ▷木曜定休 ▷マンガ、文庫 ▶画文堂(尾道書房支店) ▷〒722-0035 尾道市土堂1-5-12 TEL FAX 0848-23-6101 ▷[1F: Books & Bar 画文堂]12時〜22時 [2F]12時〜20時 ▷木曜定休 ▷http://www.fuchu.or.jp/~onomichi/ ▷onomichi@fuchu.or.jp ▷文学、歴史、美術、文庫、新書、絶版マンガ、写真集

●2005年12月◎仙台・萬葉堂書店ほか

▶天誠書林(既出・1998年1月) ▶萬葉堂書店鈎取店 ▷〒982-0805 仙台市太白区鈎取本町1-15-40 TEL 022-245-0511 FAX 022-245-0566 ▷10時〜21時 ▷無休 ▷古本全般 ▶book café 火星の庭 ▷〒980-0014 仙台市青葉区本町1-14-30ラポール錦町1F TEL 022-716-5335 FAX 022-716-5336 ▷http://www.kaseinoniwa.com/ ▷kasei@cafe.email.ne.jp ▷11時〜20時(日曜・祝・祭日は19時まで) ▷水曜、第二火曜定休 ▷アート、文学、絵本 ▶ぽおぶら屋古書店(既出・2000年6月) ▶尚古堂書店 ▷〒980-0805 仙台市青葉区大手町7-21 TEL FAX 022-711-0766 ▷10時〜21時 ▷年末年始のみ休 ▷一般古書、各種専門書、洋書 ▶S ▷〒980-0022 仙台市青葉区五橋2-3-13レジオン五橋II201号 TEL 022-211-5795 ▷12時半〜18時半 ▷無休 ▷文学、美術、映画、写真集、SF、サブカルチャー、中古レコード ▶萬葉堂書店五橋店 ▷〒980-0022 仙台市青葉区五橋2-8-13 TEL 022-223-6900 ▷10時〜19時半 ▷日曜・祝・祭日休 ▷大学テキスト、一般書

●2005年2月◎平塚・萬葉堂書店ほか

▶長島書店 ▷〒410-0801 沼津市大手町3-5-3 TEL 055-963-4766 ▷10時〜18時半 ▷木曜定休 ▶平松書店 ▷〒410-0801 沼津市大手町4-6-8 TEL 055-963-3963 FAX 055-933-2777 ▷11時〜19時 ▷木曜定休 ▶平塚書房(閉店) ▶新村堂古書店(移転・無店舗) ▷〒254-0811 平塚市八重咲町23-23-106 TEL FAX 0463-22-7653 ▷近代文学中心 ▷*目録販売のみ ▶萬葉堂書店 ▷〒254-0811 平塚市八重咲町12-29 TEL FAX 0463-22-0866 ▷12時〜17時 ▷不定休 ▷古書一般

●2005年3月◎熊谷・千文堂書店

▶千文堂書店(現在買入専門) ▷TEL 048-554-7670

●2005年4月◎熱海・草木堂書店

▶痛快創庫日田店 ▷〒877-0016 日田市三本松2-790-2 TEL 0973-22-4902 ▷tu-kaihita@mwe.biglobe.ne.jp ▷11時〜25時 ▷無休(元旦のみ休み) ▷本、CD、DVD、フィギュア ▶ブックス・ボス餅ヶ浜店 ▷〒874-0924 別府市餅ヶ浜9-41 TEL FAX 0977-23-5319 ▷10時半〜25時 ▷無休 ▶ヒラノカメラ(お店の都合により情報は掲載できません) ▶草木堂書店(既出・2003年7月)

●2005年5月◎北九州市若松区・ブックランド・ピースほか

▶ふるほん文庫やさん(既出・1999年4月) ▶書肆アモルフ(無店舗) ▷〒808-0034 北九州市若松区本町2-12-16 TEL FAX 050-1362-4587 ▷http://www.k-pj.com/~amorphe/ ▷amorpphe_bouquin@ybb.ne.jp ▷12時〜19時 ▷近代・現代文学、人文・社会 ▷*ネット専業。店は閉めたままだが、買い取りは受付中。実店舗再開の意向あり。 ▶ブックランド・ピース ▷〒808-0034 北九州市若松区本町3-9-32 TEL 093-771-1776 ▷10時〜21時 ▷無休 ▷古書全般 ▶古書城田(既出・2000年5月)

●2005年6月◎久留米・松石書店ほか

▶古本センター珍竹林黒崎店 ▷〒806-0021 北九州市八幡西区黒崎3-8-22 TEL 093-641-1963 ▷11時〜20時 ▷元日以外は無休 ▷古書全般 ▶ブキヌリ檸檬 ▷〒806-0028 北九州市八幡西区熊出1-1-31 TEL 093-642-0579 ▷10時〜19時 ▷不定休 ▷*店頭販売のみ ▶あい書林 ▷〒813-0013 福岡市東区香椎駅前1-7-35 TEL FAX 092-662-8867 ▷aisyorin@ybb.ne.jp ▷14時〜19時 ▷正月・盆定休 ▶香椎文庫 ▷〒813-0013 福岡市東区香椎駅前2-13-25-1F TEL 092-661-0331 ▷*現在は新刊のみの取り扱い ▶痛快洞(既出・2000年4月) ▶小山書店 ▷〒830-0017 久留米市日吉町15-64 TEL 0942-35-3997 ▷9時〜19時位 ▷不定休 ▷古書全般 ▶松石書店 ▷〒830-0018 久留米市通町8-109-3 TEL 0942-32-5778 ▷9時〜19時半 ▷第二・第四日曜定休 ▷謡本、一般古書 ▶ブックオフ香椎駅前店 ▷〒813-0013 福岡市東区香椎駅前1-10-28ル・シェール香椎1F TEL 092-663-0725 ▷http://www.bookoff.co.jp/ ▷10時〜23時

●2005年7月◎八王子・ブックセンターいとう元八王子店ほか

▶ブックオフ八王子堀之内店 ▷〒192-0355 八王子市堀之内3-3-1 TEL 0426-79-0221 ▷http://www.bookoff.co.jp/ ▷10時〜24時 ▶ブックオフ20号八王子西店 ▷〒193-0835 八王子市千人町3-18-24 TEL 0426-69-4847 ▷10時〜24時 ▶ブックセンターいとう ▷http://www.book-center.co.jp/book-center/ ▶ブックセンターいとう八王子東中野本店 ▷〒191-0351 八王子市東中野533 TEL 0426-76-7376 ▷10時〜24時 ▶ブックセンターいとう秋津店 ▷〒189-0001 東村山市秋津2-22-7 TEL 042-398-2218 ▷10時〜23時 ▶ブックセンターいとう立川羽衣店 ▷〒190-0021 立川市羽衣町2-49-9 TEL 042-523-7360 ▷10時〜24時 ▶ブックセンターいとう元八王子店 ▷〒193-0826 八王子元八王子町1-504 TEL 0426-20-5658 ▷10時〜23時

●2005年8月◎杉並区西荻窪・古書 にわとり文庫

▶ねこの手書店 ▷〒167-0053 杉並区西荻南3-7-7-106 TEL FAX 03-5370-9487 ▷13時〜23時 ▷年末年始のみ休み ▷古書

堂 ▷〒320-0815 宇都宮市中河原町4-13 TEL 028-636-9909 ▷13時～18時 ▷火曜・金曜・日曜・祝・祭日定休 ▷文学、芸術、和本

●2004年8月◎杉並区高円寺・西部古書会館

▶五反田古書展 ▷〒141-0022 品川区東五反田1-4-4 ▷＊南部古書会館にて6月・12月開催(4月・10月は「本の散歩展」、1月・3月・5月・7月・9月・11月は「遊古会展」) **▶西部古書会館**(既出・1998年2月)

●2004年9月◎千葉県柏市・太平書林ほか

▶古書ほうろう(既出・1998年11月) **▶古書日月堂**(既出・1998年3月) **▶古書現世**(既出・2003年7月) **▶書肆ひぐらし** ▷〒101-0051 千代田区神田神保町1-20小川ビル1F TEL 03-3219-0585 FAX 03-5392-3407 ▷11時半～19時 ▷日曜・祝・祭日定休 ▷文学、歴史、書、美術 **▶美術倶楽部ひぐらし**(既出・1999年11月) **▶太平書林** ▷〒277-0841 柏市あけぼの1-1-3 TEL FAX 04-7145-1555 ▷11時半～22時(平日)／12時～21時(日曜・祝・祭日) ▷無休 **▶靄靄書房** ▷〒277-0825 柏市あけぼの1-1-23 TEL 04-7148-2857 ▷aiaishobo@jcom.home.ne.jp ▷14時～21時 ▷不定休 ▷古書全般 **▶柏林堂**(移転・無店舗) ▷〒277-0825 柏市布施1092-27 TEL 04-7135-6872 FAX 04-7135-6218 ▷http://www3.ocn.ne.jp/~hakurin/ ▷hakurin@ceres.ocn.ne.jp ▷12時～19時 ▷月曜定休 ▷古書一般、刀剣書 **▶古書 森羅** ▷〒277-0843 柏市明原1-2-4 TEL FAX 04-7148-7666 ▷11時～23時 ▷無休 **▶ブックオフ16号柏店** ▷〒277-0005 柏市柏698-1 TEL 04-7162-6300 ▷http://www.bookoff.co.jp/ ▷10時～24時 ▷無休

●2004年10月◎郡山・古書ふみくら、古書てんとうふ

▶古書ふみくら郡山店 ▷〒963-8004 郡山市中町10-6 TEL 024-939-2210 FAX 024-952-6880 ▷http://www.humikura.com/ ▷kosho@humikura.com ▷10時～19時 ▷日曜定休 ▷郷土史、軍事、絵葉書、美術、文学、絶版文庫、専門 **▶星書店**(閉店) **▶ブックオフ郡山桜通店** ▷〒963-8014 郡山市虎丸町21-7 TEL 024-933-0012 ▷http://www.bookoff.co.jp/ ▷10時～24時 ▷無休 **▶古書てんとうふ池ノ台本店** ▷〒963-8875 郡山市池ノ台11-1ウィズワンビル1・2F TEL 024-921-8907 FAX 024-921-8908 ▷http://www5.ocn.ne.jp/~tentoufu/ ▷tentoufu@siren.ocn.ne.jp ▷10時～19時 ▷火曜定休 ▷文科系全般、教育、教科書、近現代史、建築書全般、郷土資料(東北) **▶古書てんとうふ駅前店** ▷〒963-8002 郡山市駅前1-14-18 TEL FAX 024-934-0036 ▷10時～19時 ▷火曜定休 ▷マンガ全般、映画全般、自然科学、社会思想

●2004年11月◎会津若松・勉強堂書店

▶会津の古書処 勉強堂書店 ▷〒965-0006 会津若松市一箕町鶴賀字上居合175-7 TEL 0242-25-2838 FAX 0242-25-2166 ▷aibenkyo@jasmine.ocn.ne.jp ▷10時～17時 ▷水曜定休 ▷会津の郷土資料、古書全般

●2004年12月◎横浜・西田書店

▶西田書店 ▷〒230-0062 横浜市鶴見区豊岡町30-25 TEL 045-572-3495 FAX 045-572-1885 ▷http://www.nishidashoten.co.jp/ ▷bnishida@pastel.ocn.ne.jp ▷9時～20時(平日)／10時～19時(日曜・祝・祭日) ▷書誌、歴史、郷土史、国文、宗教他、古書全般

[第8部　2005年]

●2005年1月◎武蔵野市武蔵境・境南堂書店

▶境南堂書店 ▷〒180-0023 武蔵野市境南町3-11-13 TEL 0422-31-1518 ▷11時～22時 ▷火曜定休

◉2004年1月◎台東区浅草・きずな書房

▶**きずな書房**(既出・2003年12月)

◉2004年2月◎港区三田・小川書店

▶**小川書店** ▷〒108-0073 港区三田5-16-15 TEL FAX 03-3441-5548 ▷10時～20時 ▷火曜定休 ▷古書全般　▶**白金ブックセンター** ▷〒108-0072 港区白金1-12-14 TEL FAX 03-3446-0345 ▷10時～22時 ▷無休 ▷古本

◉2004年3月◎桐生・雄文堂書店ほか

▶**夢屋書房** ▷〒377-0044 渋川市上郷2763-1 TEL 0279-24-4192 FAX 0279-24-4193 ▷11時～19時 ▷月曜定休 ▷郷土史、文学、歴史、一般書　▶**雄文堂書店** ▷〒376-0031 桐生市本町3-5-5 TEL FAX 0277-22-3951 ▷9時～19時 ▷不定休 ▷郷土史、美術書、日本歴史関係、その他古書全般　▶**書肆画廊 奈良書店** ▷〒376-0031 桐生市本町4-334 TEL FAX 0277-22-7967 ▷narabook@ktv.ne.jp ▷9時半～19時半 ▷水曜定休 ▷文化系(美術、文学、歴史、趣味他)

◉2004年4月◎足立区北千住・カンパネラ書房ほか

▶**鳥海書房姉妹店** ▷〒101-0051 神田神保町2-11 TEL FAX 03-3264-4450 ▷http://www9.ocn.ne.jp/~toriumi/ ▷toriumi@deluxe.ocn.ne.jp ▷10時～18時半(平日)／11時～17時半(祝・祭日) ▷日曜定休 ▷自然科学書、本草、動物、植物、釣り、水産、魚他　▶**カンパネラ書房** ▷〒120-0034 足立区千住3-1 TEL FAX 03-3870-3861 ▷http://www4.ocn.ne.jp/~kanpane/ ▷kanpane@fine.ocn.ne.jp ▷13時～21時 ▷無休 ▷古書一般

◉2004年5月◎京都市左京区・山崎書店ほか

▶**山崎書店**(既出・1998年5月)　▶**ふるほん文庫やさん**(既出・1999年4月)　▶**水明洞**(既出・1998年4月)　▶**中井書房**(既出・1998年4月)

◉2004年6月◎練馬区・古本 遥ほか

▶**一信堂書店** ▷〒176-0012 練馬区豊玉北5-3-10 TEL 03-3991-2829 FAX 03-3993-7430 ▷issindo@net.email.ne.jp ▷11時～20時 ▷月曜定休 ▷専門書、趣味、芸術　▶**古本 遥**(移転・無店舗) ▷〒179-0072 練馬区光ヶ丘1-13-1029 TEL FAX 03-5998-2394 ▷古書一般 ▷*現在即売会のみの営業。練馬区内で新店舗営業予定　▶**ブックオフ練馬区役所前店** ▷〒176-0012練馬区豊玉北6-3-1 TEL 03-5946-5797 ▷http://www.bookoff.co.jp/ ▷10時～24時 ▷無休 ▷本、CD、ビデオ、ゲーム

◉2004年7月◎千代田区秋葉原・万世不動産ほか

▶**株式会社テイツー(古本市場)** ▷http://www.tay2.co.jp/　▶**古本市場AKIBA PLACE店** ▷〒101-0021 千代田区外神田3-15-1 アキバプレイス5・6F TEL 03-5298-0118 ▷10時～22時 ▷無休 ▷古本、ゲーム(新・中古品)、DVD(新・中古品)、CD(新・中古品)　▶**古本市場小平店** ▷〒187-0032小平市小川町1-911 TEL 0423-47-1231 ▷10時～24時 ▷無休 ▷古本、ゲーム(新・中古品)、DVD(新・中古品)、CD(新・中古品)　▶**古本市場東大和店** ▷〒207-0021 東大和市立野3-1344-1 TEL 042-566-7077 ▷10時～22時 ▷無休 ▷古本、ゲーム(新・中古品)、DVD(新・中古品)、CD(新・中古品)　▶**万世不動産**(閉店) ▷〒101-0021 千代田区外神田1-3-6 TEL 03-3255-4865 ▷*現在は不動産業が忙しく閉店しているが再開の意向あり。　▶**湊文庫** ▷〒031-0812 八戸市湊町字柳町19 TEL FAX 0178-33-2337 ▷9時半～17時半 ▷日曜定休 ▷古書一般 ▷*種屋兼業で、春から夏の間は本はおいていない　▶**秀峰**

時〜17時(要予約) ▷日曜・祝・祭日定休 ▷20世紀芸術(美術、デザイン、建築、写真、舞台、翻訳文学) **▶草木堂書店**(無店舗) ▷[本拠地]〒410-2103 伊豆の国市エメラルドタウン303-12 [ネット古書店]〒800-0027 北九州市門司区黄金町7-11ロージュマン黄金503 TEL FAX 093-381-0536 ▷http://www33.ocn.ne.jp/~kusakido/ ▷kusakido@cb.mbn.or.jp **▶けやき書店**(既出・2000年10月) **▶五十嵐書店** ▷〒169-0051 新宿区西早稲田3-20-1 TEL 03-3202-8201 FAX 03-3205-0812 ▷http://www.oldbook.jp/ ▷info@oldboook.jp ▷10時半〜19時半 ▷日曜定休 ▷国語、国文学、歴史、哲学宗教、美術 **▶渥美書房** ▷〒169-0051 新宿区西早稲田3-15-1 TEL 03-3203-1027 FAX 03-3203-1040 ▷http://www.kosho.ne.jp/~atsumi/ ▷atsumi@mail.vip.co.jp ▷10時〜19時半 ▷日曜定休 ▷国文学、近代文学、国語教育、語学 **▶books cafe·das 古本茶屋岩狸**(既出・2003年5月) **▶古書現世** ▷〒169-0051 新宿区西早稲田2-16-17 TEL FAX 03-3208-3144 ▷http://www.w-furuhon.net/ ▷k-gensei@nifty.com ▷11時〜19時 ▷日曜定休 ▷マスコミ、現代史 ▷＊メルマガ「早稲田古本村通信」受付中 **▶BIGBOX古本市**(既出・2000年10月)

●2003年8月◎川崎・近代書房

▶近代書房 ▷〒210-0006 川崎市川崎区砂子2-8-17 TEL 044-222-3482 FAX 044-222-8484 ▷10時〜20時 ▷木曜定休 ▷古書一般 ▷＊隣ビルに支店有り。レディース古書「いちご舎」(10時〜19時半) **▶大島書店砂子店**(古書朋翔堂と統合) **▶古書朋翔堂** ▷〒210-0005 川崎市川崎区東田町11-1 TEL FAX 044-233-2059 ▷11時〜23時(平日)／11時〜21時半(日曜・祝・祭日) ▷無休 ▷古書全般

●2003年9月◎岐阜・鯨書房

▶かすみ書房(閉店) **▶鯨書房** ▷〒502-0045 岐阜市長良校前町1-256-1 TEL 058-294-5578 FAX 058-294-8461 ▷kuzira@ccn.aitai.ne.jp ▷古書一般 **▶有時文庫** ▷〒502-0031 岐阜市長良大路2 TEL FAX 058-231-2417 ▷ujibunko@mvi.biglobe.ne.jp ▷13時〜19時 ▷火曜・水曜定休 ▷古書一般 **▶岡本書店** ▷〒500-8833 岐阜市神田町5-4旧赤座ビル2F TEL FAX 058-262-5378 ▷eu9a-okmt@asahi-net.or.jp ▷11時〜20時 ▷水曜定休 ▷歴史、国語国文、美術工芸、趣味、古書一般 **▶我楽多書房** ▷〒500-8833 岐阜市神田町5-7-3 TEL 058-265-3055 FAX 058-246-2068 ▷moti@plum.ocn.jp ▷10時〜19時 ▷木曜定休 ▷歴史、社会科学、美術工芸、趣味、古書一般

●2003年10月◎岐阜・有時文庫ほか

▶有時文庫(既出・2003年9月) **▶岡本書店**(既出・2003年9月) **▶我楽多書房**(既出・2003年9月)

●2003年11月◎前橋・山猫館書房

▶大成堂書店 ▷〒371-0023 前橋市本町2-16-14 TEL FAX 027-224-5024 ▷http://members.jcom.home.ne.jp/taiseido/ ▷taiseido@jcom.home.ne.jp ▷10時〜19時 ▷月曜定休 ▷古書一般 **▶煥乎堂前橋本店** ▷〒371-0023 前橋市本町1-2-13 TEL 027-235-8111 ▷10時〜20時 ▷＊新刊書店 **▶山猫館書房** ▷〒371-0018 前橋市三俣町1-26-8 TEL FAX 027-232-9321 ▷http://yamaneko-kan.ktplan.ne.jp/ ▷yamaneko-kan@boat.zero.ad.jp ▷11時〜21時 ▷水曜定休 ▷戦後文学、詩歌句集、幻想文学、趣味 **▶赤坂堂書店**(既出・2001年7月)

●2003年12月◎台東区浅草・おもしろ文庫ほか

▶まるい書店(お店の都合により情報は掲載できません) **▶地球堂書店** ▷〒110-0032台東区浅草1-39-9 TEL FAX 03-3841-5984 ▷10時〜17時 ▷水曜定休 ▷古書全般 **▶白鳳書院** ▷〒111-0032 台東区浅草2-27-11 TEL 03-3842-7013 ▷12時〜21時 ▷不定休 ▷古書一般 **▶おもしろ文庫** ▷〒111-0032 台東区浅草3-10-4 TEL 03-3873-9336 ▷無休 ▷10時〜20時 ▷古書全般 **▶きずな書房** ▷〒111-0034 台東区雷門2-3-12メッツみやじま1F TEL FAX 03-5828-6006 ▷http://kizunashobou.net/xoops/ ▷kizuna@mrc.biglobe.ne.jp ▷11時〜20時 ▷不定休(月に1〜2回) ▷歌舞伎中心、古典芸能、大衆芸能、映画、芸能書、精神世界

時〜19時(平日)／11時〜19時(土曜·日曜·祝·祭日) ▷月曜定休 ▷古書全般 **▶まつおか書房第1号店** ▷〒192-0082 八王子市東町10-12 TEL 0426-46-6310 ▷10時半〜23時 ▷無休(1月1〜2日は休み) ▷一般文芸書、マンガ、写真集 **▶まつおか書房第2号店** ▷〒192-0082八王子市東町11-18-101 TEL FAX 0426-46-7177 ▷11時〜21時 ▷無休(1月1〜2日は休み) ▷文庫(学術系·読物)、辞書 **▶まつおか書房第3号店(通販部)** ▷〒192-0046 八王子市明神町4-28-4れおんビル1F TEL 0426-46-7825 FAX 0426-46-7827 ▷http://www.matsuokashobo.com/ ▷matsuokashobo@nifty.com ▷11時〜20時 ▷無休(1月1〜2日は休み) ▷専門書(社会科学、歴史、思想哲学中心)、文学、美術書

●2002年10月◎滋賀県大津市·古本 あい古屋

▶古本 あい古屋 ▷〒520-0016 大津市比叡平3-44-23 TEL FAX 077-529-0771 ▷ai-koga@ya2.so-net.ne.jp ▷9時〜18時 ▷月曜定休 ▷中国文学(東洋学) ▷＊来店時要予約 **▶古今書房** ▷〒520-0043 大津市中央1-5-5 TEL 077-523-2258 FAX 077-525-7880 ▷11時〜19時 ▷盆·正月以外は原則無休 ▷滋賀·大津·京都·奈良関係、歴史、山、宗教、美術、一般書 **▶朋友書店本店** ▷〒606-8311京都市左京区吉岡神楽岡町8 TEL 075-761-1285 FAX 075-761-8150 ▷hoyu@hoyubook.co.jp

［第6部　2003年］

●2003年3月◎鎌倉·公文堂書店ほか

▶公文堂書店(既出·1999年8月) **▶公文堂書店日野支店**(既出·1999年8月) **▶藝林荘**(既出·1999年8月) **▶木犀堂**(既出·1999年8月)

●2003年4月◎世田谷区梅丘·ツヅキ堂書店

▶すやま書店 TEL 03-3429-9040 ▷＊買入専門 **▶ツヅキ堂書店梅ヶ丘店** ▷〒154-0022 世田谷区梅丘1-15-12 TEL 03-3425-0556 ▷12時〜22時 ▷無休 ▷一般古書、ビデオ、DVD

●2003年5月◎三鷹·古本カフェ フォスフォレッセンス

▶books cafe·das 古本茶屋岩狸 ▷〒169-0051新宿区西早稲田2-16-17 TEL 03-3208-3801 ▷12時〜20時 ▷月曜定休 **▶バラード堂**(下高井戸から移転) ▷〒153-0061 目黒区中目黒1-10-23-103 TEL FAX 03-3760-3939 ▷12時〜25時 ▷無休 ▷http://www.ballardo.com/ ▷info@ballardo.com **▶十二月文庫** ▷〒155-0031 世田谷区北沢1-9-2 TEL FAX 03-3466-1015 ▷14時〜22時 ▷火曜定休 ▷文芸 **▶古本カフェ フォスフォレッセンス** ▷〒181-0012 三鷹市上連雀8-4-1 TEL FAX 0422-46-1004 ▷http://page.freett.com/phosphorescence/ ▷bookphos@kmail.plala.or.jp ▷11時〜21時 ▷水曜·第三火曜定休(ただし、水曜が祝·祭日の場合は定休日がずれる事もある) ▷純文学

●2003年6月◎杉並区西荻窪·古書カノポス

▶古書カノポス(移転·店名変更。現在はアジアンドッグ) ▷〒166-0002 杉並区高円寺北2-34-6 TEL 03-5327-5077 ▷15時〜22時(平日)／14時〜21時(土曜·日曜·祝·祭日) ▷絵本、絶版文庫、人文書全般 **▶古書 十五時の犬**(既出·2002年8月) **▶古書 音羽館**(既出·2000年10月)

●2003年7月◎早稲田·五十嵐書店、古本茶屋岩狸

▶太秦文庫(閉店) **▶高野書店**(閉店) **▶アルカディア書房** ▷〒113-0033 文京区本郷3-39-8 TEL FAX 03-3812-3292 ▷14

●2002年3月◎府中市・にしがはら書店

▶**にしがはら書店** ▷〒183-0004 府中市紅葉丘3-41-10サンライトビル2F TEL FAX 042-361-2274 ▷nisigaharashoten@mtd.biglobe.ne.jp ▷11時～19時 ▷火曜定休 ▷言語、文化人類学、哲学、文学、美術

●2002年4月◎杉並区西荻窪・古書 興居島屋ほか

▶**坂井ぎやまん堂**(既出・1999年5月) ▶**古書 音羽館**(既出・2000年10月) ▶**ハートランド**(既出・2000年6月) ▶**古書 興居島屋**(既出・2000年6月) ▶**スコブル社**(既出・2000年6月)

●2002年5月◎杉並区高井戸・中川書房ほか

▶**西部古書会館**(既出・1998年2月) ▶**福田屋書店**(既出・1998年5月) ▶**小宮山書店** ▷〒101-0051 千代田区神田神保町1-7 TEL 03-3291-0495 FAX 03-3291-0498 ▷komiyama-syoten@rapid.ocn.ne.jp ▷10時半～18時半(平日)／11時～17時半(日曜・祝・祭日) ▷無休 ▷近代文学、初版限定本、自筆草原稿、書画、美術、趣味、歴史、民俗、考古学、哲学、心理、宗教、外国文学 ▶**ささま書店**(既出・2001年10月) ▶**中川書房**(移転) ▷〒156-0043 世田谷区松原5-27-11-101 TEL FAX 03-3322-8046 ▷http://www.kosho.ne.jp/~nakagawa/ ▷nakagawasyobou@ybb.ne.jp ▷11時半～22時 ▷無休 ▷古書全般

●2002年6月◎藤沢・聖智文庫ほか

▶**太虚堂書店** ▷〒251-0037 藤沢市鵠沼海岸2-1-11 TEL FAX 0466-36-9331 ▷11時～19時 ▷水曜定休 ▷美術、歴史、文学 ▶**太虚堂書店藤沢駅北口支店** ▷〒251-0052 藤沢市藤沢460-8 TEL FAX 0466-28-7355 ▷10時～22時 ▷無休(元日のみ休み) ▷浮世絵、美術、歴史、文学 ▶**湘南堂ブックサーカス藤沢店** ▷〒251-0052 藤沢市藤沢539 TEL 0466-25-5331 FAX 0466-25-8499 ▷fujisawa@shonando.co.jp ▷11時～21時(平日)／11時～20時(日曜・祝・祭日) ▷無休 ▷サブカルチャー、マンガ、資料、古書全般 ▶**光書房** ▷〒251-0052 藤沢市藤沢1015 TEL FAX 0466-27-8344 ▷http://www5f.biglobe.ne.jp/~hikarushobou/ ▷hikaru-t@msi.biglobe.ne.jp ▷10時～20時 ▷無休 ▷歴史・郷土誌・美術他 ▶**祥書房** ▷〒251-0052 藤沢市藤沢1062-1-103 TEL FAX 0466-25-8008 ▷sho-1@alto.ocn.ne.jp ▷11時～19時 ▷月曜定休 ▷古書全般 ▶**栄信堂** ▷〒251-0053 藤沢市本町2-2-2 TEL FAX 0466-25-1624 ▷13時～19時 ▷水曜定休 ▷古書全般 ▶**小林書店**(閉店) ▶**大橋書房**(休業) ▶**聖智文庫** ▷〒251-0052藤沢市藤沢575-1クリオ藤沢壱番館 TEL FAX 0466-28-7451 ▷http://www5.ocn.ne.jp/~syouchi/ ▷syouchi@trust.ocn.ne.jp ▷12時～19時(平日)／12時～18時半(日曜・祝・祭日) ▷水曜定休 ▷文芸書、美術書、趣味本、署名本、ミステリ、絶版文庫、SF、少年

●2002年7月◎台東区・田中書店ほか

▶**古本光堂**(移転・無店舗) ▷〒213-0004 神奈川県川崎市高津区諏訪2-2-14-F2-25 TEL FAX 044-813-4357 ▷kai@fides.dti.ne.jp ▷*通販のみ ▶**田中書店**(お店の都合により情報は掲載できません) ▶**サトウ書店**(閉店)

●2002年8月◎港区南青山・古書日月堂ほか

▶**田村書店**(既出・2000年10月) ▶**古書 十五時の犬** ▷〒166-0002 杉並区高円寺北3-4-11 TEL FAX 03-3310-1615 ▷夕方(16時頃)～22時半 ▷不定休 ▷古書一般 ▶**聖智文庫**(既出・2002年6月) ▶**古書日月堂**(既出・1998年3月) ▶**佐々木書店**(閉店) ▶**銀鈴堂** ▷〒107-0062 港区南青山6-1-6パレス青山207号室 TEL 03-5774-4245 FAX 03-5774-4238 ▷http://www.ginreido.com/ ▷miyoko@ginreido.com ▷10時半～19時 ▷不定休 ▷浮世絵版画、新版画、和本、絵葉書、切手他

●2002年9月◎長野県茅野市・古本屋ピープル

▶**古本屋ピープル** ▷〒391-0003 茅野市本町東6-35 TEL FAX 0266-73-7313 ▷http://www.book-p.jp/ ▷order@book-p.jp ▷12

休 ▷趣味他、古書一般　▶**盛林堂書房** ▷〒167-0053 杉並区西荻南2-23-12 TEL 03-3333-6582 FAX 03-6765-6581 ▷http://seirindo.client.jp/ ▷10時半～19時 ▷月曜定休 ▷山岳、日本文学、美術他　▶**古書 花鳥風月**(既出·2000年6月)　▶**穂高書房** ▷〒166-0001 杉並区阿佐ヶ谷北1-3-16 TEL 03-3336-0062 ▷13時～19時 ▷無休 ▷山岳書　▶**尚文堂書店** ▷〒535-0002 大阪市旭区大宮2-27-15 TEL FAX 06-6953-3885 ▷11時～20時 ▷第二·第四金曜定休 ▷文学、歴史　▶**川端書店** ▷〒535-0012 大阪市旭区千林2-1-19 TEL FAX 06-6953-5018 ▷8時40分～20時40分 ▷火曜定休 ▷古書全般　▶**楠書店** ▷〒535-0013 大阪市旭区森小路2-7-16 TEL 06-6951-6553 FAX 06-6955-5750 ▷http://www.ne.jp/asahi/sea-eagle/owashi/ ▷ye4r-ows@asahi-net.or.jp ▷10時～21時 ▷火曜定休 ▷古書全般　▶**山口書店** ▷〒535-0011 大阪市旭区今市2-11-2 TEL 06-6952-1796 ▷11時～21時半 ▷月曜定休 ▷古書全般

◉2001年11月◎大阪市旭区·山口書店

▶**山口書店**(既出·2001年10月)

◉2001年12月◎松本·慶林堂書店ほか

▶**三洋堂書店** ▷〒390-0815 松本市深志3-1-12 TEL FAX 0263-32-4403 ▷10時半～20時 ▷不定休 ▷文芸書　▶**細田書店** ▷〒390-0811松本市中央3-1-12 TEL 0263-32-5813 FAX 0263-32-8837 ▷hosodasyoten@bb.wakwak.com ▷10時～18時 ▷不定休 ▷郷土資料、山岳書、古典籍　▶**松信堂書店** ▷〒390-0811 松本市中央3-7-24 TEL 0263-32-3628 ▷12時～19時 ▷不定休 ▷古書全般　▶**アガタ書房** ▷〒390-0811 松本市中央2-6-8 TEL 0263-32-7624 FAX 0263-32-7645 ▷10時～19時 ▷不定休 ▷古書全般　▶**慶林堂書店** ▷〒390-0811 松本市中央2-2-6 TEL FAX 0263-36-8274 ▷10時～19時 ▷不定休 ▷古書全般なんでも　▶**書肆 秋櫻舎** ▷〒390-0874 松本市大手4-1 TEL 0263-36-3873 FAX 0263-36-3893 ▷10時～19時 ▷不定休 ▷古書全般　▶**青翰堂書店** ▷〒390-0874 松本市大手3-15-13 TEL FAX 0263-32-2333 ▷10時～18時 ▷古書籍、古書画、古文献　▶**ヤマト屋細田書店** ▷〒390-0874 松本市大手2-2-5 TEL 0263-35-6954 ▷hosodasyoten@bb.wakwak.com ▷10時～17時 ▷水曜·日曜定休 ▷*細田書店の支店　▶**ドゥセコンズ**(閉店)　▶**古本屋こむ**(無店舗) ▷*ネット販売　▶**パルコブックセンター松本店** ▷〒390-0811 松本市中央2-2-28松本パルコB1F TEL 0263-38-2113 ▷*新刊書店

[第5部　2002年]

◉2002年1月◎北九州市門司区·佐藤書店、佐賀市·柿内二章堂ほか

▶**特定非営利活動法人としょかん文庫やさん** ▷〒801-0865 北九州市門司区庄司町19-1 TEL 093-321-2583 FAX 093-322-2805 ▷http://toshokan.bunkoyasan.jp/ ▷toshokan@bunkoyasan.jp ▷11時～18時 ▷土日営業 ▷*文庫専門図書館　▶**佐藤書店**(既出·2000年4月)　▶**西村温古堂** ▷〒840-0054 佐賀市水ヶ江2-5-36 TEL 0952-22-6360 ▷14時～18時半 ▷第一·第三日曜定休 ▷古書全般　▶**坂田賛化堂与賀町店** ▷〒840-0047 佐賀市与賀町1-28 TEL 0952-29-7733 ▷11時～20時 ▷不定休 ▷古書全般　▶**坂田賛化堂** ▷〒840-0008 佐賀市巨勢町大字牛島270 TEL 0952-29-0762 ▷11時～20時 ▷不定休 ▷古書全般　▶**柿内二章堂** ▷〒840-0047 佐賀市与賀町1-14 TEL 0952-29-9053 ▷9時～18時 ▷不定休 ▷古本、古美術

◉2002年2月◎府中市·古書 夢の絵本堂ほか

▶**江口書店**(既出·2000年4月)　▶**佐々木書店**(閉店)　▶**古書 夢の絵本堂** ▷〒183-0055 府中市府中町2-20-13丸善マンション105 TEL FAX 042-358-0333 ▷11時～19時 ▷水曜定休 ▷ 絵本、児童書、美術、文学

●2001年6月◎大阪市阿倍野区・天海堂書店ほか

▶中尾松泉堂書店 ▷〒541-0047 大阪市中央区淡路町3-4-4 TEL 06-6231-8797 FAX 06-6231-4105 ▷10時〜18時 ▷日曜・祝・祭日定休 ▷古典、古書籍、版画、書画、筆蹟 **▶中尾松泉堂書店阪急古書のまち店** ▷〒530-0012 大阪市北区芝田1-6-2阪急古書のまち TEL FAX 06-6373-1116 ▷11時〜20時 ▷水曜定休 **▶天牛書店**(既出・1999年12月) **▶古書さろん天地** ▷〒545-0052 大阪市阿倍野区阿倍野筋1-5-36アベノセンタービルB2F TEL 06-6641-6409 FAX 06-6634-3696 ▷salon-tenchi@luck.ocn.ne.jp ▷11時〜21時 ▷無休(年末年始を除く) ▷人文系学術書、一般書 **▶天海堂書店** ▷〒545-0052 大阪市阿倍野区阿倍野筋1-6-20 TEL 06-6641-4435 ▷9時半〜20時 ▷木曜定休 ▷歴史、文学、社会学、書籍一般 **▶天地書房上本町店**(上本町6-4-4にあった店は閉店) ▷〒543-0001大阪市天王寺区上本町6-3-31 TEL 06-6779-2222 FAX 06-6779-3333 ▷10時〜20時(平日)/11時〜20時(祝日) ▷日曜定休 ▷文学、美術、趣味、全集 **▶天地書房難波店** ▷〒542-0076 大阪市中央区難波3-3-1 TEL 06-6643-2222 FAX 06-6649-3333 ▷11時〜21時 ▷年末年始を除き無休 **▶矢野書房**(既出・2001年3月) **▶天牛書店天神橋店**(既出・1999年12月)

●2001年7月◎高崎・みやま書店ほか

▶みやま書店 ▷〒370-0831 高崎市新町7-10 TEL 027-324-0253 FAX 027-324-0257 ▷miyama-shoten@nifty.com ▷10時〜19時半 ▷不定休 ▷古書全般 **▶文京堂** ▷〒370-0839高崎市檜物町49 TEL 027-325-5343 ▷10時〜19時 ▷不定休 ▷古書全般 **▶うさぎの本棚** ▷〒370-0047 高崎市高砂町33-1 TEL FAX 027-322-6139 **▶赤坂堂書店** ▷〒370-0818 高崎市赤坂町7-1 TEL FAX 027-322-7214 ▷http://www8.wind.ne.jp/akasakado/ ▷akasakad@mail.wind.ne.jp ▷10時半〜19時 ▷水曜・木曜定休(ただし祝・祭日の場合は営業) ▷哲学、宗教、歴史、文学、美術、趣味 **▶名雲書店**(無店舗) ▷〒370-0861 高崎市八千代町1-8-3 TEL 027-323-0301 FAX 027-323-0675 ▷info@nagumosyoten.jp ▷不定休 ▷和本全般、明治文献、刷物、古文書 **▶天華堂書店** ▷〒370-0822 高崎市寄合町31 TEL 027-325-2311 FAX 027-325-2307 ▷新刊書店

●2001年8月◎高崎・赤坂堂書店ほか

▶赤坂堂書店(既出・2001年7月) **▶文京堂**(既出・2001年7月)

●2001年9月◎中野区沼袋・天野書店、鷺ノ宮・うつぎ書店ほか

▶みはる書房 ▷〒101-0051 千代田区神田神保町1-20小川ビル2F TEL FAX 03-3294-3444 ▷営業時間・定休日ともに不定 ▷伝統芸能資料、レコード **▶ゴルドーニ**(既出・2001年5月) **▶書肆 埋れ木**(既出・2001年5月) **▶岳陽堂書店** ▷〒963-0201郡山市大槻町荒久25-4 TEL 024-961-8116 FAX 024-951-6118 ▷http://www.e-furuhon.com/~gakuyodo/ ▷gakuyodo@dream.ocn.ne.jp ▷*目録・ネット専門 **▶天野書店** ▷〒165-0025 中野区沼袋2-30-7 TEL FAX 03-3389-8425 ▷9時半〜20時半 ▷水曜定休 ▷人文系全般 **▶訪書堂書店** ▷〒165-0025 中野区沼袋3-32-6 TEL 03-3388-4210 FAX 03-3388-4216 ▷http://www.e-furuhonya.net/ ▷housyo@nifty.com ▷営業時間不定(電話で確認のこと) ▷水曜定休 ▷地方史、郷土史、民俗、趣味、文書 **▶うつぎ書房**(お店の都合により情報は掲載できません) **▶まどか書房**(移転・無店舗) ▷〒184-0013 小金井市前原町4-7-14 TEL FAX 042-387-5257 ▷*即売展・目録販売

●2001年10月◎大阪市旭区千林・川端書店ほか

▶悠久堂書店 ▷〒101-0051 千代田区神田神保町1-3 TEL 03-3291-0773 FAX 03-3291-0920 ▷10時15分〜18時45分(平日)/10時45分〜18時15分(日曜・祝・祭日) ▷無休 ▷[1F]美術カタログ、料理、辞書、ビジネス書 [2F]山岳、動植物 ▷*特に美術カタログと料理書は最大規模を誇る **▶中央書房** ▷〒184-0004 小金井市本町2-20-2 TEL 042-384-8386 FAX 042-387-8419 ▷10時〜20時 ▷火曜定休 ▷学術書 **▶中央書房支店Yu·Book** ▷〒184-0004 小金井市本町5-18-9 TEL FAX 042-387-8419 ▷11時〜20時 ▷火曜定休 **▶ささま書店** ▷〒167-0051 杉並区荻窪4-31-11中田ビル1F TEL FAX 03-3391-6033 ▷11時半〜21時 ▷火曜定

●2001年1月◎盛岡・上ノ橋書房ほか

▶雀羅書房(盛岡市から岩手郡へ移転) ▷〒020-0173 岩手郡滝沢村滝沢字湯船沢118 TEL 019-694-9411 FAX 019-694-9412 ▷10時～19時 ▷火曜定休 ▷古書全般　**▶上ノ橋書房**(移転) ▷〒020-0124 岩手県盛岡市厨川3-9-19 TEL FAX 019-643-2332 ▷kaminohashishobou@peace.ocn.ne.jp ▷9時～19時 ▷無休 ▷古書一般

●2001年2月◎岡山・万歩書店

▶万歩書店本店 ▷〒701-0144 岡山市久米415-1 TEL 086-246-1110 FAX 086-244-1248 ▷http://www.a-walker.co.jp/ ▷10時～23時 ▷無休 ▷本、マンガ、ゲーム、CD、DVD等、約20万点 ▷＊本店以外にも奥田店、東岡山店、平島店、平井店、倉敷店、総社店、津山店、中之町店、ステップ21、自由市場等の店鋪を展開　**▶万歩書店平井店** ▷〒703-8282岡山市平井5-8-39 TEL 086-271-9345 FAX 086-271-9346 ▷10時～24時 ▷無休 ▷本、マンガ、ゲーム、CD、DVD等、約12万点　**▶書見舎**(閉店)　**▶民衆文庫**(閉店)　**▶南天荘** ▷〒700-0822岡山市表町3-6-8 TEL FAX 086-222-7751 ▷10時～19時 ▷不定休 ▷古書全般。アダルト、マンガなし

●2001年3月◎大阪・矢野書店

▶中野サンプラザ古書市 ▷＊現在行われていない　**▶浪速書林** ▷〒530-0001 大阪市北区梅田1-3大阪駅前第1ビル1F TEL 06-6344-5064 FAX 06-6344-3011 ▷11時～19時 ▷日曜・祝・祭日定休 ▷近代文学、限定本　**▶矢野書房**(移転) ▷〒530-0041 大阪市北区天神橋3-6-14 TEL FAX 06-6352-1056 ▷yanoshobo@hkg.ne.jp ▷11時半～19時半 ▷無休(ただし、夏期・冬期休み、臨時休業あり) ▷日本近代文学、翻訳文学、美術、趣味書　**▶天牛書店天神橋店**(既出・1999年12月)

●2001年4月◎熊本・舒文堂河島書店ほか

▶舒文堂河島書店 ▷〒860-0845 熊本市上通町11-2 TEL 096-352-1701 FAX 096-359-7617 ▷http://www2d.biglobe.ne.jp/~jobundou/ ▷jobundou@mxr.mesh.ne.jp ▷10時～19時半 ▷火曜定休 ▷熊本・九州の郷土誌　**▶天野屋書店** ▷〒860-0847 熊本市上林町3-40 TEL 096-352-7874 FAX 096-351-1628 ▷http://www.kosho.ne.jp/~amanoya/ ▷amanoya@kosho.ne.jp ▷10時～19時 ▷火曜定休 ▷郷土誌、古典、一般　**▶デラシネ書房**(移転・通信販売のみ) ▷〒866-0813 八千代市上片町1349-2 TEL 096-530-8016 FAX 096-530-8027 ▷deracine@bc.mbn.or.jp ▷10時～18時 ▷日曜定休　**▶グエル書房** ▷〒861-8039 熊本市長嶺南7-1-5日研工業2F TEL 090-5287-5734 FAX 096-380-7576 ▷http://www008.upp.so-net.ne.jp/guel/ ▷guelsyobo@yahoo.co.jp ▷マンガ、映画、芸術一般、風俗 ▷＊ネット販売　**▶ほると書房** ▷〒865-0064 玉名市中1877-5 TEL FAX 096-872-5840 ▷http://www5.ocn.ne.jp/~horuto/ ▷horuto@ninus.ocn.ne.jp ▷11時～19時 ▷日曜・祝・祭日定休 ▷古書一般　**▶メルの本箱** ▷〒860-0851 熊本市子飼本町1-21 TEL 050-6620-2333 ▷http://merudonde.gozaru.jp/ ▷merudon9215@ybb.ne.jp ▷11時～21時 ▷不定休 ▷古書全般

●2001年5月◎神田神保町・書肆 埋れ木

▶書肆 埋れ木(閉店) ▷＊現在その場所に「山猫屋」が開店。「埋れ木」元店長が現在運営するのは**古書すからべ** ▷〒101-0064 千代田区猿楽町1-4-4STビル101 TEL FAX 03-3233-8838　**▶キントト文庫**(既出・1999年11月)　**▶美術倶楽部ひぐらし**(既出・1999年11月)　**▶ゴルドーニ** ▷〒101-0051 千代田区神田神保町1-18 TEL FAX 03-3518-2771 ▷http://www.goldoni.ecnet.jp/ ▷金曜・土曜13時～18時 ▷演劇　**▶火守文庫**(既出・1999年2月)　**▶ゆたか。書房** ▷〒166-0001 杉並区阿佐ヶ谷北4-6-28田中コーポ1F TEL FAX 03-3338-7155 ▷12時～21時 ▷月曜定休 ▷古書全般

●2000年8月◎江東区南砂・たなべ書店

▶**たなべ書店**(**本店**) ▷〒136-0076 江東区南砂4-18-10 TEL FAX 03-3640-0564 ▷http://www.tanabeshoten.co.jp/ ▷order@tanabeshoten.co.jp ▷10時〜22時 ▷無休(元旦のみ休み) ▷一般書、映画関係 ▷*均一本充実 ▶**たなべ書店**(**駅前店**) ▷〒136-0076 江東区南砂3-13-4 TEL 03-3640-0655 ▷10時〜22時 ▷無休(元旦のみ休み) ▷文庫本、単行本 ▶**たなべ書店**(**西大島店**) ▷〒136-0072 江東区大島1-30-1 TEL FAX 03-3685-0490 ▷10時〜22時 ▷無休(元旦のみ休み) ▷一般書、映画関係 ▶**聖晏文庫**(移転・無店舗) ▷〒185-0012 国分寺市本町2-22-5 TEL 042-327-0578 ▷*無店舗で吉祥寺にて営業予定

●2000年9月◎所沢市狭山ヶ丘・夢屋

▶**村内書店** ▷〒402-0054 都留市田原2-14-6 TEL FAX 0554-43-6450 ▷12時〜18時 ▷不定休 ▷一般書 ▶**地球堂書店** ▷〒190-0011 立川市高松町3-13-22 TEL 042-524-2173 ▷9時〜20時半 ▷不定休 ▷一般書、民俗学 ▶**夢屋**(閉店) ▶**あすなろ書房**(休業)

●2000年10月◎杉並区高円寺・古本酒場 コクテイル

▶**けやき書店** ▷〒101-0051 千代田区神田神保町1-9ハヤオビル6F TEL 03-3291-1479 FAX 03-3291-1430 ▷keyaki@k8.dion.ne.jp ▷11時〜19時 ▷日曜・祝・祭日定休 ▷初版本、限定本、肉筆類、文芸雑誌、美術書誌 ▶**田村書店** ▷〒101-0051 千代田区神田神保町1-7 TEL 03-3291-0563 FAX 03-3295-0039 ▷http://www.tamurashoten.com/ ▷info@tamurashoten.com ▷10時〜18時15分 ▷日曜・祝・祭日定休 ▷文学、詩、洋書、哲学、全集 ▶**美術倶楽部ひぐらし**(既出・1999年11月) ▶**矢口書店** ▷〒101-0051 千代田区神田神保町2-5-1 TEL 03-3261-5708 FAX 03-3261-6350 ▷http://homepage3.nifty.com/yaguchi/ ▷yaguchi@mbk.nifty.com ▷映画、演劇、シナリオ、戯曲 ▶**BIGBOX古本市** ▷*月1回開催 ▶**古本酒場 コクテイル** ▷〒166-0002 杉並区高円寺北2-24-13-102 TEL FAX 03-3310-8130 ▷http://www.koenji-cocktail.com/ ▷cocktailbook@hotmail.com ▷19時〜終電まで ▷無休(たまに休みあり) ▷*古本と酒と文士料理 ▶**青梅多摩書房**(既出・1998年12月) ▶**火守文庫**(既出・1999年2月) ▶**古書 音羽館** ▷〒167-0042 杉並区西荻北3-13-7 TEL FAX 03-5382-1587 ▷otowa@din.or.jp ▷12時〜23時 ▷無休 ▷外国・日本文学、思想、宗教、美術、音楽、芸能、サブカルチャー ▶**古本よみた屋**(既出・1998年10月)

●2000年11月◎杉並区西荻窪・古書 音羽館

▶**高原書店** ▷〒194-0022 町田市森野1-31-17 TEL 042-725-7554 FAX 042-721-2650 ▷http://www.takahara.co.jp/ ▷10時〜20時 ▷毎月第三水曜定休 ▷*本店・倉庫あわせて100万冊の在庫 ▶**森田書店** ▷〒167-0042 杉並区西荻北3-17-2 TEL 03-3399-0779 FAX 03-3399-3576 ▷12時〜20時 ▷月曜定休 ▷古書全般 ▶**夢幻書房** ▷〒167-0042 杉並区西荻北3-2-7 TEL 03-3399-9337 FAX 03-3399-9338 ▷http://www32.ocn.ne.jp/~mugenshobo/ ▷mugenshobo@dream.com ▷11時〜24時 ▷無休 ▷本、マンガ、ゲーム、CD、ビデオ、レコード他 ▶**古書 音羽館**(既出・2000年10月) ▶**ハートランド**(既出・2000年6月) ▶**古書花鳥風月**(既出・2000年6月)

●2000年12月◎秋田・板澤書房ほか

▶**ふじ書房** ▷〒010-0925 秋田市旭南1-18-26 TEL FAX 018-862-8792 ▷9時半〜18時半 ▷日曜・祝・祭日定休 ▷一般書 ▶**古ほんや 板澤書房** ▷〒010-0921 秋田市大町5-3-27 TEL 018-862-4271 ▷10時〜20時(平日)/10時〜17時(土曜・日曜・祝・祭日) ▷不定休 ▷一般書 ▶**古書 香文堂** ▷〒010-0002 秋田市東通仲町25-18 TEL FAX 018-833-1752 ▷10時〜18時 ▷不定休 ▷古書全般 ▶**みしま書房**(閉店) ▶**松坂古書店** ▷〒010-0001 秋田市中通5-4-16 TEL 018-833-7675 FAX 018-837-6256 ▷10時〜21時 ▷水曜定休 ▷古書全般 ▶**ブックオフ秋田広面店** ▷〒010-0003 秋田市東通4-1-37 TEL 0188-84-7917 ▷http://www.bookoff.co.jp/ ▷10時〜22時 ▷無休 ▶**松坂古書店手形店**(閉店) ▷*松坂古書店に統合

●2000年4月◎博多・痛快洞ほか

▶**日比谷書店**（閉店）　▶**地行書店**（閉店）　▶**玄学書房**（移転・「えはがき屋」に店名変更）▷〒140-0004 品川区南品川6-12-23-407 TEL 03-3450-2676 ▷無店舗・絵葉書専門　▶**アゴタ書店**（閉店）　▶**教養堂書房** ▷〒802-0077 北九州市小倉北区馬借1-5-10 TEL 093-521-5559 ▷11時〜19時 ▷不定休 ▷古書一般　▶**佐藤書店** ▷〒801-0863 北九州市門司区栄町6-27 TEL 093-321-0471 FAX 093-321-6913 ▷http://www.e-furuhon.com/~sato/ ▷sato@e-furuhon.com ▷10時〜19時 ▷火曜定休 ▷歴史、文学、美術、趣味書、郷土誌　▶**入江書店** ▷〒810-0041 福岡市中央区大名1-14-24 TEL 092-741-0115 FAX 092-741-0118 ▷11時〜20時（平日）／11時〜19時（日曜）▷第一、第二、第三月曜定休 ▷古書一般　▶**痛快洞** ▷〒810-0041 福岡市中央区大名1-9-25 TEL 092-721-5210 ▷12時〜19時 ▷不定休 ▷こども物、大衆物　▶**三和書房** ▷〒810-0044 福岡市中央区六本松2-5-2 TEL FAX 092-741-6125 ▷sanwasyobou@yahoo.co.jp ▷10時〜19時 ▷日曜・祝・祭日定休 ▷主に文学系統　▶**古書籍桂林**（閉店）　▶**天導書房** ▷〒810-0044 福岡市中央区六本松2-2-9 TEL 092-731-0516 FAX 092-731-0518 ▷http://www.kosho.ne.jp/~tendo/ ▷tendo@terra.dti.ne.jp ▷10時〜17時 ▷日曜・祝・祭日定休 ▷古書全般、美術、文学、歴史　▶**江口書店** ▷〒154-0001 世田谷区池尻2-8-5 TEL FAX 03-3421-9575 ▷17時〜20時（月曜・水曜）／15時〜20時（木曜〜日曜）▷火曜定休 ▷雑本、雑書

●2000年5月◎唐津・古時計、小倉・古書城田ほか

▶**古時計** ▷〒847-0047 唐津市本町通1744 TEL 0955-73-5424 ▷不定休 ▷一般書　▶**古書城田** ▷〒802-0001 北九州市小倉北区浅野2-12-30 TEL FAX 093-551-3009 ▷http://ww71.tiki.ne.jp/~shirota/homepage/ ▷shirota@mx71.tiki.ne.jp ▷11時〜19時 ▷日曜定休 ▷美術、映画、思想、幻想、評論、古典、学術、音楽他、古書全般

●2000年6月◎杉並区西荻窪・古書 比良木屋

▶**好古堂書店** ▷〒980-0811 仙台市青葉区一番町1-5-6 TEL 022-225-1017 ▷11時〜18時 ▷第三日曜定休 ▷一般書　▶**昭文堂書店** ▷〒980-0811 仙台市青葉区一番町1-5-8 TEL 022-223-0526 FAX 022-266-1534 ▷http://homepage2.nifty.com/syoubundou/ ▷10時〜19時 ▷無休（元旦のみ休み）▷人文、社会、自然科学、学術専門書　▶**熊谷書店** ▷〒980-0811 仙台市青葉区一番町1-5-10 TEL 022-255-2808 ▷11時〜19時半 ▷無休 ▷一般書　▶**ぽおぶら屋古書店** ▷〒980-0811 仙台市青葉区一番町1-14-30 TEL 022-223-1242 FAX 022-392-5380 ▷NGF31399@nifty.com ▷12時〜16時 ▷土曜〜月曜・祝・祭日定休・雨天時休み ▷釣の随筆、詩集、落語、やくざ関係　▶**図南荘書店**（通信販売専門）▷〒981-1106 仙台市太白区柳生3-6-8 TEL FAX 022-242-8372　▶**古書 比良木屋** ▷〒167-0042 杉並区西荻北2-5-1都ビルヂング106 TEL FAX 03-5311-5710 ▷hirakiya@gray.plala.or.jp ▷13時〜22時 ▷火曜定休　▶**雄松堂書店（本店）** ▷〒160-0008 新宿区三栄町29 TEL 03-3357-1411 FAX 03-3351-5855 ▷http://www.yushodo.co.jp/ ▷ysdhp@yushodo.co.jp ▷西洋古書全般　▶**都丸書店** ▷〒166-0002 杉並区高円寺北3-1-16 TEL 03-3337-3690 FAX 03-3337-6610 ▷http://www.kosho.ne.jp/~tomaru/ ▷books.tomaru@nifty.ne.jp ▷10時〜19時 ▷日曜・第一・第二・第三水曜定休 ▷人文社会系和洋書　▶**古書 興居島屋** ▷〒167-0042 杉並区西荻北3-31-6 TEL FAX 03-3396-3350 ▷gogosima@aol.com ▷12時〜24時 ▷無休 ▷絵本（日本・外国）、絵葉書、ラベル、現代美術他、一般　▶**古本よみた屋**（既出・1998年10月）　▶**古書 花鳥風月** ▷〒167-0042 杉並区西荻北4-3-2 TEL FAX 03-3390-1356 ▷12時〜23時（平日）／12時〜20時（日曜・祝・祭日）▷第二・第三木曜定休 ▷自然、山、美術、料理、趣味、ノンフィクション、古書一般　▶**ハートランド** ▷〒167-0042 杉並区西荻北3-12-10 TEL FAX 03-5310-2520 ▷http://heartland-books.com/ ▷13時〜20時 ▷水曜定休 ▷古書全般　▶**スコブル社** ▷〒167-0053 杉並区西荻南2-19-5 TEL FAX 03-3332-3056 ▷12時〜25時 ▷無休 ▷古書全般

●2000年7月◎大田区・古書肆 田園りぶらりあ

▶**古書肆 田園りぶらりあ**（既出・1998年3月）

日定休▷昭和、東京、風俗、芸能、趣味 **▶天狼書店**(閉店) **▶美術倶楽部ひぐらし** ▷〒101-0051 千代田区神田神保町1-26 TEL FAX 03-3219-2250 ▷13時〜19時 ▷日曜定休 ▷金子國義、その他美術書 ▷＊金子國義HPアドレス http://www.kaneko.ch/ **▶アカシヤ書店** ▷〒101-0051 千代田区神田神保町1-8 TEL 03-3219-4755 FAX 03-3219-4758 ▷http://www.akasiya-shoten.com/ ▷kosyo@akasiya-shoten.com ▷11時〜20時(平日)／11時〜19時(日曜·祝·祭日) ▷正月以外無休 ▷囲棋、将棋、易、オカルト、精神科学 **▶版画堂** ▷〒101-0051 千代田区神田神保町1-12雅楽川ビル1F TEL 03-3219-2027 FAX 03-3219-2026 ▷10時〜18時半 ▷日曜·祝·祭日定休 ▷版画、美術 **▶安川書店** ▷〒420-0032 静岡市葵区両替町1-5 TEL 054-252-6621 FAX 054-252-6734 ▷9時半〜18時半 ▷無休 ▷古書全般 **▶太田書店**(移転·無店舗) ▷〒420-0950 静岡市葵区南沼上75-7 TEL FAX 054-264-9037 ▷＊ネット·催事専門 **▶するが書房** ▷〒420-0866 静岡市葵区宮ヶ崎町76 TEL 054-255-7270 ▷10時〜19時 ▷無休 ▷古書全般 **▶いけだ古美術**(古書部は閉店) ▷〒420-0858 静岡市葵区伝馬町12-13 TEL FAX 054-253-6516 ▷11時〜17時 ▷日曜·祝·祭日定休 ▷古美術、古民芸 **▶文高堂書店** ▷〒420-0857 静岡市葵区東草深町19-12 TEL FAX 054-246-4487 ▷12時〜20時 ▷無休 ▷古書全般 **▶ブックオフ静岡馬渕店** ▷〒422-8063 静岡市駿河区馬渕3-4-6 TEL 054-288-0104 ▷http://www.bookoff.co.jp/ ▷10時〜24時 ▷無休 ▷本、CD、ビデオ、ゲーム

●1999年12月◎大阪·天牛本店ほか

▶天牛本店(移転、天牛書店江坂店に) ▷〒546-0063 吹田市江坂町5-14-7天牛ビル1F TEL 06-6337-0687 FAX 06-6330-7879 ▷http://www.tengyu-syoten.co.jp/ ▷order@tengyu-syoten.co.jp ▷11時〜20時 ▷無休 **▶末広書店**(既出·1998年12月) **▶杉本梁江堂** ▷〒530-0012 大阪市北区芝田1-6-2阪急古書のまち TEL FAX 06-6371-1176 ▷11時〜20時 ▷水曜定休 ▷演芸、映画、音楽、その他古書一般 **▶天牛書店**(日本橋から天神橋へ移転、天牛書店天神橋店に) ▷〒530-0041大阪市北区天神橋3-7-28 TEL 06-6242-0155 ▷11時〜20時(平日)／11時〜19時(日曜·祝·祭日) ▷無休

●2000年1月◎立川·清水書店

▶清水書店 ▷〒190-0002 立川市幸町6-2-1 TEL FAX 042-534-2443 ▷10時〜20時 ▷日曜定休 ▷和本、中国書、洋書

●2000年2月◎名古屋·人生書房ほか

▶尾関書店(閉店) **▶尾関書店支店**(閉店) **▶人生書房** ▷〒460-0012 名古屋市中区千代田3-4-2 TEL FAX 052-324-7150 ▷10時半〜20時 ▷水曜定休 **▶東文堂書店古書部** ▷〒460-0008 名古屋市中区栄3-28-16東文堂ビル2F TEL 052-241-1059 FAX 052-251-2805 ▷14時〜19時 ▷火曜·日曜定休 ▷古書全般 **▶山星書店**(既出·1999年4月) **▶アンティカーユ**(閉店) **▶三進堂**(既出·1999年4月) **▶千代田書店** ▷〒460-0012 名古屋市中区千代田3-8-10 TEL FAX 052-332-2314 ▷chiyodabook@yahoo.co.jp ▷11時〜20時 ▷無休 ▷古書一般、絵葉書、レコード、パンフレット、ファッション関係 **▶大学堂書店**(既出·1999年4月) **▶飯島書店** ▷〒460-0012 名古屋市中区千代田2-24-24 TEL 052-241-2766 FAX 052-241-2724 ▷http://www.kosho.ne.jp/~iijima/ ▷iijima@se.starcat.ne.jp ▷10時〜18時 ▷月曜·祝·祭日·年末年始(12/31〜1/4)は休み ▷古典籍、美術工芸、歴史、哲学宗教、国語国文

●2000年3月◎川越·坂井ぎやまん堂

▶坂井ぎやまん堂(閉店／既出·1999年5月)

●1999年6月◎台東区蒲田・古書いよや ほか

▶龍生書林(無店舗) ▷〒146-0082 大田区池上4-29-1 TEL 03-3754-6775 FAX 03-3754-1279 ▷http://www.kosho.ne.jp/~ryusei/ ▷ryusei@kosho.ne.jp ▷11時～18時半 ▷日曜・祝・祭日定休 ▷昭和文学初版本、映画、郵趣文献 ▷＊目録とネット販売 **▶誠竜書林** ▷〒144-0051 大田区西蒲田7-1-1斉田ビル1F TEL FAX 03-3735-9869 ▷11時～23時 ▷無休 **▶書林大黒**(休業中) ▷〒144-0051 大田区西蒲田7-66-7いよやビル3F TEL FAX 03-3732-6688 ▷＊平成18年4月頃に再開予定 **▶一方堂書林** ▷〒144-0051 大田区西蒲田7-28-5 TEL 03-3734-3531 ▷14時～不定 ▷日曜定休 **▶古書いよや**(閉店) ▷＊書林大黒に統合。

●1999年7月◎小平市鷹の台・古書 ゆめや

▶松明堂書店 ▷〒187-0024 小平市鷹の台44-9 TEL 042-341-1455 FAX 042-341-9634 ▷9時～21時(平日)／10時～21時(日曜) ▷無休 ▷＊新刊書店 **▶古書 ゆめや** ▷〒187-0024 小平市鷹の台36-4 TEL 042-345-8811 ▷14時～日暮れまで ▷火曜・水曜定休 ▷美術書、古書全般

●1999年8月◎鎌倉・四季書林ほか

▶田園書房(閉店) **▶葉山荘** ▷〒248-0012 鎌倉市御成町5-6 TEL 0467-24-8975 ▷不定休 ▷＊空いていることは少ないが閉店はしていない。現在は骨董屋になっている **▶公文堂書店** ▷〒248-0014 鎌倉市由比ヶ浜1-1-14 TEL 0467-22-0134 FAX 045-846-6699 ▷http://www.kohbundo.com/ ▷kohbundo@kohbundo.com ▷10時半～16時半 ▷木曜・第二・第三水曜定休 **▶公文堂書店日野店** ▷〒234-0053 横浜市港南区日野中央1-17-1 TEL FAX 045-846-6699 ▷＊鎌倉本店の倉庫。不定期営業 **▶四季書林** ▷〒248-0012 鎌倉市御成町13-22 TEL FAX 0467-24-2052 ▷10時半～18時 ▷月曜定休 ▷近代文学、国文学研究 **▶游古堂** ▷〒248-0012 鎌倉市御成町13-30 TEL 0467-23-1967 ▷10時半～18時 ▷無休 ▷文学、芸術、趣味 **▶藝林荘** ▷〒248-0005 鎌倉市雪ノ下1-5-38 TEL 0467-22-6533 ▷10時半～18時 ▷無休 ▷美術書、一般書、落語、謡、宗教 **▶木犀堂** ▷〒248-0005 鎌倉市雪ノ下1-5-32 TEL FAX 0467-22-1495 ▷10時～18時 ▷不定休 ▷文学、芸術

●1999年9月◎札幌・成美堂、石川書店ほか

▶成美堂(閉店) **▶石川書店** ▷〒064-0804 札幌市中央区南4条西4 TEL 011-251-2357 FAX 011-251-9559 ▷11時～19時 ▷月曜定休 ▷北海道関連、山岳、文学 **▶南陽堂書店** ▷〒060-0808 札幌市北区北8条西5TAKAGIビル1・2F TEL 011-716-7537 FAX 011-716-5562 ▷http://www.nanyodo.net/ ▷nanyodo@rio.odn.ne.jp ▷10時～19時 ▷日曜・祝・祭日定休 **▶薫風書林** ▷〒001-0010 札幌市北区北10条西4 TEL FAX 011-737-2268 ▷kunpu@m8.dion.ne.jp ▷12時～19時 ▷日曜定休(祝・祭日は営業) ▷哲学、心理、キリスト教

●1999年10月◎広島・アカデミイ書店ほか

▶アカデミイ書店金座街本店 ▷〒730-0035 広島市中区本通1-7 TEL FAX 082-247-3118 ▷http://www.urban.ne.jp/home/academy/ ▷academy@urban.ne.jp ▷10時～20時 ▷無休 ▷文学、美術、全集、郷土史、社会科学系 **▶アカデミイ書店紙谷町支店** ▷〒730-0031 広島市中区紙谷町1-5-11 TEL FAX 082-247-8333 ▷10時～20時 ▷無休 ▷文学、趣味、サブカルチャー系 **▶ぶんろ書店** ▷〒730-0031 広島市中区紙屋町1-5-1 TEL FAX 082-247-0103 ▷10時～19時 ▷水曜定休 ▷文化系古書全般(店売のみ) **▶大学堂書店** ▷〒730-0052 広島市中区千田町1-12-6 TEL 082-241-9491 ▷10時～19時 ▷日曜・祝・祭日定休 ▷文科系古書全般 **▶神鳥書店** ▷〒731-4214 広島市安芸郡熊野町中溝3615 TEL 082-855-1711 FAX 082-854-8707 ▷http://www.kandori-shoten.com/ ▷dk@kandori-shoten.com

●1999年11月◎静岡・安川書店ほか

▶キントト文庫 ▷〒101-0051 千代田区神田神保町1-19-1藤本ビル TEL FAX 03-3294-8700 ▷14時～19時 ▷日曜・月曜・祝・祭

▶**末広書店** ▷〒530-0027 大阪市北区堂山町3-14 TEL 06-6312-7995 FAX 06-6996-9057 ▷12時〜22時半 ▷無休 ▷文化系図書、趣味本、何でもあり

●1999年1月◎大阪・髙山文庫、青空書房

▶**中田書店**(お店の都合により情報は掲載できません) ▶**髙山文庫** ▷〒530-0022 大阪市北区浪花町6-5 TEL FAX 06-6374-1837 ▷taka46@vioLin.ocn.ne.jp ▷11時半〜22時 ▷第三日曜定休 ▷古書全般 ▷*天五中崎通り商店街にあった本店を支店に統合。以前の支店が現在の本店となる。 ▶**青空書房** ▷〒530-0023大阪市北区黒崎町7-3 TEL 06-6371-8904 ▷10時〜20時 ▷日曜定休 ▷文学、美術、歴史、郷土

●1999年2月◎武蔵野市吉祥寺・火守文庫ほか

▶**げんせん館** ▷〒181-0013 三鷹市下連雀3-31-7 TEL FAX 0422-41-4440 ▷11時〜23時 ▷不定休 ▶**古書千渡書房**(移転) ▷〒203-0002 東久留米市神宝町1-11-6 TEL FAX 0424-70-2848 ▶**下田書店**(休業) ▶**火守文庫**(休業)

●1999年3月◎川口・荒木書店

▶**芳雅堂書店**(出久根達郎さんのお店、現在は通信販売のみ) ▶**中村書店第2ナカムラ書房** ▷〒335-0001 蕨市北町1-25-19 TEL FAX 048-432-3963 ▷*目録販売 ▶**古本の店ひまわり** ▷〒332-0016 川口市幸町3-9-22 TEL FAX 048-251-2691 ▷*ネット販売・即売会主体 ▶**荒木書店** ▷〒332-0031 川口市青木1-7-13 TEL FAX 048-253-0161 ▷10時〜19時 ▷日曜・祝・祭日定休 ▷郷土史、美術、書道

●1999年4月◎名古屋・大学堂書店

▶**ふるほん文庫やさん** ▷〒802-0044 北九州市小倉北区熊本1-13-13 TEL 093-923-2583 FAX 093-923-258 ▷http://www.bunkoyasan.jp/ ▷10時〜18時 ▷無休 ▷文庫のみ ▶**加賀書店**(移転) ▷〒452-0944 愛知県清須市上条織部685 TEL FAX 052-401-2937 ▷http://www.nagoyaekimae.jp/ ▷masakatu@lilac.ocn.ne.jp ▷11時〜19時 ▷火曜定休 ▷山岳、自然、絵葉書、サブカルチャー、一般書 ▷*ネット販売・目録・即売会営業 ▶**古本屋 猫飛横丁** ▷〒460-0011 名古屋市中区大須2-28-12 TEL FAX 052-221-1318 ▷13時半〜18時半 ▷火曜定休 ▷演劇、映画、芸能一般、人文、アート ▶**三松堂書店** ▷〒460-0013 名古屋市中区上前津1-4-7 TEL 052-321-1261 FAX 052-332-2951 ▷sanmatsu@topaz.ocn.ne.jp ▷10時〜20時 ▷第二・第四日曜定休 ▷文科系古書 ▶**山星書店** ▷〒460-0012 名古屋市中区千代田3-11-7 TEL 052-321-1366 FAX 052-321-1358 ▷10時〜19時 ▷無休 ▷古書全般 ▶**大学堂書店** ▷〒460-0012 名古屋市中区千代田3-11-6 TEL 052-332-1771 FAX 052-332-1778 ▷http://www.daigakudo.co.jp/ ▷kat@daigakudo.co.jp ▷10時〜20時 ▷木曜定休 ▷古書全般 ▶**三進堂** ▷〒460-0012 名古屋市中区千代田3-7-6 TEL FAX 052-322-3832 ▷10時〜19時 ▷月曜定休 ▷古書全般

●1999年5月◎神戸・黒木書店

▶**荒木書店**(既出・1999年3月) ▶**坂井ぎやまん堂**(閉店) ▶**黒木書店**(閉店) ▶**後藤書店** ▷〒650-0021 神戸市中央区三宮町1-5-28 TEL FAX 078-331-3362 ▷11時〜18時 ▷水曜・木曜定休 ▷和漢洋古典籍 ▶**サンパル古書のまち** ▷〒651-0096 神戸市中央区雲井通5-3-1サンパル古書のまち ▶**高速神戸のメトロこうべ古書のまち** ▷〒652-0035 神戸市兵庫区西多聞通2-1-1メトロこうべ古書のまち

●1998年6月◎京都·萩書房II

▶石川古本店 ▷〒606-8117 京都市左京区一乗寺里ノ前町24-12 TEL 075-721-5355 FAX 075-722-3381 ▷絶版マンガ、映画、趣味 ▷＊予約制 **▶萩書房II** ▷〒606-8115京都市左京区一乗寺里ノ西町91-3 TEL FAX 075-712-9664 ▷http://web.kyoto-inet.or.jp/people/kosho/ ▷kosho@mbox.kyoto-inet.or.jp ▷12時〜20時 ▷不定休(即売会参加時は休業) ▷古書ならなんでも **▶秋の古本まつり·百万遍知恩寺** ▷＊主催·京都古書研究会

●1998年7月◎小金井·翔節堂

▶翔節堂(休業)

●1998年8月◎甲府·城北書房、風雪堂

▶城北書房(閉店) **▶秋山書店**(閉店) **▶風雪堂書店** ▷〒400-0031 甲府市丸ノ内2-36-11 TEL 055-222-5855 ▷10時〜18時 ▷無休 **▶風雪堂** ▷〒400-0031 甲府市丸ノ内2-36-12 TEL FAX 055-224-2571 ▷12時〜18時 ▷不定休

●1998年9月◎市川市本八幡·山本書店ほか

▶志賀書店(移転·無店舗) ▷〒132-0013 江戸川区江戸川1-30 TEL FAX 03-3677-2288 ▷古書一般 **▶銀河書房** ▷〒272-0021 市川市八幡2-7-3 TEL 047-332-1466 ▷13時〜20時半 ▷水曜定休 ▷一般古書 **▶古書コモハウス** ▷〒272-0023 市川市南八幡3-2-2-103 TEL FAX 047-370-8697 ▷comoh@mx8.ttcn.ne.jp ▷12時〜24時 ▷無休(年末年始は休み) ▷文庫本、単行本、マンガ、CD **▶山本書店** ▷〒272-0021 市川市南八幡3-1-14 TEL 047-321-3903 FAX 047-321-3930 ▷kyamamoto@iris.ocn.ne.jp ▷10時〜22時(平日)／10時〜21時(日曜·祝·祭日) ▷無休

●1998年10月◎国分寺·苔花堂書店ほか

▶山崎書店(既出·1998年5月) **▶えびな書店** ▷〒184-0015 小金井市貫井北町1-3-10 TEL 042-323-3229 FAX 042-324-5186 ▷ebina@tky2.3web.ne.jp ▷10時〜18時 ▷土曜·日曜·祝·祭日定休 ▷美術、工芸 **▶苔花堂書店**(移転·通信販売のみ) ▷〒166-0013 杉並区堀ノ内2-16-22八木荘101号 TEL FAX 03-3315-8978 ▷http://business1.plala.or.jp/taikado/ ▷taikado@amail.plala.or.jp ▷営業時間·休業日ともに不定 ▷文系一般 **▶古書ビブリオ**(移転) ▷〒101-0051 千代田区神田神保町1-25叶ビル1F TEL FAX 03-3295-6088 ▷http://bibl.jp/ ▷biblio@blue.ocn.ne.jp ▷11時〜19時 ▷日曜·祝·祭日定休 ▷野球、スポーツ専門 **▶藤井書店** ▷〒180-0004 武蔵野市吉祥寺本町1-11-20 TEL 0422-22-5043 FAX 0422-22-5041 ▷10時半〜21時 ▷火曜定休 ▷一般書·趣味本 **▶外口書店** ▷〒180-0004武蔵野市吉祥寺本町1-14-1 TEL 0422-22-5223 FAX 0422-22-5222 ▷10時〜20時半 ▷火曜定休 ▷古書一般 **▶さかえ書房** ▷〒180-0004 武蔵野市吉祥寺本町1-14-2 TEL FAX 0422-22-2252 ▷10時〜20時半 ▷火曜定休 ▷古書全般 **▶古本よみた屋 吉祥寺店(愛書堂)** ▷〒180-0003 武蔵野市吉祥寺南町2-6-10 TEL FAX 0422-43-6550 ▷http://www.yomitaya.co.jp/ ▷info@yomitaya.co.jp ▷11時〜24時 ▷無休(元旦は休み) ▷現代文化、精神世界、人間科学 ▷＊西荻窪、阿佐ヶ谷の「よみた屋」は吉祥寺店に統合、西荻窪店のあとに「音羽館」、阿佐ヶ谷店のあとには「時代屋」が出店している。

●1998年11月◎台東区谷中·峯尾文泉堂

▶古書ほうろう ▷〒113-0022 文京区千駄木3-25-5 TEL FAX 03-3824-3388 ▷http://www.yanesen.net/horo/ ▷horo@yanesen.net ▷10時〜23時(平日)／12時〜20時(日曜·祝·祭日) ▷第三火曜日定休 **▶かるでや文庫**(閉店) **▶峯尾文泉堂**(移転) ▷〒116-0014 荒川区東日暮里5-1-4 TEL 03-3803-4659 ▷11時〜19時 ▷木曜·日曜定休

●1998年12月◎青梅市東多摩·青梅多摩書房

▶青梅多摩書房 ▷〒198-0043 青梅市千ヶ瀬町3-407-7 TEL FAX 0428-23-3471 ▷11時〜20時 ▷木曜定休 ▷児童書、趣味

本文中の古書店・書店はいま…

『彷書月刊』編集部＝編

本文中に言及された古書店・書店の中には、移転、閉店、ネット・目録販売に転向したところがあります。
訪れる際には、以下の書店情報をご確認願います(2005年10月現在)。

［第1部　1998年］

●1998年1月◎大田区大森・古書肆 天誠書林

▶天誠書林 ▷〒143-0023 大田区山王2-37-2 TEL FAX 03-3776-0413 ▷12時～20時 ▷月曜定休 ▷文学、演劇、歌集、句集　**▶山王書房** ▷＊大田区中央1-16-11にあった関口良雄さん(大7～昭52)経営の古書店

●1998年2月◎板橋区大山・板橋書店ほか

▶青方洞書店(休業中)　**▶板橋書店** ▷〒173-0004 板橋区板橋1-49-11 TEL FAX 03-3961-1310 ▷10時半～21時半 ▷日曜定休 ▷古書一般　**▶西部古書会館** ▷〒166-0002 杉並区高円寺北2-19-9 TEL 03-3339-5255 FAX 03-3339-9975　**▶東京古書会館** ▷〒101-0052 千代田区神田小川町3-22 TEL 03-3293-0161 FAX 03-3291-5353

●1998年3月◎大田区大岡山・古書日月堂

▶古書日月堂(大岡山から南青山に移転) ▷〒107-0062 港区南青山6-1-6パレス青山207号 TEL FAX 03-3400-0327 ▷http://www2.odn.ne.jp/nichigetu-do/ ▷nichigetu-do@rio.odn.ne.jp ▷12時～20時(火曜・木曜・土曜) ▷月曜・水曜・金曜不定休 ▷日曜定休 ▷和洋古書印刷物　**▶古書肆 田園りぶらりあ** ▷〒145-0071 大田区田園調布2-39-11 TEL FAX 03-3722-2753 ▷10時～19時 ▷火曜定休 ▷全集、美術、趣味、文学

●1998年4月◎京都・中井書房ほか

▶中井書房 ▷〒606-8375 京都市左京区二条通川端東入新車屋町163 TEL FAX 075-751-5445 ▷11時～18時半 ▷無休 ▷古典籍、文学、歴史　**▶水明洞** ▷〒606-8375 京都市左京区二条通川端東入新車屋町163 TEL FAX 075-752-2811 ▷http://www.kyoto.zaq.ne.jp/dkbch800/ ▷dkbch810@kyoto.zaq.ne.jp ▷10時～19時 ▷無休 ▷美術書、古典書　**▶奥書房**(移転・無店舗) ▷〒605-0089 京都市東山区古門前通大和大路東入元町359 TEL FAX 075-525-8832 ▷http://web.kyoto-inet.or.jp/people/okushobo/ ▷okushobo@mbox.kyoto-inet.or.jp ▷美術書　**▶西北書店**(移転・無店舗) ▷〒606-8104 京都市左京区高野竹屋町30せせらぎ荘11号 TEL FAX 075-781-1710

●1998年5月◎京都・山崎書店、紫陽書院

▶月の輪書林 ▷〒146-0094 大田区東矢口1-16-21-102メゾンイズミ88 TEL 03-3734-2696 FAX 03-3734-2763 ▷文学、映画、挿絵、犯罪 ▷＊目録専門　**▶福田屋書店** ▷〒606-8227 京都市左京区田中里ノ前町55 TEL 075-781-3316 FAX 075-781-3416 ▷10時～20時 ▷不定休 ▷歴史書・哲学書を中心に文学、芸術、経済、法律、理工書など　**▶山崎書店**(移転) ▷〒606-8344 京都市左京区岡崎円勝寺町91-18 TEL 075-762-0249 FAX 075-762-0250 ▷http://www.art.books.jp/ ▷10時～18時 ▷月曜定休 ▷美術古書、カタログ　**▶紫陽書院** ▷〒606-8171 京都市左京区一乗寺西水干町15-2ファーストコーポ白川1F TEL FAX 075-702-1052 ▷siyou224@yahoo.co.jp ▷11時半頃～19時半頃 ▷無休 ▷アート系、古典籍、中国関係、人文科学書

あとがき

一九九八年一月号から『彷書月刊』誌上にて、この連載は始まった。以後、八年分にわたる掲載原稿をまとめたのがこの本である。改めて読み返してみて、本書を一番おもしろく読むのは私自身だという強い確信があった。というのも、この原稿が、うまい具合に私の八年間の集約になっているのだ。最初の著書『文庫本雑学ノート』(ダイヤモンド社)が出るのは九八年の九月。このあたりから、書評を含む本まわりの仕事を看板とするようになる。しかし、まだまだ種々雑多なライター稼業は続いており、本書の中で、その身過ぎ世過ぎの日々の一端が記録されていてとても懐かしい。

『彷書月刊』編集部は、とても潤沢な資金を擁しているとは言えず、したがって取材に関するすべての費用は執筆者持ちとなる。そのために地方へ足を伸すことはできない。ほかの仕事で地方取材が決まると、ホクホクとして乗っかるという所業を続けてきた。または、家族旅行はしばしば古本屋取材の犠牲となった。本書を読み返して、一番胸に突き刺さったのはそのことだ。観光地でも目指すは古本屋。本当に悪いお父ちゃんだ。

そんな苦い経験も含め、この八年が本書に凝縮されていることは、思わぬ発見だった。連載を編集部に企画進言してくれたのは坪内祐三さん。連載タイトルに「均一小僧の」を冠する発案者も坪内さんだ。この怪力無双の同時代者にあらためてお礼を言いたい。連載中は編集人の田村治芳さん、編集部の鈴木恵理子さん、江沢郁子さん、皆川秀さんと歴代担当者のお世話になった。また、単行本化において、登場する店のチェックと了解を得る作業は田村さんの手を煩わせた。重ね重ね、感謝する次第である。

なお、連載開始から最初の二年分は一部、拙著『古本屋さんの謎』(同朋舎)に収録されたが、出版社閉鎖のため絶版となり、ここに手を入れて再録してある。逆にベルギー、パリの海外編は『古本生活読本』(ちくま文庫)収録のため割愛。この海外編を除けば、加筆訂正を経てほぼ全回をまとめることができた。

ともかく、文筆家生活の中仕切りとして、ライフワークが単行本化されたことは感慨無量である。しかも、憧れの出版社だった工作舎さんから。あの三角に土星のマークが自分の本に入るなんて、思いもよらない僥倖だ。声をかけてくださった編集者は石原剛一郎さん。本に著者が書き込みをする、という奇想をひねり出した。なんてすごい人だ。装画の石丸澄子さんとは、ちくま文庫二冊に続くおつきあい。ありがとね、澄ちゃん。

「均一小僧の気まぐれ古書店紀行」の連載は、『彷書月刊』誌上で継続中。二〇〇六年中に百回を越える。編集部から「もうそろそろ、このへんで……」と言われるまでは断固として居座るつもりである。

岡崎武志

二〇〇五年一二月

●著者紹介

岡崎武志●おかざき・たけし

ライター、編集者。「均一小僧」「文庫王」「神保町ライター」のニックネームをもつ。一九五七年大阪府枚方市生まれ。立命館大学を卒業後、国語教師を七年間勤めた後、九〇年に東京に移住。以後、新聞・雑誌などで書評を中心に執筆活動を続ける一方、ラジオ番組、大学講座などでも活躍。書物ミニコミ誌『ｓｕｍｕｓ』同人。古本では私小説、ユーモア小説、演芸、出版マスコミなどの分野を収集する。著書に『文庫本雑学ノート』(ダイヤモンド社)、『古本病のかかり方』(東京書籍)、『古本でお散歩』『古本極楽ガイド』『古本生活読本』(以上ちくま文庫)、角田光代との共著『古本道場』(ポプラ社)などがある。

本好きの情報探求誌**『彷書月刊』**●ほうしょげっかん

一九八五年創刊。古書、古書店、愛書家の情報誌。時間に埋もれたテーマを掘り起こす特集と書物にまつわる連載、全国古書店目録を掲載。岡崎武志氏の「均一小僧の気まぐれ古書店紀行」は一九九八年一月号以来、現在も連載中。現編集長の田村治芳氏には『彷書月刊編集長』(晶文社)の著書がある。発行＝彷徨舎。

——レオ・レオーニ『平行植物』より

工作舎

工作舎
〒169-0072　東京都新宿区大久保2-4-12 新宿ラムダックスビル12F
tel▶03-5155-8940　fax▶03-5155-8941
www.kousakusha.co.jp/　saturn@kousakusha.co.jp

気まぐれ古書店紀行

発行日……二〇〇六年二月一〇日 初版 二〇〇六年四月二〇日 第二刷
著者……岡崎武志
編集……石原剛一郎
編集協力……『彷書月刊』編集部
エディトリアルデザイン……宮城安総＋松川祐子
カバー装画・レタリング……石丸澄子
カバー八コマ漫画……岡崎武志
印刷・製本……株式会社精興社
発行者……十川治江
発行……工作舎 editorial corporation for human becoming
〒104-0052 東京都中央区月島1-14-7-4F
phone: 03-3533-7051 fax: 03-3533-7054
URL: http://www.kousakusha.co.jp
e-mail: saturn@kousakusha.co.jp
ISBN4-87502-391-X

周期律

◆プリーモ・レーヴィ　竹山博英=訳

『アウシュビッツは終わらない』で知られる闘う化学者レーヴィ。文学を通じて物質世界における至高の真理を目指そうとした本書は、U・エーコ、I・カルヴィーノが伊文学の至宝と絶賛。

●四六判上製●368頁●定価　本体2500円+税

夜の国

◆ローレン・アイズリー　千葉茂樹+上田理子=訳

ソロー、エマソンの系譜を継ぐナチュラリストが、人間の心の内なる闇を凝視する。石の女に恋した老爺、生きたミッシング・リンクとの遭遇など、詩魂あふれる自伝的エッセイ。

●四六判上製●352頁●定価　本体2500円+税

夜の魂

◆チェット・レイモ　山下知夫=訳

夜空を見つめながら〈夜の形〉に思いをはせ、星々の色彩の甘い囁きを聴く……。サイエンス・コラムニストとしても評価の高い天文・物理学者が綴る薫り高い天文随想録。

●四六判上製●320頁●定価　本体2000円+税

コルテスの海

◆ジョン・スタインベック　吉村則子+西田美緒子=訳

『エデンの東』『怒りの葡萄』のノーベル文学賞作家による清冽な航海記。カリフォルニア湾の小さな生物たちを観察する眼はまた、人間社会への鋭い批判の眼でもあった。本邦初訳。

●四六判上製●396頁●定価　本体2500円+税

7/10（セブン・テンス）

◆ジェームズ・ハミルトン=パターソン　西田美緒子+吉村則子=訳

地球の7/10は海、人体の7/10は水。この数字の妙に魅了された詩人が、海と人間の関わり、移りゆく地球の姿を綴る。海図づくり、海賊と流浪の民、難破船と死、深海の魅惑など。

●A5判上製●300頁●定価　本体2900円+税

蜜蜂の生活　改訂版

◆M・メーテルリンク　山下知夫+橋本　綱=訳

『青い鳥』の詩人の、博物神秘学者の面目躍如となった昆虫3部作の第一弾。蜜蜂の生態を克明に観察し、その社会を統率している「巣の精神」に地球の未来を読みとる。

●四六判上製●296頁●定価　本体2200円+税